COMPUTATIONAL DESIGN

읽으면서 시작하는
디자이너를 위한 코딩

이남주 지음

Version 2022

COMPUTATIONAL DESIGN

읽으면서 시작하는 디자이너를 위한 코딩

발행 | 2022년 01월 14일
저자 | 이남주
펴낸이 | 한건희
펴낸곳 | 주식회사 부크크
출판사등록 | 2014.07.15.(제2014-16호)
주소 | 서울특별시 금천구 가산디지털1로 119 SK트윈타워 A동 305호
전화 | 1670-8316
이메일 | info@bookk.co.kr

ISBN | 979-11-372-7042-8

www.bookk.co.kr

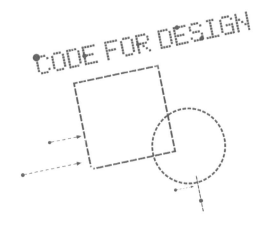

COMPUTATIONAL DESIGN

읽으면서 시작하는
디자이너를 위한 코딩

이남주 지음

Version 2022

부제

1. 읽으면서 입문하는 모두의 컴퓨테이셔널 디자인 & 크리에이티브 코딩
2. 디자이너도 이해할 수 있는 코딩 & 프로그래밍
3. 디자이너라면 반드시 알아야 하는 코딩 & 컴퓨테이셔널 디자인

4. 디자인 & 컴퓨테이션 입문서
5. 데이터 & 디자인
6. 4차 산업혁명 & 디자인 도구

대상

1. 코딩이 궁금한 디자이너분들
2. 디자이너 지망생, 실무자, 교육자, 연구자분들
3. 크리에이티브 코딩 실습 전에 기초 지식과 학습 방법이 궁금한 분들

4. 컴퓨테이셔널 디자인을 적용하려는 실무자, 혹은 도입하려는 관계자들
5. 4차 산업혁명과 디자인 데이터 그리고 코딩이 궁금한 분들
6. 딱딱한 이론보다 디자이너에게 익숙한 예와 쉬운 설명을 원하는 분들

7. 디자인 방법론 코딩이 궁금한 개발자, 혹은 프로그래머분들
8. 컴퓨테이셔널 디자이너로서 좀 더 깊이 있는 공부 방향성을 잡고 싶은 분들
9. 컴퓨테이셔널 디자인을 통해 디자인 엔지니어링을 하고 싶은 분들

저자 소개

이남주(NJ Namju Lee) 소장은, NJSTUDIO를 2004년에 설립하여 도시 건축 디자인, 시각화, 및 컴퓨테이셔널 디자인 스페셜리스트로 활동해 오고 있다. 데이터를 활용한 디자인 프로세스를 연구, 개발, 적용, 교육을 하고 있다.

서울과학기술대학교(BS), UC Berkeley(MArch), 그리고 Harvard GSD(MDes)를 1st Digital Design Prize 수상하며 졸업했다. 시드니 공과 대학(UTS)의 UrbanAid Lab, 매사추세츠 공과 대학(MIT)의 SENSEable City Lab 및 Media Lab(Changing Places Group), UC Berkeley 의 환경 디자인 대학에서 연구원으로 근무했다. ESRI에서 시니어 소프트웨어 엔지니어와 R&D Research and Development 엔지니어로 근무하고 있다.

컴퓨테이셔널 디자인Computational Design 교육과 출판을 하고 있다. Harvard, MIT, NYIT, Autodesk Korea, DigitalFUTURES, 서울과학기술대학교, 한국 노동부 등 여러 교육기관에서 워크숍과 세미나를 진행하였다. 컴퓨테이셔널 디자인, 시각화, 데이터 프로세싱, Digital Design Studio I, II를 가르쳤다. 컴퓨테이셔널 툴링에 관련된 다수의 책을 집필했다. NJPress, "건축의 시뮬레이션 및 시각화"를 출판했으며, 한국 물리학회, 한국 BIM학회, 건축 및 그래픽스 매거진 등에 기고해 오고 있다.

디자인을 위한 컴퓨테이션 솔루션을 연구와 개발하고 있다. Harvard GSD에서 Numerical Design Utility 연구, 개발하였으며, ESRIEnvironmental Systems Research Institute에서 XGraphics를 연구 개발했다. Grpahics 도구들과, 인공지능 AI, 데이터 엔지니어링Data engineering, 최적화Optimization솔루션 패키지를 연구, 개발, 적용하고 있다.

서울 도시건축 비엔날레, 서울과 시드니에서 다학제적 전시, 디지털 필름 작업, 도시 건축 그룹 작업과 전시에 참여했다. 시각화 디렉터로서 KPF, 현대, 삼성, SK 및 PoscoE&C와 함께 건축 3D 애니메이션 및 시뮬레이션 프로젝트를 진행하였다.

PDF

디자인, 컴퓨테이션, 데이터 프로세스와 시각화, 인공지능 중점으로 건축 환경 및 기술 통합을 다양한 영역에서 활동해 오고 있다. 업무의 중심은 데이터를 활용한 통합 디자인 프로세스를 연구, 개발, 적용을 포함한다.

Website

안녕하세요:) 저자 이남주입니다!

2008년 "건축 영상 프레젠테이션" 집필 후 13년 만에 책을 통해서 여러분들과 다시 만나 뵙게 되어 참으로 감사하게 생각합니다. 2004년도 NJSTUDIO 스타트업을 시작하면서 디자인, 컴퓨테이션, 비주얼라이제이션 영역에서 18여 년 동안 그 산업의 변화와 함께 했고, 관련 지식과 경험을 선, 후배 동료들에게 나눌 수 있다는 것이 여간 기쁘고 감사한 일이 아닐 수 없습니다.

때때로 아웃사이더로, 비주류로 여겨지던 저의 전공영역들이 많은 학생과 실무자 교육자분들 심지어는 고등학생까지, 과거 그 어느 때보다 많은 관심을 보이는 요즘입니다. 국내외 수업, 개인 블로그, 유튜브 채널, 다음 브런치와 미디엄 등의 다양한 채널을 통해서 관심과 학습에 대한 열정이 느껴지며 그 변화를 체감하는 하루하루입니다. 격세지감을 느낍니다.

다른 필드에 비해 정보가 많지 않았던 만큼 스스로 학습 하고, 유학과 연구원 생활 그리고 실무를 통해 호기심을 채우며 물어물어 학습했던 기억이 있습니다. 특별히 2018년 겨울부터 본격적으로 유튜브 엔제이채널NJChannel 프로젝트를 통해서 우리말 자료가 많지 않던 한국적 상황에 조금이나마 도움이 될 수 있음에 설레고 보람을 느꼈습니다.

학생, 연구자, 교육자, 실무자 분들이 다양한 피드백을 주고 있습니다. 긍정적인 피드백, 날카로운 첨언과 진심 어린 조언으로 작금의 변화된 미디어와 일상을 십분 활용하는 소통으로 우리의 정보 공유 활동도 꾸준히 할 수 있지 않았나 생각합니다. 또 다른 열매로 디자인과 코딩 그리고 컴퓨테이션을 궁금해하고, 시작하려는 디자이너 분들에게 이렇게 한 권의 책을 드릴 수 있어 감사합니다.

필자도 아직까지 호기심 가득한 학생의 입장에서 모르는 부분들이 많이 있을 것입니다. 또한 여러 관심사와 프로젝트, 연구에 쫓기는 하루하루를 보내며 여러분들과 마찬가지로 매일 자라나고 있는 상황입니다. 그러나 현재까지 소수로 취급받는 디자인 그리고 컴퓨테이션 영역에 한 명의 동료로서, 특별히 한국 산업계와 학계의 발전에 조금이라도 도움이 되기를 조심스럽게 희망하며 저의 경험과 지식 그리고 생각을 나누어 봅니다.

2021 뉴욕에서 이남주 드림

들어가면서...

왜 디자이너가 코딩을 배워야 할까요?

초 연결, 초 지능, 인공지능, 머신 러닝, 빅 데이터, 클라우드, 에지 컴퓨팅, 사물인터넷, 5G, 자율주행, 병렬 연산, 블록체인 등, 다양한 4차 산업혁명 키워드가 있고, 각 계층의 다양한 산업들은 빠르게 변화하며 새로운 패러다임에 적극적으로 대응을 하고 있죠. 이러한 상황에 디자이너는 어떤 준비와 변화가 요구될까요? 4차 산업의 쌀인 데이터(디자인 데이터)를 활용하기 위해서 디자이너도 코딩이라는 도구를 배워야 해요.

코딩 없이 교양처럼 쉽게 시작할 수 없을까요?

'읽으면서 이해하는 디자이너를 위한 코딩' 형태로 컴퓨테이셔널 디자인을 이야기해 보려고 해요. 일반적으로, 코딩Coding하면, 따라 하기 튜토리얼이 주류를 이루고 있죠. 그도 그럴 것이 실습해 보고 그 과정에서 이해와 깨달음을 챙겨가는 것이 사실이죠. 하지만 이 책에서는 코딩 없이 읽으면서 입문하는 것을 목적으로 하고 있어요. 이론과 개념을 먼저 이해하고, 종합적인 지도를 만들어 새로운 기술과 기회의 패러다임을 타고 넘을 수 있도록, 코딩을 공부하기 원하는, 코딩에 익숙하지 않은 디자이너를 돕고자 해요.

코딩, 전공이 아닌데도 알아야 할까요?

요즘 많은 디자이너들이 디자인과 코딩, 데이터와 인공지능, 컴퓨테이셔널 디자인 분야에 관심을 보이고 있어요. 전문적인 깊이 까지는 아니더라도, 대화가 가능한 수준의 이해와 컴퓨테이셔널 디자인의 가능성에 대해서 궁금해 하시죠. 과거에 전통적인 디자인에서는 프로그래밍Coding & Programming을 컴퓨터 공학의 한 분야로 생각했죠. 하지만 과거에 수기로 기록을 하던 것들이 도구의 발전으로, 한글, 워드, 엑셀을 사용하는 것처럼 이제는 그 분야가 전공이 아니더라도, 반드시 알고 이해해야 하는 시대, 곧 데이터 기반 사회가 오고 있는 것이죠.

보다 전문적으로 공부해 보고 싶다면?

학생, 연구자, 교육자, 실무자분들이 본격적으로 디자인을 위한 코딩 공부에 앞서 원리와 개념, 그것들의 연결고리를 파악하여 전체은 구조를 알고 학습을 시작할 경우 효과적이고 선택적인 학습이 가능하죠. 코딩은 다양하게 사용되는 도구이기 때문에 나의 관심사와 목적에 맞게 어떻게 수준을 높여 나갈 것인가에 대한 전략이 필요해요. 필자의 국내외의 현장 경험, 강의, 연구, 실무를 통해서 느낀 피드백들을 정리하여 학습 자료가 충분하지 않은 상황에서, 시작하는 분들에게 적합한 시작 지점과 방향을 잡을 때 유용한 학습 지도가 되기를 희망해요.

CONTENTS

CHAPTER 1 재료, 도구, 디자인 Material & Tool & Design

CHAPTER 2 디자이너에게 코딩이란 Coding for Designers

4 디자이너가 코딩을 해야 하는 이유

CHAPTER 3 코딩 & 컴퓨테이셔널 디자인 활용

5 큰 스케일에서

CHAPTER 4 코딩 & 디자인 Coding & Design

12 디자인 & 코딩 & 프로그래밍

13 디자인 & 컴퓨테이션 Design & Computation

CHAPTER 5 컴퓨테이셔널 사고 Computational Thinking

18 수학, 가장 엄밀한 언어 Numerical Description as Design Tools

CHAPTER 6 코딩, Coding

19 코딩, 무엇을 어떻게 기술 Description 하나?

20 코딩: 정보와 행위의 정의

21 코딩: 공간 정보 & 파이프라인

22 버그와 디버그 ^{Bug & Debug}

CHAPTER 7 학습 방향 ^{Study Plans}

23 코딩 학습 방법

CHAPTER 1 재료, 도구, 디자인 Material & Tool & Design

코딩에 대한 이야기를 하려는데, 왜 재료와 도구에 대한 이야기를 할까요?

디자이너에게 코딩을 소개할 수 있는 방법은 다양하겠죠. 대상에 따라 여러 가지 방법들을 써왔어요. 새로운 것에 대한 호기심을 넘어 어떻게 하면 좀 더 디자이너들이 쉽게, 진지하게 코딩을 바라보고, 창작도구로 활용할 수 있도록 소개할 수 있을까? 동기부여를 할 수 있을까? 두려움 없이 시작하게 할 수 있을까? 새로움에 설레고 심장을 뛰게 할 수 있을까? 이 간단한 질문들은 복잡한 알고리즘 구현보다 더 어려운 것임은 틀림이 없어요.

"코딩은 도구이다! 데이터라는 재료를 가공, 활용하는 디자이너의 창작도구이다."

이 책의 한 줄 요약일 수 있을 것 같아요. 어떻게 위의 결론으로 향하는지, 무엇이 왜 그러한지, 어떤 가능성이 있는지, 어떻게 준비해야 하는지 함께 학습해 봐요!

1 재료, 도구 그리고 디자인 Material & Tool & Design

1.1 도구와 기술의 발달 Tool & Technology

디자인은 인류의 문명과 함께 시작을 했죠. 인류는 상상을 할 수 있을 뿐 아니라 도구를 통해 상상을 구체화시킬 수 있었고, 기록할 수 있었고, 나누고, 실체화시키며 발전시킬 수 있었죠. 약 1만 6천 년 전의 후기 구석기로 추정되는 프랑스 남서쪽에 있는 라스코 동굴 Lascaux Caves 의 벽화가 그 예일 수 있어요.

스페인의 알타미라 동굴 벽화는 황토, 숯이나 적철석으로 형상을 그리고 자연 염료를 바탕으로 색을 칠했다고 알려져 있어요. 석기와 동물의 뼈뿐 아니라 그때 당시의 불을 이용한 최신의 기술과 재료, 가령 숯(목탄 Charcoal)과 같은 재료와 기술들을 동원하여 그림을 그려 사냥에 관련한 정보를 기록하고 나누었던 것이죠. 1만 년이 지난 지금도 우리는 디자인된 그림을 통해 그 시대를 엿볼 수 있죠.

특별히 간석기는 갈판, 뼈바늘 등의 도구로 토기를 만들고 정착생활을 한 시대로 알려져 있죠. 우리나라의 대표적인 디자인 예로 빗살무늬 토기를 들 수 있을 거예요. 이러한 도구의 변화로 정착생활을 시작한 신석기인들은 농경과 목축을 하며 문화와 종교를 디자인할 수 있는 토대를 만들어 나갔죠. 즉, 새로운 재료는 도구의 발달을 촉진했고 구석기 인류는 당대의 최신의 재료와 그에 맞는 도구로 의식주를 발전시켰을 뿐 아니라 그에 파생되는 다양한 시스템과 문화를 디자인하고 발전시켜 왔죠.

청동기와 철기시대에는 메소포타미아, 지중해 이집트 지역 등에서 불을 이용하여 철광 물을 녹여 도구들을 만들고, 그 도구들로 문명을 발전시켰던 것이죠. 농업 도구, 전쟁을 위한 무기뿐 아니라 그 새로운 기술과 도구들은 의식주를 넘어선 일상생활에 거의 모든 부분에 영향을 미쳤다고 볼 수 있어요. 지금의 인터넷과 스마트 폰이 가져다준 변화만큼 당시에 현실적 체감이 가능한 변화라고 볼 수 있었던 것이죠. 청동기 시대의 도구들은 계급, 혹은 사유재산의 시스템을 디자인할 수 있게 되었고, 철기 시대에 이르러 철제 농기구 및 무기의 만듦으로써 정복활동과 국가의 시스템을 디자인하기 이르렀죠.

산업혁명을 통해 에너지, 가공기술, 및 다양한 도구의 발전이 또 한 번의 도약을 하였고, 현대에 이르기까지 이러한 발전수준과 정밀도는 눈부시게 진보하고 있죠. 가령 산업의 쌀이라 불리어지는 '철' 그리고 그것을 가공하는 도구와 기술들은 지속적으로 발전하여 배와 자동차 뿐 아니라 비행기, 우주선도 디자인할 수 있었고 고층 빌딩과 교량을 만들 수 있었죠. 재료의 가공 기술의 도약, 에너지 혁명을 통해, 자동화 및 효율적인 에너지 공급 망을 디자인하며 과거와 비교할 수 없을 속도로 발전에 발전을 거듭했죠.

우리가 살고 있는, 혹은 살게 될 세상은 어떻게 이해되고 그려질 수 있을까요? 구글의 기술 고문으로 널리 알려진 미래학자 커즈와일[Ray Kurzweil]에 따르면, "현재 우리는 특이점[Singularity]을 앞에 두고 있는 세대이다. 그 특이점에 도달은, 정보혁명이라는 키워드 아래, 보다 많은 데이터와 비교할 수 없는 프로세싱 파워 그리고 초 연결, 초 지능의 패러다임, 오는 2045년 인공지능이 생물학적인 진화를 추월하는 순간이 온다."라고 웅변하고 있어요. "특이점이 오면 인공지능의 컴퓨팅 파워는 인간의 지능보다 10억 배 정도 높아질 것이며, 기술적 특이점 이후로 인류는 완전히 다른 세상에 살게 된다."라고 주장하고 있죠.

그 중심에는 데이터가 있고 이를 다루는 하드웨어와 소프트웨어의 비약적인 발전과, 데이터로부터 정제된 통찰[Insight]들은 한 해가 다르게 누적되고 있죠. 즉, 데이터라는 새로운 재료에 주목하고, 이 재료를 모으고, 그에 따르는 도구들을 개발하여 그 재료를 가공함으로써 변화될 삶을 예측하고 있는 것 이죠. 디자인 산업에는 어떠한 변화들이 있을까요? 이 변화의 파도가 나를 무섭게 덮치는 해일이 아닌 기회로써 잘 타고 넘을 수 있을까요?

1.2 재료와 도구 그리고 디자인 Materials & Tool & Design

'이제는 디자이너도 코딩을 공부해야 한다.'고 했을 때, 많은 디자이너가 왜 굳이 코딩까지 공부해야 하는지 의문을 가질 수 있죠. 물론 기술 그리고 도구들의 발전과 무관하게 여전히 종이와 펜은 매우 훌륭한 디자인 도구이죠. 그러나 다양한 상황과 환경과 목적에 따라 보다 전문화된 높은 정밀도를 제공하는 도구들이 존재하고, 그 도구들을 통해 효과적인 경쟁력을 가질 뿐 아니라 보다 창조적인 디자인 활동에 사용될 수 있다면 디자이너로서 그 새로운 도구 앞에 가슴이 뛸 수밖에 없다는 것이죠.

특별히 어떤 재료를 활용할 것인가?를 묻는 것은 디자이너에게 있어 매우 중요한 질문이에요. 디자인의 재료에 따라 디자인의 도구가 바뀌고, 프로세스가 바뀌고, 요구되는 목적과 결과물에 따라 정밀도와 정확도가 바뀌고, 창조 가능하고 디자인 가능한 영역이 나타나거나 사라질 수도 있죠. 즉, 이러한 이해 없이는 가능성을 상상 조차도 할 수 없는 것이죠.

가령 기원전 15세기 이집트에서부터 인류는 유리재료를 발견, 활용하기 시작했죠. 스테인드 글라스의 형태로 중세 유럽의 고딕 건축 양식에 주요하게 활용되었고, 근대화되며, 건축뿐 아니라 삶에 밀접한 다양한 제품들을 디자인하기 시작했죠. 현대에는 유리로 가능한 많은 디자인 방법론과 도구들이 개발되어 디자인 가능한 바운더리를 지속적으로 넓혀가고 있는 것이죠. 송진 호박 등의 천연수지부터 석유산업으로 파생된 플라스틱, 콘크리트와 철근 콘크리트 재료의 출현과 가공기술의 발달 그리고 그 가능성들은 디자이너의 창의력에 더 많은 아이디어와 기회를 준다는 것이죠.

재료의 개념을 좀 넓혀 볼까요? 일차원적 물질을 넘어, 가공이 가능하고, 그 특성과 특징이 디자인 활동에 통찰을 부여할 수 있는 관점을 디자인의 재료로 확장시킨다면, 21세기에 컴퓨터 하드웨어와 소프트웨어의 경이로운 발전으로 데이터라는 재료가 디자이너 앞에 놓여 있다는 것이죠.

1.3 데이터 Data as Materials

이처럼 재료에 따라서 그에 맞는 도구들이 개발되었고 재료가 품고 있는 한계와 가능성은 창작 활동과 디자인 결과에 다양한 측면으로 영향을 미치죠.

4차 산업 혁명이라고 일컬어지는 작금의 변화를 살펴보면 핵심은 데이터로 볼 수 있어요. 마치 '철'이 기존 산업의 쌀로 여겨진 것처럼 4차 산업의 쌀은 '데이터'로 볼 수 있어요. 인공지능, 머신 러닝, 초 지능, 빅 데이터, 클라우드, 에지 컴퓨팅, 사물인터넷, 초 연결, 5G, 자율주행, 드론, 병렬 컴퓨팅, 블록체인 등의 키워드로 4차 산업을 표면적으로 이야기할 수 있지만 공통분모의 기저에는 사실상 데이터가 있는 것이죠.

요약하면 데이터를 연결하고, 모으고, 처리하고, 적용하는 산업인 것이죠. 물론 앞서 살펴본 물리적인 전통적 재료와 그 근본적 결이 온전하지는 않지만, 새로운 패러다임에 의해 정의된 데이터라는 재료는 매우 광범위하게, 기존 디자인 재료들과 함께 디자인 프로세스 상에서, 여러 형태로, 매우 중요하게 사용될 수 있어요.

데이터의 중요성은 컴퓨터 공학을 전공하지 않은 비전공자도 잘 알고 있죠. 2010년을 전후 즈음에 '빅 데이터' 키워드의 대중화가 선도했고, 10년이 지난 지금, 초등학교 수업에도 코딩과 인공지능을 이야기하며 데이터와 프로그래밍을 배우고 있는 실정이죠.

왜 이처럼 데이터를 중요하게 생각할까요? 경제학자 클라우스 슈밥Klaus Schwab은 '작금의 혁명은 일과 산업을 바꾸는 차원에 국한된 것이 아닌, 사회, 문화, 경제 등 우리의 삶 전반에 걸친 근본적인 변화를 가져올 패러다임'이라 웅변하고 있어요. 즉, 데이터 기반 사회로의 도약인 것이죠. 이러한 패러다임의 변화 앞에, 디자이너는 무엇을 해야 할까요? 그 시작은 작금의 패러다임의 관점으로 데이터라는 재료를 다시 면밀히 살펴보고, 이해하는 것이 그 첫걸음이 될 수 있다고 생각해요.

1.4 데이터: 현상의 압축 & 통찰의 향연

데이터Data는 현상의 표상Representation으로 볼 수 있어요. 현상을 계산 가능한 형태로 추상화Abstract 시켜 압축된 디지털 정보문서로 볼 수 있어요. 다른 말로 사실Fact, 혹은 현상의 단면을, 정성Qualitative화 정량Quantitative화 관계성으로 통찰Insight의 형식으로 드러나게Revealing 하는 것이죠.

로우 레벨의 기술적인 설명은 뒤의 챕터에서 자세히 나누고 하이 레벨 측면에서의 데이터를 더 살펴보죠. 사회의 패러다임이 제조업에서 플랫폼과 서비스 산업으로 바뀌면서 데이터는 정보산업에 석유와 같은 존재가 되었고, 하드웨어 인프라스트럭처, 컴퓨팅 파워, 소프트웨어의 발전으로, 방대한 데이터를 확보하고, 계산하고, 적용하고, 통찰^{Insight}을 추출하는 것이 과거의 수기와 비교할 수 없을 정도로 정확하고 빠르고 용이하다는 것이죠. 세계 유수의 CEO들과 석학들 사이에서 데이터는 앞으로의 슈퍼 파워이고, 새로운 오일이라는 말들이 여기저기서 회자되는 이유라고 생각해요. 현재에 세계 Top 10 기업 중 8개 이상의 기업이 데이터를 수집하고 데이터를 분석하고 활용하는 비즈니스 모델을 채택하고 있죠. ^{2021년 12월 기준}

데이터 그리고 지능

데이터 활용의 예로 인공지능을 들어보면 인공지능의 구현은 여러 가지 방법이 있지만, 우리가 일상생활에서 체험하는 인공지능은 많은 수가 머신 러닝으로 구현돼 있어요. 다른 형태의 AI 구현들도 비슷하지만, 특별히 머신 러닝에서 기계가 학습할 때 그 근본이 되는 소스는 결국 데이터이죠. 결국 데이터를 정제하는 하나의 기술을 인공지능으로 볼 수 있어요.

과정을 살펴보면 '일반적인 프로그래밍은 주어진 인풋(데이터)을 다룰 함수를 만든다.'라고 봤을 때, 그 함수 안에는 여러 가지 조건들이 있고 그에 따른 결과론적 결과 값을 반환하죠. 반대로 머신 러닝의 경우, '무수히 많은 인풋과 결과 값의 데이터가 이미 주어져 있고, 그 결과 값을 바탕으로 함수를 역설계 하는 것'으로 볼 수 있어요. 그 결과 값을 가장 잘 설명하는 함수를 찾고 그 함수를 데이터에 최적화시키는 과정을 '기계가 학습을 한다.'라고 보는것이죠. 즉, 시작과 결과를 데이터로 주고 그 과정(함수)을 모델링하는 것이죠.

Traditional programming & Data driven programming (reverse engineering by data)

이렇게 함으로써 데이터가 가지고 있는 수많은 조건들을 가장 잘 설명하는 결과 값을 반환하는 함수를 모델링할 수 있는 것이죠. 프로그래머가 하나 하나의 모든 경우의 수를 다 프로그래밍하고, 데이터들에서 온 인사이트[Insight]들의 상관관계를 이해하며 구현하는 것은 사실상 불가능에 가깝죠. 이처럼 인공지능과 머신 러닝은 데이터를 활용하여 프로그래밍하는 관점으로 볼 수 있죠. 다른 의미로 수만 수억의 개인들이 모여서 만든 지능을 프로그램화시킨 관점으로도 볼 수 있어요.

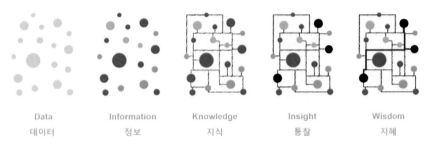

| Data | Information | Knowledge | Insight | Wisdom |
| 데이터 | 정보 | 지식 | 통찰 | 지혜 |

Data to Wisdom, The Information Factory S.A., NJSTUDIO

현상을 포착할 수 있다면, 정성화[Qualification], 혹은 정량화[Quantification]시킬 수 있다면, 즉 데이터로 표상할 수 있으면 데이터[Data]는 원석과 같아서 어떻게 가공하느냐에 따라 많은 정보[Information]와 지식[Knowledge], 통찰[Insight], 지혜[Wisdom]로 드러날 수 있다[Revealing & Emerging]는 것이죠. **[25 데이터]** 부분에서 더 자세히 다루도록 해요.

필자가 해외에서 공부를 할 때, 전공과 상관없이 코딩 수업을 반드시 이수해야 하는 학과가 늘어나는 추세였어요.[2017년 기준] 어느 전공을 하던 데이터에서 자유로운 전공이 없다는 사실 때문이죠. 전통적 기초학문으로서 국어, 수학, 과학 등의 학습이 선행되어야 하는 것처럼 앞으로의 데이터 기반 사회에서의 데이터에 대한 이해는 필수이고, 그 데이터를 다루는 도구로의 코딩은 필수 항목으로 인식되어간다는 방증이죠.

! 4차 산업, 디자인, 코딩

4차 산업의 파도는 거의 모든 영역에 걸쳐 영향을 주고 있죠. 그 파도는 새로운 산업을 만들 거나, 기존 영역 발전을 가속화시키거나, 혹은 사라지게 하기도 하죠. 이러한 영향 때문에 창 업, 국책 사업, 워크숍, 포럼, 학교의 수업 프로그램 등에서 4차 산업의 키워드 파도타기가 주 요 트렌드로서 활발히 논의되고 있죠.

함께 생각해 봐요. 이 파도는 쓰나미처럼 나를 덮치는 재해로 볼 것인가? 아니면 그 파도를 타고 앞으로 나갈 동력으로 활용할 것인가? 과연 어떤 무엇 때문에 많은 사람들에게 회자되 는 것일까? 또 디자이너들은 무엇을 어떻게, 왜 준비해야 할까?

4차 산업의 표상하는 여러 키워드들이 있죠. 인공지능, 머신 러닝, 빅 데이터, 클라우드, 에 지 컴퓨팅, 사물인터넷, 초 연결, 5G, 자율주행, 드론, 병렬 컴퓨팅, 블록체인 등이 그 예들일 수 있어요. 다양한 모양을 하고 있지만 그 내용의 공통분모 기저에는,

(1) 4차 산업의 쌀인 '데이터'가 있고,

(2) 데이터를 어떻게 모을 것인가(IOT, 5G, 초연결, 초저지연...)?

(3) 데이터를 어떻게 프로세스(병렬, 에지, 블록체인 컴퓨팅...)할 것인가?

(4) 데이터로 온 통찰(AI, 머신 러닝...)을 어떻게 적용(자율주행, 드론...)할 것인가?

로 압축할 수 있어요.

 디자이너에게 4차 산업이란? 질문에 대한 필자의 정리는 다음과 같아요. 디자 인 발전과 결정에서 데이터를 어떻게 활용할 것인가?에 대한 답과 같다고 생각 해요. 필자가 빔 학회에 기고한 글이에요 자세한 내용은 왼쪽의 QR 코드를 통 해서 나누도록 할게요.

! 데이터를 위한 코딩

코딩을 한다는 의미는 데이터의 흐름을 디자인하는 것이죠. 즉, 데이터를 다루는 행위는 코딩을 한다고 말할 수 있어요. 필자의 경험 하나를 이야기 할게요.

일전에 연구를 도울 일이 있었어요. 연구 과정 중 데이터의 해상도가 낮아서 연구가 어렵다는 이슈가 있었죠. 문제를 해결하려는 필자의 직업병이 발동이 되어 여러 가지 해결방안에 대해서 나누었어요. "언제나 그렇듯이, 최신의 컴퓨터가 나와도 항상 느리고 메모리도 항상 모자란 것처럼, 양질의 데이터는 항상 모자라고 부족할 것이다. 동시에 많은 노이즈를 포함하고 있는 것이 당연하다. 따라서 다양한 보정을 거치면서 데이터를 정제해 나가야 한다."라며 질문에 따른 여러 아이디어를 나누었죠.

노력에도 불구하고 다른 언어를 쓰는 것처럼 대화가 되질 않았어요. 나중에 확인한 사실은 엑셀^{Microsoft Excel}로 데이터를 가공하는 분이셨죠. 코딩 경험이 없으셨어요. 연구 목적과 주어진 데이터에 맞게 데이터 구조를 가공해 본 경험이 없으신 분이었죠. 지면이 적고, 주객전도가 될 우려로 자세한 이야기를 나눌 수 없지만(위의 QR 코드 참조), 핵심은 코딩의 중요성, 방향성, 이유, 그리고 데이터 기반의 사회에 반드시 갖추어야 할 능력과 경험을 강조하고 싶은 거예요.

같은 데이터를 가지고 있다 하더라도 정보와 통찰을 이끌어 낼 때, 상상과 바람에 기초해서 데이터를 이해하기보다 엔지니어적인 관점으로 데이터를 가공하는 능력이 뒷받침되어야 하는 것이죠. 그 능력은 코딩을 해보고, 데이터 구조를 구축하고, 데이터를 가공하는 알고리즘의 구현 경험을 통해서 자연스레 체화되는 사고체계와 같아요.

어떤 내용으로 디자인 프로세스에 연계할지에 따라 다르겠지만, 결국 결정 프로세스^{Decision-making process}에서는 항상 데이터가 쓰일 수 있기 때문에 코딩을 할 수 있다는 것은 데이터를 조건에 따라 가공하고 디자인 프로세스에 편입시킬 수 있는 능력이 있다는 것을 의미해요. 따라서 도래하고 있는 데이터 기반사회에서 경쟁력을 가지기 위해 코딩과 데이터의 활용은 디자이너에게 필수적인 능력이 되어 가고 있어요.

! 고 수준: 하이 레벨 High-level & 저 수준: 로우 레벨 Low-level

일반적으로

이 책에서, 혹은 강의나 수업에서 왕왕 사용되는 단어는 '고 수준'(하이 레벨 High-Level)과 '저 수준'(로우 레벨Low-Level)이예요. 저 수준이라고 해서 수준이 낮고, 고 수준이라고 해서 우리가 생각하는 그 수준이 높다는 것을 지칭하는 것이 아니에요. 여기서 수준은 '내용'의 수준이 아닌 '형식'의 수준으로 봐야 해요. 굳이 설명을 드리면 저 수준의 경우 기계와 같이 더 명시적 형태일 수 있고, 고 수준일수록 인간과 같이 암묵적 형태를 띨 수 있다는 것이죠.

컴퓨터 프로그래밍 언어를 나눌 때 '저 수준' 언어하면, 기계어와 가까운 언어인 어셈블리언어, C, 혹은 C++과 같은 언어를 일반적으로 이야기해요. 즉, 기계어와 가까울수록 '저 수준' 언어라 이야기하죠. 반면에 고 수준 프로그래밍 언어로는 Python을 들 수 있어요. 마치 수도 코드의 형식으로 기계들의 언어보다 인간들의 언어에 좀 더 가깝게 프로그래밍을 할 수 있죠. 즉, '0'과 '1'을 통해 기술되는 명시적인 기계어의 대척점에서 암묵적이고 압축률이 높은 수준의 인간의 언어와 같다고 이해할 수 있는 것이죠.

확장을 해 보면

특정 현상이나 프로세스를 기술할 때도 어떤 형식에 강조점을 두고 설명할 것인가를 나타낼 수도 있어요. 예를 들면 '회사 동료가 기분이 안 좋아 보여서, 기분을 풀어주고, 오늘 회사 업무를 더 잘 봐야겠다.'는 고 수준의 기술로 볼 수 있어요. 우리는 이 설명을 이해할 때 전혀 문제가 되지 않죠. 추가 설명을 하지 않더라도 암묵적으로 우리는 무엇을 어떻게 해야 할지 잘 알고 있죠.

그러나 그 기분을 좋게 하기 위해서 어떤 사람은 커피를 사다 줄 수도 있고, 회식을 권할 수도 있고, 시답잖은 농담을 던질 수도 있고, 또 어떤 사람은 왜 기분이 안 좋은지 알기 위해 자꾸 말을 걸기도 할 것이죠. 이와 같이 해석의 여지가 있을 경우에는 고 수준 형식으로 소통은 오히려 정보전달의 장애가 될 수 있어요.

반면에 저 수준으로 기술할 경우 '어제 미팅에서 동료평가 중 영업 항목이 다른 사람들에 비해 50%를 수준으로 나와서 기분이 매우 좋지 않아 보이고', '그것을 상쇄하기 위해 다음 달에 있을 평가를 대비하기 위한 전략 A와 B가 있고', 'A의 경우는……. B의 경우는……. 따라서 이러한 전략을 적용하면 앞으로 더 이상 이런 문제가 발생하지 않을 것이다.'처럼 다소 장황할 수 있겠지만 기계 수준의 형식으로 매우 명시적으로 기술하는 것을 볼 수 있어요.

이처럼 같은 상황을 기술하더라도 기술의 형식에 따라서 그 본질을 다른 무게 중심으로 설명할 수 있는 것이에요. 우리가 소통을 할 때, 암묵적으로 동의하는 단어, 혹은 문장과 문맥을 씀으로써 장황한 설명 없이 본질을 명백하게 오해 없이 전달할 수 있죠. 어쩔 때는 매우 명시적으로 소통을 해야만 본질의 오해 없이, 정보의 손실 없이 소통할 수 있는 경우도 있죠.

2 도구: 컴퓨터 & 소프트웨어 Tool: Software

인류 역사를 통틀어 어떤 도구가 우리 삶을 전 방위적으로 가장 혁신적으로 바꾸어 왔을까요? 단언컨대 컴퓨터라고 볼 수 있을 거예요. 컴퓨터는 우리 삶의 모든 부분에 걸쳐 영향을 주고 있죠. 스마트폰, 자동차, 비행기, 냉장고, 청소기 등의 가전제품, 이동수단, 소통수단을 넘어 거의 모든 부분에 사용되고 있죠. 우리는 컴퓨터 없는 삶을 상상할 수조차 없겠죠.

그러면 왜? 무엇이 컴퓨터를 대단하게 만들까요? 네, 맞아요. '정확성', 컴퓨터는 기본적으로 '계산기'이기 때문에 정확성은 너무나 당연한 요소죠. 계산할 때마다 다른 값이 나온다면 더 이상 그 계산기를 신뢰할 수 없겠죠. 우리의 삶과 산업의 패러다임을 바꾼 컴퓨터의 대단함은 디지털 형식에서 온 정확도와 더불어 (1) '속도'(하드웨어) 그리고 (2) 지식과 기술의 합인 '프로그램'(소프트웨어) 때문이라고 볼 수 있어요. 이 두 가지 대단함의 실체를 디자이너들도 잘 알고 있어야 어떻게 활용할 수 있을지에 대한 생각을 할 수 있다고 생각해요.

2.1 속도 Performance

작금의 산업 기본 도구는 디지털 컴퓨터[Computer]로 볼 수 있죠. 즉, 계산을 하는 도구에 불과하다는 것이죠. 그런데 그 계산 속도가 상상할 수 없는 속도로 빨라요. 손에 들고 다니는 스마트 폰의 속도도 초당 15조 8천억 회의 연산을 가능하게 한다는 것이죠.[아이폰13 기준] 빠르게 판단을 내려야 하는 실시간 전략 비디오 게임의 경우, 숙련된 프로 게이머들도 평균 1 분당 400여 회의 명령을 이행시키는 것에 반 해 컴퓨터는 분당 약 900 조회의 연산한다는 것이죠. 물론 이렇게 단순 비교하기는 무리가 있을 수 있으나, 최대 장점인 속도, 그리고 인간처럼 지루해하지 않고 시간이 흘러감에 따라서 정확도가 떨어지지도 않죠.

또한 VR과 AR의 경우에도 기기를 장시간 착용해도 어지러움을 느끼지 않으려면 기본적으로 프레임 레이트[Frame rate]가 확보가 되어야 해요. 초당 90장의 화면을 영사기로 연속 투영한다고 가정했을 때 각각의 프레임에서 필요한 모든 연산을 마무리하고 결과물을 화면에 출력[Rendering]하는 것까지 11ms(1ms은 천분의 1초를 의미) 안에 마무리가 되어야 해요. 장면이 복잡할수록 계산량은 기하급수로 올라가는데 요즘의 컴퓨터는 그런 계산량을 감당하죠.

중앙처리장치 CPU^{Central Processing Unit}와 그래픽 처리장치 GPU^{Graphics Processing Unit}의 연산속도뿐 아니라 네트워크의 통신 속도 또한 중요하죠. 특별히 자율주행의 경우 5G 네트워크를 필수적으로 봐요. 왜냐하면 '1000분의 1초'(1ms) 수준으로 낮아지는 '초 저지연' 통신이 반드시 보장이 되어야만 하죠. 1ms의 경우, 100km/h의 속도로 달리는 차량의 이동 거리는 약 27.77cm 를 이동한다고 해요. 만약 지연시간이 느려진다면 2미터, 혹은 10미터 이상 이동거리의 오차 가 생겨 심각한 사고로 이어질 수 있다는 것이죠.

사실 많은 알고리즘과 방법론들이 좋은 성능을 보여줌에도 불구하고 실행 시간이 느려 상 용화가 되지 못한 것들이 이러한 컴퓨터의 계산 성능의 발달로 다시 산업에서 주목받는 경 우도 많이 있어요. 병렬 컴퓨팅^{Parallel Computing}으로 다시 전성기를 맞은 딥 러닝^{Deep Learning}기술이 그 예이죠.

일화에 따르면 초기의 컴퓨터는 사람(존 폰 노이만^{John von Neumann})의 암산보다 느렸다고 하죠. 하 지만 앞서 알아본 것처럼 현대의 컴퓨팅 속도는 상상을 뛰어넘는 연산 속도를 자랑해요. 이 부분이 정말 중요한 지점으로, 속도는 컴퓨터가 이전의 그 어떤 도구와도 상대할 수 없게 만 드는 부분이라고 생각해요. 여러분들이 어떤 작업들을 컴퓨터에게 지시하면 인간이 해야 하 는 몇 시간, 몇 년, 혹은 몇 세기의 작업 분량을 컴퓨터는, 눈 깜짝 사이에 계산을 할 수 있다 는 것이죠.

잘 알려진 알파고의 예를 들면 '프로바둑 기사가 1년에 1000번의 대국을 펼친다고 가정했을 때, 알파고의 학습은 인간으로 치면 무려 1000년의 공부에 해당한다.'라고 하죠. 즉, 체감상 실행을 시킴과 동시에 결과물이 바로 반환이 되는 것이죠. 어떠한 계산이 들어가 있던, 어떤 복잡도가 존재한다 해도 말이죠. 물론 그 속도는 점점 더 빨리 지고 있죠.

이러한 연산속도, 즉 컴퓨팅 파워를 나의 노동력으로 만들어 내는 능력이 더욱 중요해지는 것 은 의심의 여지가 없죠. 과거에는 몇몇의 개발자들이 엄청난 희소성을 가지고 중요한 산업의 인프라를 구축하는 것에 그 컴퓨팅 능력을 발휘했었죠. 그 몇몇의 사람들이 구축해 놓은 환경을 많은 사용자가 사용할 수 있었죠.

현재는 이 컴퓨팅 파워의 인프라와 플랫폼을 구축하고, 그 파워로 전 세계의 모든 사람들을 상대로 서비스를 제공하는 조직이나 회사들이 세계적 기업으로 성장하고 권력과 영향력을 갖는 것을 볼 수 있죠. 속도의 한계가 있는 인간 노동력에 의존한 제조업이 아닌 컴퓨팅 파워를 적극 활용했을 때 충분히 가능한 환경으로 이해될 수 있어요.

지금의 패러다임에서는 금융, 사회과학, 생물학, 의학, 미디어 등의 거의 모든 전문화된 분야에서 컴퓨팅 파워를 활용할 수 있는 젊은 신진의 인력들이 요구되는 데이터 기반의 시대이고, 그 인력들이 편만하게 사회에 펼쳐질 때는 기성 시대의 인력과는 차별화되어 경쟁력 있는 기회가 더 생겨날 거라 보고 있어요. 디자인의 영역도 예외일 수는 없어요. 컴퓨터 도구의 도입에 가장 큰 해택을 입은 것도 디자인 산업이고, 극단적으로 빠른 컴퓨팅 파워를 적극적으로 코딩^{Coding & Customization}하여 해결할 수 있는 이슈들이 디자인 영역에 산재하기 때문이죠.

2.2 지식과 기술의 합, 소프트웨어 Knowledge + Technology : Software

인류 문명은 기원전 약 3500년 전 문자 도구를 개발 사용하면서 본격적인 도약을 시작하죠. 문자를 통해 지식을 기록하고, 축적하고 후대에 전달하는 도구로 사용할 수 있었기 때문이죠. 세계 각지에서 개발된 인쇄술로 또 한 번의 도약을 하죠. 정보의 기록과 습득이 특정 계급의 사람뿐 아니라 모두에게 용의 해졌고, 전등이나 안경과 같은 도구는 지식의 누적과, 학습 그리고 보편적인 활용을 가속시켰죠.

작금의 시대에는 어떤 도약이 이루어지고 있을까요? 정보의 누적, 발전, 활용에 있어서 어떤 혁명이 이루어지고 있는 것일까요? 또 한 번의 도약은 소프트웨어의 도구를 통하여 일어나고 있어요. 왜 그런지 함께 알아봐요.

베르나르 사르트르^{Bernard of Chartres}의 말, "거인의 어깨 위에 서서^{Standing on the shoulders of giants}"라는 문구를 한 번쯤은 들어봤을 거예요. 쉽게 풀면, '앞선 거인들이 이루어놓은 연구, 혹은 업적을 활용해서 다른 더 큰일을 할 수 있다.' 정도로 이해할 수 있을 것 같아요. 소프트웨어^{Software}가 바로 그것이에요. 하지만 과거의 그 어떤 방법들보다 효율적이고 구체적이며 실질적인 방식을 제공해 준다는 것이죠. 21세기의 코드^{Code}라는 양식과 수학이라는 언어로, 인류문명을 통해서 쌓아 올린 지식^{Knowledge}과 기술^{Tech-Knowledge} 그리고 통찰^{Insight}을 실행 가능한 형태로 패키지^{Library} 한 것을 소프트웨어라 정리할 수 있어요.

아무리 간단한 볼품없어 보이는 UI를 가지고 있는 소프트웨어도 그 기저에는 인류가 발견한 수학 법칙, 혹은 객체 지향 철학이 적용된 소프트웨어일 수 있어요. 가령 간단한 3차원 모델링 소프트웨어도 그 뒷단에는, 고대 그리스 시대부터 발전시켜온 수학, 수 체계(계산 때), 기하학(3차원 그래픽 구현 때), 철학(디자인의 추상화, 소프트웨어 파이프라인 구축 때)등의 다양한 지식 체계들이 씨줄과 날줄로 엮여 있고, 효과적으로 실행 가능하며^{Executable}, 편리하게 분배^{Distributable}할 수 있는, 이동 가능한^{Portable} 형태와 명령어 체계^{User Interface}로 패키징되어 있다는 것이죠. 과거 요하네스 구텐베르크^{Johannes Gutenberg} 인쇄술이 지식혁명을 촉발했듯이, '소프트웨어의 파워는 우리의 삶과 산업에 사실상 더 큰 영향을 미쳐오고 있다.'고 볼 수 있어요.

필자는 가끔 디자이너들에게 소프트웨어가 무엇인가를 묻는데요. 적지 않은 사람이 소프트웨어를 등한시 여기는 시각이 왕왕 포착되죠. 하지만 소프트웨어로 매우 심플한 디자인을 하더라도, 혹은 아주 간단한 디자인 알고리즘을 코딩한다 하더라도, 인류 역사를 통해 쌓아 올린 다양한 지식 체계와 이론 그리고 법칙들이 뒷단에서는 실행과 평가가 되는 것이죠.

또한 인간과 비교할 수 없는 속도와 정확도로 그 지식들을 이행함으로써, 소프트웨어 이전의 시대에는 상상도 못 하던 디자인 활동을 손쉽게 할 수 있게 되는 것이죠. 창작 활동에서 도구는 재료만큼이나 중요한 요소이고, '작금의 디자인 소프트웨어는 우리에게 도구 이상의 의미와 역할을 하고 있는 것은 사실이다.'라고 말할 수 있어요.

소프트웨어의 이해는 변화되는 산업의 파도를 타는 주요 단초로 볼 수 있어요. 산업의 특성에 따라 로봇이나, 드론, 혹은 자율주행의 경우, 현실 물리 환경을 고려해야 하는 것이 분명하죠. 그러나 결국 핵심 계산과 결과들은 소프트웨어 세상 안에서 일어나요. 그리고 그 결과를 이행[Implementation], 적용[Application]하는 단계에서는 산업에 특성에 따라 현실세계를 위한 하드웨어까지 확장될 수 있다는 이야기죠. 그렇다면 소프트웨어, 즉 디지털 환경이 왜 중요할까요? 만약 소프트웨어를 Photoshop이나 SketchUp 같은 디자인 툴, 혹은 엑셀 같은 사무 자동화를 구현하는 도구로만 이해하고 있다면 소프트웨어의 매우 편협한 단면만 보고 있는 것이고, 그 시각으로는 현재의 패러다임을 정확히 이해할 수 없어요.

4차 산업의 핵심은 소프트웨어 세계(단[End])에서 일어나는 소프트웨어 혁명이라고 해도 과언은 아니죠. 물리적 영향을 받지 않는 디지털 공간에서 완벽에 가까운 정확도를 바탕으로, 과거와 비교할 수 없는 극단적인 효율로, 지식을 실행 가능한 서비스로의 적용이, 물질세계의 기반을 둔 그 어떤 것들과 비교할 수 없을 만큼 빠르고 정확하죠.

가령 꿈의 소재로 여겨지는 그래핀[Graphene]의 경우 연구결과는 약 17년 전에 나온 물질이긴 하지만 현재까지 우리의 일상생활 깊이까지는 현실적인 대중화가 이루어지지 않았죠. 물리 세상에서는 고려해야 할 요소가 가상의 소프트웨어 세상보다 많기 때문이죠.

그러나 소프트웨어의 경우는 알고리즘들이 개발이 되고 실제로 서비스가 가능한 레벨까지 굉장히 빠른 속도로 발전이 가능해요. 또, 인터넷, 모바일, 컴퓨터 기기들을 통해 세계 구석구석에 서비스할 때도, 비용과 시간적 측면이 비교할 수 없다는 것이죠. 이러한 속도와 경쟁력은 디지털 가상공간인 소프트웨어 단에서 일어나기에 가능한 것이에요.

결국 컴퓨터의 정확도와 계산력을 바탕으로 인류가 쌓아 올린 지식체계들을 실행 가능한 형태로 만들어 적용할 수 있는 4차 산업의 환경이 이전의 혁명과 구분될 수 있다고 볼 수 있어요. 뒷부분에 더 자세히 설명하겠지만 데이터와 함께, 앞서 이야기나눈 그 소프트웨어 파워, 그 잠재력을 잘 살려, 그 속도, 그 규모를 앞세운 서비스로, 인터넷을 통해 국경을 해체시킨 기업들을 보면, 그 수익이 국가의 국내 총 생산(GDP[Gross Domestic Product])을 앞서는 기업들도 속속 나오고 있는 현실이죠. 디지털 세상에서 물리 세상의 병목현상과 의존성 없이, 빠른 지식의 이행 속도와 정확도 그리고 그 계산을 정의할 알고리즘들의 패키지를 소프트웨어로 정의할 수 있어요.

2.3 실제 도구에서 가상 도구 Physical Tool to Digital Media

재미있는 상상을 해보면, 만약 전기가 들어오지 않는다면 세계의 99%의 디자인 회사의 업무는 마비될 거예요. 즉, 작금의 디자인 업무에서 소프트웨어 도구 의존도는 기존의 하드웨어 도구만큼, 혹은 그 이상의 중요한 위치를 차지하고 있는 현실인 것이죠.

디자인과 소프트웨어를 여러 관점으로 이야기할 수 있을 거예요. 일반적으로 우리가 디자인을 한다면 무엇을 그리고, 만들고, 계획할 것이에요. 때로는 2D, 3D 모형과 스케치를 할 수 있겠죠. 가령 Photoshop과 같은 2D, 혹은 SketchUp이나, 3ds Max, Maya, Rhino3D 같은 3D 소프트웨어서 제공해 주는 가상공간 안에서 디자인을 하는 경우가 일반적이죠. 만약 매번 실제 공간에 만드는 것은 시간적으로, 비용적으로 비효율적이죠. 따라서 디자인 소프트웨어를 사용하면 많은 이득이 따를 뿐 아니라, 보다 복잡하고 정교한 디자인을 높은 정밀도로 만들어 낼 수 있죠.

동시에 단순한 가상 도구의 사용을 넘어 가상 도구의 의존성은 점점 늘어나고 있는 추세죠. 인간의 직관으로 할 수 없거나, 복잡하고 다양한 데이터들을 처리하여, 관점과 기분에 따라 달라지는 디자인이 아닌, 명백한 프로세스나, 혹은 데이터로 결과들을 유도해 낼 때, 소프트웨어 환경의 가상 도구는 선택이 아닌 필수로 사용되고 이러한 요구와 트렌드는 점점 가속화되어가고 있는 것이 현실이에요.

2.4 현상에서 시스템 Phenomenon to System

그럼 소프트웨어는 어떻게 만들어질까요? 뒷부분에 좀 더 자세히 이야기 나누겠지만 큰 의미로, 현상을 관찰하여 순서와 패턴 그리고 논리를 분석해서 그 내용을 코드Programming로 풀어놓는 것으로 볼 수 있어요. 병원을 관리하는 소프트웨어를 예를 들어 볼까요? 환자들이 내원을 하고, 진단을 받고, 그 결과에 따라, 약을 처방받거나, 입원을 해서 시술, 혹은 수술을 받고, 건강이 호전되면 결재를 하고 병원을 떠나는 사건들과 그에 따른 행위들과 정보의 수정이 일어날 수 있겠죠.

의사들 입장에서는 스케줄을 입력하고 겹치지 않게 환자 진료와 수술을 이행하겠죠. 관리 차원에서는 병원 물품이나 약, 혹은 위생 품들을 잘 정리해서 다가올 진료에 문제없게 물품을 더 주문하거나, 진료 스케줄에 맞춰서 관리를 해주면 되겠죠. 큰 틀에서 우리말로 풀어서 설명했지만 이것을 컴퓨터가 일을 대신할 수 있게 컴퓨터가 쓰는 언어와 논리체계로 기술을 하면 되는 것이에요. 다시 말해 프로그래밍을 하는 것이죠.

즉, 우리가 해결하고자 하는 이슈^{Issue}의 현상들을 잘 관찰하여 룰^{Rule}과 패턴^{Pattern}을 파악하고, 순서를 정해서 코드화시켜 놓는 것이 소프트웨어라 볼 수 있어요. 인사관리, 은행, 물류, 교통 시스템 등 이러한 현상들을 컴퓨팅 파워로 해결할 수 있는 방식으로 구체화시켜 놓은 것이라 볼 수 있어요. 가끔 '이런 것도 프로그램화할 수 있을까?'라는 질문을 받는 경우가 있어요. 필자는, '우리가 말로 풀어서 설명할 수 있고, 명시적, 논리적으로 일관성을 가지고 관찰하고 해석하고 기록할 수 있다면, 프로그램화할 수 있다.'는 생각을 드리죠.

디자인의 관점에서는 모든 디자이너가 암묵적이던 명시적이던 스스로의 디자인 프로세스가 반드시 있기 마련인데요. 이러한 프로세스나 현상들을 '코딩^{Coding}'한다고 볼 수 있는 것이죠. 즉, 디자인 전략을 설명하고 기술할 수 있다면 코딩을 통해서 디자인 시스템을 구현할 수 있다는 것이죠. 더 나아가 현상과 환경을 관찰하고 모델링하는 방법은, 제너레이티브 디자인 시뮬레이션, 에이전트 베이스 디자인과 같이 현상을 통해 구축된 룰과 패턴들이 디자인에 직접 개입하거나, 디자인에 평가, 도움 등의 요소로 활용할 수 있어요.

2.5 애플리케이션에서 퍼스널라이제이션 Application to Personalization

작금의 일상에서 스마트폰의 앱^{Application} 없이 살 수 있을까요? 앞의 경우는 현상을 코드화, 프로그램화시킨다는 관점이었다면, 그 프로그램을 개인화할 수 없을까요? 즉, 현상의 관측을 통해 일반화된 패턴을 찾아 구현을 하였다면, 어떻게 특수한 상황에 적용 가능하게 할 수 있을까요? 여러분들이 일상에서 쓰는 애플리케이션이 그 답일 수 있어요. 여러분들의 스마트폰에 설치된 은행 앱, 사진 공유 앱, 인스트그램, 메타(페이스북) 등의 앱들은 그 틀이 소프트웨어 형태로 제공이 되지만, 결국 개개인의 맞춰진 세상이 존재하는 것이죠. 즉, 개인화의 형태로 소프트웨어가 우리의 삶에 들어와 있다는 것이에요.

쉬운 예로 과거에는 하나의 은행이 존재하고 시민들이 그 은행을 이용했다면, 현재는 사용자에 맞게 개인화된 서비스들로 재구성된 은행들이 각각의 시민들에게 대응하여 새롭게 생기는 것이죠. 아마존 서비스가 그러하고, 유튜브, 혹은 뉴스 서비스처럼, 개인의 취향과 과거 기록들을 바탕으로 최적화된 서비스로 개개인에게 적합한 서비스가 제공되는 것이에요.

사실 이러한 패러다임이 디자이너들이 소프트웨어를 바라보는 중요한 관점 중 하나가 될 수 있어요. 디자인 도구들을 개인화하여 무언가를 효율적으로 만들어Production 내는 측면뿐 아니라, 디자인 리서치Design Research의 관점에서 이러한 트렌드의 변화는 기존에 없었던 기회와 가능성을 가져오기 마련이죠. 개인화에서 온 피드백과 함께 유지, 관리, 보수, 개선함으로 지속 가능한 데이터를 확보하고 디자인에 적용하는 프로세스를 구축할 수 있게 되죠.

디자인 소프트웨어도 애플리케이션으로 분리될 수 있는 만큼 디자인 소프트웨어 단에서도 개인화를 할 수 있죠. 우리가 사용하는 대부분의 디자인 도구들은 일반화된 도구로 볼 수 있어요. 2D, 3D, 영상, 상호작용, Vector, 혹은 Bitmap 그래픽 등의 형식에 대응하는 일반 도구라는 것이죠. 사용목적과 내용에 따라 도구를 사용하면서 단축키를 만든다던가, 주로 사용하는 루틴들 전면에 배치하여 사용하게 되는 것이죠. 예를 들면 Photoshop이라는 일반화된 도구를 가지고 사진을 편집할 수 있고, 콜라주를 할 수 있고, 포스터를 만들 수 있고, 웹사이트 등 여러 특화된 영역의 도구로 사용될 수 있는 것이죠.

2.6 소프트웨어에서 커스터마이제이션 Software to Customization

디자인 소프트웨어 CAD(Computer-Aided Design), Photoshop, Rhino, 3ds Max 등의 툴을 잘 활용하는 것은 보다 효율적이고 창의적인 디자인을 가능케 하고, 그 내용적 측면으로는 패키지 된 다양한 지식과 기술이 있기에 가능하다고 배웠어요. 그렇다면 좀 더 적극적으로 소프트웨어를 활용하는 방법이 있을까요?

일반적으로 컴퓨터의 소프트웨어서 제공되는 명령어 아이콘을 클릭해가면서 디자인을 하죠. 각각의 명령어들을 뜯어보면 내부적으로 1개 이상의 작은 명령어들의 조합으로 이루어져 있어요. 소프트웨어를 디자인한 개발자가 단순한 명령어들의 조합으로 의미있는 명령어 단위들을 만들죠. 즉, UI^User Interface의 아이콘을 사용한다는 것은 좀 더 쉽게 패키지 된 명령어로 진입장벽을 낮게 만들어 보다 많은 사용자들이 쉽게 도구^Software를 사용하게 만들기 위함이라고도 볼 수 있죠.

단점은 무엇일까요? 네, 맞아요. 보이는 것 밖에 조정을 할 수 없죠. 대부분의 디자이너가 이 단계에 머물러 있고, 이 단계에서는, '툴은 한계가 많다' '새로운 소프트웨어가 나오면 매번 새로 공부해야 한다', 혹은 '도구는 우리의 창의성을 도울 수 없다' 등의 볼멘소리가 나오는 지점이에요.

좀 더 적극적으로 소프트웨어를 사용하는 단계는, 일반적으로 스크립트^Script로 코드^Code를 작성 하는 것이죠. 대부분의 모던 소프트웨어들은 스크립트 환경을 지원해주죠. 가령 Maya, 3ds max, Rhino3d 등의 디자인 프로그램들은 Python 환경을 지원하고 있어요. Python에 대해서는 나중에 더 자세히 이야기 나누고, 여기서 이해해야 하는 것은 코딩을 할 수 있는 환경이 지원되고, API^Application Programming Interface를 통해서 위에 언급한 명령어들을 실행할 수 있다는 것이에요. 즉, 아이콘을 클릭해서 하기보다는 스크립트로 형식으로 명령어들의 조합 및 실행을 구성하고 조정할 수 있다는 것이죠. 디자인 프로세스, 즉 알고리즘을 코딩하는 것이에요.

뒤에서 더 자세히 이야기 나누겠지만, 예를 들면 Illustrator에서 자동차를 그린다고 가정해 보면 우리는 자동차의 몸체 그리고 창문 바퀴 등을 생성 명령어를 클릭해가며 그려가죠. 수정 명령어를 통해 크기와 위치를 바꿔가며 자동차를 디자인해 가겠죠. 만약 코딩을 통해서 한다면 어떻게 할까요? 분명 명령어 아이콘이 있다는 것은 그것에 해당하는 명령어가 API로 존재할 것이고, 그 명령어들의 인풋 그리고 아웃풋을 연결해가며 알고리즘을 완성시켜 나가겠죠. 여기서 다른 점은 수 체계를 적극 활용하여 관계성을 기술^Description한다는 것이에요. 일반적으로 원을 그리기 위해서 화면에 클릭을 하겠죠? 클릭하는 순간 화면의 어느 위치에 클릭을 했는지 위치정보, 즉 X축과 Y축으로 정보를 가져와서 그 명령어에게 넘기는 것이죠.

코딩을 한다면 위의 프로세스를 명시적으로 입력을 해줘야겠죠. 가령 바퀴의 사이즈를 정하고(나중에 바꾸어 볼 수 있겠죠) 자동차의 길이와 높이 등의 치수를 변수로 담아 놓고 자동차를 그려 나갈 수 있는 것이죠. 사실 결과는 같을 수 있겠죠. 하지만 과정과 디자인 사고[Design Thinking]에서 많은 차이가 있어요. 이 부분도 나중에 자세히 이야기 나누어 봐요.

요약을 해보면,

구석기, 신석기, 청동기, 철기를 거치며 시대에 따른 재료와 그에 맞는 도구들을 발달시키며, 필요한 것들을 생성하고 디자인하며 문명을 발전시켜오고 있죠. 재료가 진보될수록 도구와 가공기술의 수준은 높아지며, 디자인 프로세스와 결과물 또한 다양해지고, 정밀해지고 있다는 것이죠. 무엇보다 주요하게, 4차 산업 패러다임을 통해 보편화된 새로운 재료인 데이터로 다양한 가능성을 가진 원석의 재료가 디자이너 앞에 놓여있다는 것이죠. 이 데이터를 가공하기 위해 코드[Code]라는 도구가 있고, 그 도구로 알고리즘이라는 디자인 프로세스를 개발, 적용할 수 있는 장이 우리 앞에 열려 있다는 것이에요.

디자이너가,
(1) 컴퓨팅 파워를 적극 활용한,
(2) 물리적 제약을 받지 않는 디지털 세상에서,
인류 역사를 통해 축적한 기술과 지식을, 실행 가능한 소프트웨어 파워를 사용하여,
(3) 데이터와 인사이트라는 재료들을,
(4) 좀 더 창의적이고 효율적인 디자인 위해 도구와 함께,
디자이너의 손에 들려질 수 있다라는 것이죠.

디자이너가 코딩을 배워야 하고, 4차 산업의 파도를 타야 하는 이유로 볼 수 있어요. 앞으로의 챕터들을 통해서 좀 더 현실적인 이유들과 사례, 학습방향, 학습 방법들을 차례로 알아봐요.

! 지식의 빈익빈 부익부

가진 자가 더 많은 것을 가지게 되는 것이죠, 그래서 부자는 더 부자가 되고, 가난한 사람은 더 가난해질 수밖에 없다는 뜻이죠. 필자는 10대 20대에 프로댄서로 활동을 했었는데요. 그때는 댄서의 무덤인 군대를 빼기 위해서 고등학교를 자퇴하는 일들이 비일비재했어요. 그때의 친구들부터 시작해서, 유학과 해외 취직을 통해서 정말 다양한 부류의 사람들을 만나오고 있어요.

현실적으로 '자본의 빈익빈 부익부 보다 지식의 빈익빈 부익부가 더 무섭고, 그 속도와 폭이 더 크다.'는 것을 느꼈어요. 지식의 재테크가, 사실상 자본의 창출로 이어지고, 우리가 세상을 살면서 겪을 다양한 문제들에 좀 더 근본적인 연결이 있기 때문에 부의 재테크보다 지식의 재테크가 더 중요하다 생각하고 있어요.

지식의 재테크 특성은 초기 자본을 비교적 스스로의 노력으로 만들어 낼 수 있고, 그 지식의 복리를 경험하는데 까지는, 실제 자본 자산보다 더 빠르게 이루어 낼 수 있고, 달성 과정이 비교적 예측 가능하다는 것이죠. 즉, 외부요인에 따라서 크게 영향을 받지 않는다는 것이죠. 요즘, 많은 사람들이 주식, 부동산, 코인 등의 재테크에 많은 에너지와 시간을 투자하고 있는데, 지식의 재테크도 전략적으로 준비를 한다면, 그 재테크에서 파생될 결과물은 자산의 재테크보다 더 근본적이고, 안정적이고, 실제적인 파급력이 있다고 생각해요.

지식의 빈익빈 부익부 / 지식의 재테크 링크

글 참조

비디오 참조

디자이너들에게는 어떤 지식의 부익부의 사이클을 만들 수 있을까요? 디자인도 하나의 통찰을 프로덕트화 시키는 행위로 봤을 때, 소프트웨어와 데이터를 활용할 수 있는 환경을 구축하고, 효과적인 자동화, 창의적인 디자인 시스템의 모듈화 Modularization 등을 통해서 디자인 사고와 통찰을 패키지할 수 있는 소프트웨어와 데이터를 누적시키는 방법이 있다고 생각해요. 좀 더 고민해 보고 싶은 독자 분들에게 좌측 QR 코드를 추천해요.

! GUI: 볼 수 있는 것은(것만) 조작할 수 있다.

처음 국내에 컴퓨터가 대중화될 때 DOS^{Disk Operating System}가 주 운영체제였어요. 그때는 지금의 간결한 그래픽 아이콘이 아니라 터미널, 혹은 콘솔 환경이라 불리는 화면에서 명령어를 일일이 타이핑하여 컴퓨터를 실행시켰어요.

진입장벽이 높았겠죠. 영어로 명령어를 입력해야 했고, 어떤 명령어를 어느 상황에 입력해야 하는지 학습하지 않았으면 불가능했거든요. 제록스 연구소에서 비트맵 방식의 그래픽 인터페이스를 시작으로, 애플과 마이크로스프트의 운영체제에서 그래픽 사용자 인터페이스(GUI^{Graphical User Interface})를 도입했고, 그 결과 대중들이 쉽게 컴퓨터를 다루게 되었죠. GUI는 지금 우리가 사용하고 있는 운영체제, 소프트웨어, 스마트폰에 없어서는 안 될 매우 중요한 요소가 되었죠.

GUI 환경의 장점이자 단점은 '보이는 모든 것은(것만) 조작할 수 있다.'라는 것이죠. 초기 진입장벽은 낮을 수 있지만, 제공해 주는 틀 안에서만 조작이 가능하기 때문에 많은 한계가 있을 수밖에 없어요. 따라서 많은 전문가들은 GUI가 있음에도 불구하고 여전히 콘솔 창에서 명령어를 타이핑하여 업무를 수행하죠.

왜 그런 걸까요? 이유는 간단해요. GUI는 소프트웨어서 제공되어야 할 대표적인 명령들을 추려서 사용자에게 제공해 주기 때문이죠. 즉, 모든 기능을 다 아이콘화 시켰을 때 아마도 너무 많은 아이콘에 압도당해 작업을 할 수 없을 거예요. 종류가 너무 많아 기억하는 게 쉽지 않겠죠. 하지만 터미널 환경에서 명령어를 타이핑 쳐 실행할 때 각각 명령어에 옵션들이 붙어서 다양한 용도로 사용될 수 있어요. 그렇기 때문에 전문성이 요구되는 파워유저의 경우 GUI를 쓸 필요가 없어지는 것이죠.

디자이너가 코딩을 배운다는 의미는, 디자인 소프트웨어의 불편함을 벗어나, 도구에서 제공해 주는 명령어뿐 아니라 숨겨진 기능까지 높은 정밀도로 활용을 하여 창작활동에 집중하겠다는 의미로 볼 수 있어요.

CHAPTER 2 디자이너에게 코딩이란 Coding for Designers

"왜 디자이너가 코딩까지 해야 해?"라는 질문은 여러 채널을 통해서 공통적으로 물어오는 질문이었어요. 일반화시켜서 답을 하기에는 무리가 있음에도 불구하고, 필자도 오랜 시간 동안 생각하고 정리해 오고 있었던 그 내용을 함께 이야기해 보려고 해요.

시대와 환경 그리고 노출된 경험에 따라서 강조점이 달라질 수 있지만, 코딩 학습을 시작함에 있어서 충분한 고민과 동기부여를 하는 것이 중요하다고 생각해요. 질문을 잘 던지고 고민해 보는 것은 학습에서 매우 중요한 요소인 만큼, 여러분도 이 챕터를 통해서 "디자이너이기 때문에 코딩을 공부해야만 한다"는 질문으로 스스로의 답을 생각해 보면 어떨까요?

3 디자이너가 왜 코딩을 해야 할까?

3.1 창의성의 도구? Code for Creativity

시대에 따라 새로운 재료가 소개되고 도구도 진화하고 있죠. 특별히 디자인의 경우 도구의 영향을 많이 받죠. 컴퓨터가 대중적으로 사용되면서 환경, 도시, 건축, 제품, 시각 디자인 등 거의 모든 디자인 영역에 걸쳐 없어서는 안 될 필수 도구가 되었죠. 상용 소프트웨어, 즉 Photoshop, SketchUp과 같은 2D, 3D 디자인 소프트웨어가 발전에 발전을 거듭하면서 어떤 의미로 디자인 능력은, 필요에 따라 적시적소에 요구되는 소프트웨어를 잘 이해하고 활용하는 능력과 비례한다고 볼 수 있어요.

머릿속에 있는 아이디어를 표현하고 발전시킬 때 암묵적으로, 혹은 명시적으로 도구의 영향을 많이 받죠. 가령 특정 소프트웨어를 사용할 때 그 도구에서 제공되는 방식과 생태계 안에서 매우 편리하게 아이디어를 발전시킨 경험을 한 번쯤 해봤을 거예요. 동시에 필연적 단점으로는, 만들어 낼 수 있는 결과물의 형태가 어느 정도 정해져 있어서 아이디어 발전보다는 도구의 틀 안에서 제한된 창작활동을 강요받은 경험도 있겠죠.

상황과 목적에 따라 특화된 소프트웨어를 활용함과 동시에 각각의 소프트웨어를 필요에 맞게 수정Customization할 수 있다면, 도구의 틀을 넘어 활용할 수 있다면, 그것만큼 좋은 위치는 없겠죠. 더 생산적이고 창의적인 디자인을 함에 있어서 도구의 제한을 넘어선다는 것은 창의력에 온전히 집중할 수 있다는 이야기일 수 있어요.

코딩을 한다는 것은, 디자인 소프트웨어의 사용을 극대화시켜줄 수 있을 뿐 아니라 굉장히 높은 자유도로 도구를 활용할 수 있게 되는 것이에요. 왜냐하면 코딩을 통해서 디자인 소프트웨어에서 제공해 주는 명령어를 손쉽게 조작할 수 있을 뿐만 아니라 디자인에서 필요한 도구들을 그때그때 만들어 사용할 수 있는 능력을 주기 때문이죠. 만약 독자 분들 중에서 실무를 어느 정도 경험한 경우라면, 나의 창작활동을 도울 마술램프의 '지니'를 갖는 상황이라는 말이 이해가 되실 거에요.

3.2 자동화의 도구? Code for Automation

코딩능력은, 디자이너의 창의성을 도와주는 도구 일뿐 아니라 일반적으로 자동화[Automation], 혹은 최적화[Optimization]의 영역에서도 그 탁월함이 발휘가 되죠. 크고 작은 업무들을 단순한 형태로 자동화를 시키는 것은 아주 적절한 예일 수 있어요.

사실 디자인을 하다 보면, 창의적인 고민에 시간을 쏟는 것보다 단순 반복을 하는 경우가 다반사죠. 물론 그 과정에서 다양한 아이디어들이 떠오르긴 하지만 1초당 몇 조 번의 연산이 가능한 컴퓨터에게 그 반복적인 작업과 변형을 주문한다면 창의적 활동에 집중할 수 있고, 그 자동화 프로세스에서 오는 디자인 발전[Design Development] 기회들을 통해서 새로운 결과물을 창조해 낼 수 있는 다양한 방법론들과 마주할 수도 있어요.

나아가 이 단계에서는 그 반복과 변형의 규칙, 패턴, 논리 알고리즘을 생각하는 것 자체가 디자인 프로세스임과 동시에 자동화, 최적화 프로세스인 것이죠. 필자의 경험 중 하나는, 디자인 문제가 주어졌을 때 그 환경을 기술하고 그 문제 풀 수 있는 작은 알고리즘 부스러기들을 만들고 그것들을 조합해서 주어진 문제를 해결하는 솔루션을 만드는 것이죠. 그 알고리즘들의 조합은 내가 정의한 디자인 행위, 평가, 판단의 일련의 과정을 대신하며 효과적인 피드백을 통해서 디자인을 개선시켜나갈 수 있는 것이죠.

더 쉬운 의미로 전기만 들어오면 밤낮 쉬지 않고 일을 할 수 있는 컴퓨터에게 노동을 맡기고, 좀 더 의미 있고 지속 가능한 고민에 디자이너의 시간과 능력을 발휘 하자는 것이죠. 컴퓨터의 속도는 우리의 상상력을 초월해요. 우리의 손에 쥐어진 스마트폰의 컴퓨팅 파워도 초당 1조 번이 넘는 연산 속도를 자랑해요. 이 컴퓨팅 파워를 디자인 자동화에 사용할 수 있다는 것은, 과거의 손으로 스케치와 도면을 그리던 시대로부터 디지털 문서와 이미지를 수정, 저장하고 지구 반대편까지 몇 번의 클릭으로 많은 사람들에게 배포할 수 있는 디지털 시대로의 발전과 도약만큼이나, 디자이너가 코딩을 활용하여 디자인을 함으로써 과거에 경험하지 못한 기회와 가능성을 만날 수 있다는 것이죠.

3.3 최적화의 도구? Code for Optimization

최적화Optimization 영역은 컴퓨터 공학과 수학에서 전통 깊은 학문 중 하나죠. 사실 여러 전문 영역에서 그 개념들을 차용해 다양한 영역에서 활용되고 있어요. 가령 건축구조, 에너지, 제조, 재료 등 디자인 전반의 걸친 영역에서 최적화는 매우 중요한 영역을 담당하고 있어요. 디자인도 예외일 수 없죠. 디자인 결정Decision-making을 내릴 때 여러 조건들이 있죠. 가령 자동차를 디자인한다고 가정해 봐요. 재료가 들어갈 것이고, 충돌했을 때 어느 정도의 충격이 운전자에게 미칠 수 있을까요? 자동차의 프레임 '디자인'에 따라서 영향을 미칠 수 있죠. 무게 또한 연비를 결정하는 중요한 요인일 것이고요. 능력이 된다면 더 많은 조건들을 디자인의 변수로 가져와서 디자인 발전에 주요하게 활용할 수 있겠죠.

이런 결정사항들 중에서 최적의 디자인 결과물은 무엇일까요? 하나하나 만들어 보고 테스트를 해보면 제일 좋겠지만 비용과 시간이 많이 들어갈 거예요. 이런 경우 컴퓨터의 계산능력은 인간의 경험과 직관보다 더 빠르고 정확한 값을 찾아내며, 적은 비용으로 빠르고 높은 정밀도로 디자인 피드백을 만들어 낼 수 있겠죠.

이처럼 코딩 도구를 활용하면 기존의 전통적 방식의 프로세스를 넘는 다양한 관점을 디자인의 이슈로 포함시킬 수 있는 시각과 능력을 가질 수 있게 되는 것이죠. 다른 관점으로는, 과거에 독립적인 전문영역들이 디자인과 융합되어 그 시너지 효과를 디자인 단계에 적극적으로 다루어내어 디자인 과정 안에 녹여 낼 수 있다는 것이죠. 분명 많은 기회가 디자이너들 앞에 놓일 수 있고 더 큰 영향력을 발휘할 수 있겠죠.

최적화라는 단어가 디자인과 별개로 생각하는 분들도 계세요. 가령 '디자인은 발산적 사고를 통해서 기존에 경험하지 못한 무언가를 창작하는 것이 디자이너의 역할이지, 뻔한 답을 찾는 것은 디자인이 아니다.'라고 생각할 수도 있어요. 반복해서 말하지만 코딩과 활용 방법론은 도구라는 것이에요. 우리가 목적지를 정하고 운전을 해서 그 목적지에 다다르는 것은 큰 틀로 본다면 그 과정에서 수많은 결정을 해야 해요. 좌회전, 우회전, 때로는 후진을 하며, 여러 작은 구간들에 적용해야 하는 목표와 요구되는 방법론들이 산발적으로 일어나요. 그 전반의 결정 과정에서 전략적으로 적용할 수 있는 사고 체계, 혹은 방법론으로 볼 수 있어요.

3.4 데이터 때문에? Code for Data

디지털 디자인 소프트웨어를 사용할 때, 그 도구에 의해 생산되고 가공(프로세스)되는 것은 결국 '데이터'예요. 즉, 디자인을 할 때 내부적으로는 끊임없이 데이터가 생성되고 수정되는 것이죠. 사실 전통적인 디자이너들에게는 데이터가 익숙하지 않을 수 있어요. 데이터 기반 사회로의 패러다임 전환은 우리의 삶 전반에 걸쳐 다양한 시각을 제공해주죠. 이러한 변화는 전문가 집단에 국한된 것이 아니라 일반인들도 데이터의 중요성을 이야기 나누며 활용하는 단계까지 이르게 했죠. 예를 들면 몇몇의 웹사이트, 혹은 소프트웨어에서 몇 번의 클릭으로 데이터를 시각화시켜 주고, 여러 통찰insight을 사용자에게 제공하죠. 집을 구할 때도 '이 동네가 좋다, 나쁘다.'를 넘어 통계적으로 수치적으로 주어진 데이터를 바탕으로 정확하게 분별하여 그 결과를 제공해주죠. 이러한 변화는 디자인 산업도 예외일 수 없어요.

'디자이너가 그런 것까지 알아야 해? 나의 전공이 데이터 시각화도 아니고 프로그래머도 아닌데 디자인에 데이터를 쓴다고?' 이렇게 반문할 수도 있어요. 필자가 생각하는 이러한 변화에 대한 우리의 반응은 '데이터를 통해서 디자인을 발전시킬 수 있다고? 어떤 가능성이 있을까?' 데이터라는 재료가 디자이너의 손에 붙들렸을 때 나올 수 있는 시너지 효과를 생각해본다면, 내가 사용하는 프로세스가 어떻게 더 증강될 수 있을지에 대해 긍정적 호기심이 생겨야 한다고 생각해요. 왜냐하면 새로운 것을 창조할 수 있는 새로운 방법과 도구가 나타난 것이니까요. 따라서 데이터 가공 관점에서 코딩은 선택이 아니라 필수가 되는 것이죠.

기존에 수집된 데이터뿐 아니라 디자인 단계에서 형태, 모션, 색등의 디자인 요소들은 결국 데이터로 다루어져요. 그 관점에서는 '디자인' 자체는 '데이터'라고 볼 수 있어요. 코딩을 통해 이러한 데이터를 좀 더 명백하게 다루는 것이 차이라고 볼 수 있죠. 따라서 어떻게 디자인이 발전되는지, 어느 형태와 색이 수치적으로 어떻게 달라지고, 어떻게 결과로 표상될지, 전과정에 걸쳐 데이터들이 생성이 되고 수정이 되는 것이죠. 결과적으로 '코딩을 통하여 디자이너들도 데이터를 적극적으로 활용할 수 있는 장이 열린다.'로 요약할 수 있어요.

코딩을 활용한 디자인, 즉 컴퓨테이셔널 디자인의 가장 핵심은 데이터를 다루어 내는 능력이라고도 볼 수 있어요. 핵심인 만큼 디자이너가 알아야 할 데이터의 관점에 대해서는 뒤의 [CHAPTER 4 코딩 & 디자인]에서 좀 더 자세히 이야기를 나누어 볼게요

3.5 디자인 방법론 때문에? Code for Design Methodologies

일반적인 방식으로 '2D 3D 그래픽 소프트웨어를 사용한다.'는 의미는 아이콘을 클릭해서 명령을 내린다는 것이죠. 생성을 한다던가, 수정을 한다던가, 디자인 활동을 할 때, 소프트웨어단에서 제공되는 명령 체계를 따른 다는 것으로 볼 수 있어요. 우리가 디자인하는 방식과 흡사한 이 방식은 편할 수 있지만 한계도 있고 특정 조건을 확인하기도 매번 번거로운 일이 아니죠. 이 방법을 탑다운Top-Down이라고 가정해 봐요. 바틈 업Bottom-Up으로는 아이콘을 뒤에 숨어 있는 명령어들을 밑에서부터 조합을 하는 것이죠. 가령 '박스를 만든다.'라는 아이콘은 뒤에 많은 작은 명령어들이 서로 협동하면서 박스 형태의 오브젝트를 생성하죠.

가령 첫 점은 사각형의 한 점, 두 번째 점은 사각형의 반대 모서리를 만듦으로써 닫힌 사각형면을 만들고 세 번째 클릭은, 사각형의 높이를 정함으로써 6개의 면을 가진 박스 형태를 만들어 낼 수 있죠. 이해되셨나요? 이렇게 박스를 그린다는 명령어는 하나의 아이콘으로 사용자에게 제공이 되지만, 뒷단에서는 다양한 명령어들이 서로 협동하며 인풋 데이터를 공유하며 아웃풋 데이터를 생성해내죠. 그리고 그 아웃풋은 박스 형태의 지오메트리고요. 만약 이러한 명령어들을 내가 스스로 조합해서 큰 의미의 명령어를 만들 수 있는 능력이 있다면 굉장히 재미있고 유용하겠죠? 다른 의미로 '내가 원하는 명령어들을 만든다.'는 것이죠.

이렇게 하려면 컴퓨터 환경에서는 코딩이라는 도구가 주어지죠. 즉, 특정 업무를 수행하는 프로그램을 작성하는 것이에요. 다행히 우리가 쓰는 대부분의 프로그램은 환경에서는 코딩을 할 수 있는 환경이 주어지죠. 누군가가 만들어 놓은 명령어 꾸러미API를 사용함으로써 우리는 편하게 그 환경에서 그 명령 체계와 동일한 작업을 할 수 있는 것이죠.

다른 예로 파라메트릭 디자인 방법론으로 작업했다고 알려진 결과물, 혹은 에이전트 베이스로 디자인된 결과물, 혹은 컴퓨터 소프트웨어를 가지고 기존에 표현할 수 없었던 복곡면의 형태를 디자인했다고 알려진 결과물들을 생각해 봐요. 그런 형태를 직접 정의하고 조정함에 있어서 인간의 직관은 오히려 방해가 돼요.

위와 같은 방법론의 결과물들은 환경과 조건을 정의함으로 아웃풋들이 나오는 방식을 취하는데, 그 이유는 그 결과물을 도출해 내는 디자인 논리구조의 복잡도를 고려해 보면, 전통적인 방법인 인간의 직관을 통해 기술하여 전체를 장악하는 통합적 조정을 하는 방식보다, 수체계를 활용해서 그 복잡도를 인간의 직관으로 제어 가능한 단계로 내려 그 기저를 기술하는 것이 훨씬 합리적이고 설명 가능하기 때문이에요.

더 쉬운 예로 곡선^{Curve}을 기술할 때, 그 기술 방식과 변형이 사람의 경험과 직관이 다르기 때문에 계속 바뀔 수밖에 없어요. 지속적으로 같은 결과물을 낼 수 있는 모두가 합의한 방법론의 기술이 어렵다는 거예요. 때문에 하나의 단순한 곡선을 설명하려면 역설적으로 굉장히 많은 지면을 할애해서 기술할 수밖에 없어요. 그 곡선을 정의할 수 있는 방법의 변수들과 복잡도 때문에 그러한 거예요. 때문에 수 체계로 곡선을 기술^{Parametric Curve}하는 것이 곡선에서 나올 수 있는 모든 복잡도를 가장 간결하게 기술하고, 직관적으로 변형할 수 있게 되는 것이죠. 즉, 수 체계를 활용한다는 것은 컴퓨팅을 한다는 것이고, 그렇기 때문에 컴퓨테이셔널 한 방법론으로 디자인을 기술하고 발전시킬 수밖에 없다는 거예요.

요약하면 코딩을 통해서만 볼 수 있는 방법론의 세계가 존재하고, 이 방법론에서 오는 전반의 철학이나, 부분적인 접근방법이나, 사고체계들이, 디자인 프로세스에 방법론으로서 활용될 수 있다는 것이죠. 이러한 사고 체계가 각각의 디자이너의 기존 사고 흐름과 화해, 혹은 융합을 할 수 있다면, 큰 폭의 시야 교정을 통해서, 스스로의 경쟁력과 창의력을 더 촉진시킬 수 있는 연료로 사용될 수 있다고 생각해요.

! 컴퓨터를 사용하는 것은 창의적이지 못하다?

기성세대가 바라보는 디지털 소프트웨어의 첫인상은 그렇게 비칠 수 있어요. "디자이너는 디지털 소프트웨어 보다, 스케치, 혹은 모형을 잘 만들어야지, 컴퓨터를 사용하는 것은 창의적일 수 없어. 왜냐하면 너무 많은 제한이 있는 그 도구가 어떤 창의력을 줄 수 있겠어?"의 뉘앙스가 있고, 필자가 지난 20여 년간 건축 디자인 필드에 있으면서 경험한 사실이에요. 물론 점차 나아지고 있지만 여전히 그러한 풍조는 남아 있죠.

실상은 컴퓨터를 사용하는 것과 창의성은 상관관계가 없다고 볼 수 있어요. 연필이 하는 일, 망치가 하는 일, 톱이 하는 일은 정해져 있어요. 그것을 어떤 상황에 어떻게 활용할 것이냐의 문제죠. 창의력은 도구에서 기인하는 것이 아니라, 디자이너의 생각과 의도가 매우 주요하게 그 창의력의 견인을 담당하죠. 채색 도구가 나왔을 때를 생각을 해보면 '그 제한된 방법과 색채로 그 광활한 창작의 영역을 담아낼 수 있을까?' 따라서 '그 한계성으로 정형화된 창작활동 밖에 할 수 없지 않을까?'라고 바라본 사람들이 있었겠죠. 그러나 채색 도구 또한 도구일 뿐, 그들은 시행착오를 통해 채색 도구의 장점과 단점을 누구보다 잘 알고 있었고, 결국 그 제한을 뛰어넘는 창의적인 다양한 기법과 표현법을 꾸준히 발전시켜 각 시대의 미술사를 대표하는 정의하는 수준으로까지 발전시켜 갔죠.

컴퓨터도 같은 맥락에서 조명될 수 있어요. 디자인 소프트웨어의 장단점을 잘 알고 코딩 도구를 이해하고 활용할 수 있는 능력을 가진 디자이너들이 편만하게 산업을 채우고 있다면, 컴퓨터를 사용하는 것은 창의적이지 못하다는, 연관성과 인과관계가 성립되지 않는 질문 자체를 하지 않을 것이라는 이야기죠.

0과 1의 신호 분류의 단순함으로 계산기를 만들고 애플리케이션을 만들고, 자율주행, 인공지능, 로켓까지 쏴 올리며 우리 삶 전반을 바꾸고 있죠. 단순한 0과 1의 차이로 작금의 문명을 이루려면 얼마나 창의적 방법으로 디지털 신호를 다뤄야 하는지 상상을 해 보면 좋을 것 같아요. 좀 강한 어조로 컴퓨터가 디자인에서 창의적 도구로 쓰이는데 한계를 느낀다면, 도구의 문제가 아니라 그 도구를 쓰는 우리의 시각과 수준이 그러하기 때문인 것이죠.

! 쉽고 간단한 소프트웨어의 함정 & 공부 방법

필자는 2004년부터 여러 모양으로 학생들에게 디지털 디자인 소프트웨어를 강의를 해 오고 있는데요. 건축 디자인 전공생을 가르칠 때 개인적으로 배우기 쉬운 소프트웨어를 떠나 오래 시간 검증되고, 넓은 의미로 적용 가능한 내용을 품고 있는 소프트웨어를 가르치기를 원하죠. 주로 3ds Max나 Maya 같은 도구가 그 예일 수 있어요. "나는 디자인을 하러 왔는데, 왜 이 어려운 소프트웨어를 공부해야해?"하는 반응을 심심치 않게 볼 수 있죠. 따라서 배우는 입장에서는 쉬운 도구를 사용하려고 해요. 이해하기 쉽고 몇 시간만 배우면 무언가를 뚝딱뚝딱 만들어낼 수 있기 때문이죠. SketchUp이 그 예일 수 있어요. 직관적인 인터페이스와 사용 문법 때문이죠. "이런 것들이 이렇게 간단히 만들어지네!"하며 사용을 하죠.

재미있는 사실은, 시간이 조금 흐르면 "왜 이런 것 밖에 안 되지? 난 이러한 걸 만들고 싶은데..."라며 볼멘소리를 하죠. 필자의 경험상 대다수의 디자이너가 새로 학습하기보다는, 이미 길들여진 소프트웨어에서 최대한 맞춰서 디자인을 하죠. 왜냐하면 이미 배울 시기를 놓쳐 버렸기 때문이예요. 오픈 마인드로 새로운 것을 학습한다 하더라도 이미 체화된 정형화된 프로세스에서 벗어나면 적응을 못하며 불안해하는 것을 느껴요. 아마 여러분들 주변을 살펴보면 제가 무슨 말을하는지 금방 알 수 있을 거에요. 디자인 소프트웨어를 공부한다면 처음에는 어떤 도구를 공부하셔도 좋아요. 하지만 도구에게 정복을 당하지 않으려면 도구를 정복해야 하는데, 좀 어렵더라도 3ds max, Maya, 혹은 Cinema4D 같이 높은 수준의 그래픽 도구를 학습하길 권해요.

학습 방향은 다음의 QR 코드 [**QnA 22. 디자인 소프트웨어 어떻게 공부할까? / 그 많은 것 언제 다 해요?**]를 통해서 자세히 이야기 나눠요. 디자이너로서 평생을 살아갈 결정을 한 분들이라면, 한 번만이라도 도구의 생태계와 핵심 개념을 이해하면 추후 버전이 올라간다 하더라도 "어 이건 뭐지?"라는 반응보다 "드디어 올게 나왔네!"라는 반응으로, 신기능 소개 영상을 시청하는 것만으로도 새로운 기능을 숙지할 수 있죠.

소프트웨어들을 제품으로 접근하기보다 모델링 타입으로 접근을 하는 것이 좀 더 유리한 접근 방법일 수 있어요. 자세한 내용은 QR 코드 [**QnA 23. 디자인 소프트웨어 어떻게 공부할까?**, NURBS, Mesh(Polygon)]를 참조해 주세요.

4 디자이너가 코딩을 해야 하는 이유

많은 디자이너들이 부정적인 관점으로, 혹은 정말 궁금해서 '코딩을 왜 해야 하냐?', '도대체 좋은 점이 뭐냐?'라고 질문들을 해요. 이런 질문이 있을 때마다 생각을 정리해 왔고, 다음과 같이 요약될 수 있을 것 같아요. (1) 일할 수 있는 일꾼을 만든다 (2) 균일한 품질 유지를 도와준다 (3) 실험적 작업 가능 (4) 문제로서의 디자인 (5) 솔루션으로서의 디자인 (6) 데이터로의 디자인 (7) 다양한 커리어 패스를 만들 수 있다. (8) 진입 장벽을 높여준다 (9) 경쟁력을 준다 (10) 컴퓨테이셔널 사고 때문이다. 궁극적으로 디자이너가 좀 더 창의적인 활동에 집중할 수 있게 직간접적으로 도움을 준다.

4.1 일할 수 있는 일꾼을 만든다 Code for Automation

'나를 대신해서 일할 수 있는 일꾼을 만든다.' 모든 건 시간이 중요하죠! 한국은 좀 다른 것 같은데요. 필자가 있는 북미에서는 시간당 페이가 중요한 척도가 되요. '너 일당 얼마니?' 즉, 너 얼마짜리 인력인지를 물어보는 것이죠. 가령 생산과 관련된 단순 반복적인 것들은 동남아 인력을 많이 쓰는 것 같아요. 노동력이라는 것은 제품의 가격과 마진에도 직접적인 영향이 있어요. 우리가 디자이너로서 8시간을 일하는 것은 물리적인 결과물에 한계가 있겠죠. 코딩을 한다는 것은, 컴퓨터라는 가상의 공간에 '나를 대신해서 일할 수 있는 일꾼을 만든다.'라는 개념으로 보면 좋을 것 같아요.

이 일꾼들은 전기만 공급되면 24시간 쉬지 않고, 지치지도 않고, 파업도 없고, 초당 몇 조 번의 일을 수행할 수 있거든요. '나'라는 기업의 직원들이 되는 것이죠. 마치 자본주의 시대에 빌딩을 소유하고 있는 건물주처럼 계속 쉬지 않고 부가가치를 생산해낼 직원을 만든다고 볼 수 있어요. 특정일을 반복적으로 수행하는 오토메이션이나, 어떤 디자인을 할 때, 그 평가를 할 수 있는 방법론을 기술한 모듈, 혹은 프로그램을 들 수 있죠.

예를 들어 어떤 디자인 이슈가 있다고 본다면, 필자는 기존에 가지고 있는 라이브러리[Library], 즉 코딩을 통해 일종의 루틴을 모듈화 시킨 코드를 호출함으로 아주 간단히 그 이슈를 해결을 시도해요. 혹은 존재하지 않은 루틴을 해야 할 경우 기존에 있는 코드들을 수정하거나, 합쳐서, 그 루틴을 해결할 수 있는 것이죠. 혹은 아주 작은 단위의 루틴들을 먼저 만들어 놓고 그 상위 개념으로 그 작은 루틴들을 조합하여 디자인 이슈를 해결할 수 있는 것이죠.

이 경우에는 새롭게 짜인 코드들은 기존의 모듈화 된 라이브러리로 편입되어, 미래에 있을 비슷한 일을 대비하는 것이죠. 즉, 라이브러리 모듈을 더 강화시키며 여러 명이 해야 할 일들을 혼자서도 충분히 커버를 할 수 있죠. 사실 이러한 방식으로 몇 개월간 직원들을 만들어 낸다면 대부분의 디자인 이슈들은 하나 더하거나 빼는 수준으로 충분히 대응할 수 있죠.

컴퓨터과학에서 중요하게 보는 것 중 하나가 모듈화예요. 기존의 코드들을 재활용하고 변형해서 새로운 문제에 대응하는 것이 아주 중요한 개념인 것이죠. 디자인도 예외가 아니죠. 굉장히 다양할 것 같지만 몇몇의 파라미터로도 정의가 가능한 것들이 디자인 영역에서 많이 있어요.

이런 디자인 라이브러리가 일정 수준에 도달하면 실제로 하나의 회사에서 처리 가능한 일들을 몇 시간의 코딩으로도 해결이 가능하죠. 시간이 지날수록 디자인 라이브러리가 늘어나고 강화되며 필요에 따라서 디자인 이슈에 맞는 프로그램을 만들어 낼 수도 있어요. 어떤 의미로 라이브러리를 통해 경쟁력과 실력을 높일 수 있게 되는 것이고, 그 차이는 한두 명의 노동력의 차이가 아니라 몇 백, 천 명의 인력을 대체시킬 수 있는 능력과도 같다고 볼 수 있죠.

4.2 균일한 품질 유지를 도와준다 Code for Quality Assurance

사람마다 디자인 '능력', 혹은 '감'이 다 달라요. 예를 들면 밤새워 작업을 한 후, 그 다음날 일어나서 보면 또 달라지는 것이 디자인이죠. 그때그때 달라질 수 있는 것이죠. 이러한 인간의 직관이 장점일 수 있으나 어떤 부분에서는 심각한 문제가 될 수 있어요. 이런 상황에서 코딩을 통해 오류를 방지할 수 있죠. 가령 디자인의 순서를 코딩으로 기록한다던가 아니면 디자인을 평가할 수 있는 항목들을 코딩으로 구현을 시켜놓는 다던가, 디자인 방법론, 혹은 평가론을 명백하게 구체화할 수 있어요.

가령 평가를 할 수 있는 수식을 만들어 놓고 내가 디자인 수정을 가할 때, 그 액션 하나하나의 변화를 평가할 수도 있겠죠. 인간들의 감, 혹은 직관을 수치적으로 좀 더 균일하게 유지해 주는 역할을 할 수 있어요. 이러한 관점은 엔지니어적인 시각과 같고 디자이너는 싫어할수 있겠지만, 현업에서 품질을 정확하게 유지 관리 보수할 수 있는 시각을 코딩을 통해 체계화할 수 있다는 것이죠.

4.3 실험적 작업 Code for Experimentations

'컴퓨터를 활용한다는 것은 빠르고 정확하게 계산을 한다.'는 것이죠. 디자인 알고리즘의 작성과 변화를 통해서 다양한 디자인 실험이 가능해요. 만약 이것을 사람이 수행한다면 몇 년이 걸릴 작업도 있겠죠. 반복적인 실험을 통해 인간의 추상과 직관을 넘어서는 다양한 실험들을 할 수가 있어요. 예를 들면 알고리즘의 결과물들이 어떤 다양성을 보여줄 때 디자인 스페이스Design Space와 같이 변화의 실험들을 만들어 낼 수도 있죠. 즉, 하나의 형태가 있다면 그 형태를 정의하는 파라미터들을 다양하게 매치시키면서 형태적 실험을 할 수가 있는 것이죠. 다양하게 매치된 지오메트리와 그에 따른 평가들을 바탕으로 직관에서는 발현될 수 없는 형태의 실험이 가능하다는 것이죠.

인간의 경험과 직관을 모델링해서 실험을 할 수 있을 뿐 아니라 실험할 수 있는 환경, 혹은 시스템을 만들어 그 환경 안에서 디자인을 실험할 수 있는 거예요. 시뮬레이션을 하거나 현상을 모델링하여, 디자인 환경을 구축함으로써 디자인이 생성Generative Design이 되게 하는 방법론의 구현도 코딩을 통하면 가능해요.

Beauty of randomness, 랜덤(무작위Random)의 예술, 정도로 해석을 한다면 랜덤을 통해 적정 값을 유추해 내는 것도 실험적 과정에 들어갈 수 있어요. 유전 알고리즘Genetic Algorithm이 그 예일 수 있죠. 그밖에 데이터를 가지고 디자인을 할 때도 여러 번의 반복Iteration을 돌려 실험을 할수 있어요. 만약 인간 스스로가 난수를 만들어서 반복적인 실험을 한다면 난수 자체도 패턴화 될 수 있고, 각각의 제너레이션을 테스트하는 것도 현실적으로 불가능하죠. 마치 유전 실험을 할 때 초파리를 쓰는 이유와 같을 수 있어요. 하나의 부모에서 다수의 세대를 만들 때 인간의 한 세대를 30년으로 본다면, 초파리는 몇 주 만에 몇 세대를 볼 수 있는 것이죠. 만약 코딩으로 그 상황을 모델링 하면 1ms도 안되서 테스트를 할 수 있죠.

한 걸음 들어가 보면 디자인에서 랜덤이 가지고 있는 의미는 매우 심오해질 수 있어요. 랜덤을 확률로 이해할 경우, 결정론적 프로세스를 넘어 확률론적 프로세스를 구축할 수 있어요. 우리가 인식하고 제어할 수 있는 파라미터들보다, 보다 복잡한 파라미터의 유도와 관계성의 정의가 가능해지고, 이를 디자인 프로세스에 연결함으로써 확률적으로 디자인을 유도해 내는 방법, 평가, 추적 등이 가능해져요. [**난수Random에 대한 단상**] 부분에서 좀 더 자세히 이야기 나누어 볼게요.

4.4 문제로서의 디자인 Code for Design Issues

네 번째로는 문제로서의 디자인이에요. 디자이너들에게 익숙하지 않을 수 있지만, 여기서 디자인의 정의를 '무엇을 만드는 것'이라는 개념을 넘어서, '어떤 환경을 만족시키는 조건'을 찾아내는 관점으로 볼 수 있다는 것이죠. 즉, 그 조건들, 혹은 상황들을 디자인 문제로 인식하고, 결과적으로 어떤 조건과 환경들이 만족하는 일정 수준에 도달시키는 능력, 혹은 관점으로 디자인을 볼 수 있다는 것이죠.

따라서 그 문제를 풀기 위한 '솔루션 자체가 디자인이다!'라고 볼 수 있죠. 디자인의 인식과 접근 방식이 좀 바뀔 수 있겠죠? 예를 들면 디자이너들이 디자인 프로세스를 암묵적으로 해왔다고 한다면, 그 프로세스들을 체계적이고 명시적으로 나누고 그 각각의 프로세스 자체를 유지 관리 보수하는 개념으로도 볼 수 있어요. 그러면 비로소 각 단계마다의 프로세스가 명확하게 어떤 문제들을 다루고 있는지 인식이 가능할 거예요.

사실 일반적으로 직관에 의존하는 디자이너들도 각자의 디자인 방법론Methodology, 혹은 디자인 언어가 존재한다는 것을 관찰할 수 있어요. 그 디자인 랭귀지(언어)라는 맥락 안에서 경험이라는 데이터를 바탕으로 그 랭귀지를 조합해 나가면서 디자인을 하는 모습들을 확인할 수 있죠. 따라서 그 단계들이 명시적으로 체계화가 가능하다는 것이죠. 그 과정을 훈련하면, 어떻게 인식하고, 접근하고, 수정하며, 어떻게 이 문제를 풀 수 있을 것인가? 또 기존의 솔루션들과 어떻게 협업할 것인가, 기존의 디자인 문제와 지금의 디자인 문제는 무엇이 다른가? 어떻게 접근하고, 엔지니어링을 해야 할 것인가? 이런 부분들을 포착하고 고민할 수 있다는 이야기예요.

즉, 코딩을 통하면, 디자인 문제들을 좀 더 시스템적으로 유기적 통합적, 전체적^{Holistic Approach}으로 접근 관리가 가능하다는 관점을 주는 것이죠. 좀 더 구체적인 이야기는 [**CHAPTER 5 컴퓨테이셔널 사고**]에서 이야기 나누도록 해요.

4.5 솔루션으로서의 디자인 Code for Design Solution

앞서 알아본 명확한 목적, 즉 그 타깃이 명확하니 어느 쪽으로 해결책을 접근시킬지^{Converge} 알 수 있다는 것이죠. 디자인 특성상 문제 인식과 방향이 모호해 지기 쉬운데, 그것들을 명확한 기준들로 객관적으로 이해하고 기술하는 것이죠. 다시 말해 내가 어디서 시작해서 어디까지 가야 이 디자인 문제를 끝낼 수 있을지 알 수 있다는 것이죠. 가령 디자인 이슈가 주어지고 그 이슈를 여러 작은 단계로 나누어서 분해시킬 수 있죠. 각각의 단계에서 인풋과 아웃풋이 명확하게 정의되어야 하는 것이죠. 사실 굉장히 모호하게 평가될 수 있는 디자인을, 인풋과 아웃풋으로 명백하게 정의하다 보면 그 디자인 솔루션들이 명확하게 드러나게 되겠죠.

예를 들면 주어진 공간에서 자동차 주차 공간을 최대한 극대화시킨다던가, 혹은 건축물의 자연통풍을 최대한 활용해서 건물의 유지 보수비용을 줄인다던가, 공간들을 모듈화시켜서 시공비를 절약, 혹은 공간 효율을 극대화시킨다던가, 쇼핑몰의 동선을 최적화시킨다던가 등의 디자인 문제들을 명시^{Explicit}적으로 디자인 단계들을 나누고, 솔루션으로서 디자인을 적용하는 것이죠.

결과적으로 디자인 문제를 찾아내는 훈련을 할 수 있을 뿐 아니라, 작은 단위의 솔루션들을 조합해서 새로운 문제에 적용할 수 있는 능력도 생기게 되겠죠. 큰 디자인 문제에서 작은 디자인 이슈를 나누고, 각각의 이슈들은 어디서 시작해서 어느 지점으로의 솔루션을 만들어야 할지 코딩을 통해서 할 수 있는 것이죠.

다른 관점에서 한번 조명해 볼까요? 가령 낙후된 산동네가 있다고 가정해 봐요. 이 문제를 해결하기 위해서 '낙후된'에 방점을 찍으면 이를 해결하는 여러 솔루션이 있겠죠. 예를 들면 경제적 관점의 해결책, 사회적 해결책, 혹은 법적으로 이 문제를 다루어낼 수 있을 거예요. 만약 디자이너가 이 문제를 다룬다면 어떻게 접근을 할까요? 일반적 관점으로 공간들을 재생^{Regeneration}시키고, 골목골목의 문화와 이벤트를 디자인하여 사람들을 동선을 유입시키고, 산동네에서만 체험할 수 있는 공간과 경험을 바탕으로 그 문제를 해결 수 있겠죠. 이처럼 관점에 따라 각자의 해결책이 존재하죠.

인간만이 발휘할 수 있는 능력을 통해 형이상학적인 아름다움을 구축하는 것도 있겠지만, 디자인 행위를 특정 문제 해결방법으로 본다면 디자인을 평가할 명시적 기준이 있을 것이고, 그 기준을 만족하는 솔루션으로서의 디자인 접근이 가능하다는 이야기예요. 이러한 관점에서 디자인의 단계들을 명백하게 정의하여 프로세스를 구축할 수 있다는 것이죠.

4.6 데이터로의 디자인 Data-Driven Design Process

2010년도 즈음 많은 사람들이 빅 데이터^{Big Data}에 대해서 이야기했었죠. 그 후 인공지능, 머신 러닝, 초 연결, 5G와 같은 트렌디^{Trendy}한 키워드들이 전문가가 아니더라도 많은 사람들의 입에서 오르내렸죠. 결국 데이터를 이야기하는 것이죠. 어떻게 데이터를 모을 것인가? 프로세스할 것인가? 연결할 것인가?

건축과 같이 보수적인 디자인 산업들, 혹은 전통적인 방법을 고수하는 디자이너들은 이러한 패러다임과 멀리 떨어져 있죠. 하지만 요즘은 4차산업 바람과 함께 다양한 국책사업과 과제들이 나오고, 트렌드를 타고 스타트업을 추진하는 분들은 디자인과 위의 키워드를 연결하려고 많은 시도를 하는 것을 볼 수 있었어요. 실제로 많은 질문과 컨설팅을 요청하는 분들도 계셨고요. 하지만 피상적인 이해에 따른 적용은 오히려 근본적인 산업의 발전에 긍정적인 영향을 못 미친다고 개인적으로 생각해요.

그럼에도 불구하고 '디자이너 스스로가 데이터에 대해서 이해하고 적극적으로 활용할 수 있는 환경이 조성되고 있다.'라고 생각해요. '그럼 과연 디자이너들이 이 변화를 어떻게 타고 넘어가 신생하는 다양한 가능성을 챙겨 가질 수 있을까?'의 고민이고, 결과적으로 디자이너가 어떤 데이터를 어떻게 활용할 것인가의 질문이기도 해요. 이 책을 집필하는 필자 스스로도 핵심 키워드가 뭐냐고 물어 보면, '데이터'라고 대답할 거예요. 하이 레벨로는 결국 디자이너가 어떻게 데이터라는 새로운 재료와 연료를 사용할 수 있느냐에 대한 부분이죠. 로우 레벨로는 어떻게 코딩을 활용해서 컴퓨테이셔널 디자인 사고를 적용하고, 어떻게 디자인 데이터를 프로세스할 수 있는 능력을 갖출 것인가에 대한 이야기예요.

예를 들면 건축의 BIM^{Building Information Modeling} 개념이 있어요. 즉, 건물의 정보를 모델링한다고 직역할 수 있을 거예요. 하나의 건축물을 디자인하면, 쉬운 예로 엑셀 표와 같이 데이터 덩어리로 표상^{Representation}이 가능하다는 이야기예요. 결국 건물과 데이터는 같다고 볼 수 있는 것이에요. 시각디자인, 혹은 제품 디자인의 예로도 결국 무언가를 그리고 만든다면, 화면에 그려지는 결과물은 그 데이터를 해석해서 인간에게 유리한 언어인 시각 언어로 그려낸 것이라는 이야기죠. 즉, 이와 같이 원시적인 차원의 데이터까지 접근하여 수정하고 디자인 결과물을 생성해 낸다는 것은 더 많은 아이디어와 가능성을 실현할 수 있다는 것이죠.

요약하면 코딩은 디자이너에게 데이터를 적극적으로 다룰 수 있는 도구로서, 전통적인 디자인 환경에서 접근하고, 상상하고, 구현할 수 없는 것을 가능케 해 주는 더 수준 높은 디자인 환경을 제공해 준다고 말할 수 있어요.

4.7 다양한 커리어 패스를 만들 수 있다

일곱 번째로는 다양한 커리어 패스를 만들 수 있다는 것이죠. 요즘 디자인 엔지니어링이라는 직업이 생기고 있어요. 공룡 IT 회사인, 구글이나 마이크로소프트, 우버와 같은 회사에서 디자인뿐 아니라 코딩을 이해할 수 있는 인재를 뽑고 있죠. 뿐만 아니라 그래픽 영역에서는 이미 테크니컬 아티스트라는 포지션이 좀 더 우대 받고 있는 현실이죠. 시각디자인 미디어 영역에서도 크리에이티브 코딩 포지션이 존재하죠. 건축에서는 컴퓨테이셔널 디자이너로 설계 및 컨설팅 전반에 이러한 인력시장이 커지고 있는 것이 현실이죠. 그도 그럴 것이 실제 산업은 리얼리티의 반영이 굉장히 빨라요. 우리 모두 알듯이 기업은 이윤추구를 위해 그 어떤 기관들, 학교들보다 미래에 빠르게 대응해 나가죠.

필자의 친구 예를 들면 미국에서 건축 디자인과 컴퓨테이셔널 디자인을 공부하고 나이키에 입사한 경우도 있어요. 특별히 건축의 경우에는 단순히 건물을 짓는다는 개념이 아닌, 사람들의 행동과 커뮤니케이션 환경을 디자인한다는 개념으로, 애플이나 메타(페이스북)의 VR, AR 산업에도 건축을 전공한 많은 전문 인력들이 가상의 공간을 디자인하는 인력으로 활동하고 있죠. 단순한 비교 일 수 있으나 그 결과론적 임팩트는 전통적인 건축보다 더 많은 사람들에게 영향을 미칠 수 있는 환경인 것이죠.

결국 소프트웨어 엔지니어가 할 수 없는 영역, 동시에 디자이너가 할 수 없는 영역, 그 두 영역(엔지니어링 능력과 디자인 능력)을 조화롭게 응용할 수 있는 사람들이 요구되고 그 마켓의 크기도 점점 커지는 것이 현실이죠. 디자인 이슈를 발견하고 발전시킬 수 있는 경험과 능력, 동시에 이를 실현할 수 있는 테크놀로지를 이해하고 개발할 수 있는 능력, 이 두 가지 다른 영역의 능력은 디자이너가 코딩을 함으로써 접근할 수 있는 영역이라고 볼 수 있어요.

필자의 경험을 예로 들어도 디자이너들의 디자인 사고 경험과 능력이 다른 산업들의 프로세스와 결합이 되고 심지어 그것을 개발할 수 있는 능력이 있다는 것은, 일반적으로 남들이 볼 수 없는 것들을 볼 수 있게 되고 상상, 구현할 수 있게 되는 것이죠. 그만큼 기존의 정형화, 기성화, 표준화Standardization된 직업관을 초월한, 앞으로의 시대가 요구하는 미래의 나의 커리어를 전략적으로 수립할 수 있겠죠. 즉, 공을 따라가지 말고 공이 갈 방향으로 내가 자신감을 가지고 달릴 수 있다는 것이에요. 만약 아직 내가 학생이라면, 지금 이해되고 직면한 현실 보다 앞으로 5년, 10년 뒤 스스로가 사회의 중추역할을 담당할 때를 상정하여 준비하는 전략도 요구되죠.

4.8 진입 장벽을 높여준다

장단점이 될 수 있기도 한데요. 코딩은 진입장벽을 높여 줄 수 있다는 것이죠. 상식적으로 생각해 보면 수요는 많은데 공급이 없다면 가격이 상승하겠죠. 내가 하는 일이 누구나 쉽게 할 수 있는 일이면 나의 몸값은 떨어지겠죠. 반대로 할 수 있는 사람이 희소할수록, 나의 몸값과 기회는 늘어날 것이며, 그 기회의 기류를 타고 나는 사람들은 더 희소한 경험을 함으로 스스로의 실력을 더욱더 강화시킬 수 있겠죠. 즉, 실력의 빈익빈 부익부의 사이클이 만들어 진다는 것이에요.

내가 할 수 있는 일을 말도 안 되게 빠른 컴퓨터 계산 능력을 적극 활용해 업무에 적용한다는 것은, 18세기 증기기관과 포드의 자동화 혁신과 같은 역사적인 산업혁명들과 같은 도약이 스스로의 커리어와 업무환경에서 일어날 수 있다는 것이죠. '남들과 다르다.'라는 것은 마치, 다양한 장기로 배양이 가능한 역량을 가지고 있는 줄기세포처럼, 나의 실력과 경력을 지속적으로 증진시킬 수 있는 가장 근본적인 모듈이라고 생각해요. 그 방법으로서 코딩이 사용될 수 있다는 것이죠.

미국분 아니라 한국 초중고 교육에서 코딩, 데이터, 인공지능에 대해 가르치는 현상을 볼 수 있죠. 요즘이니까 이런 분야가 스페셜리스트로서 각광받고 있는 것이라 생각해요. 상상해 보세요. 10년 뒤에는 더 이상 스페셜리스트로 그 영역들을 활용할 수 없을 거예요. 마치 Photoshop, 영상편집, 혹은 엑셀과 같은 사무 자동화 툴이 더 이상 전문가의 영역이라기보다 기본적인 업무 능력으로 여겨지는 것처럼. Photoshop 사용한다고, Auto CAD 소프트웨어를 잘 사용한다고 연봉을 더 주지 않죠. 따라서 남들과 차별화 될 수 있는 전략세우고 먼저 투자함으로써 유리한 위치에 있을 수 있다는 것이죠.

여하튼 지속되는 사회의 변화에 정신없이 끌려가기보다, '이 패러다임의 변화에 보조를 맞추고 싶다.' 혹은 '앞서 나가고 싶다.'라고 생각을 하면, 스스로 무엇을 해야 진입장벽을 높여 경쟁력 있는 디자이너가 될 수 있을지 생각하고 행동에 옮겨야 겠죠.

4.9 경쟁력을 준다

아홉 번째, 코딩은 디자이너에게 확실한 경쟁력을 주죠. 건축 디자인의 예를 들면 '건축은 50살 부터'라는 말이 있어요. 그만큼 실력, 경력, 다양한 경험이 있어야 되는 영역이기 때문 이죠. 그 나이 때 즈음이면 '좀 더 포괄적이고 합리적이며, 모두가 공감할 수 있는 건물을 지 을 수 있는 능력이 있지 않을까!'라는 암묵적 공감대가 있는 것 같아요. 한 폭의 그림의 경우 도 그 가치를 평가할 때 결과만 딱 놓고 평가하는 경우는 없죠. 암묵적으로 뒤의 여러 배경 들이 그림의 가치를 좌지우지하죠. 가령 어떤 사람이 그렸느냐에 따라 평가가 극과 극으로 나뉘는 것과 같죠.

하지만 소프트웨어 엔지니어링 영역에는 더 중요한 것들이 있어요. 쉬운 말로, 이 소프트웨 어가 작동 하나? 작동하지 않나?로 판단이 가능해요. 물론 더 많은 평가기준이 있지만 전통 적인 디자인 영역에서 평가의 모호성, 경력, 위치, 혹은 감투에서 오는 권력관계가 큰 힘으로 작용되지 않는 굉장히 실용적인 영역이죠.

즉, 열심히 학습을 하고 경험을 하여 실력을 쌓는다면 그만한 보상과 처우를 상대적으로, 매 우 합리적으로 해준다는 것이죠. 두 영역을 경험해본 필자로서, 각 영역의 산업의 목적과 인 력들의 사고방식이 다르죠. 더 복잡 미묘한 요소들과, 문화적, 관습적 요인들도 복합적으로 작동 되겠지만, 컴퓨터 공학은 비교적 새로운 영역이고 그 문화는 기존의 디자인 산업과는 다 른 문화를 가지고 있는 세상이라 볼 수 있어요.

필자가 가끔 드는 예인데, 요약하면 이러해요. "컴퓨터 전공을 하고 앱을 개발하는 개발자 분 이 컴퓨터 하나 들고 유럽과 동남아를 다니며 디지털 노마드로, 여행도 하고 프로젝트를 하 며 즐겁게 살고 있다. 실적, 실력, 신용만 있으면 어디서든지 편안하게 일을 한다."는 글을 읽 은 적이 있어요. 그 글의 말미에 "실력만 있으면, 우리나라에서 유일하게 학력, 감투 따위 다 부수고, 인정받으며 높은 연봉받고 다닌다."라는 말이 가슴에 와 닿았죠. 물론 극단적인 예일 수 있으나 시사점이 큰 주목할 만한 사실이죠.

노파심에 이야기하면 그렇다고 전공을 바꾸어 컴퓨터 공학을 하자고 부추기는 것은 아니에 요. 어느 영역에 가나 실력을 인정받지 못하고 대체 가능한 부속이 된다면, 그 산업의 문제가 아니라 우리의 문제라고 볼 수 있어요. 중요한 것은 우리의 영역[Domain], 즉 디자인 산업에서, 앞서 설명한 컴퓨터 소프트웨어의 파워를 가져와, 양쪽의 산업에서 누릴 수 있는 장점을 찾아 나의 경쟁력으로 삼자는 전략인 것이죠.

특별히 산업의 젊은 신진 인력들이 기성 인력과 경쟁을 할 때 다가오는 패러다임의 방향과 함께 그들이 더 잘할 수 있는, 그들만이 할 수 있는 것을 강화시키는 것이 경쟁력일 수 있다고 볼 수 있어요. 다시 말해 이미 기존의 인력들이 편만하게 퍼져 산업을 채우고 있는 현실, 흔히 말하는 이미 고인 물과의 차이를 좁히는 것에 투자보다, 다시 원점에서 시작할 수 있는 새롭게 짜인 판에, 시간과 노력을 투자하여 젊은 신진 인력에게 더 많은 기회와 다른 차원의 가능성을 열어 준다는 것이죠. 데이터 기반 사회에서 디자인에 코딩을 접목시킨다는 것은, 아직까지는 매우 희소함과 동시에 탁월한 경쟁력이 되며, 그 경쟁력으로 이미 고여 버린 고착화된 산업을 타고 넘어 좀 더 나은 처우, 이전에 없던 새로운 기회를 만들어 낼 수 있다는 것이에요.

마치 농업기반사회에서 공업사회로, 다시 공업기반에서 서비스 기반사회로, 이러한 패러다임의 전환이 있을 때마다 기득권이 전환되고 새로운 필요, 기회, 가치, 요구가 창출되듯, 역사가 반복을 통해 학습된 통찰로 지금의 상황을 이해하고 준비할 수 기회를 준다는 것이죠.

4.10 컴퓨테이셔널 사고 Computational Thinking

마지막으로 제일 중요한 이유는 '컴퓨테이셔널 사고를 할 수 있게 해 준다.'로 볼 수 있어요. 중요한 부분이기 때문에 [CHAPTER 5 컴퓨테이셔널 사고]에서 좀 더 자세히 이야기 나누도록 하고 간단히 알아보면, 컴퓨테이셔널 사고는 문제를 인식, 접근하고 해결하는 방식에 대한 전략으로 볼 수 있어요.

일반적으로 우리의 사유는 하이 레벨로 이루어지죠, 가령 '방이 지저분하다, 따라서 방을 깨끗이 청소를 하자.'와 같이 문제와 해결책을 인간은 통합적, 암묵적으로 사고하죠. 같은 문제에 컴퓨테이셔널 사고를 적용해봐요.

우선 방이 지저분하다는 것은 주어진 사실이기 때문에 다음 단계로 넘어가 보면 얼마나 어떻게 지저분한지를 이해하는 것이죠. 먼지가 많은지, 무엇을 흘렸는지, 아님 물건이 떨어져 있는지를 판단해야 해요. 왜냐하면 이 판단에 의해 다른 솔루션이 적용되어야 하기 때문이에요. 물건이 떨어졌다면 어디서 어떤 물건이 떨어졌고, 쓰레기인지, 버리면 안되는 물건인지도 파악해서 별도의 논리 스텝에 근거해서 처리를 해야겠죠. 떨어진 물건이 정리가 됐다고 가정하고, 바닥의 먼지를 닦는 것과 무엇을 흘렸을 때 해야 하는 행위는 같을 수 있으나 청소 도구가 바뀔 수 있죠. 이처럼 문제를 분석하여 패턴을 찾아내서 논리의 순서와 흐름들을 나누어 생각하고 제어하는 것이에요.

바닥을 닦는 방법도 전체적으로 가볍게 여러 번 닦을 수도 있고 매우 확실하게 한 번에 조금씩 닦아 나가는 방식도 있을 거예요. 그 과정에서 그만 닦아도 된다는 판단기준에 대한 논리와 순서도 정해줘야 하는 것이죠. 이러한 사고가 매우 바보 같고, 괴짜 같이 들릴 수 있지만, 여러분들도 한번 해보면 쉽지 않다는 것을 알게 될 거예요. 어떻게 문제를 분해하여 작고 의미있는 사고 단위로 쪼개고, 그것들의 조합으로 문제를 해결해가며, 논리구조 흐름을 컴퓨터의 언어로 바꾸어 행동 지침서를 작성한다는 것은 처음 할 때 어려울 수 있어요.

사족인데, 일전에 디자인을 하는 후배 두 명과 함께 컴퓨테이셔널 디자인에 대한 이야기를 나누면서 식사를 했어요. 그때 우리 앞에 놓인 잔치국수와 칼국수를 3명에게 나누어줘야 하는 이슈에 대해서 컴퓨테이셔널 사고를 적용하여 설명을 했어요. 기본적으로 문제를 분석하여 작은 단위의 사고로 분해 후 발생될 예외들과 처리방법을 정리해 놓고, 국자와 면을 거두는 도구들의 행동과 평가 논리도 정해놓으며, 3명이 좋아하는 국물과 건더기에 대해서도 평가 규칙을 정해놓으며, 몇몇의 주요 액션 덩어리들을 만들어 놓았고, 액션의 선택과 이행에 관해서는 룰 베이스와 확률 베이스로, 디자인적 접근법으로 설명을 해주었어요.

'이 형이 우리한테 왜 이러나?'라는 표정을 발견했죠. 문과와 이과의 사고 차이처럼, 분명 디자이너들에게 익숙한 방법은 아닐거예요. 하지만 이러한 사고 훈련은 코딩과 컴퓨테이셔널 디자인을 떠나서 매우 중요한 개념이에요. 우리는 삶은 디자인 문제뿐 아니라 다양한 문제를 만나고, 판단하고, 결정하고, 해결하는 과정의 연속이기 때문이죠. 국내외 유명인사들과 석학들이 코딩의 중요성을 강조하는 이유, 초 중 고 교육과정에서도 코딩을 학습하는 이유 또한 이러한 문제 인식과 해결 능력 중요성에 기인하고 있기 때문이죠.

! 실력 그리고 경쟁력이란?

 필자의 경험을 예로 들면 과거 고등학교 때부터 건축전공을 시작해서 지금의 시간과 위치까지, 그 시대를 형성하는 정신과 문화들을 경험해 오고 있죠. 가령 자격증의 시대, 포트폴리오의 시대, 스펙의 시대, 커리어의 시대, 스토리의 시대를 거치면서 사회가 점철되어 갈 때, 각각의 지점에서 심장이 뛰는 부분이 어떤 것이며, 무엇을 더 잘할 수 있는지 스스로 항상 고민했던 것 같아요. 더 자세한 내용은 좌측 QR 코드 [**NJ의서바이벌키트 01 스펙, 앞으로의 시대는? 난 뭘 해야 하지?**]를 통해 여러분과 함께 고민할 내용들을 공유해요.

 남들보다 비교우위 하나를 더 암기하는 것이 중요할 수 있어요. 하지만 요즘같이 학력 인플레이션이 편만하게 펼쳐진 상황에서는 다른 전략을 펼쳐야한다고 생각해요. 마치 작금의 경제 인플레이션 상황에서 통화의 가치가 하락할 때 더 많은 돈을 모으는 것보다, 독창적인 다른 가치를 창출하는 것이 전략일 수 있다는 것이죠. 즉, 필자는 '다름'에서 오는 힘이 현실적인 경쟁력이다.'라고 생각해요. 더 자세한 내용은 이 문단 시작의 QR 코드 [**QnA 68. 사회초년생 포폴과 취직 전략**]을 참조해 주세요.

 물론 나에게 최적화된 시대가 줄 지어 오지 않죠. 새옹지마와 같이, 이 길이 맞나 싶을 정도로 우울한 나날로 자존감이 바닥을 칠 때 도 있. 때로는 그 지옥에서 버텨온 정신력과 전투력으로 비상하는 때도 있을 것이며, 유행이 떠나면 언제 그랬냐는 듯 "그걸 아직까지 해?"라는 조롱을 들으며 공허함을 느낄 때도 있겠죠. 그럴수록 더 '나'다운 '나'에 집중하고, 때가 될 때 준비된 만큼 꽃을 피울 수 있다고 생각해요. 자세한 내용은 좌측 QR 코드 [**NJ의서바이벌키트 07, 30대도 늦지 않았다?**]를 공유해요.

각각의 꽃들은 피는 계절이 있죠. 개나리가 만개하는 계절, 백합, 해바라기, 눈꽃이 피는 각각의 계절이 있다는 것이죠. 스스로가 만개할 계절에 누구보다 유난히 돋보이게 꽃을 피울 수 있도록, 주변 꽃들은 괘념 말고, 각자의 계절을 열심히 준비해야 한다고 믿고 있고, 그것이 궁극적인 실력이고 경쟁력이라 생각해요.

위의 생각들 속에서 후배들과 상담 중, 심장이 뛰는 무언가를 찾고, 나는 누구며, 또 여긴 어딘가에 답을 할 때 적지 않은 수의 사람들은 시대정신과 문화가 정해준, 매스컴에서 세뇌된, 주변의 기성에 의해 정의된 틀로, 회사의 이름이나, 전공이나 직업군에 의해서 나누는 경향이 있어요. 이 가치도 사고(메타인지^{Metacognition} [! 메타인지와, 컴퓨테이셔널 사고, 디자인] 부분 참조)의 대상으로 두어 주기적으로 고민할 필요가 있다고 생각해요.

이 과정과 고민을 경험해봐야 내가 어디에 심장이 뛰고, 열심을 넘어 무아의 집중 상태로 반응하는지, 무엇이 나의 숨겨진 열정과 집중력을 발휘시키는지 알 수 있고, '직업군'이 아닌 그 '무엇'을 지속적으로 확인, 관찰해야 한다는 것 이죠. 우측 QR 코드 [NJ의서바이벌키트 02 그게 네 꿈 맞니? 네 인생을 살고 있니?]를 통해서 고민을 독려해요.

또한 실력과 경쟁력이 나의 미래의 일과 커리어 설계에 영향을 주죠. 전공을 선 택하고 미래를 준비하는 전략을 만들 때 고민해 볼 수 있는 몇몇의 관점을 우측 QR 코드 [NJ의서바이벌키트 33 전공을 선택할 때, 지금 하는 일이 맞을까 의문이들 때 고민해 볼 점]을 통해 공유해요.

! 미래를 예측할 때: 변화하는 것 그리고 변화하지 않는 것

"전략은 변하지 않는 것에 토대를 두어야 한다. 사람들은 나에게 5년 후나 10년 후 무엇이 변할 것인지는 묻지만, 무엇이 변하지 않을 것인지는 묻지 않는다." 아마존의 창업자 제프 베조스[Jeff Bezos]의 말이에요. 우리의 미래를 예측하고 준비할 때 변하지 않는 것에 기초해야 한다는 말이죠.

다음의 그림은 1900년도 사람이 21세기의 도시를 상상한 것이에요. 철도 네트워크가 도시를 바꿀 것이라는 당시 사람들의 기대와 바람이 느껴지는 그림이죠. 하지만 현재까지 이러한 일들은 일어나지 않았죠. 무엇이 이 기대와 예측을 빗나가게 했을까요?

1900년도에서 상상하는 미래도시, What The Future Looked,
https://allthatsinteresting.com/future-in-1900

어떤 문제가 있었을까?

"특이점이 온다."의 저자이며, 구글의 기술 이사로도 알려진 레이 커즈와일[Ray Kurzweil]은, "미래를 예측할 때, 현재를 기준으로 예측하기 때문에 발생되는 문제"라고 진단해요. 즉, "발전은 기하급수적으로 발전의 발전을 '거듭'으로 가속화가 이루어지며 나가지만, 우리는 현재를 기준으로 '선형'으로 미래를 보기 때문"이라고 말하죠. "그 간극이 전혀 다른 미래를 출산한다." 라고 이야기를 하죠. 따라서 철도기술에 기대한 그 시대의 사람들의 관점에서 선형으로 바라본 미래는 위의 그림과 같을 수밖에 없죠. 철도의 본질인 '연결' 그리고 연결을 위한 기술의 거듭적인 발전은, 21세기에 살고 있는 우리들에게 인터넷이라는 시공간을 초월한 무형의 연결 형태로 발전되어 왔죠.

시대와 기술에 따라 변하는 형식적 측면보다 변하지 않는 내용적 측면에 중심을 두어야 한다는 것이죠. 코딩도 하나의 도구일 뿐이에요. 시대에 따라서 도구들의 형식은 발달해왔고, 그 내용적 측면은 결국 무언가를 상상하고 만드는 창작활동을 위해서 사용하는 것이죠. 새로운 도구를 배울 때 나의 관심사와 앞으로 다가오는 패러다임이, 언제 즈음에 어떻게 교차가 되는지 전략과 목적을 가지고 도구를 익힌다면, 좀 더 경쟁력 있게 미래를 준비할 수 있다고 생각해요.

우측의 QR 코드는 필자가 물리학회에 기고한 글이에요. [**도시 네트워크 & 기술과 4차 산업**]이라는 주제의 글인데, 도시 네트워크에 관해 변하는 것과 변하지 않는 것에 대한 글이니 더 고민해 보고 싶은 분들은 참조해 주세요.

다음브런치 글

비디오 링크

CHAPTER 3 코딩 & 컴퓨테이셔널 디자인 활용

현대의 산업에서 컴퓨터가 쓰이지 않는 곳은 없다고 봐도 무리는 아니죠. 그 적용의 형식과 내용의 차이이지 알게 모르게 거의 모든 부분에서 사용이 된다는 이야기죠. 디자인에서는 어떨까요? 단순히 디자인 소프트웨어를 사용한다는 측면부터 시작해서, 컴퓨터의 연산능력과 데이터를 활용하는 측면까지 매우 다양한 내용과 방식의 적용이 있을 수 있어요.

여러 가지 활용적 측면의 분류 방식이 있겠지만 데이터를 가공하여 사용한다 는 관점으로, 즉 어떤 데이터가 디자이너들에게 붙들려 쓰일 수 있는지, 필자 가 수행한 프로젝트와 연구들을 통해 디자이너가 코딩을 활용하여 어떤 컴 퓨테이셔널 디자인 활용이 가능한지 알아보는 시간을 갖도록 해봐요.(우측 QR 코드 참조)

5 큰 스케일에서

5.1 지리정보 데이터 Geographic Information System

GIS Geographic Information System 들어보신 적 있나요? 지리 정보 시스템의 약자로서, 위치 기반 데이터를 중심으로 현상을 캡처하고 분석하는 체계로 정리하면 좋아요. 가장 보편적인 예는 지도 일 수 있어요. 지도는 위치 정보를 다루는 하나의 방법이죠. 도로와 길, 주거지역과 강, 혹은 호수, 숲 등의 정보들이 위치 관계에 기초하여 기록된 데이터인 것이죠.

요즘은 구글 및 네이버의 디지털 지도를 기반으로 다양한 데이터들을 접근할 수 있죠. 나와 가장 가까운 편의점을 검색한다던가 출퇴근 때 원활한 교통 루트를 확인할 수도 있죠. 소득 수준 및 인구 분포뿐 아니라 문화, 경제, 정치 등 다양한 관점의 데이터들이 위치와 함께 제 공되는 것이죠. 즉, 우리의 삶과 환경의 여러 단면들을 데이터로 압축해 놓은 것이라 볼 수 있어요.

지리 분석 Geospatial Analysis, 즉 장소는 숫자 형태의 벡터 Vector와 이미지 곧 래스터 Raster 형태의 데이터로 변환, 압축, 추상화하여, 매우 높은 수준으로 다양하게 가공될 수 있는 정보를 표상 Representation 할 수 있고, 이러한 정보들의 특성과 목적에 맞춰 가공하고 이해하는 것을 지리 분석으로 볼 수 있어요. 위치와 정보의 관계성은 과거부터 중요하게 인식되고 있고 현재에는 쓰이지 않는 곳이 없을 정도로 중요한 요소가 되었죠.

때문에 일찍이 지도 Mapping라는 형식으로 산업계와 학계에 중요한 도구로 활용돼 오고 있어요. 환경, 도시, 건축 디자인뿐 아니라, 정책을 만들거나 비즈니스의 결정 프로세스에서도 장소 에서 오는 데이터를 활용하여 지역을 이해하고 현지화 Localization하여 그에 맞는 서비스를 제공해 오고 있죠. 디자인에서도 많은 기회가 있죠. 디자인 발전 과정을 다른 말로 풀면 결정의 연속 Decision-making process으로 볼 수 있기 때문에, 근거, 목적, 방향, 기준, 평가 등 다양한 형태로 도시 수 준 스케일 데이터들이 활용될 수 있어요.

5.2 빅 데이터: 제3의 공간^{Third Place Analysis}

제3의 공간 분석 / Third Place analysis

필자가 MIT 미디어랩^{Media Lab}에서 연구한 프로젝트로 지리 정보 활용에 대한 예로서, 제3의 공간^{The Third Place}에 대한 연구예요. 제1의 공간과 2의 공간을 집과 일터로 구분하고, 제3의 공간은 그 중간에 있는 공간들을 말하는 것이에요. 가령 카페, 식당, 은행 등 우리 일상에서 영위하고 있는 공간들은 제3의 공간으로 분류, 정의 내릴 수 있어요.

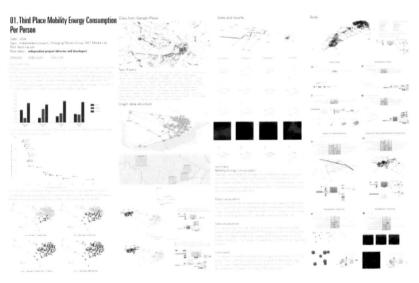

Third Place Mobility Energy Consumption Per Person, MIT Media Lab Changing Places

이러한 제3의 공간들을 매핑하여 패턴을 찾아내는 작업으로 볼 수 있어요. 이런 공간들이 무작위로 생겨난 것 같지만, 아닐 수 있어요. 혹은 계획적으로 접근했다 하더라도 후에 그 계획이 얼마나 어떤 형식으로 실현이 되어 가는지 검 증하는 척도로도 사용할 수 있어요. 도시 스케일에서 볼 때 지역은 매 순간 변하는 살아있는 유기체로 끊임없이 변화하는 성질을 가지고 있죠. 즉, 변화의 방향과 속도를 데이터화시킬 수 있고, 초기 계획과 무엇이 어떻게 다르고, 왜 그러한지에 대한 설명도 가능하게 해 주죠.

하버드 스퀘어와 MIT 켄달역Kendall station을 중심으로 그 지역들을 걸어서 5분, 10분, 15분의 영역으로 제3의 공간의 캐릭터를 캡처하는 프로젝트로서, 각각의 지역은 메사츄세스 캠브릿지 지역을 공유하지만 공간마다 명확한 캐릭터가 존재하고 그 캐릭터로 만들어지는 제3의 공간을 이해하고 비교하는 것이죠. 이러한 방법론들은 다른 지역에도 적용이 가능하고, 역설적으로 하버드 스퀘어의 제3의 공간 캐릭터와 강남, 홍대 등의 지역과 비교할 수도 있죠. 다르다면 왜 다른지에 대한 가설을 세우고 그것들을 검증하는 프로세스로도 발전이 가능하겠죠.

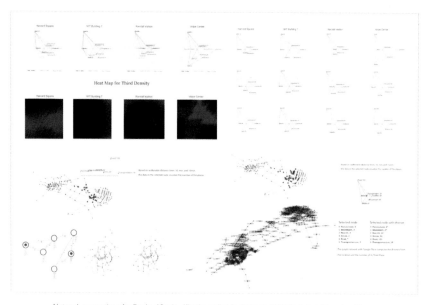

Network comparison for 5 min, 10 min, 15 min, walkable distance, MIT Media Lab Changing Places

5.3 네트워크 분석 Network Analysis

환경과 도시 스케일에서 하나의 지역을 분석하고 디자인할 때, 즉 위치의 관계성을 이해하고 정의할 때, 우리가 흔히 이해하는 유클리디안 거리Euclidean Distance로는 정확하게 그 특징Character을 파악할 수 없어요. 왜냐하면 도시에는 '길'이라는 이동 동선이 존재하고 각각의 거리는 역사성과, 환경, 문화 등의 퀄리티Quality가 다르고, 그 퀄리티를 캐릭터화시켜 가중치Weight로 이해하는 것이 중요해요. 뒷부분에 설명 하겠지만 결국 데이터 프로세스와도 연관이 깊어요.

네트워크 분석 / Numeric Network Analysis Tool

다음의 프로젝트는 AxUP의 우정현 박사님과 함께 연구 개발한 네트워크분석도구예요. 도시 네트워크를 분석할 때, 전통적으로 다양한 모델들이 존재해요. 예를 들면 접근성 분석 (Accessibility Analysis), 중심성 분석(Centrality Analysis) 등이 존재하고 그 세부 모델로, Betweenness, Gravity, Reach, Huff 모델 등의 분석 방법들이 있어요. 동시에 Weighted network를 통하여 간선의 캐릭터와 퀄리티를 수치화하여 기존의 방식과 연계한 네트워크 분석 도구예요.

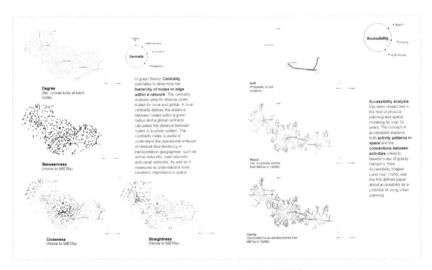

Numeric Network Analysis Tool, AxUP & NJSTUDIO

코딩을 한다는 것은 이러한 전통적으로 발전되고, 검증된 분석 모델을 소프트웨어를 통해 구현하고, 컴퓨팅 파워를 통해 추가적 방식들과의 서로 상호 보완적인 통합적 프로세스를 만든다는 것이죠. 디자인 프로세스와 목적에 맞게 수정하여 적용할 수도 있으며, 디자이너의 개입이 어떤 결과를 만들어 낼 수 있는지 보조의 역할 등으로 다이내믹한 구성과 적용이 가능해지죠. 좀 더 자세한 내용을 원하는 분들은 우측의 QR 코드를 확인해 주세요.

5.4 공간 정보의 보간^{Interpolation}

뒤의 [21 코딩: 공간 정보 & 파이프라인]에서 더 자세히 이야기 나누겠지만 결국 디자이너들이 코딩을 할 때, 컴퓨테이셔널 한 접근을 할 때, 핵심은 공간데이터^{Spatial data}를 어떻게 다룰 것인가가 굉장히 중요해져요. 지금은 도시 스케일을 이야기하지만 건축물의 스케일이던 제품의 스케일이던 결국 무언가를 형태로 다루는 과정에서 공간 정보를 다루고, 그것에 맞는 데이터 구조를 구현하는 것이 핵심 능력이 돼요.

앞서 설명한 네트워크 그래프^{Graph}의 경우는 이산화^{Discreet} 된 공간을 캡처하고 프로세스할 때 매우 직관적이고 합리적인 방법론이라고 한다면, 문제는 연속적인^{Continuous} 데이터의 경우 그래프 데이터 구조의 해상도를 높여야 하고, 높인다 하더라도 그래프의 간선^{Edge}을 통해서만 그 데이터를 보간^{Interpolation}할 수 있기 때문이에요. 따라서 2차원의 매트릭스, 즉 픽셀화 된 공간으로 공간 정보를 담을 수 있어요.

공간 데이터 프로세싱 / Convert numeric data to raster data

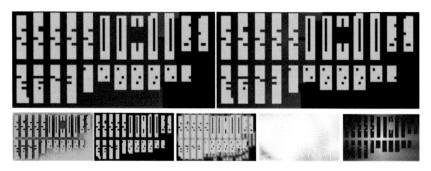

Pixelized image data & Rasterization, NJSTUDIO

위의 예는 보스턴^{Boston}의 한 지역을 래스터^{Rasterization}, 픽셀화^{Pixelated image}시켜 매핑^{Mapping}한 프로젝트예요. 각각의 픽셀 단위의 정보들은 그 해상도에 맞게 각각의 지점들을 대표하는 영역, 혹은 바운더리로 이해하면 좋아요. 각각의 바운더리들은 인접한 주변 픽셀들과 상호작용하며 관계성을 가지고 있어요. 가령 햇볕이 특정 시간 이상 들어오는 지역, 슬로프가 생겨 비가 내렸을 때 물이 흘러가는 방향, 그 공간에 섰을 때 확보 가능한 시야, A지점에서 B지점으로 갈 때, 거리는 약간 길지라도, 사람이 걷기에 쾌적한 패스에 대한 정보, 상점이 많이 위치한 지역 등을 '0'과 '1'의 이분법적 상황^{Binary condition}이 아닌, 확률 분포로 연속적인 공간들을 보간하여 매핑^{Mapping}할 수 있어요.

뿐만 아니라 범죄가 일어난 지점이 있다고 가정 하면, 딱 '그 지점이 위험한 공간이다.'라고 볼 수 없겠죠. 주변 전체가 그 범죄가 일어날 조건을 제공한 것이니 그 지역의 특정 부분까지 위험한 공간으로 해석하는 것이 상식적이겠죠. 동시에 범죄를 억제할 수 있는 경찰서, 가로등, 혹은 유동인구를 유입시킴으로 그 범죄가 일어날 공간의 픽셀들을 밀어낼 수 있겠죠. 이처럼 공간 정보^{Raw Data}들을 가져와 현상을 설명하는 모델링^{Modeling}을 할 수 있다는 이야기예요.

모델링^{Modeling}을 했다는 의미는 디자인 단계에서 활용될 수 있는 하나의 함수, 혹은 데이터 세트로서의 모듈화를 했다고 볼 수 있어요. 즉, 상황에 따라 적용 가능한 의미있는 논리의 덩어리로 패키지 한 것이죠. 여러분들의 상상력과, 아이디어, 그리고 여러 디자인 가설들을 테스트 하고, 확인하고 개선할 수 있는 컴퓨테이셔널 디자인 환경이 구축된 것으로 볼 수 있는 것이죠.

5.5 이미지 프로세싱 & 리모트 센싱 Raster Data & Remote Sensing

도시 스케일에서 위치 정보를 품고 있는 수치적, 통계적, 해석 데이터와 공간을 해석, 연결 프로세스 함으로써 패턴과 통찰과 지식체계를 확보하고 이를 디자인에 활용하는 예를 알아봤는데요. 도시 스케일에서 빼놓을 수 없는 중요한 데이터가 또 있죠. 바로 앞서 살펴본 이미지^{Raster} 데이터에 대해 좀 더 자세히 이야기 나누어 봐요.

이미지는 매우 용의하게 데이터를 캡처하고 보관하고 확보할 수 있는 데이터 형식이고, 디자이너들에게 친숙한 데이터죠. 디자이너의 이미지^{Image}에 대한 이해는 JPGE, 혹은 PNG 파일 형식, 결과물의 표현, 저장, 이동수단으로써 보편적으로 통용되죠. 하지만 데이터로의 이미지를 바라본다면 한 차원 높은 이해와 기회들을 포착할 수 있어요.

일반적으로 픽셀 기반의 래스터(이미지) 데이터는 노이즈가 엄청 많은 데이터로 볼 수 있어요. 왜냐하면 사진 한 장의 의미를 이해한다고 가정했을 때, 시각정보처리에 뛰어난 인간은 사진의 내용을 문화적, 경험적, 직관적으로 파악하여 그 본질을 포착할 수 있지만, 컴퓨터는 숫자 계산을 통해 파악하기 때문에 불리한 것이 사실이죠. 긴 이야기를 짧게 하면, 결국 딥 러닝^{Deep Learning} 방법론으로 사진을 매우 높은 정확도로 프로세스하는 기술들이 개발되었고, 사진을 계산 가능한 유의미한 기준^{Metrics}의 형식으로 바꿀 수 있게 됐죠. 머신 러닝의 활용에 대해서는 뒤에 자세히 이야기하기로 하고, 신호처리^{Signal Processing}, 전통적인 컴퓨터 비전^{Computer Vision} 영역에서 다루어지는 이미지 프로세싱과, 리모트 센싱^{Remote Sensing}을 통해서도 디자이너들이 이미지 데이터를 디자인에 활용할 수 있는 방법들의 기회가 있다는 것이죠.

리모트 센싱^{Remote Sensing}은 우주항공, 지리 자연, 자원탐사 등 직접 접촉하지 않고 원거리에서 이미지 분석을 통해 연구에 필요한 데이터들을 확보할 수 있는 원격탐사 기법으로 이해할 수 있어요. 내용적 측면으로 이미지를 픽셀 단위로 분석하고, 그 색에서 주는 정보뿐 아니라 주변과의 관계성을 분석함으로써 의미를 드러내는 것이죠. 즉, 색 계산^{Color Computation}을 한다는 것이죠. 시각정보를 의미있고 계산 가능한 정보로 변환하기 위해서 각각의 컬러 픽셀들을 대비시키거나, 색의 컬러 값, 즉 색상 명도 채도 등을 변환을 통해서 여러 가지 시각정보들을 필터하여 관계성을 드러낼 수 있죠.

이미지 툴 / Numerical Image Utility

다음의 예는 필자가 개발, 배포한 Numerical Image Processing 도구예요. 컬러 값을 계산하고 컨볼루션 필터^{Convolutional filter}을 적용해서 패턴을 찾아내는 도구로 볼 수 있어요. 라이노 그라스하퍼^{Rhino Grasshopper} 환경의 플러그인으로도 사용할 수 있도록 개발을 해 놨어요.

블랜딩 모드^{Blending mode}의 예를 들면 어둡게 하기^{Darken}와 밝게 하기^{Lighten} 형식의 함수가 있고 각 항목에서 컬러들을 계산하는 세분화된 모드들이 있어요. 블랜딩 모드는 방정식에 기인하는 정형화된 컬러 계산으로 디자이너들이, Photoshop과 같은 이미지 편집 앱에서 뿐 아니라 코딩을 통하여 직접적으로 제어하고 그 차이와 결과물들을 가지고 의미있는 작업의 소스로 활용할 수 있어요.

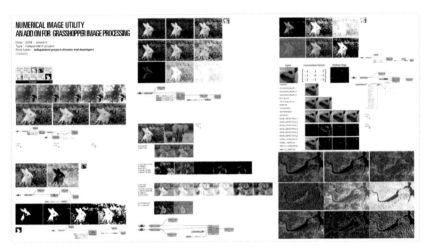

Numerical Image Utility, NJSTUDIO

그 외의 도시 스케일에서 다양한 신호처리Signal processing하는 방법론도 존재하고, 여러 가지 센서들을 통해서 환경 데이터를 모으고 프로세스하여 디자인에 접목시키는 다양한 사례들도 있어요. 디자이너가 코딩을 하고 데이터를 디자인 재료로 사용할 수 있다면, 환경과 도시에서 오는 데이터들은 디자이너들에게 첫 번째로 방문할 자료와 통찰 그리고 아이디어의 원천으로 볼 수 있다고 생각해요.

5.6 궁극의 디자인 옵션 The Best One

건축 스케일에서는, 도시 스케일에서 존재하고 있는 데이터들을 가져와서 이해하여 적용하는 방법뿐 아니라 디자인 과정에서 많은 데이터들이 생성될 수 있죠. 즉, 디자인 프로세스 자체가 데이터를 소비하고 새로운 데이터를 만들어 내는 과정이 될 수 있다는 이야기예요. 코딩 능력과 디자인 경험에 따라서 매우 다양한 형태의 프로세스들이 만들어질 수 있겠죠. 때로는 디자인 전반을 장악하여 발전시킬 수 있으며, 혹은 부분적인 문제들을 해결하는 방식으로 코딩과 데이터들이 디자인에 활용될 수 있다는 이야기죠.

뒤에 [**CHAPTER 5 컴퓨테이셔널 사고**]에서 더 자세히 나누겠지만, 두 가지 접근방법에 대해서 이야기를 해봐요. 딱 하나의 최고의 디자인을 찾아내는 방식과 여러 개의 최적의 디자인들 옵션들을 찾아내는 방법이 있어요.

배치 최적화 / Parkeator

다음의 프로젝트는 디자인 최적화^{Optimization} 문제를 푸는 프로젝트로 분류될 수 있을 것 같아요. 요약하면 싱가포르의 법규와 시공방식에 맞는 모듈화 된 주차 타워의 청사진을 자동 제작하는 애플리케이션 개발 프로젝트였어요. 다양한 형태의 대지^{Site}에 맞춰서 제일 많은 수의 자동차를 주차할 수 있는 건물의 도면을 만들어내는 것이 핵심이었어요.

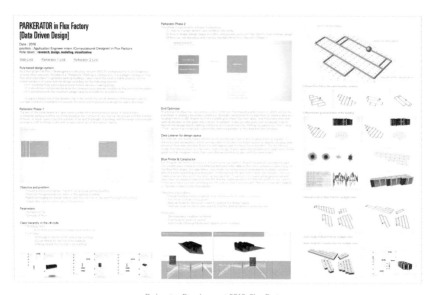

Parkerator, Development 2016, Flux Factory

이러한 프로젝트의 경우 디자인 프로세스를 전체적으로 장악할 수 있는 방법론을 구축해야 하고, 무엇보다 중요하게 그 건물을 평가할 수 있는 메트릭^{Metric}과 평가 함수도$^{Cost function}$ 구현을 해야 해요. 이 경우는 간단하죠. 몇 대의 자동차가 들어갔느냐에 따라서 평가될 수 있으니까요. 하지만 좀 더 주요한 값들의 우선순위를 정해서 디자이너의 경험과 판단의 개입을 높일 수도 있죠.

위의 프로젝트의 경우 지역의 부동산 개발자들과 디자이너로 나누어져 있었어요. 부동산 개발자의 경우 최고의 옵션 하나를 제공하고, 디자이너의 경우는 상위 5%, 10%의 결과물을 가져와, 자연환기와 차량동선의 옵션들을 고려하며 선택할 수 있게 했어요. 즉, 로컬 디자이너의 경험으로 한 번 더 필터하여 디자인 디벨롭을 한 것으로 볼 수 있는 것이죠.

가령 남쪽에 출입구를 둔 상황에서 주차 통로 Parking Aisle 10% 미만의 변화를 보이는 짧은 동선을 선택한다던가, 우측 주거 시설의 소음을 줄이기 위해 최대한 먼 거리의 자동차 동선을 택한 옵션을 취한다던가, 이처럼 평가기준들을 세워서 그 옵션들이 우선순위에 맞는 결과물들을 찾아 볼 수 있는 것이죠.

5.7 최적의 디자인들 Optimal Options

앞의 예는 최적화된 하나의 옵션을 찾았다면 여러 개의 최적화된 옵션을 찾아내는 방법들도 있죠. 파레토 프론트 그래프 Pareto Front Graph 경우와 같이 여러 개의 목적을 가지는 최적화를 수행할 수 있는 것이죠.

배치 최적화 / Column Distribution & Thickness Optimization

다음의 프로젝트는 기둥의 배치를 시뮬레이션 하는 연구 프로젝트인데요. 함께 나눌 지점은 각각 (1) 기둥을 에이전트 Agent로 두고, 사람의 동선에 대응하는 파티클 Particle들은 그 공간 안에서 이동하는 (2) 사람들 에이전트 Agent로, 각각 에 이전트들은 협력, 혹은 경쟁의 구도로 행동 Behavior하며 그 결과들을 데이터로 기록하는 것이죠. 그리고 그 기록들을 추적, 평가해 나가며 다음 행동을 결정하는 것이죠. 이 과정에서 에이전트 스스로의 정책도 있을 것이고, 전체적으로 방향성도 있을 거에요. 이러한 행동 등을 시도하면서 그 시도에 따른 결과들을 기록 평가하는 루틴을 반복하는 것이죠.

결과적으로 정해진 기둥의 개수로 지붕을 지탱하는 굉장히 간단한 이슈일 수 있지만, 판단을 내릴 때 사용할 수 있는 다양한 요소들의 연관성^{Relationship}과 가중치^{Weight} 등을 고려하여, 이 문제에 만족하는 무수히 많은 경우의 해결책들을 도출해 낼 수 있어요.

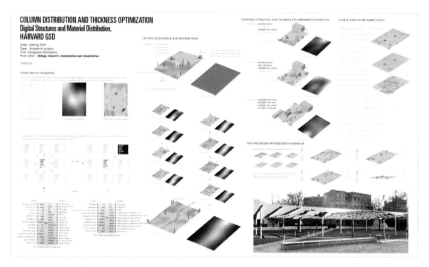

Digital Structures and Material Distribution research at Harvard GSD, NJSTUDIO

기둥을 대표하는 대리자^{Agent}들은 보다 효과적으로 지붕을 받칠 수 있는 지점으로 이동을 시도하는 것을 최우선으로 판단하고, 사람으로 대표되는 파티클 에이전트들은 기둥을 밀어내며 스스로 짧은 동선을 확보하는 것이죠. 이 과정에서 기둥과 사람으로 대표되는 에이전트는 서로의 목적을 이루기 위해서 최적의 판단을 하겠죠. 이렇게 주어진 환경에서 최적화될 수 있는 방식의 루틴은 딱 하나의 최적의 행동 루틴이 있는 것이 아니죠. 앞서 우리가 살펴본 최고^{Best}를 찾는 문제가 아닌, 주어진 환경과 조건에 맞는 여러 개의 최적^{Optimal}의 조건들을 찾아내는 것이죠.

위치, 움직임, 패스 최적화 / Position, Motion, Path Optimization

다음의 알고리즘 테스트는 디자인상에서 부분적으로 나타나는 문제들을 최적화시키는 예로 볼 수 있어요. 그래프^{Graph} 스프링 모델$^{Spring\ Model}$ 그리고 충돌 물리^{Physics}를 이용하여 위치, 움직임, 패스를 최적화시키는 솔루션의 프로젝트예요.

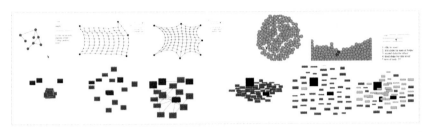

Position, Motion, Path Optimization, NJSTUDIO

건축 스케일에서는 프로세스에 집중하여 예제를 설명했는데요. 디자인 방법론이 무수하게 다양해질 수 있듯이, 디자인 이슈에 적용될 수 있는 알고리즘과 컴퓨테이셔널 방법론 또한 매우 다양해요. 여러분들이 암묵적으로 활용하고 있던 디자인 프로세스를 어떻게 코드화하여 명시적으로 좀 더 복잡한 상황판단, 혹은 위계질서, 기준 척도^{Metrics}와 평가방식^{Cost function} 등 정의하고 프로그래밍할 수 있느냐에 따라 컴퓨테이셔널 도구의 활용도를 극대화시킬 수 있게 되는 것이죠.

노파심에 이야기하는 것은 매크로^{Macro}적 오토메이션과 디자인 프로세스는 서로 구분을 지을 수 있어야 해요. 디자인 프로세스 안에서 단순한 자동화^{Automation}가 분명히 일어나죠. 하지만 그 자동화를 장악하고 때에 맞게 분배, 실행할 수 있는 논리구조 그리고 디자인 발전 방법^{Design Development Process}은 다르게 이해해야 시야가 확장 될 수 있어요.

즉, 디자인 주요 요소들의 정의, 발전 방향들, 그리고 평가방법들과 같은 주요 목적에 도달함에 있어서 오토메이션이 분명 내부적으로 실행 되고 그 결과 데이터를 주요 프로세스에 판단 근거로 활용한다는 것이에요. 이 과정에서 "어떻게 컴퓨터가 인간만이 가진 미적인 형태를 판단하고 디자인하나, 나는 동의할 수 없다."라고 이야기하는 학생, 혹은 경력자들을 종종 보는데, 디자인이라는 관념적 개념을 계산 가능한 수 체계로 추상화 훈련이 필요하다고 생각해요. 뒷부분에 이야기 나눌 [**메타인지와 컴퓨테이셔널 사고**] 그리고 [**25.2 데이터로의 인식**]을 참조하면, 필자가 설명하는 디자인 프로세스에 대해서 이해가 더 잘 가리라 생각해요.

6 작은 스케일에서

편의상 도시 스케일, 건축 스케일, 제품 스케일로, 나누어 이야기하는데, 같은 이야기를 다른 기준으로 설명 한다고 볼 수 있어요. 특별히 조형적 측면에서 지오메트리는 앞서 나누어 놓은 스케일과 상관없이 포괄적으로 적용되는 내용이죠.

기하학^{Geometry}은 고대 문명부터 쌓아 올린 법칙이고 공리죠. 다른 관점으로는 결정론적 접근을 가능케 해주죠. 법칙처럼 같은 조건에는 항상 같은 값이 도출됨으로 그 문법을 기초하여 현상을 재현, 모델링, 분석할 수 있게 되는 것이죠. 이러한 지오메트리의 문법은 공간에 정보를 표현, 시각화^{Visualization}하는 것으로도 사용될 수도 있고, 공간을 분석^{Analysis}하는 도구로도 사용되고, 더 나아가 데이터를 분석할 때도 매우 주요한 역할을 담당해요. 때문에 디자인의 스케일에 상관없이 기하학을 활용할 수밖에 없는 이유죠.

6.1 시각화 도구로의 기하학 Geometry

일반적으로 프로그래밍은 입력과 연산과정 그리고 결과물반환의 흐름을 실행되죠. 그 과정에서 연산의 결과물을 확인하면서 필요되는 알고리즘을 개선해 나가는 것이죠. 즉, 출력이 없으면 확인이 불가능하니 알고리즘을 개발할 수 없겠죠. 상식적인 내용을 글로 풀다 보니 어렵게 설명이 됐는데요. 디자인도 마찬가지라는 것이에요. 어떤 변형이 적용되면 그것이 시각언어로 바뀌어 화면에 뿌려지지^{Rendering} 않는 한 알 길이 없다는 것이죠.

'당연한 이야기를 왜 이렇게 구구절절이 설명 하나?'라는 생각을 가질 수 있는데, 컴퓨테이션널 디자인을 하거나 코딩으로 디자인을 해 나갈 때 두 가지 측면이 존재해요. 첫 번째 측면은 디자인 자체를 발전시켜 나가는 사고 측면의 무게중심이 있고, 다른 하나는 기술적 측면에서의 구현이 있어요. 가령 디자인 사유를 통해서 어떤 형태가 나왔는데 이 형태를 구현할 수 없으면 화면에 시각화를 시킬 수 없고, 표현 자체가 불가능해지는 것이죠. 여러분이 화면에 그 어떤 무언가를 그리더라도 기하학^{Geometry}의 내용을 알아야 하고 그 기하학의 형식은 화면에 그림을 그릴^{Rendering} 대상이기도 해요. 즉, 기하학은 시각화와 직결되어 있다는 것이에요. 즉 기하학은 형태구축, 정보표현, 분석의 도구임과 동시에 시각화의 도구라는 것이죠. 이러한 시각화, 혹은 데이터를 공간에 출력하는 내용은 뒷부분에 Data Visualization, 혹은 Creative Coding 섹션에서 더 알아보도록 해요.

Digital Structures and Material Distribution research at Harvard GSD, NJSTUDIO

6.2 분석도구로의 기하학 Geometry

시각화를 위한 기하학도 분명 중요하지만 사실 더 중요한 것은 공간 분석과 평가 도구로서의 기하학으로 볼 수 있죠. 컴퓨터 도구, 다시 말해 계산 도구로 디자인 프로세스를 기술했다면, 그 데이터 자체는 매우 정확한 분석이 동시에 이루어질 수 있어요. 전통적인 디자인 도구를 이용할 때, 컴퓨터로 분석하는 것과 비교하면 정확하지 않고, 신뢰하기 어렵죠. 그렇다면 분석이 불가능하다고 여기는 것이 맞아요. 99% 의 신뢰도는 매우 높아 보이지만, 만약 비행기가 99%의 안정성을 가지고 있다고 한다면, 아무도 비행기를 타지 않겠죠. 왜냐하면 100 대중 1대는 사고를 일으킬 것이니까요. 언제 어디서 누구나 분석을 해도, 100%의 분석은 인간의 직관과 경험이 아닌 정밀한 계산을 통해서 분석 가능한 것이기 때문이죠.

기하학 분석 도구 / Numerical Geometry Analysis Tool

아래의 연구는 지오메트리의 분석과 가공 가능한 데이터들을 추출하고 디자인 과정 곳곳을 시각화하여 직관적으로 활용할 수 있는 방법론에 대한 프로젝트였고, 몇몇 상용 소프트웨어의 플러그인으로도 제작, 배포가 되었어요.

형태로 디자인이 나타날 때Representation 시각화를 넘어서, 유의미한 데이터(위치Position, 상대적 방향과 힘Relative Direction and Force, 거리Distance, 중간Midpoint, 중심Center Point, 접선Tangent, 법선Normal, 종법선Binormal, 비틀림Torsion, 기울기Slope, 투영Projection, 접촉원과 평면Osculating Circle and Plane, 주 곡률Principal Curvature, 가우스 곡

률Gaussian Curvature)들의 데이터를 추출하여 평가할 수 있고, 이는 곧 디자인의 주요 데이터로 다시 사용될 수 있죠. 디자인 변형에 맞춰서 나의 디자인 결정들의 단계를 수치적으로, 즉 해석 기하학Analytical Geometry 관점으로 활용될 수 있다는 것이죠. 뒷부분에 [**20.5 데이터 구조로서의 지오메트리**] 영역에서 추가 설명을 드리도록 하고 적용과 사례의 측면에 집중해봐요.

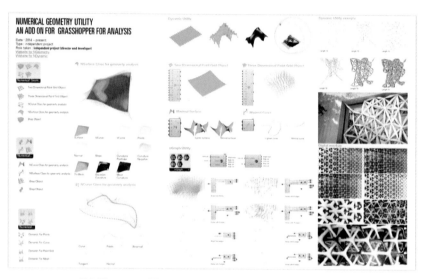

Digital Structures and Material Distribution research at Harvard GSD, NJSTUDIO

6.3 재료 Material 와 디자인

재료 연구 작업 / Thermoresponsive Fabric & Blind

앞서 살펴본 기하학처럼 재료도 그 특성을 수치적 모델링할 수 있어요. 선형Linear적 모델 뿐 아니라 비선형Nonlinear으로 모델링을 하여 활용할 수 있어요. 예를 들면 플라스틱이 있다고 가정해봐요. 특정 힘을 가하면 변형이 오고 그 힘을 제거하면 원래의 모습으로 복원이 되겠죠. 만약 더 큰 힘을 가하면 변형 후 원래의 형태로 돌아오지 않는 상태도 있을 거예요. 만약 그 큰 힘을 계속 가하면 결국에는 재료가 깨져 버리겠죠. 온도, 습도에 대해서, 혹은 빛, 습도, 색상, 형태, 변형을 동시에 설명할 수 있는 모델링도 가능하겠죠.

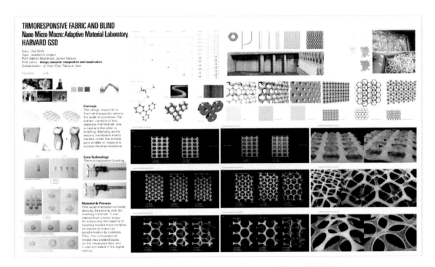

Thermoresponsive fabric & blind research at Harvard GSD, NJSTUDIO

위의 프로젝트는 Wyss Institute(생물학적 영감Biologically Inspired Engineering을 기초로 여러 머티리얼을 개발하고 있는 기관)에서 제공된 3차원 팽창성 물질의 적용에 대한 연구로, 최지혁, 전태현 님과 공동으로 진행된 프로젝트예요. 재료Material가 환경 조건에 따라 부풀어 오르는 실험을 통하여 변화되는 비율 데이터를 확보하고, 기존 기하학 법칙 위에 새로운 데이터의 레이어Layer를 덧댐으로써, 그 환경 변화에 따른 형태를 시뮬레이션을 하면서 디자인할 수 있는 방법론을 구축한 것이죠.

세라믹 프린팅 / Ceramic Morphologies, Cevisama Installation

4차 산업혁명의 하나의 키워드인 '3D 프린팅'의 예도 같은 맥락으로 해석할 수 있어요. 다음의 프로젝트는 Harvard GSD MaP+S Group 연구실에서 진행한 연구 프로젝트예요. 세라믹 머티리얼의 특성을 데이터화하여, 내구성에 맞는 디자인 형태 그리고 그 형태를 만들어 내는 출력방식Tool Path에 대한 연구예요.

Project Team: Professor Martin Bechthold, Director; Salmaan Craig, Lecturer in Environmental Technology; Nono Martinez Alonso; Jose Luis Garcia Del Castillo; Tiffany Cheng; Kevin Hinz; Namju Lee, Zhiwei Liao; Matan Mayer; Saurabh Mhatre; Zach Seibold; Santiago Serna González;; Juan Pablo Ugarte.

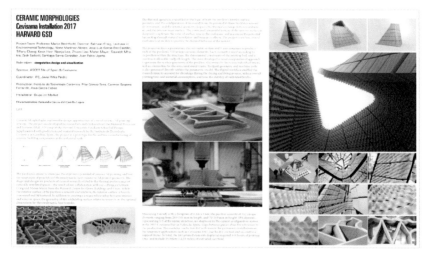

Digital Structures and Material Distribution research at Harvard GSD, NJSTUDIO

A Phenomenon, uncertain surface, 3D Printing, NJSTUDIO

지오메트리Geometry 데이터는 디자인에서 가장 근본적인 데이터로서, 앞서 알아본 것처럼 형태 표현분 아니라, 시각화, 혹은 데이터 분석에도 매우 주요하게 활용되고 있어요. 나아가 현상을 기하학 형태로 재구성, 모델링하여, 현상을 분석하는 기하학으로서의 디자인 방법론으로도 확장이 가능한 것이죠. 즉, 데이터를 공간으로 투영하여 그 관계성을 기하학 형태로 변환,

분석한다는 것이죠. 디자이너가 데이터를 이해하고 디자인 재료로 쓸 때 과거의 분리된 환경에서 불가능한 가능성들에 디자이너가 직접 개입할 수 있을 분 아니라, 역설적으로 디자인 방법론 개선을 통해 여러 기술적인 엔지니어링 문제를 해결할 수 있는 시각과 기회도 포착할 수 있게 되는 것이죠.

6.4 패널의 패턴

건축, 시각, 패션, 혹은 프로덕트 디자인에서 패턴^{Pattern} 디자인을 할 때 코딩을 할 수 있다면, 손쉽게 다양한 패턴을 생성, 조작할 수 있어요. 컴퓨터는 반복 작업에 최적화되어 있죠. 패턴이 정의되는 법칙, 조건, 혹은 환경을 기술함으로써 패턴이 생성^{Generate}되게 하는 것이죠.

뿐만 아니라 패턴의 변형에 다양한 파라미터^{Parameter}들도 쉽게 연결시킬 수도 있죠. 건축의 예로, 오후에 햇볕이 많이 들어오는 향의 패널의 패턴을 줄여서 디자인 하고, 그 줄어짐의 정도에 따라서 빛이 얼마큼 감소되는지 수치적으로도 확인할 수 있죠.

벽돌 패턴 / Brick Pattern

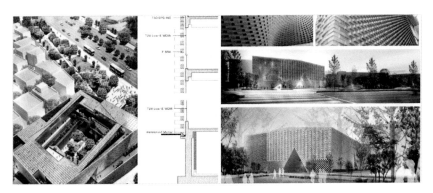

Daegu Gosan Public Library, Meta-territory studio, NJSTUDIO

벽돌을 쌓는 패턴들을 조절할 때도 같은 방법론이 적용될 수 있어요. 위의 프로젝트는 박대권 교수님, 소병식 건축가님, 임재근 님, 박혜현 님, 김정민 님과 함께 작업한 프로젝트예요. 벽돌을 쌓을 때, 회전을 주어 바라보는 거리와 지점에 맞춰 다양한 표정의 패턴을 디자인하였고, 내부 조명의 빛은 벽돌 패턴의 흐름을 건물 안으로 유입시켜 주경과 다른 야경의 분위기와 경험을 디자인하였어요.

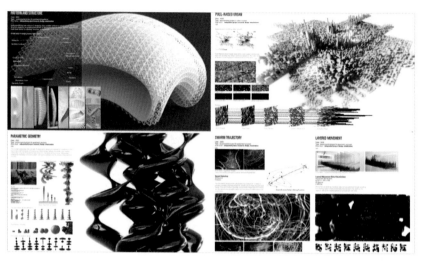

A Phenomenon, uncertain surface, 3D Printing, NJSTUDIO

아래의 프로젝트는 태양 빛과 상호작용하는 패턴으로, 빛에 노출이 되었을 때 패턴을 닫아 그 지점에 빛 투과를 막고, 그 외의 지점은 패턴을 열어 시각적으로 관통할 수 있게 하여, 태양의 입사각과 면의 노출에 따라 하나의 면에 두 가지 빛의 차단과 시각의 유입을 연구한 아이디어 프로젝트예요.

A Phenomenon, uncertain surface, 3D Printing, NJSTUDIO

위의 가운데 이미지를 보면 태양 빛 입사각에 맞춰 도서관의 전면 부 하단에 직사광선을 막기 위해 패턴이 닫힌 것을 볼 수 있고, 입면의 윗부분은 도서관의 내부를 볼 수 있게 시각적으로 열려 있는 패턴을 볼 수 있어요. 이와 같이 시간 변화에 따른 입사각 변화량과 그에 따른 패턴의 변형을 모델링하여 계절별, 시간별 시뮬레이션을 통해 데이터 추출이 가능하죠.

6.5 모듈의 배치

코드를 통하면 모듈[Module]의 배치를 바르고 의미있게 할 수 있어요. 특정 모듈들이 위치해야 하는 지점들을 알고리즘으로 분석하여 공간의 순위를 매기고, 다른 고려요소들과 함께 변형하며 배치할 수 있고, 위치된 모듈들의 상관관계까지 통합적으로 디자인할 수 있어요.

모듈 배치 사례 1 / Module, Reverse Evolution

다음의 프로젝트는 eVolo 공모전에 제출된 아이디어예요. 수중 모듈의 특징이 있고, 빛의 투과 조건, 중앙 코어[Core]와의 거리 등을 계산하여 모듈의 성격을 나누고 배치한 사례예요.

REVERSE EVOLUTION [AQUASCRAPER], Evolo Competition, NJSTUDIO

모듈 배치 사례 2 & Street in Office & Office on Street

다음 프로젝트는 모듈의 변형 공간[Design Space]을 만들고, 사이트의 기후 조건[EPW Data]과, 습도, 채광 환경에 맞는 장소에 모듈을 배치하는 사례예요. 서울, 암스테르담, 엘에이 지역 환경에 대응하는 모듈과 배치 디자인을 볼 수 있어요.

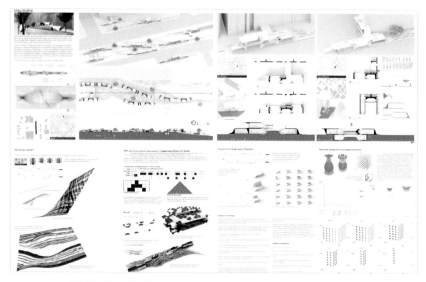

STREET IN OFFICE / OFFICE ON THE STREET, Data-driven design research, NJSTUDIO

6.6 디지털 패브리케이션 & 로봇틱스 Digital Fabrication Robotics

패브리케이션Digital Fabrication과 로봇틱스Robotics가 컴퓨테이셔널 디자인의 주요한 사용 목적이라고 생각하는 디자이너들을 심심찮게 볼 수 있죠. 아마도 자동화Automation와 노동집약Labor-intensive의 반복 행위가 많이 있는 분야이기 때문에 그런 것 같아요. 패브리케이션과 로봇틱스 영역은 기하학Geometry과 재료Material에 대한 이해가 있어야 하는 부분이고, 특별히 디지털 세계와 현실 세계와의 연결지점이기도 하며, 재료의 특성에 따라 패브리케이션 방법론과 디자인의 가능성 그리고 지양해야 할 한계가 명확하게 드러나는 영역으로 볼 수도 있어요.

디지털 패브리케이션 사례 1 / Parasitic Urban Furniture

 다음의 프로젝트는 금속Metal 재료와 워터젯Water jet cutter을 이용하여 이동형 의자를 만든 프로젝트로서 Mustafa Ahmad와 함께 공동작업을 했어요. 재료의 특성을 고려해서 디자인을 해야 하고, 특별히 재료를 절단 후 어떻게 조립할 것인지에 대한 전략도 패브리케이션 단계에서 함께 고려되어야 해요.

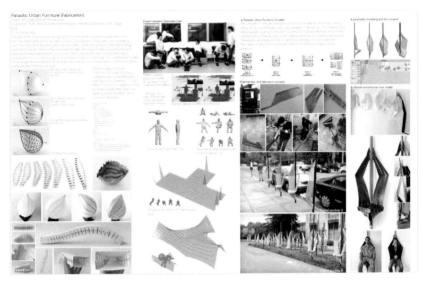

Parasitic Urban Furniture [Fabrication], NJSTUDIO

디지털 패브리케이션 소프트웨어 / Architecture Compiler for Fabrication

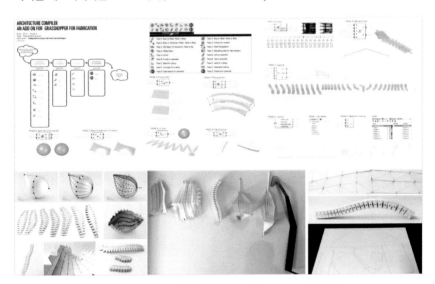

ARCHITECTURE COMPILER [Fabrication research, Development], NJSTUDIO

다음 프로젝트를 수행하기 위해 패브리케이션 플러그인을 개발 했어요. 패브리케이션에 다양한 방법들이 있는데, 그중에 지오메트리를 Strip화시켜 Unfolding과 Slice 방식을 도와주는 플러그인이에요. 또한 Harvard GSD와 UC Berkeley의 패브리케이션 랩의 커팅 형식에 맞춰서 레이어[Layer]도 자동생성해 주기도 해요.

Digital Fabrication, NJSTUDIO

디지털 패브리케이션 사례 2 / Double-layered Strip Chair

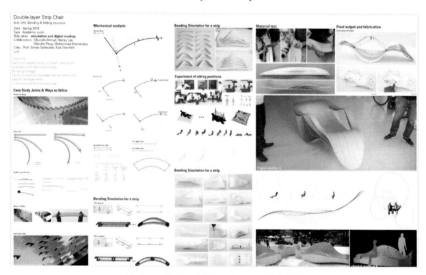

Double-layered Strip Chair [Fabrication research], NJSTUDIO

위의 패브리케이션 프로젝트는 Mustafa Ahmad, Wenzhe Peng, Moham-mad Momenaba와 공동으로 작업한 프로젝트로서, 나무의 휘어짐의 정도와 탄성의 특성을 이용한 의자를 제작한 사례예요. 재료는 변형 가능한 한계가 있고 그 지점을 넘어서는 스트레스가 작용되면 재료가 깨져버리죠. 즉, 그 단계를 실험해 볼 수 있는 것이에요. 여러 번의 밴딩^{Bending} 테스트를 통해서 데이터를 축적 후, 결과들을 모아서 모델링을 할 수 있어요. 가령 선택된 재료가 어디까지 변형 가능한지, 특정 시간이 경과된 후 변화 데이터를 축적할 수 있고, 적정 수준으로 가공할 수 있게 되는 것이죠.

인터랙티브 인터페이스, 로봇 팔 / SketchHand, HCI for fabrication

다음 프로젝트는 로봇 팔을 이용하여 홀로그램 화면에 스케치를 하고, 로봇 팔을 통해 위빙^{Weaving}을 하는 프로젝트로서 Amira Abdel-Rahman과 함께 진행한 프로젝트 사례예요. 손과 손가락의 제스처를 센서를 통해 컴퓨터 가상공간으로 입력하고, 그 움직임으로 로봇 팔을 조정함으로 정해진 액션들을 수행할 수 있어요.

가령 손가락의 움직임, 팔의 움직임 등을 디자이너가 코딩할 수 있다면, 제품을 디자인하는 것을 넘어서 사용되는 재료의 특성을 살려서 더 다양한 디자인 기회를 경험할 수 있겠죠. 로봇 팔을 포함한 최신의 패브리케이션 도구들을 디자인에 맞게 커스터마이제이션^{Customization}을 스스로 해결할 수 있게 될 뿐만 아니라 디자인의 한계를 엔지니어적 관점으로 개선할 수 있고, 엔지니어적인 문제들도 디자인을 통해서 해결할 수 있는 아이디어들을 가질 수 있겠죠.

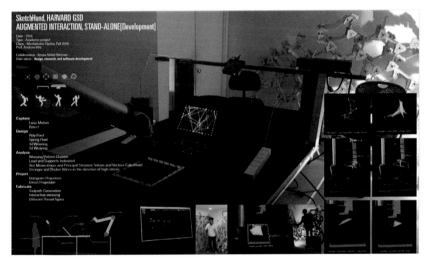

SketchHand, Interactive interface research and development, NJSTUDIO

앞으로 이러한 기술적 진보는 더욱 가속화될 거예요. 당장 3D 프린팅과 로봇뿐 아니라 드론, 혹은 다른 디자인 엔지니어링 기술들이 계속 디자이너에게 기회로 다가올 것이라 보고 있어요. 이러한 변화를 기회로 타고 넘게 해 주는 코딩 능력은, 피상적인 이해와 적용을 넘어 근본적인 활용의 장을 열어 줄 수 있어요.

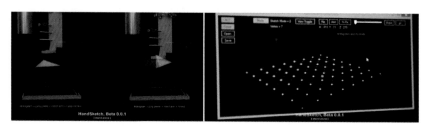

SketchHand, Interactive interface research and development, NJSTUDIO

이러한 로봇틱스, 드론, 패브리케이션, 3D 프린팅, 혹은 뒤에 설명할 센서들, VR, AR 등과 같은 하드웨어와 연결되어 구현되는 것들은 겉모양은 다르게 나타나지만 내용적 측면에서는 코딩 능력을 그 분모로 하고 있어요.

즉, 아이디어와 프로세스를 구현하는 단계는 그 하드웨어의 형식을 떠나 동일하게 적용될 수 있다는 것이에요. 드론, 로봇, 프린팅의 툴파스, 센서들의 입력 값, 혹은 VR과 AR의 경우도 동일하게 소프트웨어 단에서 좌표계를 만들어 놓고 그 공간 안에서 위치정보를 매핑하고 계산하여 알고리즘을 개발하는 것이고, 그 후에 결과 정보만 하드웨어와 바인딩을 하는 개념으로 보면 큰 틀에서 문제가 없어요. 하드웨어 연결 단계에서 각각의 하드웨어에서 제공되는 SDK Software Development Toolkit, API Application Programming Interface에 맞게 필요한 함수와 요구 되는 데이터를 연결해 주면 되는 것이기 때문에 그래요.

결국 디자인을 위한 코딩의 핵심은 공간 정보이고 이 공간 정보를 다루는 데이터 구조와 알고리즘들은 플랫폼과 구현의 모양에 구애받지 않고 공통으로 다뤄질 수 있다는 것이고, 이 결과들은 필요에 따라 다양한 형식의 하드웨어에 연결됨으로 손쉽게 여러 모양으로 적용 될 수 있다는 것이에요.

! 전공 용어를 쓰는 이유

대화에서, 혹은 정보교환 과정에서, 전공 용어들이 때때로 더 복잡하고 어렵게, 혹은 소통을 난애하게 만든다는 생각을 한번쯤 해봤을 거예요. '왜 굳이 어렵게 이야기를 하지?'라는 생각도 할 수 있죠. 결과적으로 대상의 눈높이와 전달하고자 하는 목적에 맞게 적절하게 소통을 하는 것이 제일 중요하겠죠.

처음 무언가를 학습할 때 수많은 전공 단어(국어/영어)들이 등장을 하고, 때로는 익숙하지 않은 키워드와 사고방식들이 있을 거예요. 외국어 예를 들면 문법을 아무리 잘 알고 있어도 단어를 모르면 정확한 해석이 어렵듯, 혹은 잘못 단어를 외우고 있다면 전혀 다른 내용으로 해석되듯, 할 수만 있다면 많이 노출되고, 사용해서 전공 용어들이 어떤 상황에서 어떻게 사용되어, 어떤 복잡함을 단순화시켜 소통이 되는지 꾸준히 귀를 기울여야 한다고 생각해요.

전공 용어들은 그 복잡 미묘한 부분들을 일일이 설명하지 않더라도, 그 단어로 함축하고 있는 다양한 조건과 상황들이 있다는 것이에요. 즉, 암묵적으로 어떤 상황, 논리, 현상을 용어로 합의 해 놓은 개념이라 보면 좋을 것 같아요. 전공 단어에 익숙해진다는 것은 그 단어의 사전적 의미를 암기하는 것이 아닌, 그 단어로 상황, 현상, 논리, 정보를 압축해 놓고, 그 미묘한 관계들을 부가 설명 없이 핵심을 간결하게, 정보 손실 없이 알아챌 수 있다는 것이죠.

전공 단어들이 어떤 맥락과 목표로 사용되는지를 눈여겨 설펴보면 스스로 논리를 강화할 수 있는 시각이 생길 수 있다고 생각해요. 필자의 유학 시절 경험인데 교수님, 혹은 게스트 스피커 등, 여러 전문가 집단의 사람들과 수업을 듣고, 학습을 하고, 함께 일을 하면서, 자연스럽게 사용하는 전문 용어들에 많이 노출이 되었죠. 재미있는 것은 특정 현상과 내용을 전달하기 위해 전공 단어를 떠 올릴 때 그 문맥까지 동시에 떠오르는 경험을 했어요.

즉, 전문가의 사고 체계와 논리 구조가 전공 용어 중심으로 문맥화되어 이해된다는 것이죠. 회사에서 발표를 할 때나, 나의 주장을 펼치거나, 합의점을 이끌어 낼 때, 그분들이 사용하는 논리 전략들을 나의 삶에서 발휘할 수 있는 시각이 생긴다고 생각해요.

7 시뮬레이션 영역에서

방위 산업에 첨단기술들이 후에 많은 대중산업의 방향과 틀을 제공해주며 우리의 삶을 질을 높이고 있죠. 독일의 전차 기술이 자동차 산업으로 연결되었고, 미국 국방부 연구국의 네트워크는 인터넷의 전신으로 알려져 있고, 나사의 기술들은 화재경보기와 정수기 등의 산업으로 발전이 됐죠.

컴퓨터는 일찍이 시뮬레이션 영역에서 주요하게 활용되었죠. 특별히 2차 세계대전 때 탄도의 궤적을 계산했던 사람들을 '컴퓨터(계산을 수행하는 사람)'라 부르며 지금의 컴퓨터의 전신인 애니악, ENIAC^Electronic Numerical Integrator And Computer, 개발로 이어졌죠.

디자이너가 코딩을 하게 되면 적용할 수 있는 큰 두 가지 시뮬레이션 모델링 접근법을 이야기 해 보면 첫 번째로는, 어떤 현상들을 반복적으로 테스트하여 데이터를 생성함으로 그 현상을 수치화시켜 하나의 모델링을 하는 것이고, 이 모델링을 시뮬레이션에 활용하는 것이죠. 역 공학^Reverse Engineering의 일반적인 접근 방법으로 볼 수 있죠. 두 번째로는, 어떤 공리, 혹은 검증된 법칙과 원리를 기준으로 모델링을 하고 그 모델을 바탕으로 시뮬레이션을 이행하는 것이죠. 즉, 데이터를 바탕으로 인과를 귀납적, 연역적 방식으로 모델링을 하는 것이죠.

그럼 위의 두 체계로 날씨를 예측하는 시뮬레이션 모델을 생각해 볼까요? (1) 우선 바틈 업 접근법으로, 온도와 습도, 바람 등 대기의 상태를 수치화하고, 어떤 환경에서 어떻게 서로 상호작용을 하는지에 대한 검증된 과학적 근거를 바탕으로 날씨를 결정하는 기본 파라미터들의 관계성을 모델링을 할 수 있겠죠. 그리고 (2) 이 모델을 가지고 실제 날씨를 예측해 보는 것이죠. 지형의 형태와 거시적 온도의 트렌드와 미시적 지역 기후^Local climate의 관계성을 과거의 사례와 테스트를 통해 나온 데이터를 바탕으로 초기 상태와 관계성을 튜닝 함으로써 정확도를 높여 나가는 과정을 반복하겠죠.

이러한 과정을 통해 한 지역을 가장 잘 설명할 수 있는 모델이 완성이 되고, 그 모델을 통한 시뮬레이션의 정확도는 신뢰할 수 있게 되는 것이죠. 그 전반의 과정에서 가장 엄밀한 언어인 수학을 기본 언어로 하여 계산을 하는 방식으로, 시뮬레이션을 하기 때문에 컴퓨터의 정확도와 수행 속도는 시뮬레이션에 최적화되어 있다고 볼 수 있어요.

7.1 건축 구조 & 에너지 시뮬레이션

건축물의 구조와 건축 환경은 비교적 결정론적 모델링^{Deterministic modeling}이 가능한 영역이죠. 즉, 수 체계로 그 원리와 과정을 모방, 구현할 수 있다는 의미예요. 따라서 구조역학 계산을 통해서 우리는 건물의 고정, 이동 하중을 계산하고 내진 시설을 구현하며 기둥의 간격과 두께 등도 계산 학적으로 최적화시켜 건물을 지을 수 있게 되는 것이죠.

구조 시뮬레이션 / Column Distribution & Thickness Optimization

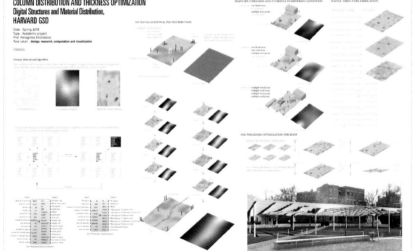

Column Distribution & Thickness Optimization, Digital Structures and Material Distribution, NJSTUDIO

앞서 살펴본 Agent-based 방법론을 적용한 기둥 배치 프로젝트도 기둥의 위치는 에이전트의 데이터들에 의해서 결정되지만 그 움직임이 의미있는 이동이었는지, 더 좋은 움직임은 없었는지를 판단할 때는 구조 계산을 통해서 나오는 수치 값으로 평가가 되는 것이죠.

자연환기 & 에너지 시뮬레이션 1 / Natural Ventilation

다음의 프로젝트는 자연환기[Natural ventilation]가 얼마나 효과적인지를 평가하는 시뮬레이션 프로젝트예요. 건물의 위치와 향[Direction] 그리고 주변 조건에 따라 태양의 고도와 건물 내부로 유입되는 채광 노출시간도 달라지겠죠. 지역의 기후 데이터(예: EPW[Energy Plus Weather])를 바탕으로, 대기 상태와 함께 어떤 각도와 강도로 채광이 이루어지고, 디자인된 오프닝 위치 크기에 따라, 내부 공간을 덥힐 것인지에 대한 파라미터를 설계할 수도 있고, 내부의 공기의 흐름을 시각화하고 수치적 평가를 할 수 있게 되는 것이죠.

각 계절에 맞춰 평가할 수 있을 뿐 아니라 최적의 온도를 맞추기 위해서 가용해야 하는 전기의 양도 시뮬레이션을 통해 판단할 수 있죠. 결과적으로 디자인에 따른 건축물의 유지보수 비용도 결정론적으로 계산되어 나올 수 있고, 디자인 평가항목으로도 사용될 수 있게 되는 것이죠.

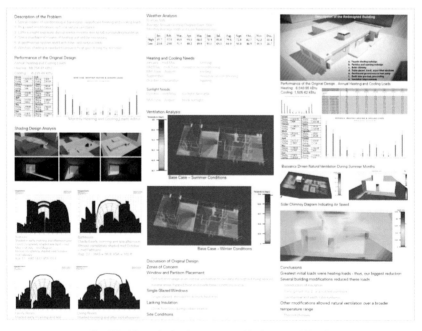

SketchHand, Interactive interface research and development, NJSTUDIO

7.2 이산화: 공간 단위 분할^{Dense}

앞선 자연환기 프로젝트도 마찬가지지만, 시뮬레이션 엔진으로서 주로 CFD^{Computational Fluid Dynamics}를 활용하죠. 뒷부분에 [**21 코딩: 공간 정보 & 파이프라인**] 챕터에서 더 자세히 이야기 나누겠지만, 컴퓨터는 무한^{Infinity}의 정보를 다루지 못해요. 따라서 유한^{Finite}으로 바꿔야 해요. 이 개념을 이산화^{Discretization}라고 해요. 쉽게 말하면 앞선 시뮬레이션의 경우 소프트웨어 단에서 바닥, 벽, 창문 등 시뮬레이션으로 평가해야 하는 요소들을 작은 단위로 나누어서 그 영역을 대표할 수 있는 하나의 작은 공간으로 이산화시키는 것이죠. 즉, 확대를 해 보면 수많은 사각형 면, 혹은 육면체의 상자들로 구성되어 있다는 것이에요. 해상도가 높을수록 더 정밀한 시뮬레이션이 가능해지겠지만 시간은 기하급수로 올라가게 되겠죠. CFD뿐 아니라, 요즘은 Raytray의 방법으로 빛 계산을 하지만 과거 Radiosity 방식의 경우 동일한 이산화 과정을 거친 후, 광원을 시뮬레이션하게 되는 것이죠.

자연환기 시뮬레이션 2 / Computational Fluid Dynamics

위의 프로젝트는 CFD를 활용한 시뮬레이션으로 도시 환경에서의 배치에 따른 바람 길^{Wind tunnel}을 시뮬레이션 하는 프로젝트예요. 디자인 단계에서 보다 직관적으로 설계의 변형에 따라, 풍하중, 상호 간섭 등의 다이내믹스를 평가할 수 있는 솔루션이죠.

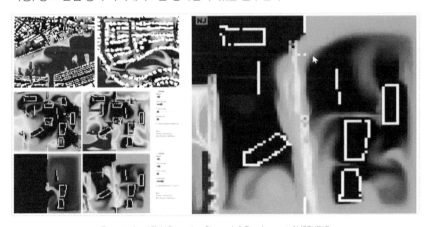

Computational Fluid Dynamics, Research & Development, NJSTUDIO

7.3 이산화: 점 Particle 단위로 분할 Sparse

앞서 알아본 이산화의 방식에서는 공간을 균일하게^{Even} 함으로써 공간의 전체적인 해상도를 유지하면서 전체적인 상호작용^{Interaction & Dynamics}을 계산했다면, 이러한 시뮬레이션에서는 파티클, 즉 포인트가^{Sparse} 정보 매개체로 활용될 수 있어요. 두 개의 혼합된 방식으로도 사용이 가능하겠지만 프로세스하고자 하는데 터들의 특성에 따라 합리적인 방식을 활용하는 것이 좋겠죠. 파티클의 룰^{Rule}, 혹은 행동 패턴을 적용하고, 파라미터를 수정해가면서 서로의 인터랙션을 시뮬레이션해 볼 수 있어요.

파티클 시뮬레이션 / Particle Simulation

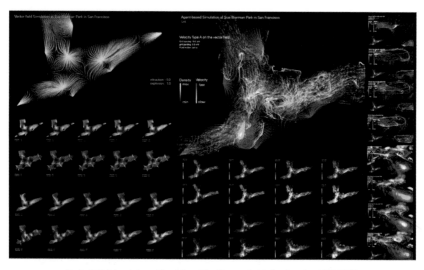

Vector field & Agent-based Simulation at Sue Bierman Park in San Francisco, NJSTUDIO

파티클 시뮬레이션은 자연현상을 테스트해 보는 것뿐 아니라 파라미터를 조작하여 군중의 흐름을 실험할 수도 있어요. 위의 프로젝트는 필자의 UC Berkeley의 졸업 논문 중 일부인데요. 샌프란시스코의 마켓 스트릿에 위치한 공원의 몇몇의 주입구들에서 부터 시작하는 이동 시뮬레이션을 한 예예요. 동선과 콘텍스트에 맞춰서 정적 공간(노랜 색)과 동적 공간(파란색)으로 시각화되는 것을 볼 수 있어요. 즉, 디자인 변형이 어떻게 이동 동선의 트래픽에 반영될 수 있나에 대한 피드백으로 사용될 수 있어요.

Vector field & Agent-based Simulation at Sue Bierman Park in San Francisco, NJSTUDIO

상황에 따라 실제 프로덕트에서 더 전문적인 툴로 최적화를 시켜 데이터를 추출해야 될 상황도 생기겠지만, 디자인 단계에서 빠르게 이동 동선, 혹은 채광 시뮬레이션 한다던가, 배치에 따른 바람의 흐름과 같은 다이내믹스에 대한 피드백을 받아 볼 수 있다는 것은 직관에 의존한 그것 보다 더 유리한 디자인 도구를 갖게 되는 것이죠.

코딩을 한다는 것은 디자이너의 필요에 맞게 시뮬레이션 환경을 보다 정밀하게 구현하고 유의미한 데이터를 추출하여 디자인의 재료로 사용할 수 있는 능력이 있다는 의미일 수 있어요.

7.4 시뮬레이션 도구로 기하학 Geometry

지오메트리 분석 도구 / Numerical Geometry Utility

시뮬레이션을 한다는 것은 인과관계를 모델링하는 것으로 볼 수 있어요. 가령 하나의 현상이 나타나기 전과 후의 관계 데이터를 적분거나, 그 관계를 역으로 미분하여 여러 현상들을 재현하거나, 특정 순간에 발생되는 데이터들의 관계성을 시간의 차원으로 해석하고 재현할 수 있다는 것을 의미하기도 하죠. 코딩을 통해 디자인을 한다는 측면에서 직관에 의존한 전통적인 방법론의 구현뿐 아니라, 데이터 중심의[Data oriented & Data driven] 프로세스로써의 디자인 방법론 구현에 대한 시야가 생기고, 이를 활용할 생각을 시작할 수 있게 되는 것이죠.

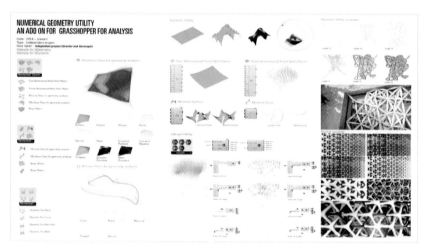

Numerical dynamic utility, NJSTUDIO

다이내믹 시뮬레이션 / Dynamics

 다음의 프로젝트는 Numerical Dynamic Tool로서 지오메트리의 구성요소와 상호 관계성을 실시간으로 프로세스하고 시각화하는 도구로 보면 좋을 것 같아요. 스프링 모델은[Spring Model] 다이내믹스를 시뮬레이션의 하나의 방식으로 지오메트리에 적용할 수 있어요. 특별히 물리[Physics]실험을 할 때 변화를 추적하거나 그 변화의 순간들의 데이터가 필요할 경우 유용하게 활용될 수 있는 방식이에요.

 예를 들면 다음의 파빌리온의 경우 고정된[Constraints] 지점들을 중심으로 각각의 모듈[Segments] 부재가 특정 길이에 고정됐을 때의 변화를 시뮬레이션 한 것이고 그 시뮬레이션의 결과에 따라 면이 형성됐을 때의 면의 곡률[Curvature]을 시각화한 내용이에요.

다음의 이미지 내용을 간략하게 설명하면 Wyss Institute에서 제공된 시뮬레이션 재료는 빛에 노출 됐을 때 가로 세로 비율이 부풀어 오르는 상황을 가정하고 있어요. 예를 들면 길이가 1.5배 늘어났을 때 단면의 반지름은 4배 부풀어 오른다는 이야기죠. 즉, 프레임의 반지름은 길이에 비례해서 부풀어지는 것이죠. 따라서 태양빛에 얼마큼 노출됐을 때 얼 마큼의 길이가 늘어나고 그 늘어나는 정도에 따라서 프레임의 두께가 두꺼워 지며, 외부의 빛을 차단하게 되는 결과를 낳죠. 결과적으로 가장 짧을 때와 가 장 길어졌을 때의 채광 효과 데이터를 추출할 수 있게 되는 것이죠.

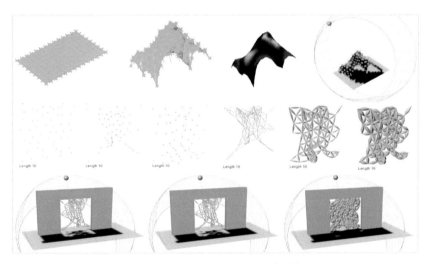

Numerical dynamic utility, Spring model, NJSTUDIO

7.5 환경, 조경, 시뮬레이션

인터넷의 보급, 하드웨어, 소프트웨어의 발달로 우리는 많고 다양한 현상들을 데이터 형식으로 압축, 기록해 오고 있죠. 가령 개인정보, 사회, 경제, 인문학적 데이터 등의 경우 과거에는 상상하지 못한 부분들도 데이터화해 오고 있어요.

이러한 매체가 없던 과거 고대 문명의 경우 공통적으로 별자리, 농사법, 사냥법 등의 정보를 기록한 것으로 알려져 있죠. 즉, 주변 환경을 기록하고, 발전시켜, 지금의 문명까지 이른 것 이죠. 우리의 살고 있는 환경, 즉 지구는 하나의 생태계를 가지고 있고 이를 관측하고 그 패턴을 기록함으로써 데이터로 활용할 수 있다는 것이에요. 그래서 일찍이 태양과 별을 관측하고, 기후 예측과 같은 환경 시뮬레이션들이 발전을 해 왔었죠. 디자인도 예외일 수 없겠죠. 환경 데이터와 같이 패턴이 명확하고 관측이 비교적 직관적인 데이터들은 디자인 분야에 비교적 쉽게 적용될 수 있다는 것이죠.

환경 시뮬레이션 / LandBox & Numerical Landscape Utility

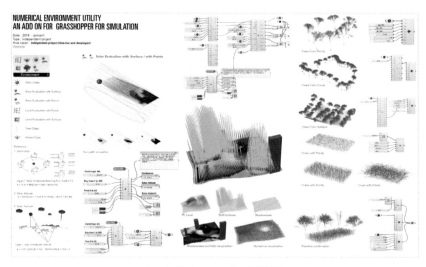

Numerical Environment utility , NJSTUDIO

랜드박스 프로젝트는 여러 버전으로 개발된 환경 분석도구인데, 첫 번째로는 환경 조경^{Landscape} 시뮬레이션 도구를 예로 들 수 있어요. 예를 들면 태양을 시뮬레이션 하는 수식이 구현되어 있고, 위도^{Latitude}가 있다면 특정 환경에서 태양이 연평균 몇 시간이 특정 지역에 노출될 수 있는지를 시뮬레이션할 수 있죠. 가령 나무를 심을 때 태양에 특정시간이 노출되어야 하는 수종들은, 그 시뮬레이션을 통하면, 각각의 나무에게 적합한 장소들이 추천시켜 주는 것이죠.

뿐만 아니라 내가 디자인한 공간들이 얼마큼 직사광선에 노출되는지, 창문을 어디에 설치해야 주변 건물의 그림자에 영향을 덜 받는지 등을 시뮬레이션할 수 있어요. 나아가 지형의 경사^{Slope}를 계산해서 물이 흘러내리고, 어느 지형에 물을 얼마큼 고이고, 시간에 흐름에 따라 물을 머금고 있는지, 땅의 산성도^{pH} 레벨, 혹은 딱딱함의 정보도 동시에 프로세스할 수 있는 솔루션이라 볼 수 있어요.

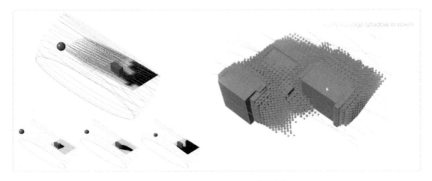

Solar Evaluation with Voxel data, NJSTUDIO

위의 그림은 특정 지역과 환경에서 1년간 태양을 시뮬레이션하여, 특정 계절과 시간대에 얼마큼의 태양 직사광선이 비추는지를 복셀^{Voxel} 데이터 구조로 캡처하여 3차원 공간을 평가하는 과정으로 볼 수 있어요. 쉬운 적용으로는, 만약 특정 나무가 하루에 직사광선을 몇 시간 이상 노출되어야 할 경우 그 공간들을 쉽게 시각화하며 찾아낼 수 있겠죠. 디자인 프로세스에서 사용한다면 여러분의 디자인 결정의 요소요소마다 데이터를 체크하여 주어진 항목들을 평가하며 디자인을 도울 수도 있겠죠.

Lighting Simulation, Parametric wall, NJSTUDIO

8 가상 영역에서

8.1 웹사이트 Web Design & Coding

코딩을 할 줄 안다면 말하면 '너는 웹사이트 만들 수 있겠네?'라는 질문을 종종 들어요. 높은 수준의 웹사이트, 가령 데이터베이스, 로그인, 보안 등의 백앤드 Back-end의 경우 따로 시간을 들여 각각의 기술에 대한 깊은 이해를 해야겠지만, 코딩을 할 수 있다면 간단한 웹사이트는 쉽게 구축을 할 수 있어요. 왜냐하면 HTML 코딩 문법은 굉장히 쉽고 직관적이고 스크린 화면에 버튼이나, 이미지 등의 구현은 이미 있는 요소 HTML Elements를 가져와서 배치하면 되는 것이기 때문이죠.

화면 혹은 UI, UX등의 사용자 경험을 디자인하는 프런트 앤드 Front-end는 디자이너들이 쉽게 접근하여 화학반응을 낼 수 있는 영역이기도 해요. 때문에 많은 웹디자이너들도 코딩을 배우려고 하는 이유이기도 하죠. 또한 스스로 디자인한 결과물들이 어떻게 코딩이 되는지 배우면 당연히 더 많은 기회를 잡을 수 있을 뿐 아니라, 어떤 형식으로 디자인을 하고, 무엇이 가능한지, 무엇이 불가능한지, 왜 그러한지, 어떻게 하면 더 좋은 디자인과 코딩 구현이 될 것인지에 대한 통찰이 생겨, 좀 더 단단한 디자이너이면서 개발자가 될 수 있는 아주 좋은 포지션을 가질 수 있어요.

일반 디자이너도 코딩을 할 수 있다면 보다 쉽게 웹사이트를 구축할 수 있는 실력도 갖추게 될 수 있고, 커스터마이제이션을 제공하는 웹서비스들을 높은 수준으로 수정하여 활용할 수도 있죠. 동시에 여러 가지 도구들과 라이브러리들이 개발되면서 디자이너도 코딩에 많은 관심을 가지는 현실이죠. 물론 목적에 따라서 달라지고, 특정 깊이에 도달하면 둘 중 하나를 결정해야 되는 경우도 있어요. 하지만 전반적인 경력관리, 경쟁력, 그리고 산업의 발전 방향을 고려해 보면 코딩을 하는 디자이너는 계속 증가되어 산업에 스탠더드가 될 수 있다고 생각해요.

그리고 무엇보다 중요한 사실은 웹 환경은 모든 것의 기초 플랫폼이 되어 간다는 사실이죠.

8.2 가상현실 & 증강현실 VR & AR

필자의 경험상 VR의 경우 몇 번의 큰 웨이브가 있었어요. 2000년 초반에 빔 프로젝트를 서로 엇갈려 놓고 안경을 써서 구현하는 형식으로 대중들에게 다가왔죠. 시간이 흘러 2010년 즈음에 또 한 번의 파도가 있었지만 '이런 게 가능하네!'라는 호기심에 그치는 정도였어요. 왜냐하면 하드웨어 한계로 초당 프레임 레이트Frame rate를 30 프레임을 유지하기 힘든 경우가 대부분이 있었어요. 이런 경우 쉽게 어지러움을 느끼게 되고 시야도 좁고 발열도 심해 오랫동안 착용하기 쉽지 않았죠.

2020년 즈음, AR을 포함한 VR의 이슈가 다시 한 번 재조명이 되며 또 한 번의 큰 파도를 만들고 있어요. 이번 파도가 과거와 다른 몇 가지 이유를 이야기해 봐요. 공룡 IT 기업들의 자금과 기술력이 직접적으로 투자가 되고 있고 큰 성과들도 있었어요. 그 예가 메타(페이스북)를 들 수 있어요. 마이크로소프트는 AR에 많은 투자를 하고 있고 여러 스타트업들도 VR과 AR 관련 기술과 결과물을 대중들에게 소개하고 있죠. 메타버스Metaverse라는 새로운 패러다임과 함께 또 한 번의 도약을 하고 있는 영역으로 볼 수 있어요.

즉, 하드웨어와 소프트웨어의 발전, 그에 따른 다양한 콘텐츠 생산과 사용자들의 인식 변화가 과거와는 다른, 매우 고무적인 흐름이라 생각해요.

VR과 AR을 특별히 구분하지 않는 이유는, 하드웨어를 개발하는 입장에서는 분명 다른 이슈들이 있겠지만 코딩을 하는 사용자End user 단에서는 공통분모가 거의 같기 때문이에요. 지오메트리를 생성하고, 이벤트를 만들고, 카메라를 만들고, 장면을 스크린에 렌더링하는 큰 과정은 동일하다고 볼 수 있어요.

VR, AR을 쉽게 구현해 주는 상용 소프트웨어를 통하면 비교적 간단히 구현할 수 있는 장점이 있지만 도구에 제한되어 제공되는 기능만을 구현한다는 치명적인 단점이 있을 수 있어요. 코딩을 공부하게 되면 더 많은 기회를 가져갈 수 있고, 높은 수준의 커스터마이제이션을 할 수 있고, 나의 생각을 구현할 수 있는 다양한 방법들을 얽매이지 않고 구축할 수 있다는 이야기예요. 분만 아니라 일반적으로 코딩에서 오는 장점인데, 다른 한 곳에서 작업한 지오메트리나 알고리즘을 가져와서 재사용할 수 있는데, VR과 AR의 경우 시각화의 기능이 강조되는 부분인 만큼 기존에 이미 작업된 디자인 관련 코드들을 가져와서 손쉽게 적용할 수도 있죠.

랜드박스 환경 시뮬레이션 / LandBox, Small Environment

다음의 프로젝트는 게임의 형식을 빌려 인간 행동과 그에 따른 환경 반응에 밸런스를 잡는 내용의 프로젝트예요. 하나의 액션이 다른 액션과 연결되어 연쇄효과[Chain effect]를 재현하는, 하나의 작은 복잡계[Complex System]를 구현하는 작업이었어요. 여러 시각화 모드 중 VR 모드를 활용하여 몰입형 일인칭 시점[First-person view]을 구현하였어요.

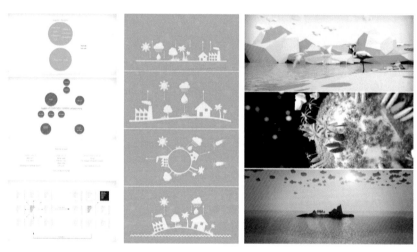

SMALL ENVIRONMENTS [STAND-ALONE DEVELOPMENT] NJSTUDIO

증강현실 건축 / Barragan's daydream, Competition

다음의 프로젝트는 MIT의 Design and Computation Group의 Takehiko Nagakura 교수님, 포항공대 박주홍 교수님, 성웅기 박사님과 함께 진행한 프로젝트로서, 건설되지 못한 루이스 바라간[Luis Barragan]의 도시를 가상 세계에서 건설하여 방문자가 AR 기능을 통해 도시를 탐색하고 경험할 수 있는 작업이었어요. 파빌리온과 정원의 1:25의 스케일로 제작되었어요.

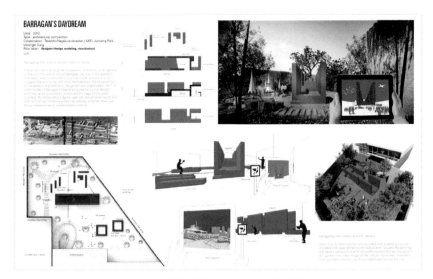

BARRAGAN'S DAYDREAM Competition, NJSTUDIO

Landbox Interaction for AR implementation, NJSTUDIO

VR 가상현실 프로젝트 / BEACH, VR Exhibition

다음의 프로젝트는 Joanne Cheung, Jiho Song, Jenny Shen, Jiabao Li, Kally Wu, Cindy Hu, Yaqing Cai, Yujie Hong와 함께 Harvard GSD에서 공동으로 진행한 프로젝트로서, 기후 변화와 수위 상승을 경험한 시나리오를 만들기 위해 Harvard 캠퍼스 네 곳을 선택했고, 가상현실의 경험을 통해 기후 변화가 지역 위치에 미치는 영향에 몰입하는 환경을 만들었어요. 이 전시는 Harvard 40k 아트갤러리에서 2주간 주최되었어요.

BEACH, VR Exhibition, Harvard GSD

8.3 메타버스 Metaverse

메타버스Metaverse를 소프트웨어, 프로그램, 애플리케이션, 게임, 혹은 플랫폼 정도로 이해하는 경우가 종종 있는데, 사실 이는 올바른 이해는 아니라고 생각해요. 이와 같은 정리를 하고 있다면 메타버스 관련 내용이 이해가 안 되고 혼란스러운 부분들이 많이 있을 거예요.

메타버스는 하나의 포괄적 개념, 혹은 세계관으로 볼 수 있어요. 단어를 살펴보면 'Meta'는 일반적으로 'beyond'로, 즉 '넘어', '초월한'으로 해석이 가능하고, 'Verse'는 'Universe'로, 즉 '천지', '세상', 혹은 '우주'로 해석이 가능하죠. 즉, 하나의 세상을 초월하는 형태의 컨셉으로 볼 수 있어요.

가령 현실의 세상에서 초월하여 다양한 형태로 우리에게 나타날 수 있죠. 게임이 될 수 있고요. 꼭 사람의 형태가 아니더라도 가상 세상의 나를 만들고, 사회활동을 하고, 경제활동을 하고, 현실활동을 포함하고 초월한 다양한 활동이 디지털 가상 세계의 가능성을 십분 활용한, 또 하나의 세상의 '개념'으로 보면 좋을 것 같아요.

어떤 의미로 메타버스는 기존에 산발적으로 발전하던 하드웨어와 소프트웨어 기술들 그리고 사람들의 경험과 인식의 조각들이 통합적으로 가상의 세계에서 발현될 수 있는 세상, 그 세상의 기틀과 철학을 제공해준다고 볼 수 있어요.

메타버스의 개념을 설명할 때 닌텐도의 동물의 숲[Animal Crossing], 마이크로소프트의 마인크래프트[Minecraft], 로블럭스[Roblox] 등의 예를 들어 설명하죠. 미국 UC Berkeley대학 졸업식도 코로나로 대면 졸업식이 어려워지자 마인크래프트를 통해서 졸업식을 한 사례, 로블록스에서 진행한 릴 나스[Lil Nas] X 콘서트를 성황리에 마친 예, 바이든 미국 대통령 선거단도 동물의 숲에서 유세 활동한 예를 들 수 있어요. 공통 지향 점은 현실을 정의하는 사회, 문화, 경제 등의 다양한 라이프스타일의 관계성을 가상의 세계에서 오는 장점을 발휘하여, 하나의 사회를 구축해 나가는 세계관이 그 배경에 있다고 볼 수 있어요.

디자이너가 다음과 같은 패러다임의 변화에 무엇을 할 수 있을까요? 분명 그 가상의 세상에서도 그림을 그리고 디자인을 하고, 물건을 팔아 이윤을 남길 수도 있겠죠. 블록체인 컴퓨팅을 통해서 디지털 작업물의 원본을 증명하고 복제를 막아주는 NFT[Non Fungible Token](대체 불가능한 토큰) 기술을 활용하여 고유의 디지털 자산과 결과물을 만들 수도 있겠죠.

디자이너가 코딩을 할 수 있다면 더 근본적인 기회를 가질 수 있어요. 앞서 알아본 것처럼 컴퓨터 언어[Computer Language]는 디지털 세계를 구현하고 작동시키는 기본 언어이기 때문에, 코딩을 한다는 것은 눈에 보이는 것을 넘어 높은 자유도로, 변화하는 패러다임에 나의 디자인 능력을 다양한 형태로 구현할 수 있다는 것이죠. 예를 들면 '영어 언어를 구사할 능력이 있다.'는 것은 나의 동일한 전공 경험과 실력이 한국이라는 제한된 시장보다, 세계라는 더 광대한 시장에서 보다 다양한 기회를 창출할 수 있다는 것을 의미하죠.

대중의 인식과 요구 그리고 기술과 산업의 발전 방향과 속도를 고려해 보면 코딩능력, 즉 컴퓨터와 소통하여 함께 일할 수 있는 능력은 더 이상 전문가의 영역이 아닌, 그 시대를 살아가는 모든 사람들의 필수 공통 언어가 되어 간다고 생각해요.

9 시각화 영역에서

앞서 알아본 사례들도 프로세스와 방법론에 대한 강조점으로 설명을 드려서 그렇지 결국 주어진 루틴을 수행, 계산을 통하여, 정보를 화면에 시각 언어로 출력하는 작업은 동일해요. 코딩으로 디자인을 한다는 말은 디자인 방법론을 코딩으로 기술하여 결과를 화면에 그린다는 것으로 볼 수 있는 만큼 마지막 단계에서는 반드시 시각화 과정을 거치게 되죠.

9.1 시각디자인 & 모션 그래픽 Visual Design & Motion Graphics

현실적인 예를 들어보죠. Photoshop, Illustrator 프로그램을 활용하여 시각 작업을 하는 디자이너라고 한다면 코딩을 적용하여, 단순한 반복 작업을 코드화 한다던가, 특정 부분의 디자인 옵션들을 Design Iteration 생성 한다던가, 아니면 디자인 소프트웨어 환경에서 크리에이티브한 알고리즘을 적용해서 시각 작업을 할 수 있겠죠.

뒤에 더 자세히 이야기 나누겠지만 결국 래스터 Raster 환경과 벡터 Vector 환경에서 2차원 공간에 무언가를 그리는 작업은 동일해요. 반복하지만 강조점과 환경의 차이이지 그 개념은 동일하게 적용이 가능하다는 이야기예요.

모션 그래픽의 예를 들어보면 이것도 동일한 개념이 적용돼요. 애니메이션의 경우 4차원의 데이터 구조로 이해하면 간단해요. 지오메트리의 변형과 이동이 시간 차원으로 나누어진 것뿐이고, 뒷부분에 다룰 크리에이티브 코딩, 테크니컬 아트, 컴퓨터 그래픽스 쪽의 기술과 접근법으로 모션그래픽에 다양한 범주에 코딩을 적용할 수 있어요.

예를 들면 모션그래픽에서 많이 사용되는 Cinema4D, 3ds max, 혹은 Maya와 같은 3차원 그래픽 도구에서도 동일한 컴퓨테이셔널 사고와 기술을 적용해서 모션그래픽을 구현할 수 있어요. 편집 도구 중 하나인 AfterEffect의 경우도 2차원 스크린에 3차원 좌표계를 얹힐 수 있고, 반복 작업을 해야 하는 키 프레임 애니메이션 Key frame animation 도 코딩을 통하면 매우 쉽게 여러 가지 애니메이션 효과를 빠르게 개발하고, 수정하고, 적용할 수 있어요.

모션그래픽 / Korean Traditional house, Architectural Collage

Korean Traditional house, Architectural Collage, NJSTUDIO

한국의 전통 건축에서 영감을 받아 건축 전시회에 출품된 작품으로서, 모션 그 래픽을 이용한 시각화 작업이에요. 이 작업은 건축 과정을 재구성하고 실제 맥 락과 중첩함으로써 완성된 건축물 형식을 수동적으로 감상하는 형태를 넘어, 방문객들에게 그 건축 과정에 몰입할 수 있는 모션을 적용한 전시회 프로젝트예요.

9.2 디자인 시각화 Design Visualization

디자인 시각화는 사실 따로 분리시켜 볼 수 있겠지만 사실상 모든 디자인 단계에서 어떤 형 식으로든 활용될 수밖에 없죠. 나의 머릿속에 있는 아이디어와 디자인을 다른 누군가와 나 눌 때 스케치를 하던, 2D, 혹은 3D 렌더링을 하던, 시각정보로 바꿔서 소통을 해야겠죠. 일 반적으로 렌더링Rendering의 관점으로 건축, 혹은 프로덕트 영역에서 주요하게 사용되고 있죠. 시간과 비용의 문제로 실제 제품을 만들어 볼 수 없을 때, 가상공간에서 미리 경험할 수 있 기 때문에 디자인 과정에서 프레젠테이션과 디자인 결정 프로세스에서 사용될 수 있어요.

3D 디자인 시각화 & 모션그래픽 / Design Visualization & Motion Graphics

다음의 QR 코드는 필자가 실무, 연구, 아카데믹에서 프로젝트를 해오면서 만 들어온 디자인 시각화 데모 영상이에요. 필자의 학창 시절 때와 다르게 요즘 의 디자이너들은 디자인뿐 아니라 시각화에 필요한 렌더링, 애니메이션과 같 은 디자인 표현Representation능력도 갖추고 있는 것 같아요. 나아가 코딩을 할 수 있으면 오브젝트의 변환, 조명과 재질의 적용, 카메라 애니메이션과 랜더링 등의 시각화 프로세스를 더욱 효과적, 생산적으로 만들어 낼 수 있어요.

Design Visualization, Rendering, Animation, Motion Graphics, NJSTUDIO

9.3 테크니컬 아트 Technical Art

일찍이 디자인에 코딩을 적극적으로 사용하는 직업군이 있었는데요. 흔히 테크니컬 아티스트라고 불리는 이 직업군은 게임, 혹은 VR, AR과 같이 디자인과 소프트웨어 개발 협업이 필수적인 영역에서 매우 주요한 위치로 산업에서 자리를 잘 잡은 영역으로 볼 수 있어요.

무엇을 개발하느냐에 따라 달라지겠지만, 일반적으로 그래픽 작업에서 필요한 자동화나, 영상이나, 개발 쪽으로 이어지는 캐릭터 리깅Character rigging 같이 애니메이터에 의해 작업될 수 있도록 준비하는 작업들, 혹은 특수효과(이펙트Effect)와 같이 코딩으로 효과적으로 조작할 수 있는 영역들을 테크니컬 아트의 범위로 볼 수 있어요. 또는 배경이나, 머티리얼, 조명등 화면에 그려지는 렌더링 단계의 셰이더Shader 작업 같이 코딩으로 그래픽을 생성하는 아트와 기술이 융합하여 결과물을 만들어 내는 작업으로 도 볼 수 있어요.

필자도 처음 코딩을 접할 때 테크니컬 아티스트의 패스를 밟았어요. 그도 그럴 것이 디자인 경험과 능력을 바탕으로 기존의 지식들을 증강시켜 나가는 순서로 공부를 하면 '코딩이라는 전혀 다른 영역도 재미를 붙여 나가며 학습할 수 있게 된다.'라고 볼 수 있어요. 디자인 소프트웨어 활용 경험을 바탕으로 프로세스를 코딩, 자동화, 결정 단계에서 규칙[Rule]을 부여하여 무언가를 만든다는 공통분모는, 디자이너가 코딩을 학습하기에 이상적이고 지속가능한 환경이라 볼 수 있어요.

앤트 플러그인 / Ant Plug-in for 3ds max

Ant for animation generator, 3ds max, NJSTUDIO

위의 프로젝트는 디자인 시각화 작업 중 개발한 애니메이션을 위한 플러그인이예요. 건축물의 요소들을 분해하여 순서에 맞게 지어지고 조립되는 애니메이션을 몇 번의 클릭으로 생성해 낼 수 있어요. 만약 이러한 작업을 디자이너가 일일이 할 경우에는 매우 많은 시간이 걸리고 수정 또한 쉽지 않겠죠. 하지만 그 룰과 패턴을 정의함으로써 빠르고, 손쉽게, 다양한 형태의 애니메이션 만들어 볼 수 있어요.

9.4 미디어 아트 & 크리에이티브 코딩 Creative Coding

디자이너가 코딩을 활용하여 창작활동을 하는 방식으로 크리에이티브 코딩이라는 영역이 존재해요. 스크린에 인터랙티브한 시각 작업을 코딩으로 만드는 작업 형식으로 볼 수 있어요. 예술, 디자인, 엔터테인먼트, 설치 미술, 프로젝션 매핑, 사운드, 광고 등 형태로 화면에 그려지는 그래픽 요소를 주요하게 다루는 작업으로 아마도 여러분들도 일상에서 한 번쯤은 접해봤을 거예요. 내용적 측면으로는 같아요. 화면 좌표계에 무언가를 만들고 그리는 것이죠. 여러 가지 인풋, 카메라나 센서 등을 통해서 인터랙티브한 변형을 주고, 화면이나 프로젝션을 통해서 공간에 매핑을 하는 형태로도 나타나요. 어떤 의미로 보면 전통적으로 디자이너가 이미 코딩을 활용해 오고 있던 활발한 영역 중 하나로 볼 수 있어요.

기술적 관점으로 OpenFrameworks, JAVA Processing, P5JS, 혹은 ThreeJS 등의 라이브러리Library를 활용해서 작업을 할 수 있어요. 재미있는 사실은 위의 라이브러리는 전부 컴퓨터 그래픽 관련 기술들을 공통적으로 활용하는 플랫폼과 라이브러리로 볼 수 있어요.

특별히 이러한 작업들의 특징 중 하나는 영상과 같이 한 방향뿐 아니라 양방향으로 커뮤니케이션을 구현 할 수 있다는 것이에요. 가령 센서를 통해 환경을 구축하고, 포착된 이벤트들을 정해진 알고리즘으로 프로세스하여 시각화시키는 것이죠. 디자이너는 그래픽뿐 아니라 사용하는 미디어의 특징을 살리고, 상호작용에 대한 고려도 하여 원하는 디자인 결과물을 만들어 가는 것이죠.

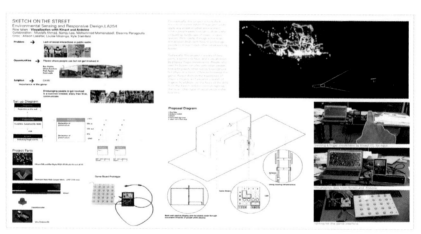

SKETCH ON THE STREET, Environmental Sensing and Responsive Design, NJSTUDIO

9.5 데이터 시각화 Data Visualization

앞서 설명한 2010년 빅 데이터 패러다임과 함께 유행을 탔던 작업 중 하나로 데이터 시각화를 들 수 있어요. 말 그대로 숫자와 문자 등의 정보를 인간들이 좀 더 편안하게 해석할 수 있는 시각 언어로 변환을 하는 것이죠. 그도 그럴 것이 쏟아지는 데이터를 이해하기 위해서는 시각화 작업이 매우 필수적이기 때문이죠. 나아가 데이터 기반사회로 들어서면 들어설수록, 더욱 더 다양한 영역에서 데이터 시각화는 매우 중요한 요소로 여겨지고 있죠.

'데이터 시각화Data Visualization'와 '인포그래픽Infographic'을 헷갈려하는 분들도 있어요. 일반적으로 데이터 시각화하면, 어떤 증거나 사실Fact을 시각 언어로 표현하여 질문을 던지며 통찰을 찾아가는 과정으로 볼 수 있어요. 반면에 인포그래픽은 데이터에서 나오는 메시지, 의도, 주장을 시각 언어로 표현하여, 해결책을 던지며 전달하고자 하는 스토리와 맥락을 강조하는 과정으로 볼 수 있어요.

기술적 측면에서는 매우 흡사한 테크놀로지 트리Technology Tree를 가질 수 있어요. 내용적 측면으로는 데이터를 해석하는 과정과, 통찰을 발굴해 내는 과정에서의 데이터 시각화, 그리고 정리된 통찰을 잘 정리하여 전달하는 인포그래픽으로 요약할 수 있을 것 같아요.

매핑, 마켓 스트릿 / Mapping Market Street in SF

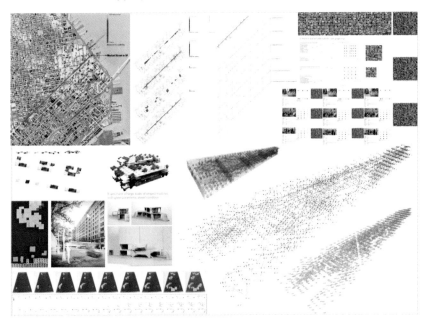

Agent-based simulation and Gamification, NJSTUDIO

필자가 이 책을 통해서 여러분들께 제공해 드리고 싶은 '틀'이 그러하듯, 사실 이러한 영역들은 다 연결이 되어있고, '용어, 관점, 기술에서 오는 착시현상에 억압되지 말고, 진취적으로 학습을 하여, 디자이너로서 그 생각과 활동의 폭을 넓히자!'로 요약될 수 있어요.

때문에 지오메트리를 잘 다루는 분들은 데이터 시각화도 잘할 수밖에 없고, 데이터 프로세싱을 잘하는 분들도 크리에이티브 코딩, 혹은 컴퓨테이셔널 디자인을 잘할 수밖에 없는 것이죠. 결국 데이터를 이해, 가공하고 화면에 그리는 과정에 어떤 목적에 강조점을 두고, 어떤 옷을 입혀서 이해하느냐의 차이라 볼 수 있어요.

9.6 트레이싱 & 매핑 Tracing & Mapping

매핑은 큰 범주로 트레이싱Tracing과 매핑Mapping으로 이해될 수 있어요. 트레이싱은 말 그대로 있는 현상을 표시하는 거예요. 가령 한 지역의 도로와 상업시설을 트레이싱 해보면 간결한 시각정보로 그 지역 필터링을 할 수 있는 것이죠. 사실 이과정은 데이터 시각화와 그 결을 같이 하기 때문에 비슷한 프로세스로 볼 수 있어요.

Houses mapping for rent and sale in Boston, NJSTUDIO

그러나 지역 도로와 상업시설 트레이싱을 바탕으로 예를 들면 주거시설에 대한 패턴을 포착하는 작업을 한다면 그 작업은 매핑으로 여겨질 수 있어요. 공간 정보를 추상화하여 의미있는 통찰을 찾아내는 것을 '매핑'과 '트레이싱'의 차이점으로 볼 수 있어요.

Mapping and Data Visualization, NJSTUDIO

매핑은 앞서 설명한 도시, 건축 스케일에서 오는 데이터를 정제하고 유의미한 패턴을 인식하는 과정에서 도구, 혹은 방법론으로 사용되고 있어요. 동시에 시각화의 범주에 다시 매핑을 강조하는 의미는, 과정적 측면의 사용뿐 아니라 매핑의 결과적 측면 자체로도 의미가 매우 높기 때문이에요.

컴퓨터 도구 이전에는 트레이싱과 매핑은 상당히 노동집약적Labor-intensive 영역이었죠. 그럼에도 불구하고 산업, 정치, 군사, 등 매우 주요한 산업에 일찍이 차용되어 수학만큼이나 실용적이고 중요하게, 문명과 함께 발달된 영역으로 볼 수 있어요. 데이터의 접근이 용이해지고 코딩이라는 도구로 매핑은 매우 광범위하게 다른 산업에게 확장되어, 데이터를 이해하는 매우 중요한 방법론으로 활용되고 있어요.

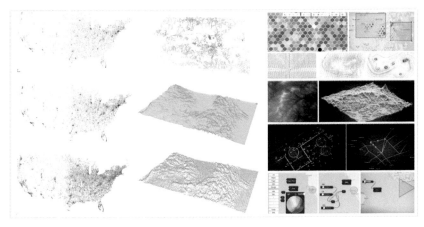

Mapping Package, NJSTUDIO

매핑 / Mapping, San Francisco

 다음의 프로젝트는 샌프란시스코와 베이 지역^{San Francisco Bay Area}의 지리정보, 사회 정보를 매핑한 프로젝트예요. 매핑의 과정도 디자인 프로세스와 매우 흡사할 수 있어요. 데이터를 확보하고, 의미를 파악하며, 가설을 세우고, 증명해 나가는 과정이죠. 여기서 중요한 것은 최초 세운 가설의 증명이 중요한 것이 아니라 데이터 파편들의 연결(관계성)이 설명 가능하냐가 중요한 것이에요.

즉, 반복적인 프로세스로써, 데이터를 상호 설명할^{Reciprocal relationship} 수 있는 논리를 만들고 필요한 데이터들을 추가, 비교하고, 가설^{Hypothesis} 수정을 반복하며^{Iterative process}, 의미들을 찾아나가는 여정으로 볼 수 있어요. 어떤 의미로 위치정보와 패턴으로 데이터에서 지식을 발굴^{Data mining}한다는 측면으로, 통찰을 드러내는^{Reveal} 개념으로 볼 수 있어요.

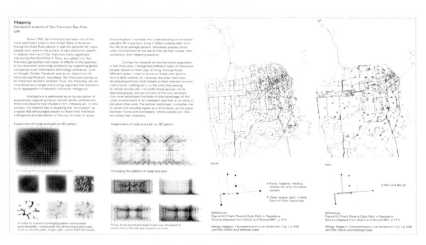

Mapping San Francisco, NJSTUDIO

비주얼 프로그래밍 인터페이스 / Visual Programming

 Drawing Block은 매핑 알고리즘을 비주얼 프로그래밍으로 구현할 수 있는 환경을 제공해요. Grasshopper나 Nodebox와 같은 프로그래밍 방식으로 알고리즘을 구현할 수 있죠.

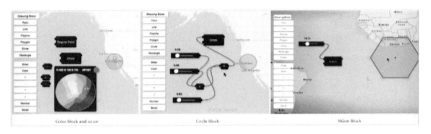

Drawing Block, Interactive interface research and development, NJSTUDIO

9.7 클러스터링 Geo processing & Clustering

공간 데이터를 분석Geospatial Analysis하는 방법들은 다양하게 있어요. 특별히 앞서 배운 이미지 픽셀 맵Map의 (1) 래스터 데이터Raster Data 형식이 있고, 포인트Point, 폴리라인Polyline, 폴리곤Polygon과 같은 (2) 벡터 데이터Vector Data 형식이 존재하죠. 특별히 벡터 데이터의 경우, 앞서 살펴본 네트워크 분석 뿐 아니라 클러스터링이라는Clustering algorithms 프로세스 개념을 적용할 수 있죠.

클러스터링Clustering이란 데이터를 공간 안에서 프로세스하는 방법 중 하나로써, 데이터 사이언스, 머신 러닝, GIS의 데이터 프로세스로 흔히 쓰이는 알고리즘이에요. 사실 머신 러닝, 혹은 데이터 사이언스도 결국엔 데이터를 공간으로 투영Projection하여 선을 그음으로써 그어진 선을 중심으로 나누거나 그 선에 가까운 정도를 가지고 판단을 하는 형식을 취해요. 즉, 데이터를 공간상에 놓고 프로세스한다는 것이 중요한 점이죠.

클러스터링 / Collision-Based Dynamic Graph method

다음의 프로젝트는 충돌기반의 그래프 알고리즘을 활용한 포인트 클러스터링 Clustering Points: Collision-Based Dynamic Graph method 알고리즘을 개발한 프로젝트예요. 기존 클러 스터링 알고리즘의 문제점은 사용자 인터랙션이 직관적이지 못하다는 것이에

요. 가령 클러스터링된 포인트들이 공간에서 직접 데이터에 변형을 가해 움직일 때, 포인트의 이동과 상관없이 군집되는 문제점이 있어요. 물론 어떤 알고리즘을 적용하느냐에 따라 차이를 보일 수 있으나, 이 연구된 알고리즘은 포인트의 위치 수정과 클러스터링의 변화를 직

관적으로 판단하여, 어느 지점에 포인트 데이터들이 어떤 클러스터에 영향을 미치는지 시각화하며 상호작용을 동시에 할 수 있다는 것이에요. 자세한 기술적 내용은 이전 페이지의 QR코드로 대신할게요.

Clustering Points: Collision-Based Dynamic Graph method, NJSTUDIO

10 인공지능 영역에서

요즘은 어떤 일을 하던 '인공지능Artificial Intelligence'이라는 키워드를 꼭 넣죠. 국책사업이나, 스타트업, 심지어는 전혀 상관이 없는 분야에도 '인공지능'이라는 키워드를 꼭 쓰죠. 고개가 갸우뚱거려지는 부분도 굉장히 많아요. 대부분의 일이 그러하듯 전체 10% 미만의 사람들만 그 키워드를 이해하고 필요에 의해서 사용하지 않았나 싶어요. 분명 시간이 흐르고 난 후 각 시대의 유행을 보면, 2000년대 초반의 IT 붐, VR 붐, 빅 데이터, 요즘 다시 불어오는 VR / AR과 인공지능처럼, 유행에 따라 보여주기 형식에 머물지 않을까, 개인적으로, 산업의 일꾼으로써, 연구자로써, 아쉬움이 많은 지점이죠.

일반적으로 인공지능을 크게 두 가지로 분류해요. 강 인공지능과 약 인공지능, 다시 말하면 인간과 같이 일반적 이슈를 해결하는 인간을 모방한, 혹은 뛰어 넘는 인공지능을 강 인공지능으로 분류하고, 약 인공지능의 경우 특정 업무에 특화된 일을 하는 인공지능으로 볼 수 있어요. 지금 우리가 현실에서 경험하고 있는 대부분의 인공지능은 약 인공지능에 해당이 되죠.

앞서 우리가 살펴본 바대로 컴퓨팅 연산처리 능력의 비약적인 발전과, 데이터를 수집하고 처리할 수 있는 환경이 거듭 발달 되면서, 2010년을 전후로 기계학습Machine Learning이 뛰어난 성능과 결과물을 보여주기 시작했죠. 기계학습은 '지도 학습', '비지도 학습' 그리고 '강화 학습'

으로 구분될 수 있어요. 각각의 모델Model & Network은 탁월하게 해결 가능한 최적화 된 문제(혹은 데이터)의 형식이 있어요. 가령 회기Regression, 혹은 분류Classification 문제가 그 예일 수 있어요. 이러한 머신 러닝 모델들에서도 공통분모는 데이터예요. 어떤 데이터를 가지고 있고, 어떤 종류의 문제를 해결할 것인가에 맞게, 최적화를 시켜줄 모델들을 선택하거나, 혹은 하이브리드한 모델을 적용할 수 있죠.

결국 데이터를 이해하고 통찰을 정제하는 방법이라고 보면 좋아요. 다른 의미로 통계학적 접근이라고 봐도 좋고요. 단지 키워드를 바꿀 뿐인데 여러분들의 머릿속에서는 다양한 생각이 들죠? 맞아요! 이미 우리는 데이터를 이해함에 있어서 통계, 확률 관점을 경험적으로 적용 하고 있죠. 즉, 통계를 전공을 하지 않았다 하더라도 경험적으로 학습된 직관을 바탕으로 이해할 수 있는 것이죠. 따라서 우리는 매우 자연스러운 그것을 프로그래밍하기 위해 인공지능이라는 관점(특별히 머신 러닝)을 사용해 오고 있었던 것이죠.

앞서 살펴본 것처럼 데이터는 현상의 단면, 표상, 압축으로 볼 수 있고, 그 데이터를 이해하고 통찰Insight을 뽑아낼 때 전통적으로 선형 모델로 설명을 해왔죠. 이해가 쉽고, 직관적이며, 모델링이 간결하죠. 가령 선을 어떻게 그을 것인가? 수식 혹은 조건에 의해서 선을 그을 것인가? 선을 그것다면 그 선에 가깝게 붙일 것인가? 선을 기준으로 나눌 것인가? 등 결국 그 데이터를 기술하는 선을 정의하고 긋는 수학적 모델을 연구하고 검증하여 활용하는 것이죠. 선형 회기Linear Regression, 다중 회기Multiple Linear Regression, 다항 회귀Polynomial Regression, 서포트 벡터 머신 SVMSupport Vector Machine, KNNK-Nearest Neighbors 클러스터링, 인공 신경망Neural Network 등 다양한 모양을 하고 있지만 결국 선을 긋는 것이죠. 하지만 주어진 데이터의 내용에 따라 어떤 형식으로 선을 긋는 것이 그 데이터를 가장 잘 설명할 수 있을지 이해하여, 각각의 모델에 최적화된 적용을 하는 것이 중요하죠.

특별히 선형Linear 모델에서 설명이 안되는 문제들을 넌 리니어Non-Linear한 모델을 구축함으로써 훌륭하게 문제를 해결해 나가게 되는 것이죠. 예를 들면 뉴런넷Neural Network처럼 Universal Approximator를 통해서 데이터를 설명하고 정제해 통찰을 가져오는 것이죠. 이처럼 기술은 계속 발전될 것이고, 데이터를 정제하는 기술도 계속 발전을 할 거예요.

2012년 컴퓨터 비전^{Computer Vision}계의 올림픽으로 불리던 ILSVRC^{ImageNet Large Scale Visual Recognition Challenge} 대회에서 AlexNet이 딥 러닝 네트워크를 활용하여 이미지 프로세싱에서 획기적인 성능을 보여준 후 AI, 특별히 딥 러닝 네트워크에 대한 많은 발전이 있었고, 그 후로 주목할 발전 중 하나는 이미지 생성 모델인 GAN 네트워크로 볼 수 있어요. GAN^{Generative Adversarial Network}의 경우 다양한 형식으로, Unconditional GAN, Conditional GAN, Super Resolution 등의 분류로, 이미지 기반으로 한 다양한 문제들을 풀 수 있는 최적화 기법들이 계속해서 개발, 소개되고 있어요. 동시에 인공지능의 주요한 영역인 자연어 처리 NLP^{Natural Language Processing}에서도 많은 변화가 일어났죠. 그 예로 GPT^{Generative Pre-trained Transformer}를 들 수 있어요. 결과적으로 몇 개의 키워드만 넣으면 학습된 내용에 맞춰 작문을해 주는 기술들이 개발되고 있는 것이죠.

디자인 영역에서는 이러한 변화들에 맞춰 어떤 기회를 찾아볼 수 있을까요? 사실 이러한 네트워크를 개발하는 것은 보통 어려운 일이 아니에요. 컴퓨터 공학을 전공한 많은 개발자들이 혁신적인 네트워크를 만들기 위해 많은 노력을 하고 있고, 다행이 디자이너 입장에서 개발된 머신 러닝 모델들, 가령 단순한 데이터 마이닝^{Data Mining} 모델부터 딥 러닝 모델, GAN, GTP에 이르기까지 여러 가지 검증된 AI 모델들이 사전 학습된 모델^{Pre-trained model} 형태로 최종 사용자가^{End user} 보다 쉽게 활용할 수 있게 제공돼요. 따라서 네트워크의 특성을 이해하고, 디자인 이슈에 맞게 데이터를 생성하여 사전 학습된 네트워크를 활용하는 것도 추천 될 수 있어요.

10.1 이미지 Image & Raster Data

스마트 맵 트레이스 / Smart Map Tracer

 다음의 Smart Map Tracer 프로젝트는 GAN 모델을 활용한 프로젝트예요. 사용자가 스케치를 통해서 도로, 주거시설, 상업시설, 공원이나 호수 같은 요소들을 캔버스에 그리면, 학습된 스타일에 맞춰 그 내용에 맞는 지도를 자동으로 생성해주는 애플리케이션이에요.

네트워크를 훈련시킬 때, 런던, 서울, 엘에이, 뉴욕의 지도 데이터를 사용하였어요. 즉, 같은 스케치라 하더라도 지역의 특성에 맞게 학습된 아웃풋이 나올 수 있겠죠. 혹은 스케치를 하면서 동시에 각각 학습된 도시 데이터로 다른 지도가 실시간 형성되며, 도로가 형성될 때 주변에 어떤 공간들이 위의 학습한 도시들의 스타일에 맞춰서 어떤 관계성이 있는지 볼 수 있죠. 또한 디자이너의 스케치 액션이 어떤 순서로 실행 되고, 그 순서들과 지도의 내용을 비교, 분석하며 피드백을 통해서 서로 협동, 결정을 내리며 디자인해 나갈 수 있어요.

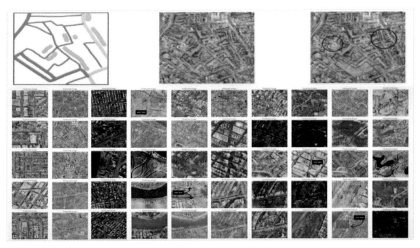

Smart Map Tracer in action, NJSTUDIO

Training and Validation for Smart Map Tracer, NJSTUDIO

서울로 7017 / Politics of Space and its Shadows

다음의 프로젝트는 서울도시건축비엔날레에 출품한 작품으로써, 뉴욕 공과 대학교[NYIT] 김동세 교수님과 함께 작업한 프로젝트예요. 서울로[Seoullo]와 뉴욕 하이라인[Highline]을 동일한 날짜를 기반으로 비교 분석을 한 연구예요. 인스타그램의 사진, 태크, 키워드를 분석, 비교했던 프로젝트죠. 특별히 서울로[Seoullo]가 처음 오픈하고 3개월 가량의 이미지 데이터와 텍스트 데이터를 가공했고, 동 시간의 뉴욕 하이라인의 데이터도 가져와 비교하는 연구였어요.

사진이라는 것은 공간 정보를 담고 있는 것이고, 망막을 기준으로 인식 되는 3차원 공간을 2차원의 이미지로 캡처한 것이고, 그 2차원 이미지를 숫자 정보로, 가령 하늘 30%, 사람 10%, 나무 25%... 도시 오브젝트들을 한 장의 사진 안에서의 비율로 수치화시킨 것이죠. 즉, 의미론적 분할[Semantic Segmentation]을 통하여 기존의 텍스트 정보와 함께, 다음 단계의 가공을 할 수 있게 되는 것이죠. 자율주행의 그것과 같게, 장면을 파악하여 다음 단계의 결정의 근거로 사용하게 되는 것이죠.

Politics of Space and its Shadows, Seoullo 7017 , NJSTUDIO

10.2 머신 러닝, 숫자 [Numeric] 데이터, 시각 [Perception] 데이터

비슷한 프로젝트를 하나 더 소개해 드리면 하버드 컴퓨터 공학과[Harvard John A. Paulson School of Engineering and Applied Sciences]에서 수행한 프로젝트인데요. 한정민 님과 Jia Gu와 함께 공동으로 진행한 프로젝트예요. 주목할 점은 데이터인데요. 일반적으로 국가, 주 정부, 혹은 특정 기관에서 목적을 가지고 모아 놓은 데이터를 Top-down의 데이터로 볼 수 있고, 개개인들이 공유하는 텍스트, 혹은 사진 등을 Bottom-up 데이터로 봤을 때, 이 두 개의 데이터들의 상관관계를 통해 Positive Correlation & Negative Correlation 분석하여 주요 요소를 Feature Selection 이해, 선택을 하는 프로젝트로 볼 수 있어요.

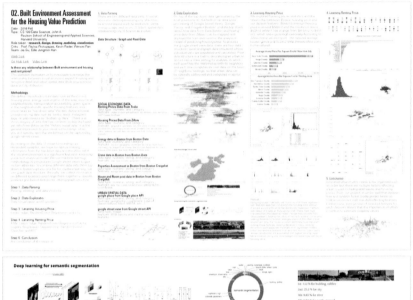

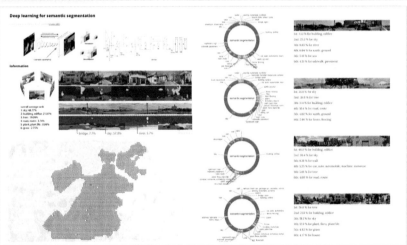

Relationship Between Human Perception and Economic Data, NJSTUDIO

위의 프로젝트는 그 상관관계에 대한 연구이고, 특별히 경제, 환경, 에너지와 같은 도시 스케일의 수치 데이터 Numerical data 의 통계학적 접근과, 도시의 이미지로부터 온 시각 공간인지 Perception

데이터와의 상관관계를 주요하게 다룬 프로젝트예요. 이미지로 캡처된 공간데이터를 딥 러닝 모델을 활용하여 Semantic segmentation을 통해 계산 가능한 Numeric 데이터로 바꾸어 공간 정보를 계량, 비교한 예로 볼 수 있어요.

Semantic Segmentation for Environments in Boston , NJSTUDIO

10.3 데이터: 스마트 드로잉 & 커맨더

스마트 드로잉 / Smart Drawing

 다음의 프로젝트는 Smart Drawing 프로젝트로, 벡터 그래픽을 스케치로 구현할 수 있는 애플리케이션이에요. 가령 디자이너가 삼각형, 사각형, 화살표, 혹은 하트 모양의 벡터 그래픽을 구현할 때, 물론 미리 준비된 템플릿을 사용할 수도 있지만, 캔버스 위에서 프리핸드 드로잉으로 그림을 그렸을 때 그 그림에 해당되는 벡터 도형을 화면에 그리는 내용이에요.

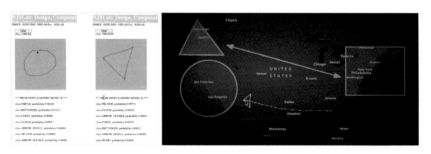

Smart Drawing V1, NJSTUDIO

앞의 내용을 구현함에 있어서 크게 두 가지 방법이 있을 수 있어요. 캔버스에 그리는 스케치를 (1) 이미지로써 프로세싱^{Image Processing}하는 방법이죠. 일반적인 이미지 분류^{Classification} 문제인데, 이방식의 문제점은 사용자가 친절하게 캔버스 안에 정확하게 그 위치에, 그 도형을 그리지 않는다는 것이죠. 가령 원을 하나 그려도 화면 중앙에 그릴 수 있고요. 화면 구석에 조그맣게 그릴 수도 있어요. 이런 경우의 수를 모두 고려하면 학습시킬 데이터가 기하급수적으로 늘어나겠죠. 따라서 이런 경우에는 앞서 우리가 이야기한 (2) 벡터 데이터를 원천 학습 데이터로 사용할 수 있어요.

위의 프로젝트도 그러했듯이 주어진 데이터를 바탕으로 추천해 주는 솔루션으로 볼 수 있어요. 일반적으로 우리가 현실에서 체험하는 대부분의 인공지능 서비스이죠. 가령 쇼핑몰, 영화 추천 등의 예가 있죠. 위의 프로젝트도 그 형식 이 바뀐 것이지 내용적 측면에서는 같은 이슈라고 볼 수 있는 것이죠. 도형을 그리고, 그 벡터 값을 비교하여 가장 높은 확률의 지오메트리를 반환해 주는 것이에요. 만약 이러한 시스템을 전통적인 if else than 방식으로 프로그래밍 한다면 그 경우의 수 때문에 거의 불가능에 가깝고, 이런 문제들은 머신 러닝으로 해결하는 것이 더 효율적이죠.

스마트 커멘터 / Smart Commander

다음의 프로젝트도 비슷하게, 사용자가 사용하는 명령어들의 패턴을 추적하여 특정 명령어 이후 다음 명령어를 추천해 주는 시스템으로 볼 수 있어요. 가 령 'A라는 명령어를 사용한 후 어떤 명령어를 추천해 주는 것이 좋을까?'라는 관점으로 봤을 때, 지금 장면의 상태와 이전 명령어의 순서들을 바탕으로 학습시키는 방법을 사용할 수 있어요.

Smart Commander V1, NJSTUDIO

10.4 복셀과 머신 러닝 Volumetric Representations & Machine Learning

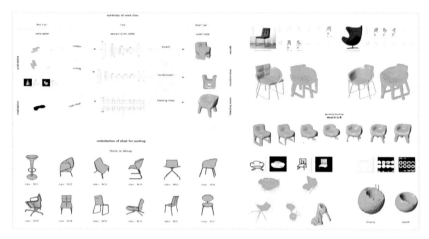

Use of Volumetric Representations and Machine Learning in design, NJSTUDIO

 좀 더 작은 프로덕트 레벨로 내려와 봐요. 이 연구는 하버드 GSD 졸업 논문 프로젝트였어요. 크게 2파트로 요약될 수 있어요. 오브젝트를 3차원 복셀 데이터 구조로 공간으로 캡처하고, 딥 러닝 기술로 각각의 오브젝트를 학습시키고, 스케치, 혹은 사진 이미지를 통해서 학습시킨 오브젝트로 하여금 새로운 오브젝트를 만들어내는 방법론을 연구하는 첫 번째 파트고요. 두 번째 파트로는, 새로운 오브젝트를 생성할 때 어떤 형식으로 생성할 것인가에 대한 연구였어요.

 이 논문을 통해서 필자가 정의한 창의력은, '좋은 에러'로 봤어요. 우리가 익숙한 일상적 경험을 떠나 경험하지 못한 새로운 에러죠. 따라서 여러 에러 중 좋고, 나쁨을 판단하여 좋은 에러로 생성된 1위 오브젝트와 2위 오브젝트를 합성하는 방식의 루틴을 활용한 연구였어요. 앞서 디자인은 형태, 즉 지오메트리라고 말했죠. 결국 공간에 포인트를 놔두고 포인트를 연결하여 선을 만들고 선을 연결하여 면을 만들어 형태로 발전시키고, 이 생태계에서 포인트, 선, 면에 수정을 가하여 디자인을 발전시키는 방식으로 요약할 수 있어요.

즉, 다른 관점으로 지오메트리는 '데이터 덩어리'로 볼 수 있어요. 지오메트리의 데이터를 이 해하고 각각의 요소들이 환원될 수 있는 생태계안에서 그 문법과 상관관계를 조작할 수 있는 능력이 디자이너에게 주요한 능력이고, 코딩으로 그것들을 조작하는 것이라고 볼 수 있어요.

REMIXING & RESAMPLING THREE DIMENSIONAL OBJECTS
Use of Volumetric Representations and Machine Learning in design , NJSTUDIO

디지털 재료 추천 / Digital Material Recommendation

다음의 프로젝트는 렌더링을 위한 디지털 머티리얼[Material]의 파라미터를 추천해 주는 인공지능 솔루션이에요. 원하는 장소와 키워드, 혹은 참조 이미지를 입력하면 그에 파생되는 건축 외 피, 혹은 인테리어 주요 요소들의 머티리얼과 그에 따른 속성 값들을 사용자에게 제공해 주 는 프로젝트예요.

최종 렌더링 장면과 그에 속해 있는 머티리얼들을 데이터화하여 관계성을 만들고, 키워드에 맞 춰 머티리얼 요소들의 군집 클러스터를 만들어 추천해 주는 인공지능 시스템으로 볼 수 있어 요. 결과적으로 건축물의 요소를 의미론적 분할[Semantic Segmentation]을 하고, 그 키워드의 속성 값을 머 티리얼의 파라미터로 정의하여 학습 후, 추천[Recommendation System]해 주는 흐름으로 이해하면 좋아요.

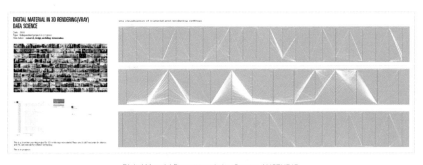

Digital Material Recommendation System, NJSTUDIO

! 인공지능에 대한 하나의 단상

현재 우리 삶에서 접하는 편만하게 펼쳐진 대부분의 인공지능은 머신 러닝 형식으로, 데이터를 다루는 방식으로 볼 수 있고, 테슬라의 안드레이 카파시[Andrej Karpathy]가 말하는 '프로그래밍 2.0'의 개념으로, 인공지능은 데이터로 하여금 프로그래밍을 작성하는(역설계) 방식으로 볼 수 있어요.

인공지능이 한창 유행했을 때 논문 제출이 가장 쉬운 것 중 하나가 인공지능이라는 이야기가 있었어요. 극단적 예를 들면 모델[Model]을 살짝 튜닝하고 비교해서 결과물을 제출하는 논문들이 부지기수였죠. 그러나 '인공지능' 단어에서 오는 대중의 관심과 상상력은 매스컴의 굉장히 좋은 마케팅 요소였다고 생각해요. 결과적으로 인공지능이 유의미한 발전을 하려면 대중의 관심이 꺼지고, 유행과 성과를 쫓기보다 학자로서 유의미한 연구에 다시 집중해야 한다는 자성의 목소리도 나오게 된 것이죠.

설명이 가능하고 우리가 아는 부분에서는 놀랍지 않죠. 가령 사람이 몇 초간 공중 부양을 하거나 갑자기 사라지는 마술은 우리에게 매우 놀랍게 다가오고, 380톤에 해당하는 비행기가 몇 시간을 공중에 떠있는 사실은 우리에게 놀랍지 않은 이치죠.

상상의 어원을 요약하면, 코끼리를 경험해 보지 못한 사람이 코끼리의 부분을 보고 코끼리를 생각하는 것을 '상상(想像)'이라고 해요. 마치 코끼리의 뼈, 다리, 꼬리, 귀, 배를 만지며 코끼리를 그려보듯, 인공지능 또한 상상력, 혹은 영화들에 의해서 왜곡된 이해를 하는 경우가 흔하다는 것이죠. 알면, 그런 프로그래밍이 작동되는 것이 당연한 이치에 맞게 보이고, 상상을 하게 되면, 터미네이터가 인류를 멸종시키고 기계가 완벽하게 인류를 대체시킬 것으로 생각하죠. 특별히 컴퓨터 공학 지식이 부족한 디자이너들에게 이런 것을 많이 느껴요.

이러한 인공지능의 대중적 이슈는 크게 두 가지로 나누어진다고 생각해요. 빅 테크 기업의 CEO들은 앞으로 다가올 인공지능의 대단함과 무서움을 이야기하죠. 궁극적으로 그렇게 되겠죠. 이것들이 대중들이 이해하고 있는 인공지능의 결이라 생각해요. 동시에 현업에서 실제 개발에 종사하는 연구자들과 개발자들은, 현재 우리가 사용하고 있는 방법에서는 분명 우리가 상상하는 것들을 이루기는 힘들다고 보는 시각이 지배적이죠. 물론 백프로파게이션 Backpropagation과 병렬 컴퓨팅Parallel computing으로 딥 러닝을 다시 궤도 위에 올려놨듯이, 언젠가는 새로운 무언가가 반드시 나오겠죠. 언제나 그랬듯 말이죠.

하지만 현재의 인공지능은 영화와 매스컴을 통해 상상력, 바람, 그리고 현실의 실체와 뒤죽박죽 섞여 있는 것 같아요. 자문을 받아도, 그냥 인공지능이라는 단어는 마법같이 사용되어 모든 문제들을 해결해 주는 용도로 정리를 하고 있다는 것이죠. 이런 경향은 심사를 하는 사람들도 마찬가지인 것 같아요.

특별히 디자인 영역 특성상 꿈보다 해몽인 경우도 어렵지 않게 찾아볼 수 있어요. 단적인 비유로 인스타그램의 필터, 혹은 프레젠테이션 때 사용되는 몇몇의 다이어그램처럼, 내용적 측면보다 시각적 측면에 소비, 남용되고 있는 경우도 많죠. 예로 딥 뉴런 네트워크가 충분한 학습 없이, 학습의 최적화(언더피팅Underfitting)가 이루어지지 않았음에도 불구하고 그 결과물에 여러 가지 미사여구로 인공지능과 디자인의 장밋빛 미래를 이야기하는 사례를 매우 쉽게 찾아볼 수 있어요. 신기함과 모호성은 인공지능에 대한 대중들의 상상력과 함께 저 멀리 가고 있지는 않나라는 생각을 할 때도 종종 있어요. 매우 아쉬운 현실이죠.

일전에 디자인과 인공지능에 대해서 강의를 의뢰받은 적이 있었는데, 제가 가지고 있는 강의 자료와 그 조직에서 만들어 가는 인공지능 강의들과는 결이 너무 달랐어요. '장밋 빛 미래와 호기심, 기대와 희망에 기초한 인공지능의 이해는 디자이너들에게 인공지능을 바라보는 오해를 만들어 오고 있다.'고 생각해요. 만약 이러한 방식으로 개발된 '자율주행 인공지능'이 있다면 여러분들은 그 자동차를 탈 것 같나요? 엔지니어적 관점에서, 그냥 그 인공지능 프로그래밍을 잘못 구현한 것이에요.

그러나 전반적인 변화는 매우 긍정적일 수 있다고 생각해요. 여러 시행착오가 쌓이고 도구를 올바로 사용할 수 있는 인력들이, 특정 문제를 매우 효과적으로 설명하는 인공지능 도구를 활용해서 디자인 산업을 다각도로 도약시킬 것이라 믿어 의심치 않고 있어요.

11 더 다양한 영역으로

넓은 영역에서 하루가 다르게 발전에 발전을 거듭하고 있어요. 필자도 30대 후반의 나이임에도 불구하고 하루에 12시간 이상 작업과 학습을 하는 이유도, 나의 발전 속도보다 각각의 영역에서의 발전 속도가 더 빠르기 때문에 그 흐름을 놓치지 않으려고 진심을 담아 노력하는 것이죠.

필자의 관심사를 기준으로 수행한 프로젝트와 연구를 통해서, 디자이너가 코딩을 할 때 어떤 기회들이 있고, 어떤 모양과 내용으로 활용될 수 있는지 간단히 알아봤어요. 필자의 경험과 지식도 한계가 있는 터라 여러분들 각자의 관심사 관점에서 보면, 앞서 이야기 나눈 관점 외에도 매우 주요한 발전들이 계속 일어나고 있을 거예요. 더 다양하고 의미있는 사례들이 만들어져 디자이너이기 때문에 반드시 코딩을 해야 하는, 할 수밖에 없는 환경이 만들어지고, 전통적인 디자이너와 소프트웨어 개발자들이 상상할 수 없는 의미있는 결과들을 만들며 디자인 산업 발전을 견인해 가길 기대해요.

세월이 흘러 후세의 사람들이 21세기를 기억할 때, 캄브리아기의 생물 대폭발과 같은 산업들의 융합과 도약의 시대로 기억하지 않을까 생각해요. 왜냐하면 소프트웨어와 컴퓨팅 파워 그리고 데이터의 활용으로 우리의 삶과 산업이 역사적으로 주목할 만한 시기에 살고 있기 때문이죠. 한번 배운 지식으로 평생을 살았던 과거와 달리, 이러한 패러다임을 이해하여, 각자의 관심사와 경쟁력을 찾아 산업의 변화에 맞춰 경쟁력 있는 미래를 준비하는 디자이너가 되길 바래요.

 참조 링크 컴퓨테이셔널 디자인 시리즈 데이터 & 디자인

Data & Design / Computational Design 한국어 강의

 Development Design Computation Demo

Development Stand-alone

Development Project Playlist

11.1 데이터 기반 사회와 산업의 변화

어떤 의미에서 융합은 정치적 선언, 국책 사업 투자, 학과의 신설 등에서 오는 것이 아닌, '사람'에 있다고 생각해요. 필드와 교육기관에서 전문성을 가진 사람들이 유연한 사고를 바탕으로 새로운 기술을 받아들이고 끊임없는 가능성을 확인하며 발전하는 것이라고 생각해요.

앞서 살펴본, 필자의 프로젝트들은 '디자인을 위한 코딩', 즉 컴퓨테이셔널 디자인의 범주에 지극히 일부분이라고 생각해요. 디자인도 깊게 들어가면 매우 다양한 이슈들을 발견할 수 있고, 프로그래밍의 세상도 여러분이 상상하는 것보다 더 넓고 다양해요. 특별히 컴퓨터 공학 그 특유의 문화와 유연성을 바탕으로 기존의 산업들로 빠르게 확장하고 있는 것이 지금의 현실이죠.

컴퓨터 그래픽스^{Computer Graphics}, 인공지능^{Artificial Intelligence}, 신호 분석^{Signal analysis}, 컴퓨터 비전^{Computer Vision}, 데이터 과학^{Data Science}, 컴퓨터 상호작용^{Human-Computer Interaction}, 인터랙티브 디자인^{Interactive Design} 등, 여러분들의 호기심과 상상력을 가지고 생각을 확장해 보면, 스스로의 디자인 프로세스와 융합하여 새로운 결과물과 다양한 기회를 누릴 수 있을 것이라 생각해요.

컴퓨테이셔널 디자인이 유아기에 있다는 것을 고려해 본다면, 특별히 젊은 디자이너들에게 경쟁력 있는 디자인 도구가 될 수 있고 그 경쟁력으로 다가오는 패러다임을 개척함으로써 디자인 산업의 주역이 될 수 있다고 생각해요. 동시에 그 노력들로 디자인 산업에서는 코딩에 대한 바른 인식이 확산될 수 있고 궁극적으로 산업의 도약으로 이어질 수 있다고 생각해요.

! 그 많은 것 언제 다 하나 1: 기초의 중요성

 새로운 소프트웨어가 나왔을 때, 새로운 도구를 익혀야 할 때, '언제 또 공부하지?', '또 바뀌었네?', '이건 또 뭐지?'와 같은 볼멘소리가 나오죠. 새로운 도구를 익히는 과정에서 피상적인 이해에 머물렀을 경우 위와 같이 혼란스러워하는 디자이너들을 많이 봤어요. 사실 소프트웨어의 버전이 올라가고 새로운 소프트웨어들이 나와도, 그 형태적 측면은 다양할 수 있지만 내용적 측면, 즉 그 파운데이션은 항상 같을 수밖에 없어요.

만약 여러분들이 사용하는 소프트웨어 도구들의 기초와 핵심을 이해 했다면, '드디어 이 기능이 들어왔네!', '그렇지 이렇게 되는 게 맞지!', 새로운 기능이 나왔다고 하더라도, '이런 게 있어야 될 것 같은데!'라면서 찾아보면 있는 경우가 많아요.

사실 도구를 이해하는 것이, 디자이너의 주요 관심사인 창작활동에 비해 그 무게가 무겁지 않기 때문에 등한시되는 경우가 허다하죠. 하지만 창작과정 중 어떤 형태로든 도구를 활용해야 하기 때문에 도구에 대한 이해는 디자이너의 실력이 발휘될 수 있는 여지와 비례하는 것도 사실이죠. 이러한 딜레마는 필자를 포함한 대부분의 디자이너들이 경험하고 고민해본 문제인 것 같아요. 필자의 생각을 요약해 보면,

변하는 외형보다, 변하지 않는 기초에 집중하자

인공지능, 파라메트릭, 데이터 이러한 눈앞의 유행을 따라가지 말고, 즉 변하지 않는 것이 무엇인지 아는 것이 중요하죠. 왜냐하면 새로운 것이 나와도 필연적으로 그 기초 위에서 발생되니까요. 필자의 경험상, 한 번이라도 그 개념과 기초원리를 이해하면 그 개념의 확장으로 이해가 가능한 부분들이 대부분이에요. 만약 여러분들이 디자인 소프트웨어를 학습함에 있어서 매번 어려움을 겪고 있다면 반드시 기초 부분에 대한 고민과 학습을 하고 넘어가길 권해요.

특별히 코딩을 공부할 때, 해커Hacker의 마음으로 원리 파악이 생각 흐름 속에 체화되어 있어야

해요. 단순하게 '이 명령어가 이걸 하고, 그 후 이 명령어를 클릭하는 것이구나...'에서 머물면 안 된다는 말이에요. 기초를 파악함에 있어서 끊임없이 '왜'라는 질문을 던지면서 그 기저는 어떤 의도와 철학에 기초하고 있는지 파고 내려가서 확인하는 것이죠.

가령 '왜 이 옵션이 필요하지?', '이 옵션이 있다는 이야기는 이 데이터를 사용한다는 것인데, 왜 사용하지?', '만약 다른 값이 온다면 결과물이 어떻게 바뀌지?', '이 명령어 다음에 저 명령어를 클릭하라는데 왜 그렇게 해야 하지? 둘이 연결되어있나? 만약 다른 버튼을 누르면 어떤 결과가 나오지?' 다른 결과가 나왔다면, '무엇이 이렇게 이 결과를 만든 것이지? 왜지?'

디자인 소프트웨어 표면을 이런 식으로 파고 내려가다 보면 변하지 않는 기하학적 수학이론과 소프트웨어 공학의 두 관점으로 설명되며 수렴이 돼요. 결과적으로 '이 소프트웨어는 지오메트리 데이터를 이런 식으로 다루고 있구나!', '그 이유는 이 소프트웨어의 강점을 더 살리기 위해서 이렇게 했구나!' 앞으로 툴이 바뀌더라도 그 스토리와 철학 위에서 발전되는 것을 깨달을 수 있어요.

이런 과정을 몇몇의 소프트웨어에 적용해 보면 그 큰 틀이 이해가 되고, 소프트웨어가 바뀌어도 개발자의 의도가 이해가 되고, 새로 나온 기능을 한번 훑어보는 걸로 충분히 숙지가 가능해지죠. 더 나아가 소프트웨어에서 제공되는 다양한 알고리즘뿐 아니라 직접 그 소프트웨어의 장점을 십분 활용한 '코딩'을 작성할 수 있어요.

디자인 도구, 소프트웨어 기술, 혹은 코딩을 공부할 때도, 유행에 맞추어서 표면에 드러나는 것들을 따라가지 않기를 권해요. 변하지 않는 부분이 무엇인지를 파악하고, 그 부분의 내공을 쌓는다면 빠르고 다양하게 변화하는 산업들에 대응하기가 수월하죠. 메타버스, AR, VR에도 동일한 전략이 적용되고, 인공지능 머신 러닝, 데이터 과학, 파라메트릭 디자인, 컴퓨테이셔널 디자인, BIM 등 빠르게 변화하는 영역에서 적용되는 매우 중요한 전략이죠.

! 컴퓨테이셔널 디자인의 현재와 미래

컴퓨테이셔널 디자인 자체의 고유 영역으로 볼 수 있는 지점들과 연구 분야들이 마치 개발되지 않은 광산처럼 여기 저기 산재해 있어요. 하지만 아직까지 유아기에 해당 된다고 입을 모으고 있어요. 해석을 해보면, 유아기이기 때문에 보호자가 필요한 것이죠.

다른 관점으로는 각각의 잘 발달된 산업의 보조를 받아서 그 영역을 확장시켜나가는 유아기에 해당된다고 볼 수 있어요. 해외도 사정은 크게 다르지 않죠. 하지만 그 유아기가 오래 지속될 것 같다고 생각하지는 않아요. 왜냐하면 산업의 발전 속도는 선형이 아닌 기하급수로 발달되는 만큼, 동시에 그 내용이 앞으로의 산업 패러다임과 일치하기 때문에, 코딩을 활용한 디자인은 앞으로 더 크게 요구되고 확장될 것이라고 생각해요.

첫 번째 생각, 힙합 문화를 통해 보는 컴퓨테이셔널 디자인 문화

 필자는 2000년 KBS 가요대상과 한중 가요대전 등 DMC^{Dance Mania Crew} 팀에서 프로 비보이^{BBoy}댄서로 군대에 입대하기 전까지 활동을 했었어요. 지금은 상상할 수 없지만 그때는 비보이를 한다면 매우 질이 안 좋은 사람으로 인식이 됐어요. 색안경을 끼고 치부하기 일쑤였죠. 세월이 흐른 요즘 '힙합을 한다' '춤을 춘다'고 하면, '너는 장기가 있구나!', '멋있구나!' 등 하나의 문화로 인식이 되고, 그 문화를 멋져하고, 배우고, 즐기려는 풍조가 지금의 시대인 것 같아요. 과거에는 상상도 하지 못할 일이 지금 눈앞에 펼쳐져 있는 것이죠.

새로운 비 주류 문화는 분명 기성의 문화와 마찰이 일어날 수 있고, 기성의 잣대로 평가할 때 이해가 가지 않는 부분들도 있다고 생각해요. 문화의 방향성이 옳다면, 시간의 문제이지, 때가 되면 한 시대의 단면을 표상할 수 있는 주류 문화가 될 수 있다는 것이죠.

두 번째 생각, 앞으로의 10년을 기대하는 이유

마치 90년생이 트렌드를 바꾸고 00년생이 문화를 바꾸듯이, 초중고 교육과정 을 통해 '코딩'에 불편함과 거부감이 없고, 컴퓨테이셔널 언어와 사고가 익숙한 세대가 산업에 유입되고, 편만하게 퍼지는 그때는, '디자이너기 때문에 코딩을 한다.'라는 말이 전혀 어색하지 않은 그 시대가 곧 온다고 믿고 있어요.

과거 유럽에서는 미술학교는 조롱거리의 대상인 적이 있었어요. 그때의 시대정신은 '미술, 예술가의 기질은 천부적으로 타고나야 하는 것이지, 어떻게 교육으로 가능할 수 있겠나?'의 시대정신이였죠. 그러나 지금은 출신 학교와 학위가 그 자리를 대체했죠. 또한 요즘이야 청소년들이 법의 보호를 받아 보장된 교육을 받는 것이 권리이지만, 19세기 초만 해도 10세 전후의 아이들은 부모님과 함께 일터에 나가서 노동을 하면서 일을 배웠고, 그것이 교육이였고, 문화였고, 시대정신이였죠.

이처럼 지금의 상황에서 그때를 이해하려면 공감하지 못할 것이 매우 많죠. 그 시대의 정신과 문화 그리고 배경지식을 가지고 그 상황을 해석해야 하는 것처럼, 지금의 상황에서 '디자이너가 코딩을 왜 해야 하지?'라는 관점으로 새롭게 다가오는 패러다임을 읽으려 한다면 그 새로운 패러다임을 온전히 이해할 수 없고 오해만 생기게 되죠.

과거 농경사회, 산업사회, 정보화사회 등을 거치면서, 크고 작은 신진의 패러다임들은 기존의 '부', '기회', '영향력' 등을 재편성하며, 때로는 그에 맞는 변화를 강제하며, 누군가에게는 기회로, 혹은 부담으로 다가오고 있는 것이죠. 디자이너들에게는 어떤 변화가 촉구되며, 어떤 기회가 펼쳐질까요? 특별히 젊은 신진의 디자이너들이 고민해봐야 하는 것은 무엇일까요?

마치 Photoshop을 못하는 디자이너가 없듯이, 데이터 기반 사회에서의 코딩은 필수 도구이고 컴퓨테이셔널 사고와 함께 디자인 사고를 증강시킬 수 있는 인력을 지향해야 한다고 생각해요.

CHAPTER 4 코딩 & 디자인 Coding & Design

지금까지 디자이너가 코딩을 해야 하는 이유와 응용사례들을 살펴봤어요. 이번 챕터에서는 개념적으로, 디자이너의 입장에서 프로그래밍을 바라보는 시간을 갖도록 해봐요. 무엇을 다루기 위해서 코딩을 하는지, 어떤 기술적 단계들이 있는지 함께 알아봐요.

12 디자인 & 코딩 & 프로그래밍

앞서 살펴본 것처럼 코딩은 디자인의 다양한 영역에서 세분화된 단계로 적용이 가능하고, 특별히 사고하는 방식, 프로세스를 다루는 자세가 핵심이죠. 딱 잘라 '이것이 결과물이다!'라고 정의하기에는 매우 단편적인 예라, 기존의 전통적인 디자인 경험을 바탕으로 이해하려고 할 때 많은 오해를 야기할 수 있다 생각해요.

가령 건축 디자인의 경우 '만들어진 물건이 있나?'라고 특별한 무언가를 상상하는 경우가 있는데 이는 굉장히 피상적인 접근이에요. 혹은 어떤 '직업군'으로 이해하려 하거나, '소프트웨어의 사용' 정도로 이해하려는 경향이 있어요. 이 또한 온전한 이해를 함에 있어서 많은 편견을 가질 수 있다고 생각해요. 만약 이런 내용으로 디자인과 코딩의 관계를 정리하고, 컴퓨테이셔널 디자인을 이해하고 있다면, 실제 내용을 접했을 때 전혀 다른 이해로 귀결 되요. 필자의 경험이 그러해요.

코딩을 활용한 디자인, 즉 컴퓨테이셔널 디자인은 '사고하는 방식'에 대한 이야기고 디자인 구현 방법으로 바라보는 것이 건강한 이해라 생각해요. 이러한 틀을 가지고 더 자세한 정보들을 학습하고 이해할 때, 조각조각의 내용들이 충돌 없이 화해되며 조화롭게 정리될 것이라 생각해요.

처음 시작하는 우리들에게, 무엇을? 왜? 어떤 가이드라인에 맞춰서 생각할 수 있는지? 그 큰 틀과 개념을 함께 알아봐요.

12.1 코딩을 통한 디자인

디자인을 한다

디자인을 단순화시켜보면 무언가를 그리고 만드는 작업인데, 이 과정^{Process}을 코드^{Code}를 통해서 결과물을 생성해 나간다고 보면 좋을 것 같아요. 예를 들면 일반적 상용 2D 소프트웨어나, 혹은 3D 소프트웨어를 통해서 장면(화면)에 무언가를 (1) 그리고 (2) 판단하고 (3) 수정해 나가죠. 이 과정을 반복하면서 디자이너가 상상하는 결과물을 디지털 소프트웨어를 통해서 만들어가는 과정을 디자인의 한 프로세스로 볼 수 있죠.

컴퓨터의 입장에서

위의 과정을 컴퓨터의 입장에서 생각해 볼까요? 예를 들면 (1) 원이라는 명령어를 클릭하면 소프트웨어 단에서 명령어의 커맨드가 활성화되고, 화면에 (2) 첫 클릭이 발생되면 그 좌표 값을 가져와서 원의 중심으로 사용하고, (3) 두 번째 클릭을 받아서 처음 클릭과 거리를 계산하여 원의 반지름을 계산하고, 그에 맞게 원을 화면에 그려 주는 '순서'가 소프트웨어 단에서 발생이 돼요.

즉, 디자이너가 아이콘을 클릭하고 화면에 도형을 그리고, 선택하고, 수정하는 모든 정보와 과정을 데이터로 볼 수 있고, 그 데이터들은 소프트웨어 상에 이미 작성되어 패키지된 알고리즘에 변수 값으로 대입되어 지정된 계산들을 수행한 후 그 결과를 화면에 시각화시켜 주는 것이죠.

명시적 기술 / Explicit description

암묵적으로 디자이너가 디자인을 해 나가는 형식과 순서 그리고 그 과정에서의 판단들을 보다 명시적으로 나누고 논리적인 순서로 프로세스화시키는 방법으로 볼 수 있어요. 너무나 당연하게 해왔던 암묵적인 디자인 방법론을 명시적으로 순서로 설명하고, 그 기술Description을 통하여 디자인 발전을 시킨다고 이해하면 좋아요. 따라서 명시적인 기술을 할 때 마우스의 클릭 대신 코딩이라는 도구를 활용하게 되는 것이죠.

12.2 코딩이란 Coding

일반적으로 코딩이라 함은 컴퓨터에게 일을 시키는 작업지시서Instruction를 만드는 행위로 볼 수 있어요. 스마트폰의 앱을 만든다던가, 웹사이트를 디자인한다던가, 컴퓨터 게임이나, 특정일을 수행하는 소프트웨어를 개발할 때, 마치 군대의 필드 매뉴얼처럼, 어떻게 판단하고 움직여야 하는지에 대한 내용과 순서를 작성하는 것을 코딩의 의미로 볼 수 있어요.

동시에 컴퓨터도 여러 가지 언어가 존재해요. 궁극적으로는 0과 1로 이루어진 기계어로 번역 Compile or Interpret되겠지만, 그 기계어가 사람들의 언어체계와 직관과 거리가 멀죠. 따라서 우리들에게 친숙하고 다양한 컴퓨터 프로그래밍 언어들Programming Languages이 발전해 왔죠. 예를 들면 C++, C#, JAVA, Javascript, Python 등의 언어를 들 수 있어요. 코딩을 한다는 의미는 그 언어들을 통해서, 그 문법에 맞춰서 지침서를 작성하는 것이라고 할 수 있어요.

디자이너가 코딩을 한다는 의미는, 어떤 의미로는 기존에 수작업으로 명령어 아이콘과 화면을 번갈아 가며 클릭하는 그 순서, 즉 그 프로세스, 혹은 루틴들을 컴퓨터 언어로 기술된 순서도Instruction를 작성하는 것이라 볼 수 있어요. 그 코딩된 순서도는 순차적으로 실행이 되고 그 결과 값을 화면에 보여주는 것이죠. 그러면 더 이상 화면과 명령어 아이콘을 일일이 클릭하는 것이 아니라, 그 순서도의 흐름만을 제어하면서 디자인을 할 수 있는 것이에요. 즉 코딩이란, 컴퓨터의 언어로 내가 원하는 디자인 과정을 설명하는 설명서를 만드는 것이라고 볼 수 있어요.

12.3 프로그래밍이란 Programming

프로그래밍은 코딩과 함께 혼합하여 쓰이는 개념이긴 하지만 엄밀한 의미로 보면 코딩은 코드를 짜는 행위에 방점이 찍혀 있다면, 프로그래밍은 그 목적에 성취하기 위한 좀 더 논리적인 흐름에 강조점을 두고 있다고 볼 수 있어요.

가령 논문을 쓴다는 의미는, 나의 주장을 펼치고 구체적으로는 전체 논문의 흐름을 디자인하는 것이죠. 과거 것을 부정하며 다른 해결책을 준다던가, 혹은 과거 것을 증강하며 새로운 해결책을 제시하는 것처럼 저자의 논리가 들어가 있는 것이죠. 같은 의미를 전달하기 위해서 다른 논리를 펼치는 것도 가능하죠. 하지만 행위적 측면에서는 '그냥 글을 쓴다.'가 되는 것이죠.

앞서 살펴본 디자인의 의미처럼 디자인에 변형을 주고, 그 변형을 평가해서 다음 변형을 주는 행위의 반복으로 볼 수 있죠. 즉, 어떤 행위를 하고 평가를 하고, 그 행위를 강화시키거나, 다르게 변형시킬 수 있는 행동을 하고, 또 그 행동을 평가하는 반복을 통해서 내가 상상하는 디자인을 실체화시키는 것으로 볼 수 있다는 것이죠. 프로그래밍도 같은 의미로 볼 수 있어요. 코드를 작성하는 것을 넘어 프로그램의 목적에 따라 명시적으로 계산 가능한 형태로 기술하고 반복 실행하고 평가하는, 논리의 흐름을 디자인하는 것을 '프로그래밍 한다.'라고 볼 수 있어요.

지금 이 단계에서 굳이 '코딩'과 '프로그래밍'의 의미를 구분하는 것이 의미가 없을 수 있어요. 하지만 엄밀한 차이를 정리해 두면 암묵적 미묘함을 포착하고 이해할 때 좀 더 유리하고 소통 과정에서 오해를 줄일 수도 있죠.

코딩을 잘하는 것 & 프로그래밍을 잘하는 것

앞서 이야기 나눈 코딩과 프로그래밍의 차이를 굳이 확대 해석을 해보면 이런 이야기도 할 수 있을 것 같아요. 예를 들면 하나의 간단한 알고리즘을 작성해본다고 가정해 봐요. 어떤 개발자는 최신 프로그래밍 문법을 쓰며, 최대한 간결하게, 깔끔하게, 다른 작업자들도 헷갈리지 않게 깔끔한 코드를 작성하는 것에 관심이 많은 개발자들이 있어요. 반면에 다른 개발자는 전통적인 문법을 쓰면서 논리의 모듈로 잘게 나누어, 명시적으로, 다른 문제들이 들어왔을 때, 재활용할 수 있고, 유지보수가 유리한 코드를 작성하는데 관심이 많은 개발자들도 있어요.

이 두 부류가 같아 보일 수 있지만, 개발자에 따라 다른 배경, 관심사, 의도, 프로그래밍 철학을 가지고 있다고 볼 수 있어요. 무엇이 바르다, 지양되어야 한다는 이야기는 아니에요. 환경과 목표에 따라서 필요한 인력과 개발 방점이 있기 때문이죠. 결과적으로 코딩을 잘하는 분들은 프로그래밍을 잘할 수밖에 없고, 그 반대도 마찬가지예요. 주어진 목표, 상황을 이해하고 그에 맞는 자세로 컴퓨터를 활용해 문제 해결하는 것이죠.

13 디자인 & 컴퓨테이션 Design & Computation

앞서 디자인의 발전 순서, 혹은 프로세스를 코딩Coding하여 디자인 순서도를 작성하는 것이 프로그래밍 이라고 알아봤어요. 컴퓨터는 사실상 계산기이기 때문에 그 순서도는 수 체계를 바탕으로 계산되며 이행되는 것이죠. 상용 소프트웨어 단에 미리 작성된 알고리즘도 계산을 위한 것이고, 디자이너가 그 알고리즘을 실행하기 위해 입력시키는 값들도 계산 가능한 것들이여야 하고, 그 결과도 계산 가능한 값으로 나오는 것이죠. 결국 모든 것은 계산이라는 것이죠. 기초는 항상 중요하니 좀 더 자세히 알아봐요.

13.1 컴퓨테이션 Computation

컴퓨테이셔널 사회과학Computational Social Science, 컴퓨테이셔널 저널리즘Computational Journalism, 컴퓨테이셔널 생물학Computational Biology, 컴퓨테이셔널 생태학Computational Ecology, 컴퓨테이셔널 경제학Computational Economics 등 다양한 전통적 학문에서 컴퓨테이션 방법론을 도입하여 각 영역에 산재한 문제해결에 적용하겠다는 것이며, 더 나아가 전통적 방식과 차별화된 새로운 영역들을 만들어 가고 있죠.

영역은 다양해 보이지만 그 핵심은 'The application of computational thinking to the problems...'로써, 각각의 영역에서 발생되는 이슈를 컴퓨테이셔널 사고를 적용하여 바라보자는 것이죠. 뒷부분에 더 자세히 말하겠지만 컴퓨테이셔널 사고는 (1) 문제를 이해하는 방식 (2) 접근 방식 (3) 기술 방식 (4) 해결 방식이라고 요약할 수 있어요.

컴퓨테이셔널 디자인은 어떠할까요? 무언가를 형태적 언어로 만드는 것이죠. 혹은 시각적 언어로 디지털 공간상에서 무언가를 그리는 것이죠. 노파심에 이야기하면 디자인의 정의에 따라 내용이 달라질 수 있고, 꼭 형태를 만드는 것 외에 형이상학적인 차원이 있지만, 복잡한 문제일수록 단순화시켜 접근하는 사고가 중요해요.

쉽게 생각하면 형태와 색을 만드는 행위죠. 색Color의 경우는 빨간색, 파란색, 노란색 등이 있을 것이고, 형태하면Shape 점, 선, 면, 사각형 원, 등이 있겠죠. 아무리 복잡한 형태의 제품, 혹은 거대한 건축물과 같은 디자인도, 결국 점, 선, 면으로 형태를 만들고 색을 칠할 수 있는 것이죠. 이러한 맥락에서 컴퓨테이셔널 방법론으로 어떤 요소를 이해하고, 접근하여, 해결하는지 정리를 해봐요.

13.2 형태 Shape

형태는 어떻게 정의 될까요? 가장 작은 단위인 점Point or Vertex이 있고, 점들을 연결하면 선(라인Line, 폴리라인Polyline, 커브Curve)이 나오고, 이 선을 연결하면 형태(면Surface, 메쉬Mesh)들이 나오겠죠. 결국 점의 이해가 매우 중요해요. 선과 면들은 단순히 점들의 연결Connection, 혹은 보간Interpolation으로 정의 내릴 수 있어요.

점 / Point

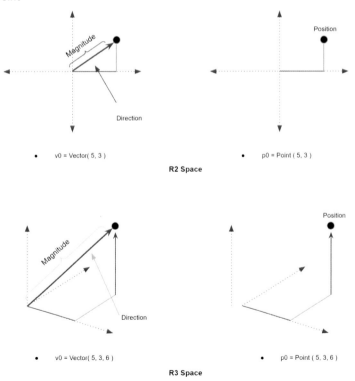

- v0 = Vector(5, 3)　　　　　　　　・ p0 = Point (5, 3)

R2 Space

- v0 = Vector(5, 3, 6)　　　　　　　・ p0 = Point (5, 3, 6)

R3 Space

2D Photoshop이나 Illustrator 툴을 활용해서 그림을 그린다면 화면의 좌측 상단 x, y 기준, 즉 (0,0) 기준의 모눈종이가 생기고 그 좌표 값들에 색을 채움으로써 '점'을 만들고, 또 '점'을 연결함으로써 '선'이 만들어지고, '면'이 만들어 지겠죠. 3차원 소프트웨어를 통한다면 x, y, z 축에 해당하는 정보들로 점을 표현하겠죠.

가령 (x = 5, y = 3, z = 6)의 정보는 점^{Point}, 혹은 벡터$^{Vector\ Data}$로 해석될 수 있어요. 우리가 알고 있듯이 벡터는 방향^{Direction}과 강도^{Magnitude}를 수학적으로 나타내는 데이터 구조예요. 점으로 간주하여 사용될 수도 있죠. 점으로 벡터 데이터를 해석할 경우 같은 데이터라도 위치를 표시하는 정보로 간주될 수 있어요. 이전 페이지의 그림은 2차원 3차원 공간에서 같은 정보를 벡터로 해석하고 포인트로 해석했을 때의 차이를 보여줘요. 벡터의 경우 방향과 강도로 그 숫자 데이터가 해석될 수 있고, 포인트로 해석했을 경우 같은 숫자 정보지만 위치로 이해할 수 있어요. 너무 어렵게 생각하지 마세요. 그냥 표현 방식이 다른 것이기 때문에 익숙해지면 돼요! 반복해서 학습하면 합리적이고 편한 방법으로 다가올 거예요!

벡터 / Vector로써의 점

점은 Vector로써 매우 중요한 역할을 해요. 뒷부분 [**20.4 벡터 데이터 & 행위**]에서 더 자세히 다루겠지만 위치로써의 점을 이동시킬 수 있을 뿐 아니라, 분석할 때 아주 중요한 도구로 쓰일 수 있어요. 거리를 잰다던가, 직각하는 법선^{Normal}방향을 구한다던가, 중간점을 찾는다던가 등 거의 모든 지오메트리의 분석은 벡터^{Vector} 단에서 일어나요. 동시에 이러한 수학 개념을 한 번만 정리해 놓으면, 거의 모든 상용 소프트웨어를 사용할 때나 코딩을 할 때 동일하게 적용할 수 있는 개념이에요. 따라서 형태정보를 다루는 디자이너라면 반드시 알고 넘어가야 하는 것이죠.

포인트 / Point로써의 점

위치로써의 점은 모든 형태의 최소 단위가 돼요. 가령 선을 긋거나, 커브를 생성하거나, 면을 만들 때, 없어서는 안되는 요소가 바로 위치로써의 '점'으로 볼 수 있어요. 결국 점을 수정함으로써 선과 면을 조작하게 되는 샘이죠. 어떤 의미에서 점들의 연관성을 보여주는 것이 '선'과 '면', '형태'라 볼 수 있죠.

여러분들이 형태를 수정하기 위해서 '선', 혹은 '면'을 직접 조작하는 방법은 없어요. 네, 없어요. 반드시 점에 변형을 가함으로써 형태가 유도된다고 보면 좋아요. 만약 여러분들이 사용하는 소프트웨어 단에서 점과 면을 직접 수정하는 것이 가능하다고 이야기한다면, 그건 UI단에서 편하게 풀어놓은 것이지 뒷단에서는 반드시 점이 수정되고 그것들의 결과로 형태가 수정된다고 이해하면 돼요. 선을 분석할 때도 결국 점으로 환원해서 분석되고, 면을 분석하고 가공할 때도 면을 정의하는 포인트만 가져와서 분석을 하는 게 일반적이죠. 즉, 점들의 관계성, 보간, 표상으로 형태를 사용하는 것이고, 실제적인 가공은 '점' 단에서 일어나요.

명시적 점의 보간, 선 / Parametric Representation & Interpolation

점을 선으로 만들어보죠. 아래와 같이 똑같은 점들을 어떤 형식으로 보간 하느냐에 따라 선의 형태가 달라질 수 있어요. 따라서 이러한 함수에 근거하여 커브를 유도^{Derivation}해 내는 형식을 Explicit Curve, 혹은 Parametric Curve & Parametric Representation로 볼 수 있어요. Implicit Curve에 비해 직관적인 기술^{Description}을 할 수 있죠. 따라서 형태를 정의하고 조정하는 디자인 영역에서 유리하기 때문에, 많은 상용 디자인 소프트웨어와 그래픽스 코딩에 주로 차용이 되는 개념이에요.

다양한 점의 보간 형식들이 존재해요. Linear interpolation, Bilinear interpolation, Spline interpolation, Polynomial interpolation, de Casteljau's algorithm, First-order hold, Quadratic, 혹은 Cubic Bézier curve의 형식으로 더 높은 단계^{Degree}로 보간을 할 수 있죠.

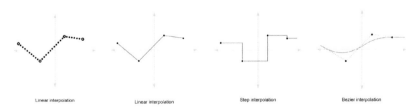

| Linear interpolation | Linear interpolation | Step interpolation | Bezier interpolation |

Interpolation, R2 Space , NJSTUDIO

선의 보간, 면

면도 동일한 개념이 적용되지만 선처럼 1차원 축이 아닌 2차원에서 보간^{Interpolation}이 일어나겠죠. 흔히 우리가 알고 있는 Mesh, 혹은 Polygon 모델링 같은 경우 각각의 정점을 연결함으로써 면이 만들어지는 것이죠. 즉, 점들 간에 선형보간^{Linear Interpolation}으로 면을 생성하는 것이죠. 이 경우에는 정점들과 그 정점들을 연결하는 순서가 중요해 지겠죠.

NURBS^{Non-uniform rational B-spline} Surface의 경우 4각형의 UV 공간으로 정의되는데, 위의 선의 보간과 마찬가지로 UV 각 축의 공간상에서 포인트들이 보간을 정의하여 면을 정의하는 것이죠. 일반적으로 단계^{Degree} 3 이상부터(위의 선, 보간과 마찬가지로) 넙스^{NURBS} 서피스로 간주되죠. 단계가 1 일 경우에는 위의 선형 보간과 같이 포인트와 포인트를 직접 연결하는 Mesh와 같은 표상^{Representation}이 될 수 있어요.

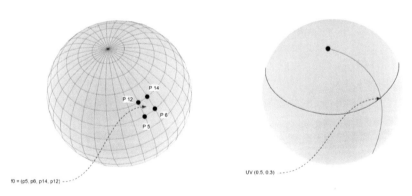

Mesh Face and NURBS Surface, NJSTUDIO

위의 그림은 좌측 Mesh면의 경우 연결된 점들의 결과로 면이 정의되는 것이고, 우측의 NURBS면의 경우 주어진 포인트에 따라 UV 축으로 면을 보간시킨 예로 볼 수 있어요. 즉, 비선형의 Spline함수로, 굉장히 높은 정밀도로 곡면을 정의하고 조정할 수 있게 되는 것이죠.

13.3 좌표계 Coordinate System

위치로의 점을 좀 더 깊게 생각해 보면 결국 좌표계들^{Coordinate systems}로 수렴이 돼요. 즉, 좌표계는 공간 정보를 기술하고, 장악하고, 조정하는 체계이고, 그 좌표계 세상 안에서 점의 위치정보가 비로써 의미와 연관성을 가지게 되고 그 점들이 연결되는 정의가 곧 형태 정보가 되는 것이에요. 앞으로 도시, 건축, 프로덕트, 크리에이티브 코딩, 웹사이트, 데이터 시각화 등 그 어떤 것을 하더라도 여러분들은 주어진 좌표계를 사용하던 좌표계를 정의하던, 그 좌표계 안에서 점을 놓고 그 점들을 연결하여 선과 면을 만들어 가게 될 거예요.

좌표계 때문에 점들의 관계성이 보존이 되고, 변형이 가능하고, 변형된 요소들을 평가할 수 있게 되는 것이에요. 일반적으로 디자이너들이 사용하는 디지털 그래픽 소프트웨어에서는 유클리드 공간Euclidean space을 일반적으로 사용해요. 물론 면, 선, 혹은 매핑의 프로젝션의 경우 다른 공간 좌표계로 기술될 수 있지만, 보통 디자이너들이 사용하는 그래픽 소프트웨어는 데카르트 좌표계Cartesian coordinate system로 유클리드 공간을 기술하죠. 다음은 실수Real Number로 표현하는 차원에 따라 1D, 2D, 3D 좌표계의 예로 볼 수 있어요.

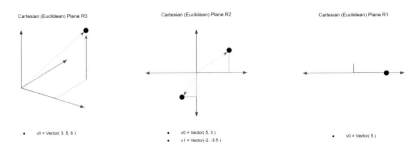

Cartesian coordinate system, NJSTUDIO

좌표계의 이해가 중요한 이유 중 하나는 점을 표상하는 Vector 값을 어떻게 해석하여 공간 상에 놓이느냐를 결정하기 때문이에요. 다음 장에 그림을 보면 동일한 Vector라 하더라도 스크린 좌표, 혹은 지도 위의 좌표, 각각 다른 좌표계 세상에 맞춰 위치되는 것을 볼 수 있어요.

거리와 각도를 위한 극 좌표계Polar Coordinate System, 극좌표계의 3차원의 대칭성을 투영의 원통 좌표계Cylindrical Coordinate System, 그리고 구의 형태의 대칭의 투영에 구면 좌표계Spherical Coordinate System 등 다양한 형태의 좌표계가 있어요.

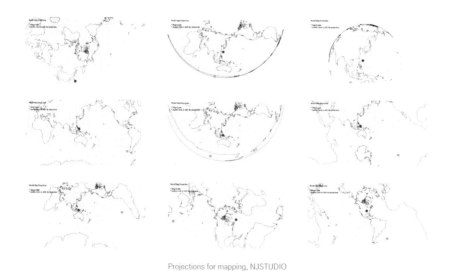

Projections for mapping, NJSTUDIO

플레인 / Plane

여러분들이 디자인 소프트웨어를 활용하거나 코딩을 할 때 일반적으로 스크린 좌표계는 좌측 상단을 0,0 World Coordinate System 기준으로 하죠. 아래의 그림을 보면 사각형이 X = 4, Y = 3 에서부터 시작하는 위치에 놓였죠. 이 사각형을 기준으로 하는 또 다른 좌표계 Plane or Local Coordinate System를 만들 수도 있어요. 좌표계들의 의존성을 정의하여 손쉽게 복잡한 문제들을 해결할 수 있어요.

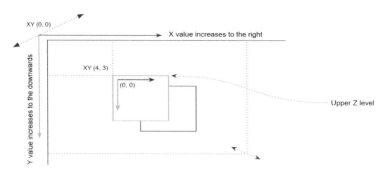

Common screen coordinate system

가령 자식과 부모 관계[Parents and Children Relationship]를 부여하여, 부모가 이동을 하면 자식도 함께 이동을 하지만 자식의 Vector 값은 바뀌지 않더라도 부모와 함께 이동할 수 있죠. OpenGL 같은 그래픽 파이프라인 단계에서 각각의 포지션 값 곱을 통해, 로컬 좌표계에서 카메라의 화면 좌표계까지 변형을 하여 화면에 그려주게 되는 것이죠.

아래의 그림과 같이 하나의 점이 있다고 가정해 봐요. 동일한 점을 어떤 좌표계에 맞춰서 해석하느냐에 따라 값이 다르게 정의될 수 있어요. 그리고 점에 가하는 변형 또한 좌표계에 맞춰 변형을 줄 수 있죠.

'점'을 '면'위의 좌표계로 투영[Projection] 했을 때, UV의 값에 맞춰 그 위치를 기술할 수 있고, U, V, 혹은 Normal 방향 또한 면 좌표계에 따라 가공할 수 있어요. '점'을 '선'위로 투영시키면, 1차원의 't' 값으로 커브의 시작과 끝 사이의 위치로 이동시킬 수 있죠. 따라서 한 점을 어떤 공간의 좌표계로 투영시킬 것이냐에 따라서 그 특성에 맞는 유리한 가공을 할 수 있다는 거예요.

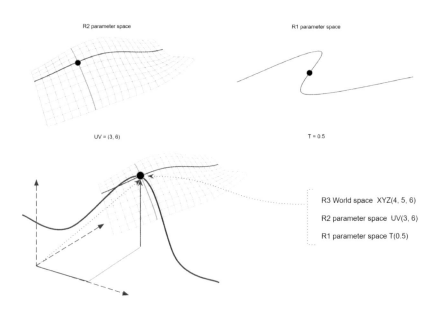

Projection & Interpretation of a point in different spaces, NJSTUDIO

요약하면, 포인트^{Point}와 벡터^{Vector}에 대해서 알아봤죠. 위치^{Position}, 방향^{Direction}과 강도^{Magnitude}를 기술하는 데이터 구조이고, 포인트에 변형을 주기 위해 Vector를 사용하고, 그 변형의 결과로 선, 면, 형태가 수정이 된다는 것도 알아봤죠. 이러한 데이터를 해석할 때 좌표계와 플레인^{Coordinate System & Plane}의 중요성에 대해서 알아봤어요. 입문함에 있어서 이러한 포괄적 개념 정리와 생태계 이해는 여러 디자인 소프트웨어를 사용할 때, 다양한 그래픽 라이브러리를 활용해서 코딩을 할 때도 동일하게 적용될 수 있는 거예요.

13.4 색 ^{Color}

색은 중요한 디자인 요소로 다루어질 수 있으며, 데이터 구조로도 그 역할이 명확하다고 볼 수 있어요. 예를 들면 도형에 어떤 음영의 정보가 입혀지면, 도형의 깊이를 표현하는 정보로 활용될 수도 있고, 시뮬레이션에서 정보를 나타내는 척도로도 활용이 되죠. False Color, True Color가 그 예일 수 있어요. 이와 같은 이산화^{Discretization}의 도구뿐 아니라 색을 표현하고 조정하는 전통적인 방식들이 있죠. RGB, RYB, CMYK, LAB 형식, 혹은 Grayscale 방식 등 각각의 방식들은 그 목적이 있고 그 강조점에 따른 컴퓨테이션을 지원해 줘요.

False color & Grayscale color Space(Discretization), NJSTUDIO

Color Space, RGB, LAB, CMYK, NJSTUDIO

가령 스크린에서 빛의 가산 혼합인 RGB색 척도를 사용하고 채도에 변화를 주고 싶다면, HSV의 시스템으로 환원 후 색상, 채도, 명도의 컴퓨테이션을 적용할 수 있게 되는 것이죠.

또한 출력을 위해서는 CMYK와 같은 잉크 출력에 의한 감산 혼합에 척도로 투영^{Projection}을 해서 CMYK 공간상의 데이터로 변환을 시켜줘야 해요.

데이터 구조로써의 색

컴퓨터에서 화면상의 색은 RGB, 혹은 RGBA의 숫자 데이터로 표현될 수 있어요. R^{Red}빨강, G^{Green}녹색, B^{Blue}파랑, A^{Alpha}투명도의 정보, 데이터를 가지고 있죠. 자세히 말해 0~255 공간, 혹은 0.0~1.0의 정규화^{Normalized} 값으로도 표현할 수 있죠.

예를 들면 빨간색의 경우 [255, 0, 0] 이렇게 표현할 수 있고, 파란색은 [0, 0, 255] 이렇게 표현할 수 있죠. 그렇다면 두 개의 색을 더하거나 뺄 수 있겠죠? 즉, 계산을 할 수 있다는 것이에요. 각각의 컬러 공간^{Color Space}에서 색을 표현하는 방식과, 색들의 연관성, 그에 따른 조작 가능한 영역들이 있다는 이야기예요.

색의 컴퓨테이션

뿐만 아니라 여러분들이 많이 사용하는 Photoshop과 AfterEffect의 Blending Mode도 컬러를 계산하는 방정식을 뜻해요. 예를 들면 '어둡게하기^{Darken}', '밝게하기^{Lighten}'에 따라 각각의 색들을 어떻게 계산될 것인가에 대한 식이 존재하고, 색의 값에 맞춰 혼합을 하거나 빼거나 제외를 시키는 계산도 할 수 있죠. 예를 들면 $f(a,b) = ab$의 형식이 멀티플라이^{Multiply} 함수이고, 스크린^{Screen}의 경우 $f(a,b) = 1-(1-a)(1-b)$가 그 함수의 내용인 것이죠. 그리고 그 계산은 픽셀^{Pixel} 단위로 적용이 가능 해요.

Red color variation, NJSTUDIO

보색^{Complementary}, 단색^{Monochromatic}, 유사색^{Analogous}, 삼색^{Triadic} 등으로 컴퓨테이션이 가능하고, 그 색 공간에서의 미묘한 차이와 유사성은 계산학적으로 충분히 의미있는 디자인 프로세스로 병합

시킬 수 있어요. 동시에 필터의 경우에도 결국 픽셀 단위에서 주어진 픽셀과 주변부 픽셀들의 관계성을 계산하는 함수로 색을 프로세싱하기 위한 방법론이 되는 것이죠. 앞서 설명한 리모트센싱, 혹은 스마트폰 앱을 통해 사용하는 사진 보정 등 많은 예가 있어요.

Visualization in RGB Space with K-means Clustering, NJSTUDIO

코드를 통해 디자인을 하는 컴퓨테이셔널 디자이너로서, 경험에서 오는 색의 이해와, 컴퓨테이셔널 측면의 컬러 이해를 정리하는 것이 중요하다고 생각해요. 그 가공, 가능성에 특화된 방법론 이해를 통해 보다 다양한 아이디어와 효과적인 프로세스 구축을 할 수 있는 시야가 확장될 거예요. 정보를 정의하고 다루는 컬러 공간에서의 색, 색들의 연산에서의 색, 채도와 명도 등의 파라미터로써의 색, 데이터 구조와 시각화로서의 색, 등 픽셀 단위에서의 색은 디자인에서 중요한 요소인 만큼, 그 사용범위와 용도 그리고 가공방법을 이해하는 것은 색이라는 재료를 가공함에 있어서 디자이너에게 반드시 필요한 개념들로 볼 수 있어요.

13.5 디자인 데이터 & 정보 Design Data & Information

속성정보 / Meta data

BIM^{Building Information Modeling} 모델을 생각해볼까요? 빌딩 인포메이션 모델링은 건설 영역에 활용되는 개념인데요. 디지털 공간에 건물을 만들고 그 각각의 지오메트리에 정보를 부여하는 것이죠. 가령 어떤 사각형에는 기둥의 정보가 부여되고, 또 어떤 사각형에는 거실, 방, 테라스 등의 정보가 부여 되는 것이죠. 가로, 세로, 높이 정보와 콘크리트 부피, 중량 값도 넣을 수 있겠죠. 혹은 어떤 사각형은 창문 정보를 가질 수 있겠죠. 어느 회사 제품이고, '가격은 얼마에 형성 되어 있다.' 등의 필요한 속성 정보를 공간 정보인 지오메트리에 붙일 수 있다는 것이죠.

디자인 데이터 / Design Data

나중에 데이터 구조에 대해서 더 자세히 이야기 나누겠지만 디자인 알고리즘을 작성하고 구현할 때 형태, 색, 그리고 여러 필요한 정보들을 구축하고, 디자인 발전에 따라 정보가 수정되고 업데이트가 되겠죠. 즉, 디자인의 재료로서 여러분들이 주요하게 다루고 결정 단계에서 명시적으로 사용해야 하는 디자인 요소를 데이터로써 다룰 수 있다는 것이죠.

아래의 표를 우리가 학습한 내용을 바탕으로 분석해 볼까요? 우선 2차원의 차트이기 때문에, 그 공간을 해석할 수 있는 좌표계가 있죠. 좌측 하단을 X와 Y의 0, 0을 기준으로 공간이 있어요. 형태로서는 점이 보라색의 컬러를 가지고 화면에 그려져 있죠. 그런데 각각의 점은 무엇을 나타낼까요? 네, 맞아요. 도시라는 속성 정보를 가지고 있죠.

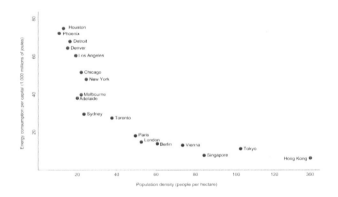

결과적으로 위의 표는 오른쪽 하단에 위치한 점(홍콩)의 경우 인구 밀집도(X 축)가 굉장히 높고 이동에 필요한 에너지(Y 축)는 적게 들어간 걸 알 수 있죠. 반면에 왼쪽 상단에 위치한 점(휴스턴)은 인구 밀도가 굉장히 낮고, 동시에 가까운 편의점을 가더라도 차를 운전해서 가야 하는, 이동에 에너지가 많이 소모되는 것을 알 수 있어요.

지금 필자는 정보를 글로 표현했지만 이것들을 설명하는 논리를 구현하여 각각의 도시들을 정의하는 정보들을 생성하고 각각의 점에 붙일 수 있겠죠. 뿐만 아니라 점들이 이동했을 때 각각의 정보 또한 알고리즘에 의해서 수정, 평가되게 구축을 할 수 있겠죠.

Footprints of Agents and Data, Agent-based Simulation, NJSTUDIO

위의 결과는 어떻게 볼 수 있을까요? 3차원 공간상에 점과 선으로 연결된 지오메트리를 볼 수 있고, 빨간색으로 위치, 초록색으로 방향이 표시되어 있죠. 물론 색으로도 더 의미있는 정보를 다룰 수 있지만 우선 간단히 다른 정보를 나눈다고 보죠. 그리고 밑에는 같은 형태로 숫자들이 에이전트들의 방문한 횟수를 시각화시켜 주고 있죠.

정보의 차원으로 조명해 봐요. 그 공간을 추상화시킨 그래프가 있고, 그래프의 토폴로지 Topology(연결)가 있고. 각각의 점Point, 즉 노드로 데이터 구조를 구축하는 것이죠. 그 구조를 통해 어떤 시간에, 어떤 에이전트가 다녀갔고, 그 전에 머물던 공간은 어디이며, 어디로 가는지 그 히스토리를 각각의 점Geometry과 색Color 정보 그리고 디자인에 필요한 데이터를 기록하는 것이죠.

많은 예가 있지만 하나만 더 들어볼까요? 다음의 그림을 보면 하나의 면Surface이 존재하고 그 면을 분석했을 때 뽑아낼 수 있는 각각의 데이터들을 시각화시킨 내용이에요.

정보의 측면에서 디자이너가 위의 면을 조작한다고 봤을 때, 면의 기울기가 달라질 것이고, 그에 따라 곡률Curvature이 변형 되겠죠. 만약 Fabrication을 특정 재료로 해야 한다는 평가기준이 적용 됐을 때, 디자이너가 가하는 면에 대한 변형과 그에 따른 결과물들이 데이터로 포착되고 평가되어, 하나의 조작을 할 때마다 그 행위가 어떤 영향이 있는지 알 수 있고, 특정 목표를 달성하기 위해 어떤 조작들이 추천 되는지도 알 수 있겠죠. 이러한 피드백은 지오메트리 데이터, 즉 정보와 디자인 행위가 서로 연관성이 정의됐을 때 그 프로세스가 디자인에서 의미있게 사용될 수 있다는 것이죠.

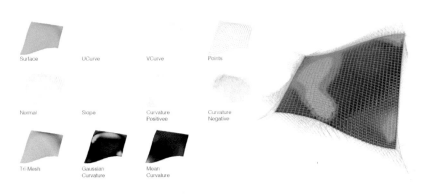

Surface data, NSurface Class for geometry analysis, NJSTUDIO

디자인 데이터와 가공 프로세스

화면에 어떤 도형을 만들고 색을 입히는 행위만 놓고 보면, 디자인 프로세스^{Design Process} 측면과 결정 프로세스^{Decision-Making process} 관점에서 유의미한 방법론으로 간주되기가 어렵다고 생각해요. 어떤 내용이 있어야 하고 내용을 해석하고 평가할 논리가 있어야 하는 것이죠.

물론 형태와 색 자체가 제한적 정보를 다룰 수 있긴 하지만 디자인에서 오는 다양한 이슈와 창의적인 문제해결 방법, 복잡도를 다루어 내는 인간의 직관적 사유 능력을 고려해 본다면, 그 내용들과 관계성을 색으로 표상^{Representation}하고 다뤄내는 것에 한계는 없다고 생각해요.

다시 말해 사람이라는 물리적 형태(색)가 있다면, 그 정신과도 같은 내용(정보)이 있어야 한다는 것이죠. 즉, 그 형태^{Shape}와 정보^{Information}는 논리적인 상관관계를 가질 수 있고 그 관계성을 정의하고 수정하는 정보의 인관관계를 모델링하는 것이죠. 마치 드라마에서 소소한 스토리들이 만들어지고 에피소드로 확장이 되어 드라마의 색채가 만들어 지는 것처럼 주어진 디자인 이슈를 다루는 스토리라인, 혹은 인과관계의 가설^{Hypothesis}을 구축하며 유의미한 디자인 프로세스로 다듬어 나가는 것이죠. 그 과정에서 디자인 데이터를 발굴, 정의, 연결, 발전시켜 평가를 할 수 있는 논리적 생태계, 혹은 시스템의 요소로서 색 정보가 주요하게 여겨질 수 있다는 것이에요.

13.6 알고리즘 Algorithm

'알고리즘'은 무엇일까요? 일상에서도 알고리즘이란 단어를 많이 사용하고 있죠. 가령 '알고리즘의 선택을 받아야 한다.', '알고리즘이 이상하다. 고장 났다.', 혹은 뉴스 프로그램에서도 알고리즘이라는 단어를 많이 사용하고 있죠. 알고리즘은 일반적으로 어떤 문제를 풀기 위한 일련의 명시적 '순서도'라고 볼 수 있어요.

프로그램에서 알고리즘은 항상 어떤 행위가 있고 그 행위에 따른 결과를 반환해 주죠. 예를 들면 더하기(A + B) 곱하기(A X B)와 같은 사칙연산, 혹은 Sin, Cos과 같은 삼각함수도 알고리즘을 작성할 때 요소요소로 활용될 수 있지만, 이 자체로서 알고리즘으로 간주되기에 전혀 무리가 없어요. 왜냐하면 그 안을 뜯어서 들어가 보면 순서와 논리가 그 각각의 연산을 통해 삼각함수를 구성하기 때문이죠. 좀 더 일반적인 예로는, 평균을 구하는 알고리즘을 작성한다고 가정해 보면, 입력된 과목들을 전부 더하여 그 과목의 개수로 나누는 것이죠. 이것이 알고리즘의 전부예요.

어렵지 않죠? 알고리즘을 좀 더 의미있게 개선해 볼까요?

가령 위의 알고리즘으로 평균을 구한 후 입력된 각각의 과목이 평균에 웃돌지 못한 제일 멀리 떨어진 과목들부터 순차적으로, 각 과목에 대해서 필요한 학습 자료들을 순서대로 추천해 주는 알고리즘을 짜 본다면 어떨까요? '어떤 계산을 먼저 해야 하고', '어떤 판단 기준으로 해야 할까요?', '더 좋은 방법은 없을까요?', '과목의 점수 말고, 틀린 문제를 기준으로 추천을 해줘 볼까요?' 등 이러한 요소들을 생각하고, 개선하고, 기술하고, 구현하고, 평가하는 행위들을 '알고리즘을 작성한다.'라고 볼 수 있어요.

디자인 프로세스 지침서 & 코딩의 순서도 / Instruction & Statement

디자인의 관점에서 보면 디자인 순서와 평가를 위한 조합과 루틴을 정의해야 해요. 그 행위를 디자인에서는 프로세스, 혹은 방법론으로 볼 수 있고, 프로그래밍 관점에서는 알고리즘을 작성한다고 볼 수 있어요. 형태Shape, 색Color, 디자인 정보Data와 같이 중요 데이터를 생성, 조합, 조정하는 단계들을 기술하는 것이죠. 디자인 절차^{Procedure}, 혹은 발달^{Development} 되는 과정, 순서를 기술하는 것이죠. 즉, 여러분들이 가지고 있는 디자인 프로세스를 컴퓨터의 언어로, 연산 가능한 형태로, 하나의 지침서^{Instruction}를 만드는 것이라 볼 수 있어요.

분해: 문제 나누기 / Break down a problem into small parts

이와 같이 그 순서도를 작성할 때 매우 중요한 관점은 어떻게 문제를 분해^{Decomposition}할 것인가로 시작될 수 있어요. 컴퓨터 공학에서 가장 기초적인 사고는, 'Break down a problem into small parts' 즉, 하나의 문제, 디자인도 하나의 문제죠. 이 문제를 어떻게 작은 파트로 나눌 수 있을까? 의미있는 덩어리로 나눌까?에 대한 이야기죠. 이 개개별의 작업들을 컴퓨터가 알아들을 수 있는 지침서^{Instruction}로 만드는 것이죠.

문제를 나누기 위해서는 문제를 단순화시키고 추상화시키는 과정을 거칠 수 있어요. 역할과 목적을 고민해 보고, 입력 값과 출력 값으로 그 흐름을 나누어 생각할 수도 있죠. 데이터의 흐름에 따라 나눌 수도 있고요. 디자인의 발달 과정 특성에 따라 나누어 접근할 수도 있겠죠.

어쩌면 여러분들이 익숙한 디자인 소프트웨어 명령 체계를 바탕으로 나눌 수도 있을 거예요. 가령 오브젝트를 선택을 하는 문제, 무언가를 만드는 문제, 혹은 만들어진 오브젝트를 관리하거나 평가하는 문제 등으로 나누어서 알고리즘들을 만들어 나가는 것이죠. 또는 앞서 구축된 알고리즘들의 조합하는 알고리즘도 구현할 수 있겠죠. 좀 더 자세한 내용은 뒤의 [CHAPTER 5 컴퓨테이셔널 사고]에서 자세히 다뤄보기로 해요.

알고리즘 작성은 명령 순서도 작성으로 볼 수 있다고 했는데, 일반적으로 여러분들이 사용하는 디자인 소프트웨어 단에서 제공되는 '명령어'의 순서도를 디자인 프로세스를 위해 기술하게 되는 것이죠. 즉, 일반 사용자에게 열린 API(혹은 SDK$^{Software Development Toolkit}$)를 통해서 사용하고 있는 소프트웨어의 명령체계와 데이터에 접근할 수 있는 거예요. 그럼 API에 대해서 좀 더 자세히 알아볼까요?

13.7 애플리케이션 프로그래밍 인터페이스, API

API 란

API[Application Programming Interface]는 애션플리케이션 프로그래밍 인터페이스의 약자로서 소프트웨어와 사용자를 연결해 주는 다리[Interface]로 볼 수 있어요. 거의 모든 디자인 소프트웨어는 API형식으로, 사용자들이 소프트웨어에서 제공되는 명령어를 제어할 수 있는 인터페이스, 환경을 제공해 주고 있어요.

가령 우리가 Photoshop을 개발하는 내부 개발자라고 가정을 해봐요. Photoshop에 요구되는 여러 기능들이 있겠죠. 각각의 기능을 구현하고 그 기능들과 화면의 아이콘을 연결하여 사용자가 명령어 아이콘을 클릭할 때 각각의 명령들을 수행할 수 있게 구현을 하겠죠. 눈에 보이는 아이콘을 클릭했을 때 하나의 명령어가 수행되는 것처럼 보일 수도 있지만, 여러 개의 명령어의 조합으로 하나의 명령이 수행되는 경우도 있어요.

이처럼, 개발자가 다양한 명령어 부스러기들을 만들고 조합하면서, Photoshop 기능의 완성도를 높이면서 그 프로덕트를 개발해 나가는 것이죠. 그 과정에서 몇몇의 알고리즘들은 외부 사용자들도 접근하여 사용할 수 있게 기능을 열어 놓아 API 형태로 사용자에게 제공되는 것이죠.

동시에 외부 개발자, 혹은 사용자들이 Photoshop 플러그인을 만들려고 할 때, 혹은 파워유저들이 스크립트[Script]를 통하여 Photoshop의 명령을 제어하고 싶을 때, 이런 상황에 대비하여 개발자는 인터페이스를 만들고 이를 설명하는 문서와 함께 외부 사용자에게 배포하는 것이죠. 왜냐하면 내부 개발자를 제외하고 외부사람들은 Photoshop이 어떻게 작동되는지 알 수가 없어요. 보안의 문제도 있고 외부에 노출되면 안되는 데이터들도 있기 때문에 접근을 허락하지 않죠.

따라서 어떤 명령어가 무엇을 하고, 그 명령어가 꼭 입력받아야 하는 데이터는 무엇인지, 혹은 소프트웨어에서 제공되는 데이터는 어떻게 가져오는지에 대한 설명을 API와 문서[Document]

형태로 사용자에게 제공되는 것이죠. API를 통하면, 외부 개발자도, 다양한 내부 알고리즘과 명령어를 간단히 실행시킬 수 있게 되는 것이에요. 왜냐하면 Photoshop의 개발자가 내부 명령어들을 외부에서 접근할 수 있게, 적정 수준에서 인터페이스를 만들어 노출시켰기 때문이죠. 사용법 또한 문서로 만들어서 제공되어, 외부 사용자들도, API와 그에 따른 설명서를 이용해서 소프트웨어를 제어할 수 있게 되는 것이에요.

API 학습 방법

일반적으로 소프트웨어의 아이콘을 클릭해 나가며 디자인을 해 나가죠. 아이콘으로 실행할 수 있는 대부분의 명령어는 API로 접근이 가능하다고 볼 수 있어요. 가령 Photoshop에서 특정 영역의 색을 바꾼다고 가정했을 때 (1) 이미지의 영역을 선택하고 (2) 색을 바꾸는 것이죠. 이처럼 2개의 다른 API를 이용하면 동일한 명령을 이행할 수 있게 되는 것이죠. 만약 마우스로 영역을 클릭 드래그하였다면, API에서는 숫자로 그 입력을 대신해야겠죠.

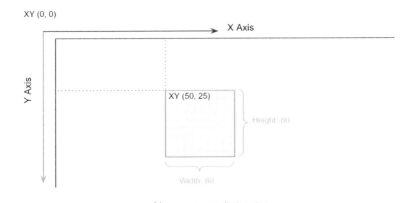

A box on screen coordinate system

위의 그림을 보면 X = 50, Y = 25, Width = 80, Heigh t= 80과 같이 X는 위치 50, Y는 위치 25로부터 시작하는 80의 사이즈를 가지는 직사각형 영역이 선택되어 반환 값으로 나올 것이며 그 반환 값을, 색을 수정하는 함수 입력 값으로 사용하여 동일한 결과를 만들 수 있게 되는 것이죠.

따라서 디자이너들이 이미 익숙한 도구의 API를 학습하는 것이 유리하며, 가장 먼저 해야 할 것은 기존에 내가 주로 사용하던 루틴^{Routine}들을 코드화시켜보는 것이죠. 그 과정에서 API학습이 굉장히 재미있게 다가올 거예요.

API 활용 장점

이렇게 명시적으로 디자인을 할 때 좋은 점은 어떤 형식으로 다음 수정을 가할지 좀 더 명백해지고, 그 값들에 따라서 어떤 아웃풋들이 나오는지 직관적으로 생각하며 디자인할 수 있고, 그 입력 값을 기록하고 모듈화하여 좀 더 체계적인 디자인 프로세스를 구축해 나갈 수 있다는 것이에요.

한 가지 더 중요한 사실은 2D, 3D 소프트웨어를 뜯어보거나, 혹은 만들어 본 경험이 있다면 디자인 소프트웨어를 만들 때 필요한 컴퓨터 공학이론뿐 아니라 수학 이론들이 매우 광범위하고 필수적이다는 것을 금방 아실 거예요. 다시 말해 코딩으로 디자인을 하기 위해 다양한 범위의 이론을 이해하고 구현해야 한다는 말이 되는 것이죠. 시작부터 높은 진입장벽을 느끼실 거예요. 하지만 API를 활용하게 되면 아주 쉽게 그 벽을 넘어갈 수 있어요.

왜냐하면 이미 소프트웨어 단에서 그 복잡한 수학적 문제들을 전문가들이 굉장히 효율적인 방식으로 구현해 놓았고, 사용자 입장에서는 그 함수를 API를 통해 호출하는 것만으로도 완성도 있는 기능들을 사용할 수 있기 때문이죠. 복잡한 기하학^{Geometry}과, 선형대수학, 색 계산^{Color} ^{Computation}, 렌더링^{Rendering}과 같은 시각화^{Visualization} 기법 등 많은 부분을 걱정할 필요없이, 여러분들의 디자인 방법론 구현에 더 집중할 수 있다라는 것이죠.

요약하면

대부분의 소프트웨어는, 코딩으로 제어할 수 있는 명령어들을 패키지 형태로 제공하는데, 이것을 API$^{Application\ Programming\ Interface}$라고 해요. 디자이너들이 아이콘을 클릭 클릭하며 디자인해 나가 듯, API의 명령어들을 나열하고 반복하며, 마우스로 명령어를 클릭하는 것 대신, 컴퓨터의 언어로 기술을 하는 것이죠.

따라서 내가 익숙한 소프트웨어가 있다면 그 API를 학습하는 것은 굉장히 유리해요. 왜냐하면 우리는 이미 그 소프트웨어에 익숙하고 잘 알기 때문이죠. 어떤 명령어, 아이콘이 무엇을 하고, 다른 명령어들과 어떻게 사용될지 이미 사용을 많이 해봤기 때문에 좀 더 빠르고 재미있게 학습할 수 있다는 것이죠.

동시에 기하학이나 복잡한 계산들은 소프트웨어 단에서 제공되는 기능들을 사용함으로써, 필요에 따라 아주 손쉽게 주요 방정식을 이용하며 여러분의 디자인 프로세스를 유연하고 강력하게 API를 통해서 구현할 수 있다라고 볼 수 있어요.

다음의 QR 코드 [**QnA 64. API가 뭐지? 코딩을 공부하는 디자이너들에게 왜 중요하지?**], 필자가 API 관련 질문에 대해 답한 내용인데요. 디자이너가 API를 이해함에 있어서 도움이 될 만한 추가 자료와 생각거리로 여러분들과 공유 하도록 할게요. 내용은 수학적 개념과 Rhino Python API 예, SketchUp Ruby API 예, Unity C# API 예, Maya의 API 예, Revit Dynamo의 예, 3ds max의 예, Web, HTML Canvas의 예, CSS의 예, THREE의 예, Illustrator 예 등이 있어요.

13.8 프로그래밍 Programming

알고리즘을 의미있는 논리 덩어리로 본다면, 그 논리 덩어리들을 어떻게 씨줄과 날줄로 엮을지에 대한 방향성을 디자인하고 구현하는 것을 프로그래밍으로 볼 수 있어요. 즉, 논리의 모듈과 그 모듈들을 컨트롤하는 조건, 흐름, 논리체계 등을 디자인하는 것을 프로그래밍이라 할 수 있죠.

사실 의미를 나누는 것이 무의미할 수 있어요. 코딩과 프로그래밍이 비슷한 의미로 섞여 쓰이는 것처럼, 알고리즘을 작성하는 것과 프로그래밍을 짜는 것은 큰 의미로 같은 이야기로 볼 수 있다는 것이죠. 하지만 처음 시작하는 디자이너에게 강조점을 두어 그 개념을 전달하는 차원으로 이해하면 좋을 것 같아요.

Programming = Data structure + Algorithm

위의 공식처럼 프로그래밍을 좀 더 포괄적인 개념으로 나누어 보도록 해요. 결국 컴퓨터는 계산기고, 그 계산기를 통해서 어떤 계산을 할 것이냐는 것이죠. 물론 계산의 대상은 숫자, 즉 데이터로 볼 수 있고, 이 데이터들은 컴퓨터 메모리안에 특정 형식으로 저장이 되요. 다시 말해 데이터를 보관할 장소를 선언, 저장, 수정이 프로그래밍의 핵심이 되는 것이에요.

이러한 데이터 저장소를 구축할 때, 더 작은 단위로 데이터의 형식^{Type}이 있어요. 문자형, 실수형, 정수형 등 그 데이터 타입에 따른 메모리 구조가 있고, 그 데이터들을 디자인 이슈에 맞게 조합하고, 체계적으로 지속 가능하게 구축하여, 효율적으로 정보를 가져오고 업데이트할 수 있는 환경을 일반적으로 데이터 구조(자료 구조$^{Data\ structure}$)라 이해할 수 있어요. 더 자세한 내용은 **[21 코딩: 공간 정보 & 파이프라인]** 장에서 알아 봐요.

알고리즘은 앞서 살펴봤듯이 문제를 이해하고 기술하여, 계산학적으로 해결하는 '지침서'라고 이야기를 드렸죠. 좀 더 엄밀한 관점으로 이야기하면 디자인을 위한 주어진 계산식과 루틴에 따라, 요구되는 데이터 구조$^{Data\ Structure}$를 구현, 접근을 통해서 데이터를 지속적으로 가공하고 다시 업데이트하는 것이 알고리즘이라고 볼 수 있어요. 즉, 데이터 구조를 접근하는 방법, 데이터 구조를 필요에 따라 수정하고, 재구성하는 것 알고리즘의 역할과 내용이라는 것이죠.

따라서 프로그래밍을 다시 한 번 생각해 보면, 데이터 구조를 선언하고, 알고리즘을 기술하여 특정 문제의 해결하는 방법을 설명하는 것이 프로그램이다 볼 수 있어요.

한 번 생각을 해보면 디자인과 굉장히 흡사하지 않나요? 디자인 프로세스를 견인할 대 주제^{Concept}, 즉 목표가 존재하고 그 이슈에 따른 데이터 구조에 해당되는 정보 덩어리가 있을 수 있죠. 가령 형태가 되었던, 색이 되었던, 메타정보가 되었던, 어떤 규칙, 혹은 계획이던, 이런 데이터들은 디자인 전반의 프로세스 안에서 지속적으로 가공되고 발달될 것이죠.

이렇게 손에 잡힐 수 있는 형이하학적 디자인 데이터들을 의미있게 가공하고, 평가하고, 결정을 내리는 형이상학적 관념과, 직관의 구현을 수 체계를 활용하여 기술하는 것을 알고리즘으로 본다면 디자인 프로세스의 기술을 프로그래밍으로 볼 수 있다는 생각인 것이죠.

Computational Design = Design data + Design process(Methodology)

디자이너가 프로그래밍을 바라볼 때, 스스로가 가지고 있는 디자인 사유 방식, 방법론, 전략 들을 명시적으로 나누고 조합하여 컴퓨터가 이해할 수 있는 언어(프로그래밍 언어)와 논리체계(수학)로 번역하는 것으로 볼 수 있어요. 초기 조건부터 시작하여 결과물까지의 데이터의 흐름, 가공, 평가의 논리체계로 구현하여 디자인을 생성해 내는 하나의 시스템을 정의는 것이 컴퓨테이셔널 디자인이다라고 말할 수 있는 것이죠.

문제를 어렵게 보면 한없이 어려울 수 있어요. 어려운 문제일수록 간단하고 직관적으로 바라보고 풀어가다 보면, 아무리 복잡한 문제도 몇몇의 간단함으로 충분히 기술이 가능하다고 생각해요. 디자이너로서 프로그래밍을 어렵게 생각하지 말고, 나의 디자인 전략을 기술Description 하는 설명서, 혹은 행동 지침서를 만든다고 생각하고 시작하기를 권해요.

! 비트맵 vs 벡터 그래픽스 그리고 데이터

그래픽에서의 비트맵^{Bitmap}과 벡터^{Vector}

기초적인 내용이지만 그래도 모를 수 있는 디자이너들을 위해서 정리를 해봐요. Photoshop 에서 다루는 이미지와 같은 형식을 비트맵^{Bitmap}이라 하고, Illustrator, 혹은 3D 그래픽에서의 지오메트리는 일반적으로 벡터^{Vector} 그래픽이라고 하죠. 비트맵의 특성은 확대를 하면 아래의 이미지처럼 픽셀화^{Pixelated} 된다는 것이죠. 하지만 벡터 그래픽의 경우 아무리 확대를 해도 비트 맵 그래픽처럼 깨지지 않죠.

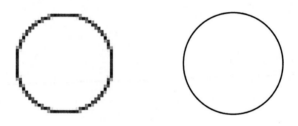

Bitmap (Left) & Vector (Right) , NJSTUDIO

데이터 구조^{Data Structure}로서의 비트맵^{Bitmap}과 벡터^{Vector}

앞서 GIS 데이터에서 살펴봤듯이 이미지는 래스터^{Raster} 데이터 구조를 띄고 있어요. 엑셀 표 와 같이 행과 열이 존재하고 각각의 픽셀로 정보를 담는 것이죠. 따라서 해상도에 따라 원의 정보가 위의 예처럼 픽셀레이트^{Pixelated}가 될 수 있어요. 주변부의 픽셀들과의 관계성도 계산할 수 있고 벡터 그래픽과 같은 보간^{Interpolation}은 필요 없이 그냥 그 픽셀들을 화면에 그대로 뿌려 주면 되는 것이에요.

반면에 벡터 데이터의 경우 비트맵 구조와 같이 픽셀의 정보로 저장하기보다, 중심점의 위치 와 반지름 데이터로 동일한 원을 정의할 수 있게 되는 것이죠. 가령 위의 원의 경우 x축 500, y축 50, 반지름 50 값으로 기술이 될 수 있어요. 또한 이러한 Vector 그래픽의 특징은 라 인, 혹은 폴리라인, 커브 등을 기술할 때 앞서 살펴본 것처럼 정점^{Vertex}들을 어떻게 보간^{Interpolation}

하느냐에 따라서 필요한 계산들이 발생된다는 거예요. 즉, 비트맵 그래픽과는 다르게 2차
적으로 보간을 위한 계산을 해서 화면에 그리는 스텝이 뒤에 숨어 있다고 이해하면 좋아요.

```
[
    [ 0, 0, 0, 1, 0, 0, 0],
    [ 0, 0, 1, 0, 1, 0, 0],
    [ 0, 1, 0, 0, 0, 1, 0],
    [ 1, 0, 0, 0, 0, 0, 1],
    [ 0, 1, 0, 0, 0, 1, 0],
    [ 0, 0, 1, 0, 1, 0, 0],
    [ 0, 0, 0, 1, 0, 0, 0],
]
```

```
[                       [
    [100, 50, 0],           pos: [100, 50, 0],
    [50]                    radius: 50
]                       ]
```

Bitmap data (Left) & Vector data (Right) , NJSTUDIO

위의 그림의 왼쪽은 2차원의 매트릭스^{Matrix}를 구성하여 각각의 셀(픽셀^{Pixel})에 정보를 넣어준
거예요. 0의 경우 화면에 아무것도 그리지 않는 것이고, 1의 경우 검은색을 채움으로서 비트
맵 데이터를 해석하여 화면에 그릴 수 있는 것이죠.

위의 오른쪽 그림은 매트릭스의 데이터 구조와 오브젝트의 구조로 예를 들어 봤어요. 100,
50, 0은 각각 XYZ 지점에 대응하는 위치 데이터로써 중심점을 뜻하고, 50은 원의 반지름
데이터인 것이죠. 아무리 확대를 해도 위의 데이터와 그 데이터를 해석할 함수만 있다면 언
제든지 원을 재구성할 수 있죠.

이러한 그래픽 특성과 데이터 구조를 반복적으로 설명하는 이유는 디자인에서 가장 주요한
데이터들이고, 데이터의 특성에 따라 가능한 것과 가능하지 않는 방법론들이 있기 때문이에
요. 이러한 특징의 이해와 그에 따른 데이터를 다루는 전략이 코딩 이전에 알아야 하는 개념
들이에요. 이 책은 입문서인 만큼 여러분들이 학습한 내용들을 기초하여 좀 더 깊게 공부하
길 권하고, '따라하며 입문하는 컴퓨테이셔널 디자인', '디자인 & 데이터' 시리즈들을 통해서
추후 더 자세한 학습을 함께 하도록 해요.

14 프로그래밍 패러다임 & 디자인을 위한 코딩

앞서 이야기한 논리구조들은 무엇을 위해 작동할까요? 어떤 무게중심을 두고 그 논리 구조가 디자인 되었을까요? 코딩으로 디자인한다라는 의미로는 같게 볼 수 있지만 그 강조점에 따라 분명 다르게 해석되고, 코드의 발전 가능 범주도 다를 수 있어요. 가령 파라메트릭 하게 접근해볼까? 제너레이티브한 방식으로 해볼까? 등 그 키워드들이 주는 무게 중심과 접근 방법에 따라, 비록 흡사한 논리구조로 코딩되었다 하여도, 전혀 다른 방식으로 해석되고 발달될 수 있다는 이야기예요.

디자인에서 쓰이는 코딩 방식들을 나누기에 앞서, 컴퓨터 공학에서 프로그래밍이 어떻게 큰 틀로 나뉘고 정의되는지 개념을 잡고 넘어가도록 해봐요. 왜냐하면 앞서 말한 파라메트릭, 제너레이티브 디자인 등, 디자인을 위한 코딩에 사용되는 용어들은 사실 프로그래밍 패러다임에 기인하고 있기 때문이죠.

14.1 프로그래밍 패러다임 Programming Paradigms

'프로그래밍의 패러다임'을 왜 알아야 할까요? 앞서 알아본 컴퓨테이셔널 사고는 인간의 의식상에서 일어나는 생각의 흐름으로 볼 수 있죠. 즉, 사유의 틀, 구조, 가이드라고 본다면 그 논리의 흐름을 글로 기술해야겠죠.

가령 국어라는 언어는 하나이지만 이 언어로 연구 논문을 쓸 때, 이력서를 쓸 때, 친구들과 메시지를 보낼 때, 혹은 법률 관련 서류를 작성할 때, 각각의 암묵적인 틀이 존재를 하고, 그 형식에 맞춰서 논리를 기술해야겠죠. 이처럼 프로그래밍의 패러다임도 Python, JAVA, C# 과 같은 언어를 넘어서 하나의 명시적 구현 방법론, 혹은 소프트웨어 엔지니어링의 논리적 접근법들로 이해할 수 있어요.

또한 여러 패러다임들을 혼합적으로 사용하여 문제를 해결할 수도 있어요. 즉, 각각의 패러다임들이 특화된 논리구조를 풀고자 하는 영역에서 필요에 따라 공존하며 최적화를 시켜 적용

된다는 이야기예요. 예를 들면 전체적으로는 친구에게 쓰는 편지지만 용도에 따라 법률 관련 형식을 빌려 그 정보를 체계적으로 기술, 전달할 수 있다는 이야기죠.

프로그래밍의 패러다임은 알고리즘을 구현하고, 조합하는 개념에 대한 논리 체계, 혹은 철학으로 볼 수 있어요. 절차적 프로그램은 위에서 아래로 순차적으로 실행이 되며, 중간 중간에 함수를 호출하거나, 오브젝트들을 만들 수도 있죠. 이처럼 패러다임은 프로그래밍을 할 때 위와 같이 가이드라인의 역할을 한다고도 볼 수 있어요. 결과적으로 동일한 결과물을 만들어 낼 때도 절차적으로, 함수형으로, 혹은 오브젝트 중심의 논리 체계로 그 같은 결과물을 만들 수 있죠.

일반적으로 프로그래밍의 패러다임은 아래와 같이 명령형, 선언형으로 나누어 볼 수 있고, 명령형에는 객체지향과 절차지향 패러다임이 존재하고, 선언형은 함수형 패러다임으로 분류될 수 있어요.

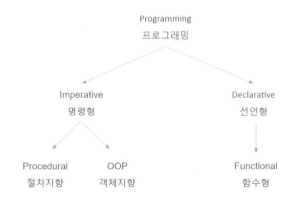

프로그래밍 패러다임 / Programming paradigm

명령형 vs 선언형

명령형 프로그래밍의 경우, 쉽게 보면 컴퓨터가 수행해야 하는 명령어들을 순서대로 써 놓음으로써 프로그래밍의 상태를 업데이트하며 실행하는 체계로 볼 수 있어요. 즉, 어떻게^{How}에 답을 하는 사고 체계로서, 알고리즘 명시가 중요한 패러다임이죠. 선언형의 경우, 해야 할 것들을 선언함으로써 프로그래밍을 해 나가는 것이죠. 즉, 무엇을^{What}에 답을 하는 것으로 목표의 명시가 중요한 패러다임이에요.

쇼핑의 예를 들면 명령형의 경우 '버스를 타고 NJ 마트에서 내린다. 오른쪽으로 50미터 가면 문을 통해 좌측에 위치한 카트를 끌고 들어간다. 10미터 앞에 과일 섹션에서 바나나 한개를 카트에 담는다. 오른쪽으로 15미터 이동 후 우유를 카트에 담는다……'로 '어떻게, How'를 이야기할 수 있어요. 반면에 선언형의 경우에는, '바나나를 산다. 우유를 산다.'로 '무엇, What'을 선언하는 것으로 요약될 수 있어요.

이 두 개의 경우가 비슷해 보일 수 있으나, 코드 레벨에서는 특정 업무를 기술하고 실행할 때 전혀 다른 생각체계로 코딩에 임해야 해요. 또한 앞서 설명했듯이 각각의 패러다임에는 장단점이 존재하고, 주어진 문제를 합리적으로 기술하고 효과적으로 해결할 수 있는 패러다임을 하나 선택하거나 선택적으로 융합하여 프로그래밍을 해 나갈 수도 있어요.

절차지향 프로그래밍 / Procedural programming

기계어$^{Low\ level}$로 컴퓨터 프로그래밍을 하던 때부터 꾸준히 발전해온 전통적 방식으로써 거의 대부분의 프로그래밍 언어에서 지원해 주는 패러다임이예요. 앞서 살펴본 명령형의 예처럼 순서에 의해 주어진 루틴들을 호출하며 실행되는 구조적 프로그래밍으로 볼 수 있어요.

우리가 컴퓨테이셔널 사고에서 알아봤듯이 주어진 이슈를 분해하고, 패턴을 파악하고 루틴을 만드는 것이 핵심이라고 알아봤죠. 그것의 이행단계에서 분해되고 패턴화된 내용의 절차를 함수화, 모듈화하여 정해진 루틴을 실행하는 개념으로써, 직관적이고 유지보수도 비교적 쉽다고 볼 수 있어요.

객체지향 프로그래밍 / Object-oriented programming

OOP$^{Object\ Oriented\ Programming}$ 패러다임은 앞서 살펴본 절차지향 프로그래밍과 다른 방식의 형태로 모둘화를 지원해 주죠. 프로시저^{Procedural}의 구조적 흐름을 지향하는 방식이 아닌, 객체^{Object}를 통해 이를 구현하는 방법으로 볼 수 있어요. OOP는 주어진 문제에 따라 더 복잡하고 난해한 계산들을 보다 직관적이고 효율적으로 프로그래밍할 수 있는 여러 가지 패턴과 프로그래밍 구조를 제공, 지원하고 있어요. 특별히 디자인 시스템을 구축하고 복잡한 상호의존 및 최적화를 디자인하는 경우, 복잡도를 다루어 내는 방법이 절차지향보다 더 인간의 사고하는 방식과 가깝고 수월하게 디자인 이슈들을 기술하기 적합하다고 말할 수 있어요.

객체^{Object}, 클래스^{Class}, 인스턴스^{Instance}, 캡슐화^{Encapsulation}, 추상화^{Abstraction}, 상속^{Inheritance}, 다형성^{Polymorphism}들의 개념을 활용하며 문제를 기술하는 것이죠. 절차지향에 익숙해져 있다면 위의 키워드가 진입장벽처럼 느껴질 수 있어요. 그러나 애플리케이션의 파이프라인을 기술하거나 파라메트릭 디자인 체계, 에이전트 베이스 디자인 시스템과 같이 특정 복잡도를 넘어가는 프로그래밍을 할 때, 그 복잡도를 직관적으로 구성하고 조작하는 것에 최적화된 패러다임이라고 생각해요.

대부분의 모던 프로그래밍 언어들$^{Modern Programming Languages}$을 보면, 가령 파이썬 자바, 혹은 C#의 경우 주요 데이터들이 클래스^{Class}로 만들어져 있다고 볼 수 있어요. 예를 들면 문자열^{String} 하나를 만들더라도 문자 클래스에서 인스턴스^{Instance}로 만들어지는 것이죠. 그리고 많은 라이브러리^{Library}도 Class 형태로 제공되는 경우가 많아요. Rhino3d, Maya, 3ds max API를 봐도 Class 형태로 지원되는 경우를 쉽게 찾아볼 수 있어요. 즉, 데이터와 그에 맞는 알고리즘을 효율적으로 정리하고, 패키지하여 제공할 수 있다는 장점이 있기 때문이라고 생각해요.

함수형 패러다임 / Functional programming

명령형 '어떻게, How'와 같지 않게, '무엇, What'에 더 집중하는 패러다임으로 볼 수 있어요. 쉽게 설명하면 같은 입력 값에 항상 같은 값을 반환하는 안전한 순수 함수$^{Pure Function}$로 작은 단위의 무엇을 해야 하는지를 명시하는 것이죠. 데이터를 직접 수정하지 않기 때문에 그에 따른 부작용$^{Side Effect}$이 없다는 것을 특징으로 볼 수 있어요. 객체지향보다 간결하고 가독성이 높아 복잡한 애플리케이션을 비교적 직관적으로 기술할 수 있어요.

그 밖의 프로그래밍 패러다임

반응형, 개념 지향, 탈객체, 제한형 등의 프로그래밍 패러다임 존재하고, 앞으로도 새로운 패러다임이 계속 나타나겠죠. 요구가 다양해지고 기술이 발전되면서 기존 패러다임의 한계가 드러나고 개선되며, 그 단점을 극복하는 새로운 패러다임들이 계속 등장, 수용, 소멸을 반복할 거예요.

중요한 것은 같은 결과물인데 왜 굳이 여러 패러다임이 존재해서 더 복잡하게 만들까요? 왜냐하면 이러한 생각의 방식과 논리를 학습하고 체화시키면서 사고 체계를 확장할 수 있을 뿐 아니라, 디자인 프로세스에도 적용하여 컴퓨테이셔널 도구와 사고를 제한적으로 사용하는 것이 아닌, 전체를 충분히 이해하고 효과적으로 활용할 수 있게 되기 때문이죠.

컴퓨테이셔널 사고로 문제를 인식하고 그 문제의 해결책을 코딩이라는 도구로 기술함에 있어, 이러한 패더라임은 가이드라인으로서 길잡이가 되어 줄 수 있죠. 이러한 프로그래밍의 패러다임이 왜 출현했으며 어떤 특징이 있는지 이해함으로써 해결하고자 하는 디자인 이슈를 잘 설명할 수 있는 방법론 구축의 기초로 삼거나, 혹은 다양한 패러다임을 혼합하여 문제를 코딩할 수 있게 되는 것이죠. 그렇다면 디자인에서는 이러한 패러다임을 어떤 형식으로 활용되고 있는지 간단히 알아볼까요?

14.2 절차지향 & 룰 베이스 디자인 Procedural Design & Rule-based Design

프로시듀얼(절차) 디자인Procedural Design은 앞서 살펴본 절차지향 프로그래밍 패러다임과 같은 과정으로 해석될 수 있어요. 즉, 어떤 절차를 가지고 있는 논리구조를 모듈화하고, 그 모듈들을 필요에 따라 호출함으로써 프로그램을 수행하는 것이죠.

가령 Procedural Mesh를 예로 들어 볼까요? 전체적으로 무엇을 해야 하는지 구조적으로 알고 있죠. 포인트 그리드로 형태를 만들고 그 그리드를 삼각형으로 매쉬들을 만들어 3차원 오브젝트를 구축하는 것이죠. 벡터를 만들 때 벡터의 위치를 옮겨 원하는 형태의 한 점 한 점을 만들 때, 만들어진 벡터로 순차적으로 삼각형을 만들 때, 각각의 절차들이 있고 이 절차들을 함수, 모듈화하여 필요에 따라 수행을 하는 것이죠. 어떤 관점에서는 Procedural Mesh 의 형식과 내용이 여러분들이 일반적으로 알고 있는 파라메트릭 그것과 매우 흡사하죠. 하지만 그 강조점은 절차에 있는 거예요.

룰 베이스 디자인 Rule-based Design의 경우도 같은 철학으로 설명될 수 있어요. 결국 특정 절차를 함수화 하고, 그 모듈들을 조건에 맞게 이행함으로써 디자인 이슈를 해결하는 디자인 방법론으로 이해될 수 있다는 것이죠. 가령 벽의 길이가 몇 이상일 경우 문을 만들어라, 햇볕이 특정 시간에 얼마 이상 노출될 경우 창문의 크기를 반으로 줄여라 등 디자인 단계에서 발생될 수 있는 결정의 요소들을 모듈화하는 것이죠. 그리고 절차를 정의할 때 그 모듈들을 적시적소에 호출함으로써 디자인을 해 나간다고 정리하면 좋을 것 같아요.

강조점은, 디자인 행위나 이슈를 의미있는 단위로 쪼개고, 그 내부 절차를 함수 단위로 묶고, 그 상위 개념의 절차의 흐름을 설계함으로써 디자인 이슈를 해결해 나가는 것에 방점이 있다고 정리할 수 있어요.

14.3 파라메트릭 디자인 Parametric Design

2006년 즈음부터 건축 디자이너들의 입에서 오르내리는 용어중 하나인, 파라메트릭 디자인이라는 영역을 이야기해 봐요. 가령 여러분들이 Photoshop, Illustrator, Cinema4D, Rhino 등 같은 그래픽 소프트웨어에서 마우스로 클릭을 하여 원을 하나 만든다고 가정해 봐요. 여러분들이 화면에 '원'을 그리는 순간 각각의 소프트웨어에서는 내부적으로 정해진 명령어들이 실행되고 그 결과는 화면에 시각화되겠죠.

여러분들이 화면을 통해 보는 '원'은 프로그램이 렌더링 걸어 화면에 뿌려준 것뿐이에요. 중요한 것은 내부적으로는 원을 정의하는 함수가 작동된 것이고 결과로써 원을 정의하는 데이터가 남게 되는 것이죠. 함수는 당연히 변수를 넣어줘야 하는 것이죠. 즉, 여러분들이 어떤 원을 그리던 동일한 함수가 작동되는 것이고 그 함수에 던져주는 변수, 즉 파라미터들을 바꿔서 입력할 수 있는 것이에요. 이 설명이 가장 핵심이 되는 기술적 개념설명이에요.

앞선 개념 설명에 살을 붙여 봐요. 디자이너의 직관에 의해 '원'을 공간에 그리는 것이 아니라 파라미터로 명시적으로 지정해 주는 것이죠. 가령 (1) X = 100, (2) Y = 100, (3) Radius = 15.25라고 정해 주는 거예요. 원이 하나 그려지겠죠. 이 원에는 3개의 파라미터가 존재한다는 의미는 3가지의 변형이 가능하다는 것을 의미하기도 해요. 이 3개의 파라미터가 제공해 주는 자유도, 가능성, 한계에 따라 모든 변형을 컴퓨팅 파워를 활용해서 매우 빠르게 피드백을 받으면 디자인 기술[Description]을 할 수 있게 되는 것이죠.

한걸음 더 나아가보죠. '원'의 3개의 매개변수[Parameter] 중에 원의 크기에 해당되는 3번째 파라미터를 다른 파라미터에 연결시켜 볼까요? 앞서 설명한 크리에이티브 코딩의 활용처럼 하나의 센서를 사용한다고 가정해 봐요. 그 센서는 사람이 다가왔을 때 그 거리 값을 결과 값으로 반환해 주고, 그 반환된 값을 '원'에 크기에 적용을 할 수 있겠죠. 혹은 그 반환된 거리 값에 거듭제곱[Power]을 적용해 보죠. 결과적으로 센서와 사람의 거리가 멀어질수록 그 거리의 제곱으로 원이 기하급수로 커지는 '관계성'이 '성립'된 것이죠.

 즉, 디자인 전략에 맞춰서 변형을 주고 싶은 형태 또는 색을 파라미터로 정의해 놓고, 그 파라미터들 간의 관계성을 디자인하는 것이 파라메트릭 디자인의 무게중심이라 볼 수 있어요. 좀 더 제세한 설명과 예시는 다음의 QR 코드 [**컴퓨테이셔널 디자인 02. 파라메트릭 디자인?**]을 참조 바래요.

재미있는 지점은, 사실 코딩으로 프로그래밍을 할 때 위의 방법과 동일한 방식으로 알고리즘을 디자인하고 코딩을 해요. 만약 코딩을 해봤다면 '파라메트릭 디자인이 뭐가 새롭지? 알고리즘을 작성하는 방식을 다르게 말하는 건가? 뭐가 다른 거지?'라는 생각을 할 수도 있어요. 앞서 설명한 것처럼 결국 핵심을 이해하면 그 위의 단에서 적용은 무게중심과 문제 해결하려는 방식, 전략, 의도라고 이해하면 좀 더 유연한 사고를 할 수 있어요.

따라서 '좀 더 파라메트릭하게 접근을 해보자!'라는 말은, 어떤 형태를 구성하는 주요한 파라미터들을 빼내서 파라미터간의 일차원적 관계성 뿐 아니라 좀 더 높은 차원에서의 파라미터들의 '관계[Relationship]', '의존[Dependency]', '연계[Connection]', '상호작용[Interaction]'을 통해 디자인 논리를 구축하여 문제를 기술하고 해결하는 행위, 혹은 방법으로 볼 수 있는 것이죠. 즉, '파라미터의 연관성과 차이와 반복을 통해 디자인해 나가려는 의도를 가지고 있구나!' 정도로 정리하면 된다는 것이죠.

파라메트릭 방법론이 대두가 되는 이유 중 하나는 [**3.5 디자인 방법론 때문에**] 섹션에서 설명했듯, 특정 디자인 이슈와 프로세스를 기술할 때, 전통적인 방식인 인간의 직관으로 특정 복잡도 이상의 문제(형태)를 이해하고 기술할 때, 많은 이질감, 불편함, 오류, 문제가 생기기도 해요. 따라서 파라메트릭하게 접근했을 때 그 복잡도를 충분히 설명 가능하고, 인간의 직관으로 조작 가능한 차원으로 가져올 수 있는 것이죠. 따라서 여러분들의 디자인 목적과 프로세스에 맞춰서 무게 중심과 접근 전략을 부분적, 혹은 전제적으로 적용하면 되는 것이죠.

용어가 주는 부담감 때문에 어렵게 시작할 수 있는데, 어렵지 않아요. 개념만 명확하게 이해하면 어떤 포장지로 감싸던 문제가 되지 않죠. 우측 QR 코드 [**QnA 30. 대학생의 질문, 대학교, 대학원, 파라메트릭 디자인 스튜디오 어떻게 접근할까?**]를 통해 더 자세히 알아봐요.

14.4 알고리즘믹 & 제너레이티브 디자인 Algorithmic & Generative Design

알고리즘믹 디자인의 다양한 정의를 볼 수 있어요. 다시 이야기하지만 강조점의 차이라고 볼 수 있는데요. 공통분모를 요약하면 어떤 수행을 목적으로 한 알고리즘들을 바탕으로 디자인을 한다고 볼 수 있죠. 따라서 환경이나 원리를 기술하고 그 알고리즘에 따라 '생성해 낸다.'라고 볼 수 있는 것이죠. 룰, 혹은 특정 행위Task를 기준으로 반복과 비교를 통해 우리가 직관할 수 없는 형태들을 만들어 낼 수도 있고, 실험적인 현상을 모델링하거나, 알고리즘에서 오는 확률, 우연, 무작위를 디자인에 좀 더 직접적으로 적용하고 강조하는 프로세스라고 볼 수 있어요.

제너레이티브 디자인도 앞서 설명한 파라메트릭 패러다임이 녹아 있고, 크리에이티브 코딩에서 이야기 나눈, 파라미터들의 인터랙션과, 프로시듀얼(절차지향) 디자인Procedural Design과 룰 베이스의 패러다임도 녹아 있는 것이죠. 강조점은 앞서 설명한 주어진 행위들을 반복하면서, 차이를 평가하면서, 개선해 나가는 반복적 프로세스$^{\text{Iterative process}}$가 강조된 접근법으로서, 알고리즘을 이용하여 제너레이티브한 디자인을 구현해 나가는 것이죠.

또한 파라메트릭 디자인처럼 주어진 원리^{Relationship}와 값^{Input}에 의한 결정론^{Deterministic}적 파생^{Driven}보다 우연^{Randomness}, 반복^{Iteration}을 통해서 결과물을 찾아나가는 발견하는 확률론적^{Stochastic}방법론으로 정리하면 될 것 같아요. 즉, 알고리즘익과 제너레이티브 프로세스는 파라메트릭 접근 방법의 대척점에 있는 접근법이라고도 볼 수 있어요.

뒷부분에 [CHAPTER 5 컴퓨테이셔널 사고]에서 좀 더 자세히 이야기 나누겠지만 앞의 용어들은 결국 컴퓨테이션을 '어떤 목적과 방향으로 강조점을 두고 하겠다.'라는 일종의 의지 표현, 디자인 프로세스를 관통하는 일관된 전략, 혹은 철학 정도로 정리하면 될 것 같아요.

14.5 에이전트 베이스 디자인 Agent-based Design

많은 디자이너들이 쓰는 키워드 중 에이전트 베이스라는 키워드를 빼놓을 수 없겠죠. 어떤 디자이너는 에이전트 베이스 디자인을 하기 위해 컴퓨테이셔널 디자인을 공부하는 분도 계세요. 에이전트 베이스, 어떻게 정리하면 좋을까요?

에이전트 베이스 디자인을 생각하기에 앞서 에이전트 베이스 모델 ABM$^{\text{Agent-based Model}}$을 간단히 알아보면, '상호작용 시뮬레이션을 위한 모델로 게임이론, 복잡한 시스템, 복잡계, 환경, 생물, 사회학 등의 객체, 혹은 그룹들의 상호작용이 중요시되는 문제를 모델링할 때 주로 활용될 수 있는 방법론'으로 볼 수 있어요.

이와 비슷한 키워드들이 또 있죠. 데이터 드리븐$^{\text{Data-driven}}$, 오브젝트 중심$^{\text{Object-oriented}}$, 컴포넌트 중심$^{\text{Component-centric}}$, 등의 여러 개념들이 존재하고, 앞으로도 계속 생겨나겠죠. 에이전트 베이스$^{\text{Agent-based}}$는 말 그대로 에이전트를 중심으로 컴퓨팅을 해 나간다고 볼 수 있어요. 사실 비슷한 프로그래밍 패러다임이 있는데, 그것은 오브젝트 중심 프로그래밍 OOP$^{\text{Object-oriented programming}}$이죠. 말 그대로 오브젝트^{Object}(혹은 에이전트^{Agent})를 중심으로 컴퓨팅을 해 나가는 것이에요. 때문에 에이전트 베이스 디자인을 기술할 때 OOP 패러다임으로 구현하는 것이 그 복잡도를 다루기 매우 직관적이고 유리하다고 볼 수 있어요.

에이전트(대리자) 베이스 디자인, 혹은 컴퓨팅에 대해서 설명할 때 항상 드는 예는, 이제는 고전게임이 된 '스타크래프트'를 들 수 있어요. 각각의 유닛들은 그들의 행동의 룰을 가지고 있고 상황에 맞게 룰에 정해진 행동 등을 확률적, 혹은 결정론적으로 움직이는 것이죠. 즉, 대리인의 행동, 목표, 평가를 정의하고, 그 에이전트들을 담을 환경 그리고 에이전트 서로의 관계성을 디자인하는 것이 중심이 되겠죠.

다음의 QR 코드를 예로 들어 볼게요. 각각의 상자들은 서로 충돌하게 되면, 서로의 위치를 파악한 후 반대방향으로 조금 움직이고 다시 충돌을 체크하는 것이죠. 만약 충돌하지 않았다면 그대로 있고, 여전히 충돌했다면 조금 더

움직이는 것이죠. 이러한 루틴을 반복하면서 최적화를 시켜 나가는 것이죠. 만약 이것을 절차지향으로 작성 했다면 코드의 복잡도가 더 올라갈 수 있어요. 개념적 설명이 더 필요한 경우 [CHAPTER 3 코딩 & 컴퓨테이셔널 디자인 활용]의 예제들을 다시 살펴보길 권해요.

14.6 그 밖에 적용...

그밖에 다양한 용어들이 있을 수 있고, 앞으로도 새롭게 나올 거예요. 하지만 앞서 알아봤듯이 프로그래밍의 방향성, 무게중심, 강조점, 전략, 혹은 의지로 해석할 수 있어요. 가령 건축물 입면의 패턴은 파라메트릭Parametric하게 가고, 조경의 배치는 제너레이티브Generative하게 해 보고, 동선 디자인은 데이터 드리븐 디자인Data-driven design 방법론을 적용해 보자!라고 할 수 있다는 것이죠. 결국 결정을 내릴 때 무엇을 중심으로 내릴 것인가, 그 결정을 디자인함에 있어서 그 목적과 무게중심이 어디에 있느냐에 따라서 암묵적 디자인 전략 수립으로 이해할 수 있어요.

! 컴퓨테이셔널 디자인(디자이너)의 보편적 인식과 오해

 비정형적 형태로 보인다던가, 뭔가 복잡하고, 사람 손으로 할 수 없는 모듈의 집합, 혹은 미려한 곡선으로 이루어진 형태를 보거나, 아니면 복잡한 패널라이징Panelization 같이 수작업으로 불가능해 보이는 디자인을 보고 컴퓨테이셔널 디자인이라고 이해하는 경우가 종종 있죠. 혹은 라이노Rhino3d 그라스호퍼Grasshopper, 혹은 레빗Revit 다이나모Dynamo와 같은 컴퓨터 그래픽 소프트웨어를 잘 활용하는 것이 컴퓨테이셔널 디자이너의 조건이라 인식하는 경우도 있어요.

이는 매우 가난한 이해로 볼 수 있어요. 이렇게 오해된 기준으로 시작해서 전혀 다른 목표 지향점을 가지는 사례를 많이 본 것 같아요. 컴퓨테이션 디자인에 대한 인식과 관점의 오해, 꼭 잘못됐다기 보다는 협소한 이해라고 볼 수 있어요.

앞서 우리가 살펴본 것처럼 계산 가능한 수 체계의 언어로 문제를 기술하고, 디자인 작업을 의미있는 작은 논리 블록 단위로 나누고, 그 블록들을 조합, 변경해가며 논리의 흐름(시퀀스)을 만들어가는 것이죠.

무엇을 위해? 디자인 위해!, 사고의 흐름을 수 체계로 기술하는 것이죠. 복곡면의 복잡한 면들과 형태를 만들어낼 수 있는 능력보다, 디자인 행위를 작은 의미있는 단위로 쪼개서 패턴을 이해하고 그것들을 조합하여 문제를 해결할 수 있는 능력, 즉 컴퓨테이셔널 사고 능력, 적용, 구현으로 볼 수 있어요. 매우 단순한 정형적 형태를 만든다 하더라도, 그 디자인 프로세스가 그러하다면, 컴퓨테이셔널 디자인이라고 볼 수 있는 거예요.

필자의 경험상 대화를 하다 보면, 앞서 나열한 그래픽 소프트웨어의 사용을 컴퓨테이셔널 디자인으로 정리하고 있는 분들, 혹은 파라메트릭 입면(파사드façade), 복곡면의 형태적 측면으로 컴퓨테이셔널 디자인을 정리하고 있는 분들은 사고의 확장에 많은 제한이 따르고, 그 제한된 사고로만 컴퓨테이셔널 도구를 바라보면, 평가 절하된 아주 단순한 활용밖에 하지 못하는 사례도 흔하게 볼 수 있어요.

형태적 이야기를 좀 더 해보면, 필자가 건축 학부를 다닐 때까지만 해도 폼보드와 몇 가지 재료들을 가지고 자르고, 붙이고 하면서 건물 디자인 스터디를 했었어요. 사실 이것도 엄밀하게 보면 주어진 물성(머티리얼)의 특성, 그에 따른 가공의 한계, 패브리케이션 방식들이 어느 정도 가공 가능한 특정 형태들의 바운더리를 규정하죠. 즉, 지금의 가공 도구^{Tool}와 기술^{Technology}로, 콘크리트, 철, 유리 등의 물성에 따라 디자인 가능한 특정 결과가 어느 정도 정해져 있다는 이야기예요. 이러한 이슈는 컴퓨테이셔널 디자인과 상관없는 재료, 가공, 시공 기술에 대한 이야기로 보는 것이 맞다고 생각해요.

형태의 디자인적 기술^{Description}에 관해서는, 컴퓨테이셔널(계산학점) 관점에서 곡선과 곡면, 그리고 콤플렉스한 모듈을 기술^{Description}하고, 조정^{Control}, 구현^{Implementation}, 평가^{Evaluation}할 때, 디지털 소프트웨어 단에서 구현된 방정식(알고리즘)에 의해 그 결과들이 화면에 그려지는 것이죠. 정상적인 방법은 그 방정식을 수정함으로써 형태를 수정하는 것이 맞죠(컴퓨테이셔널 디자이너들의 지향점). 그러나 이 방식은 전통적 디자이너의 직관과 거리가 멀죠. 따라서 역설적으로 그 형태를 수정함으로 방정식이 유도되는 형식으로 디자인 소프트웨어들이 설계된 부분들이 있어요. 이렇게 함으로써 그 복잡도를 인간의 직관으로 조작 가능한 차원으로 가져다 놓는 것이죠. 예로는 앞서 학습한 파라메트릭 커브가 그 예일 수 있어요. 이러한 이유 때문에 곡률과 복잡한 모듈의 계산과정은 컴퓨테이셔널한 과정에 의존성이 높기 때문에 특화된 소프트웨어를 사용해서 특정 이상의 복잡도를 효과적으로 제어할 수 있을 뿐 아니라 높은 정밀도로 그 복잡도를 가공할 수도 있게 되는 것이죠.

컴퓨테이셔널 디자이너는, 특정 디지털 소프트웨어를 잘 쓰고 활용하는 그런 사람들을 일컫는 용어라기보다, 앞서 이야기한 그러한 사고를 바탕으로 컴퓨팅 파워를 적극 활용해서 디자인하는 사람들이라고 말할 수 있죠. 가령 미학, 철학, 인문학, 심리학 등의 사고 체계를 디자인 프로세스와 아이디어 발달^{Development}의 도구로 활용하는 것처럼, 소프트웨어와 컴퓨팅 파워를 도구로서 활용하기 위한 컴퓨테이셔널 사고$^{Computational Thinking}$와 구현^{Coding}이 그 내용의 핵심인 것이에요.

! 컴퓨테이션으로 만들어진 건축물?

건축 디자이너들에게 "컴퓨테이셔널 디자인 이야기는 많이 들어 봤는데, 실제 지어진 건물이 있느냐?"는 질문을 종종 받아요. 필자는 "그렇지 않을까?"라고 답을 하죠. 필자가 정리하고 있는 컴퓨테이셔널 디자인은 프로세스, 즉 방법론이기 때문에, 프로세스 상에서 어느 수준의 모양과 내용으로 적용되었나, 혹은 어느 정도의 의존성과 활용을 하였느냐가 좀 더 정확한 질문이 아닐까 해요.

위와 같은 질문을 하는 경우, 아무래도 건물의 입면(파사트^{façade}), 패턴^{Pattern}과, 형태^{Geometry}, 혹은 패브리케이션^{Fabrication}과 같은 결과물 위주의 컴퓨테이셔널 디자인을 주로 경험했기 때문인 것 같아요. 하지만 이는 매우 가난한 이해라 앞서 정리했죠. 사고의 확장과 많은 가능성을 상상할 수 없고 누리지 못할 수 있다는 것이죠.

우리가 앞서 살펴본 것처럼 특정 형태, 혹은 디자인들은 꼭 컴퓨테이셔널 한 접근으로만 가능한 지점들이 있어요. 그 디자인 이슈를 기술함에 있어서 복잡도를 디자이너의 직관으로 이해하고, 조정 가능한 수준으로 내릴 수 있기 때문이라고 알아봤죠. 그러한 결과물들을 포함하여, 간단한 박스 형태의 건물을 만든다 하더라도 컴퓨테이셔널 사고를 통해 디자인 프로세스 구현하여 디자인을 한다면 컴퓨테이셔널 디자인으로 볼 수 있어요.

아이디어 단계이던, 디자인 결정을 내리는 단계이던, 건물을 만드는 단계이던, 평가를 하는 단계이던, 어떤 영역에서 어느 정도의 단계, 난이도, 적극도로 컴퓨테이셔널 사고와 방법론을 디자인을 위해 활용할 수 있느냐가 중요한 관점이라 볼 수 있는 것이죠.

예를 들면 과거 오토캐드^{AutoCAD} 소프트웨어 도구가 설계에 도입되기 전의 인력들이 지금의 상황을 본다면, 현재의 인력들에게 오토캐드 도구가 설계에 어떤 영향을 미쳤으며 그 방법론으로 만들어진 건축물이 있느냐 물어보는 것과 그 내용의 결이 같다고 볼 수 있어요.

사실 이러한 질문들은 시간이 가면 해결되리라 생각해요. 과거 CAD^{Computer-aided design}가 처음 건축에 도입될 때도 그랬고, 2D 드로잉을 넘어 3D 소프트웨어나, 시각화 툴이 산업에 편만하게 사용되기 전까지는 항상 이러한 질문, 우려, 마찰, 냉소가 기성 인력에서 나타났던 것을 기억해요.

따라서 이러한 과거 사례들을 역설적으로 보면 컴퓨테이셔널 디자인 능력은, 젊은 디자이너에게는 기성세대와 차별화할 수 있는 미래 준비의 단초로 여겨 질 수 있고, 기존 제도권에서 지금보다 더 강렬하게 필요를 느낄 때, 준비된 디자이너로 기회를 잡고 실력을 발휘할 수 있는 무기가 될 수 있다고 생각해요.

CHAPTER 5 컴퓨테이셔널 사고 Computational Thinking

'코딩을 잘한다.'의 의미는 여러 가지로 해석될 수 있음에도 불구하고 어떻게 평가할 수 있을까요? 가령 글을 잘 쓴다는 의미는, 많은 페이지들을 단숨에 써 내려가는 능력보다는 논리의 흐름과 '틀'을 짜임새 있게 구성하고, 전달하고자 하는 의미를 독자들에게 잘 피력할 수 있는 능력으로 볼 수 있는 것이죠.

이번 챕터에서는 코딩을 잘할 수 있는 '틀', 즉 '컴퓨테이셔널 사고' 그리고 '컴퓨테이셔널 디자인 사고'에 대해서 자세히 이야기해 보려고 해요. 어떻게 하면 디자이너들이 컴퓨테이셔널 사고를 잘 활용해 디자인 이슈들을 이해하고, 그에 맞는 코딩과 프로그래밍을 할 수 있을지에 대한 개념을 잡는 시간이에요.

비단 코딩을 넘어서 데이터와 인공지능이 중요해지는 4차 산업혁명의 환경에서, 문제를 어떻게 바라보고 사고할 수 있을지 알아볼 수 있는 시간이기도 해요.

15 컴퓨테이셔널 사고

이 책에서 가장 핵심적인 내용 중 하나로서, 컴퓨테이셔널 사고Computational Thinking는 문제를 인식하고, 사고하고, 해결하는 방식A way of thinking이라고 볼 수 있어요. 코드의 작성과 프로그래밍을 넘어서 우리가 현실에서 겪는 다양한 현실 문제 인식과 해결 그리고 의사결정 과정에 적용할 수 있는 사고 체계로도 적용이 가능해요. 빅 테크 기업의 CEO와 유명인사들이 코딩을 강조하는 이유가 이러한 컴퓨테이셔널 사고의 중요성 때문이라고 볼 수 있어요.

15.1 컴퓨테이셔널 사고 주요 개념 Computational Thinking: Key Concepts

분해 / Decomposition

문제를 작은 단위로 나누고 분해하는 것이죠. 인간의 사고는 암묵적Implicit이고 통합적으로 처리하는 경향이 있죠, 반면에 컴퓨테이셔널 사고의 핵심은 문제를 처리 가능한 의미있는 명시적Explicit 덩어리로 잘게 나누고 분해하는 것이 핵심이에요. 바나나 밀크셰이크를 만드는 문제를 기술하기 위해 크게 재료를 구매하고 바나나 셰이크를 만드는 과정으로 나눌 수 있고, 세부 사항으로는 구매를 위해 마트로 이동하고, 구매를 평가하고, 저렴하고 품질 좋은 바나나를 구하는 문제, 바나나를 적당히 갈고, 우유와 섞는 문제 등 작은 단위로 쪼개 질 수 있어요.

패턴 인식 / Pattern Recognition

인식된 문제를 명시적인 분해를 통해 작은 단위로 쪼개다 보면, 유사성에 의한 그룹, 혹은 패

턴이 드러나게 되죠. 가령 행위로 쪼개 본다던가, 의미로 나누어 본다던가, 단계별로 분해를 통해, 작은 단위로 논리들을 나누어 논리의 핵심이 되는 패턴과 유사성을 발견하고 명시적으로 기술하는 것이죠.

밀크셰이크를 만드는 과정 중 이동의 내용적 측면에서도 마트로의 이동, 마트 안에서 우유와 과일 섹션으로의 이동, 주방 안에서의 각종 요리 도구들을 찾는 이동과 같은 관점으로 나누는 것처럼, 평가의 문제, 요리 행위의 문제들도 각기 잘게 나누어질 수 있죠. 문제를 나눌 때는 일반화의 방법으로 추상화시킬 수 있고, 구현(알고리즘 작성)에 있어서는 추상화된 틀을 기준으로 구체화를 덧입힐 수 있겠죠.

추상화 / Abstraction

문제의 추상화를 통해 미사여구와 같은 부차적인 노이즈를 제거하여 논리의 핵심을 드러나게 하는 것이 중요해요. 이러한 추상화를 거쳐 해결해야 할 문제를 간략화하여 명확하게 드러내는 것이죠. 바나나 밀크셰이크 문제를 분해하고 패턴을 인식하는 전반의 과정에서 추상화의 개념이 적용되어야 해요. 즉, 단순화된 핵심을 과정, 행위, 평가 등의 필요한 단계들로 명시적 기술을 하는 것이죠. 마치 복잡한 내용의 핵심을 단순화시킨 픽토그램^{Pictogram}과 같은 과정을 거친다고 볼 수 있어요.

다른 관점으로는 추상화를 통해 일반화^{Generalization}시킨다고 볼 수도 있어요. 예를 들면 모든 생물들은 '다리'라는 정보가 있고, 이를 데이터로 추상화할 수 있겠죠. 가령 사람은 2개, 고양이는 4개 등 숫자 정보로 다리를 추상화한 것이죠. 그리고 그 정보를 가지고 할 수 있는 행위는 '걷기', '뛰기'로 추상화가 가능하죠. 즉, 이 관점은 모든 생물들의 특성을 일반화시켜 보다 쉽게 직관적 추상화를 가능케 하죠.

알고리즘 / Algorithms

분해되고, 그룹화되고, 간략화된 핵심들을 순서와 조건을 통해 문제를 해결하는 절차를 알고리즘으로 볼 수 있어요. 즉, 바나나 밀크셰이크를 만드는 순서를 구체적으로 기술할 차례인 것이죠. 즉, 앞서 기술된 작은 단위의 논리구조를 시 줄과 날줄로 엮어 제어하는 전체의 순서도Instruction를 만드는 것이에요.

앞선 추상화 예를 다시 활용하면, 사람이 걷는 방법, 내용, 결과는 고양이가 걷는 방법, 내용, 결과와 다르겠죠. 가령 '걸음'으로서 사람과 고양이의 소비된 에너지와 이동한 거리는 다르게 나타날 수 있죠. 이러한 구체성을 가지고 문제를 기술하고 해결하는 과정이 알고리즘 단계에서 고민되고 다뤄 질 수 있어요.

15.2 암묵에서 명시로 From Implicit to Explicit

앞서 살펴봤듯이 컴퓨터과학에서 'Break down a problem into small parts(문제를 작은 부분으로 나누자)'는 그 영역 전체를 관통하는 개념으로써 컴퓨테이셔널 사고의 핵심 중의 핵심으로 볼 수 있어요. 아무리 복잡하게 얽혀있고 동시에 일어나는 것처럼 보이고, 굉장히 광범위한 문제 처럼 보이더라도, 차근차근 문제를 쪼개다(**분해**Decomposition)보면 문제의 핵심(**추상화**Abstraction)이 보이고 분해된 문제들의 유사성(**패턴 인식**Pattern Recognition)이 드러나게 되죠. 이 패턴들을 순서와 논리를 구체적이고 명시적으로 나누어(**알고리즘**Algorithms) 문제를 해결하는 방식을 컴퓨테이셔널 사고로 볼 수 있어요.

적용 / Application

컴퓨테이셔널 사고를 통해서 해결책을 구상하였다면 이제 적용을 해야겠죠. 적용의 경우 인간의 언어 형식인 글로 기술할 수도 있고, 다이어그램, 혹은 인포그래픽와 같은 시각 언어로 그 내용을 표상할 수도 있겠죠. 컴퓨테이셔널 사고의 적용은 코딩 언어에 국한된 것이 아니라, 사용하는 프로그래밍 언어를 넘어 디자인 알고리즘을 생각할 때 사용할 수 있는 생각체계, 사고전략이라고 생각하면 좋아요. 사실 컴퓨테이셔널 사고는 코딩을 떠나서 사고하는 방법, 현실 문제를 이해하고 추상화하여 모델링하는 일련의 방법론에 대한 이야기라고 볼 수 있어요.

때문에 코딩을 넘어 다양한 현실 문제에 적용이 가능하죠. 예를 들면 오늘 저녁은 무엇을 먹을 것인가? 친구와의 약속에서 기존 스케줄과의 충돌이 있다면 어떻게 다룰 것인가? 어떤 손해를 감수해야 하는가? 혹은 회사 업무들 중 여러 가지 일들이 있다면 무엇을 먼저 하는 것이 효율적 측면으로 좋을 것인가? 아니면 어느 순서로 하는 것이 재미적 측면이 더 있을 것인가? 등 거의 모든 문제들에 적용이 가능하죠.

구현 / Implementation

하지만 컴퓨테이셔널 디자인을 학습하는 우리는 좀 더 적극적인 의미로 컴퓨터 언어를 통해 코딩으로 구현을 해야겠죠. 선택된 프로그래밍 언어 문법에 맞춰, 수 체계의 성질을 통해서 이행 가능한 형태로 구현을 하면 되는 것이죠. 이것을 코딩, 혹은 프로그래밍이라 하는 것이죠. 자세한 내용은 뒤의 [CHAPTER 6 코딩]을 통해 이야기 나누어 봐요.

따라서 우리와 같은 디자이너에게 가장 중요한 것은, 디자인 문제를 작은 의미있는 단위로 나누고, 어떻게 하면 컴퓨터에게 이 일들을 시킬 수 있을 것인가를 고민하는 것이죠. 다시 말해 컴퓨테이셔널 사고Computational Thinking 훈련을 해야 한다는 것이에요. 작은 문제들을 풀기 위한 단순한 논리들이 모이면 그것이 알고리즘Algorithm이 되는 것이고, 그 알고리즘들이 모여서 디자인 전략Strategy, 혹은 방법론Methodology으로 확장이 되는 것이죠.

그러면 '컴퓨테이셔널 사고'를 '컴퓨테이셔널 디자인 사고'로 확장해서 고민을 더 해볼까요?

! 메타인지Metacognition와 컴퓨테이셔널 사고, 디자인

메타인지를 설명하면 (1) 사고하는 (2) 사고를 (3) 사고하는 것으로 볼 수 있어요. 첫 번째 (1) 사고는 어떤 논리를 품고 있는 명제로 볼 수 있고, 두 번째(2) 사고는 그 명제를 프로세스 하는 사고인 것이죠. 일반적으로 우리가 하는 대부분의 사유 방식으로써 (1) 이슈가 있고 그 (1) 이슈를 (2) 사고하는 것이죠. 마지막 세 번째(3) 사고는 두 번째(2) 사고를 그 대상으로 두는 것이죠.

즉, 명제가 있고 그 명제를 사고하는 방법 자체를 사고의 대상으로 두어 분석, 검증하는 방법으로 볼 수도 있고, 정신 수양, 명상과 같은 영역에서는 '알아차림Mindfulness'의 개념으로 적용할 수도 있어요.

예를 하나 들면 어른을 보고 왜 인사를 해야 할까요? 동방예의지국에서 어른을 보면 인사를 드리는 것 같이, 너무나도 당연하지만 그 당연함들도 예외 없이 사고의 대상으로 두는 것이에요. 과연 이 명제가 맞는 것일까요? 문화적으로 학습돼서 그냥 따라가는 것일까요? 존경의 표로 인사를 하는 것인가요? 꼭 인사 말고 다른 방법은 없을까요? 모든 어른이라고 존경을 받을 수 있을까요? 등으로 그 사고를 확장해 나가다 보면 본질이 드러나고, 본질과 질문들의 연관성을 사고하면서, 사고의 흐름을 검증, 강화시켜나가는 것으로 볼 수 있어요.

방안에 카메라를 설치해 놓고 나를 관찰하는 거예요. 내가 어떤 의미로 아름다움을 정의하는지, 너무나도 당연하게 생각해서 그냥 넘어갔었는데, 인지하지 못했었는데, 메타 사고를 훈련해 보면 이런 복잡 미묘함도 알아차려 포착하여 그 원리를 기술하고 나눌 수 있어요. 나는 이 형태를 왜 아름답다 생각할까? 비율은 어떠한가? 색은 어떠한가? 조명은? 과거에 비슷한 형태를 보고 학습된 것인가? 만약 약간 다른 형태라면, 여전히 아름답다 생각하는가? 다르다면 무엇이 달라졌는가? 그 달라진 부분이 아름다움을 결정함에 있어서 얼마나 연관성이 있을까? 다른 사람들도 똑같이 느끼는가?

계속 질문을 던지고 검증해 보는 훈련을 통하면, 인간만이 가진 특별한 것이라고 느껴지는 것도, 아름다움도 어떤 의미로는 학습된 것이고, 무엇이 내가 생각하는 아름다움인 것인지, 그 과정과 결과가 완벽하지는 않지만 그 아름다움의 판단 모형을 생각하고 구현할 수 있는 시각을 가지게 돼요.

아무리 직관에 중시하는 디자이너도 옆에서 가만히 관찰 그리고 분석을 해보면 그 패턴과 기준이 포착이 돼요. 그 디자이너 스스로가 알아채지 못하고 너무나 당연하게 생각해서 넘어가는 것이지 그것들을 평가 가능하고, 계산 가능한 언어로, 영역으로 추상화시키는 것이 가능하다는 것이죠. 그리고 그 기준들을 코드화시켜 디자인 평가기준으로서 꾸준히 개선시켜 나가는 것이죠.

그러한 훈련과 경험이 누적되면, 디자인 발전 방법Design development들을 추상화하여 프로그래밍하는 것은 비교적 간단하고 직관적인 일이라는 걸 느끼는 데까지는 그리 오랜 시간이 걸리지 않아요. 왜냐하면 이미 정리된 기준과 기준들의 관계성을 프로그래밍으로 구현만 하면 되기 때문이죠.

과학이 공간, 우주, 그리고 별들의 탄생 이유와 목적을 설명할 수는 없어요. 앞으로도 없을 것이라는 것이 과학자 집단의 생각 중 하나죠. 그러나 어떤 과정을 겪어서 탄생을 했고, 어떤 흐름과 방향성으로 진화하고 있는지는 관측을 통해서 충분히 설명을 할 수 있다고 해요.

컴퓨터가 흉내 낼 수 없는 인간만이 가지고 있다고 여겨지는, 고귀한 아름다움을 판단하고 창조하는 능력을 바라볼 때 그 결이 같을 수 있다고 생각해요. 스스로의 디자인 사고를 관측하고 '메타인지'하여, 내가 말로 설명하고, 느끼고, 포착하고, 알아챌 수 있는 것들로부터 데이터화하고, 그 관계성을 이해하고 표상함으로써, 아름다움을 판단하고 만드는 과정을 이해하고 정의해 보는 것이죠.

그 과정을 계산학적으로 코드화하기 위해 컴퓨테이셔널 사고가 동원될 수 있고, 그 형식과 내용이 디자인 프로세스에 적용될 때 그 프로세스가 더 유의미해 질 수 있게 되는 것이죠.

16 컴퓨테이셔널 디자인 사고 Computational Thinking for Design

앞서 살펴본 '컴퓨테이셔널 사고'를 디자인 과정으로 확장함으로써 '컴퓨테이셔널 디자인 사고'에 대해서 함께 고민하는 시간을 가져 보도록 해요.

16.1 분해와 패턴: 디자인 방법들

과거 디자인 경험을 통해

컴퓨테이셔널 디자인을 시작하기 위해 기본이 되는 것은 '디자인 경험'으로 볼 수 있어요. 우리가 사칙연산을 모르면 '총합', '구구단', '평균' 구하기 등의 간단한 알고리즘조차도 상상도 할 수 없듯이, 전통적인 디자인 방법론에서 오는 학습된 경험과 사고체계를 바탕으로 우리에게 주어진 디자인 문제에 대해 무엇을? 어떻게? 왜? 분해하고 패턴화해야 하는지에 대한 기준으로 보고 컴퓨테이셔널 디자인 사고 학습을 시작할 수 있어요. 즉, 컴퓨테이셔널 사고는 하나의 도구인 만큼 그 도구가 적용될 대상에 대해서 잘 알아야 하는 것은 너무 자명하겠죠.

예를 들면 하나의 큰 오브젝트를 나눔으로 디자인을 해나갈 수도 있고, 반대로 작은 오브젝트를 붙여 감으로 특정 형태를 디자인해 나갈 수도 있겠죠. 이처럼 같은 결과라 하더라도, 디자인을 발전시켜 나가는 개개인의 디자인 경험, 언어, 방법론이 있을 것인데, 역설적으로 그 전통적인 방법들과 경험을 컴퓨터 프로그래밍 언어로 기술하는 것으로 시작할 수 있다는 것이죠. 그것들을 명시적으로 바라보고 분해하며 컴퓨테이셔널 사고를 디자인에 적용 훈련을 시작해 보는 것이죠.

물론 프로그래밍 경험을 통해서 더 효율적이고 창의적인 방법들이 자연스럽게 학습되겠지만, 기존에 익숙한 경험과 지식을 발휘하여 여러분들이 풀어야 하는 디자인 문제들을 분해하고, 패턴을 인식하며 컴퓨테이셔널 사고 훈련하는 것은 처음 시작하는 디자이너에게 유리한 학습 방법이라 볼 수 있어요.

응용 소프트웨어를 통해

만약 그렇지 않다면 다른 방법으로는, 여러분들이 사용하고 있는 소프트웨어의 명령어들을 이해함으로 시작할 수 있어요. 디자인 소프트웨어들은 이미 컴퓨테이셔널 철학이 녹아있는 결과물이기 때문에 그 소프트웨어의 명령 체계들과 문법을 이해함으로써 디자인 과정을 어떻게 분해하고 패턴화시킬 수 있을지에 대한 아이디어를 얻을 수 있어요.

가령 Photoshop, Illustrator, MS Power Point, SketchUp, 3ds max, Maya, Rhion, Revit 등 의 소프트웨어에서 제공하는 명령어들을 통해 디자인 프로세스를 나누는 것이죠. 특정 명령을 실행하기 위해 어떤 명령어가 실행되어야 하거나, 특정 환경이 되어야 한다면, 그 환경을 만들어 내는 명령어가 지금의 명령어와 분리되어야 한다고 볼 수 있어요.

만약 소프트웨어 사용 경험이 풍부한 디자이너의 경우, 많은 수의 프로그램들이 굉장히 흡사한 패턴으로 명령어가 분리되어 있다는 것을 느낄 수 있을 거예요. 그 경험을 바탕으로 디자인 단계들을 분해, 조합하며 컴퓨테이셔널 디자인 사고 훈련을 하는 것이죠.

데이터 구조를 통해

컴퓨테이셔널 사고와 소프트웨어 환경에 익숙해지면, 데이터 구조를 선언하고 발전시킴으로써 여러분들이 구현해야 하는 데이터와 그에 따른 행위들을 나누고, 패턴화시킬 수 있는 시각을 키울 수도 있어요.

예를 들면 디자인 데이터, '점', '선', '면'과 같은 기하학 오브젝트들은 각각의 '데이터'와 그 데이터를 수정할 수 있는 '행위'들로 정의가 될 수 있고, 데이터 단위로, 혹은 그 행위의 여러 단계로 나누어 추상화시켜 나누어 놓을 수 있어요. 이렇게 디자인 프로세스를 기하학의 수정과 발전의 개념으로 분해하고 패턴화시킴으로써 복잡한 디자인 문제를 명시적인 단위들로 분해해 나가는 훈련을 할 수도 있죠.

16.2 명시적 기술: 알고리즘

인공지능, 머신 러닝, 무인 자동차, 로봇, 기후 환경 예측 모델, 경제, 혹은 주식 예측 모델 등의 다양한 산업에서 알고리즘이라는 말을 많이 들을 수 있죠. 앞서 알아본 것처럼 알고리즘은 특정 업무^{Task}나 계산을 이행하는 절차라고 볼 수 있어요. 예를 들면 '구구단'도 알고리즘이죠. '커피 타는 법', '라면을 끓이는 법', '회사에 출근을 위한 길 찾는 방법' 이러한 것들로 부터 시작해서 고양이와 강아지 사진을 분류하는 알고리즘, 바둑, 혹은 스타크래프트와 같은 실시간 전략 게임까지 매우 복잡한 문제를 다루는 알고리즘도 있어요.

 결과적으로 복잡해 보일 수 있지만, 컴퓨테이셔널 사고, 즉 아주 작은 단위의 문제로 분해해서 바라보면, 매우 간단하고, 직관적이고, 명확하고, 심지어 사소하게 보일 수 있는 알고리즘을 통해서 복잡한 현실 문제를 해결하게 되는 거예요. 디자인도 같게 볼 수 있어요. 좌측의 QR 코드 **[컴퓨테이셔널 디자인 03. 컴퓨테이셔널 사고/ Computational Thinking]**를 참조 바래요.

인간만이 가지고 있는 창의성이라 생각할 수 있지만 시각을 약간 교정해 보면, 동시 다발적으로 일어나는 인간의 암묵적인 직관적 사고를 작은 단위로 나누어 간략화시켜 구현이 가능하다는 것이죠. 스스로의 디자인 프로세스를 알아차리고 그 단계를 명시적으로 구현하는 것이라 볼 수 있어요. 벽체에 기둥, 혹은 창문을 만드는 알고리즘의 예를 들어 봐요.

첫째, 벽체의 길이를 입력 받는다.
둘째, 벽체의 길이가 10보다 큰지 작은지 확인한다.
셋째, 만약 같거나 크다면 중간에 기둥을 만든다.
넷째, 만약 작다면 창문을 만든다.
다섯째, 알고리즘을 종료한다.

어렵지 않죠. 사실 우리는 이미 의식적, 혹은 무의식적으로 이러한 사고를 하며 디자인을 하고 있죠. 이런 사고가 익숙해지면 그 단계를 더 세분화할 수도 있고, 다양한 평가 조건과 그에 따른 디자인 발전방향을 기술할 수 있고, 모듈화를 통해서 좀 더 효율적인 알고리즘을 생각하고 구현할 수 있게 되는 것이죠. 때문에 조금만 신경서서 그 절차를 명시적으로 기술하는 훈련을 하면, 알고리즘이 생각보다 어렵거나 대단한 것이 아니라는 것을 알 수 있어요.

명시적 vs 암묵적 / Explicit vs Implicit

다른 예를 한 번 더 들어보죠. 만약 A라는 신입 직원이 회사에 들어왔다고 가정해 봐요. A직원이 회사 업무에 잘 적응하게 만들어야 하는 것이 나의 임무예요. 어떻게 그 직원을 가르쳐야 보다 빠르게 회사 생활에 적응시킬 수 있을까요? 어떤 이행 지침서가 신입 직원의 회사적응을 보다 효율적으로 도울까요? 어떤 알고리즘으로 교육을 시켜야 할까요? 가령 무심한 상사처럼 "나 때는, 내가 알아서 배웠어!"라고 하며, "내가 하는 업무를 잘 관찰해서 네가 알아서 해라."라고 할 수 있겠죠. 아니면 "출근하면 출근 도장을 찍고, 쓰레기통을 비우고, 탕비실 청소를 한 후, 오늘 해야 할 내부 업무, 미팅 업무, 그리고 외부 업무를 마무리하고 특별한 일 없으면 퇴근하면 된다."라고 큰 틀의 하이 레벨High level로 가르쳐 줄까요?

아니면 더 명시적으로 "8:00AM 이전에 출근해서, 좌측 복도 위 빨간색 명부의 출근 페이지를 펼쳐서, 출근 장부에 서명을 해야 해! 만약 출근 명부가 없다면 인사과 요청해서 반드시 해야 해. 그렇지 않으면 출근 시간을 기록할 수 없기 때문에 월급 정산에 문제가 생겨. 그 다음으로 각각의 책상 우측 쓰레기통이 있는데, 화장실 옆 분리수거함에 잘 버리고, 탕비실 청소도구는 우측 캐비닛 안쪽에 있으니, 먼저 쓸고 물청소를 하도록 해. 그 다음 회사 캘린더 앱을 실행해서 왼쪽에 오늘의 업무 탭을 클릭하고, 내부 업무 미팅 그리고 외부 업무가 있어, 순서대로 마무리하고, 각각의 업무에 질문이 있다면 이메일에 표기된 담당자를 찾아가서 질문을 하면 될 거야. 만약 퇴근 시간까지 마무리를 못했다면, 나머지 일들을 담당자에게 보고하고, 퇴근을 하면 돼. 만약 야근을 해야 한다면, 모든 일이 마무리된 후, 인사과에 들려 야근한 시간을 적어 놓고 퇴근 하면 돼."라고 좀 더 자세한 행동 지침을 줄까요?

좀 장황하죠. 하지만 충분히 알아들을 수 있는 수준의 디테일한 정보와 순서로 신입직원을 가르칠 수 있겠죠. 하지만 컴퓨터에게 업무를 지시할 때는 이 보다 더 자세히 명시적으로 일을 지시해야 해요. 그렇지 않으면 컴퓨터는 멍청해서 일을 시작조차도 하지 못해요.

수 체계 & API

컴퓨터에게 일을 지시하기 위해 더 로우 레벨^{Low level}로 명시적으로 일을 지시해야 하고, 그 형식은 수 체계를 통해 기술해야 해요. 예를 들면 '엘리베이터에서 내린 후 왼쪽으로 90도 회전, 15미터를 움직인 후 왼쪽 문의 손잡이를 잡아 돌린 후 문을 밀어서 열은 후 방에 들어간다.' 사실 이보다 더 자세한 수학적 기술을 해줘야 해요. 동시에 특정 행동(함수^{Function})의 경우 위의 예처럼, 엘리베이터에서 '내린다.', 90도 '회전한다.', 0미터 '이동한다.', 문고리를 '잡고 돌려 문을 연다.' 등의 동사에 해당하는 행동 지침은 API 형태의 명령어 패키지로 제공되기 때문에, 지금 단계에서는 '주어진 명령어들을 수 체계를 바탕으로 순서를 기술한다.' 정도로 정리하면 좋을 것 같아요.

수 체계를 활용해서 명시적으로 순서를 정하는 것이 쉬워 보일 수 있어요. 하지만 초보자의 경우 어느 부분까지 명시적으로 코딩을 해야 하는지, 어떤 조건으로 이를 판단과 평가하는지, 어떻게 모듈화를 시켜야 하는지, 문법에 맞춰서 코딩은 어떻게 해야 하는지, 좀 더 효율적인 유지, 관리, 보수가 가능한 알고리즘을 어떻게 구현 하는지 어려울 수 있어요. 이러한 이슈들은 컴퓨테이셔널 사고와 구현에 대한 경험 그리고 시행착오를 통해 자연스럽게 해결되는 문제로서 지금부터 너무 걱정할 필요는 없다고 봐요.

16.3 명시적 기술: 변수 & 파라미터 ^{Variables & Parameters}

변수와 프로그래밍

'프로그래밍을 한다.', 혹은 '코딩으로 디자인 문제를 해결한다.'라는 것은 프로세스를 명시적으로 나누어 필요한 알고리즘들을 기술하는 지침서를 만드는 것이라고 살펴봤죠. 그 지침서를 만들 때 가장 중요하게 고민하고 다루어야 하는 것이 있는데요. 바로 '변수^{Variable}'로 볼 수 있어요. 변수를 통해 프로그래밍을 할 수 있는 거예요. 만약 모든 알고리즘에서 정해진 상수^{Constant}만을 활용해야 한다면, 프로그래밍은 정해진 딱 하나의 문제밖에 해결할 수 없는 그 규칙과 패턴을 그대로 이행하는 매크로^{Macro}에 불가할 거예요.

이것은 우리가 앞서 알아본 컴퓨테이션의 장점인 논리구조, 재활용성, 모듈화에 정면으로 위배되는 것이죠. 즉, 변수의 사용 없이 코딩을 한다는 것은 의미가 없는 거예요. 프로그래밍이 아니라는 것이죠. 변수를 통해 우리가 정해 놓은 알고리즘을 다양한 상황에서 작동을 할 수 있게 만들어줄 뿐 아니라, 복잡한 관계성, 조건들의 구현, 실행을 보다 손쉽게 해 주죠. 프로그래밍은 각각의 변수를 통해 파라미터를 정의하여 요소 데이터들의 상호 관계Relationship, 의존Dependency, 작용Interaction을 설정하며 주어진 문제의 명시적 기술을 통해 다루어 낼 수 있어요.

다시 말해 일반적으로 마우스로 명령어와 화면을 클릭하여 무언가를 만들었다면, 지금은 명령어들의 관계성을 코드로 정의함으로써 하나의 디자인 정의, 혹은 작동 설명서를 만들어 가는 것이죠. 이 과정에서 변수는 그 관계성을 연결해 주는 매개체로서 다양한 상황에 맞춰서 작동할 수 있게 프로그램의 상태State, 즉 데이터의 흐름에 따른 입력과 출력을 제어할 수 있게 되는 것이죠.

가령 변수는 MS Power Point 글자 크기, Photoshop의 연필 크기, 레이어들의 투명도와 같은 값들을 정의할 때 사용되고, 이러한 변수 값을 수정함으로 실행하는 명령어들의 결과 값 제어가 가능하죠. 원을 그려보죠. 아래의 그림과 같이 (1) 첫 번째 방법은 중심점과 반지름 값으로 정의 가능하죠. (2) 두 번째로는 두 점을 만들고 두 점을 연결하는 원도 가능하겠죠? 여기서도 원을 표현하는 중요 데이터들을 변수로 선언하여 그 조건에 해당되는 다양한 원을 그릴 수 있게 되죠.

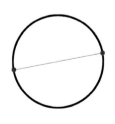

Circle by a center point and radius   Circle by two points   Cylinder by a center point, radius, and height

Geometry creation with parameters, NJSTUDIO

음료수 캔을 만들어 보죠. 원과 마찬가지로 중심점, 반지름, 그리고 원의 높이를 주면 실린더 형태의 음료수 캔이 만들어지겠죠. 이처럼 캔을 정의하는 주요 값을 변수로 정의하여 캔을 구현할 수도 있지만, 좀 더 의미있는 디자인 행위로 그 관계성을 어떻게 부여할 것인가를 통해 디자인 논리를 구현하는 것이죠.

독립 변수 & 종속 변수 / Independent & Dependent variable

독립 변수는 디자이너가 의도를 가지고 변화시키는 '수^{Number}'이고, 종속변수는 독립변수의 변화에 따라 의존적으로 변화되는 결과 값으로 볼 수 있어요. 즉, 독립변수와 종속변수는 인과 관계로 설명이 가능하고, 그 관계는 수 체계로 정의할 수 있다는 것이고, 관계성의 모임으로 디자인 발전 프로세스를 명시적으로 기술할 수 있다는 것이죠.

예를 들면 원의 중심의 위치와 반지름에 비례해서 음료수 캔의 크기를 정의할 수 있겠죠. 혹은 반지름의 크기가 원의 표면적을 증가시키니, 캔의 원 재료의 사이즈에 맞게 그 사이즈를 지속적^{Linear}으로 증가시키는 것이 아닌, 단계적^{Step}으로 높이를 만들어 낼 수 있겠죠.

더 나아가, 독립변수로써 원의 크기가 주어지면, 특정 부피를 만족시키는 높이 값을 정의 하여 종속변수로 사용될 수 있겠죠. 음료의 부피를 고정시키고 디자인을 한다면, 반지름이 작을수록 높이는 커지겠죠. 왜냐하면 음료의 부피는 고정^{Constant}되어 있기 때문에, 그 부피를 맞추기 위해 반지름과 높이가 상호작용을 하니까요.

높이 파라미터가 어디서 영향을 받을까요? 독립 변수인 반지름에 영향을 받으면서, 수 체계로 구현된 알고리즘에 맞춰 해석될 관계성을 가지고 있는 것이죠. 즉, 실린더를 정의하는 '변수'들의 관계^{Relationship}, 의존^{Dependency}, 상호작용^{Interaction}을 정의하는 것이 '프로그래밍'이고, 컴퓨테이셔널 디자인 사고와 알고리즘의 내용으로 볼 수 있어요.

(1) 디자인 방법론 수립, 혹은 전통적인 직관에 의존한 방법을 명시적 기술
(2) '문제'를 '변수'로 추상화
(3) 변수의 관계성, 혹은 의존성으로 방법론(수 체계) 정의하고
(4) 결과에 따른 피드백으로 (1), 혹은 (2)부터 반복

파라미터 & 함수 / Parameter & Function

알고리즘을 의미있는 연산의 묶음, 즉 함수로 보면 '함수 선언'과 '함수 정의'로 나눌 수 있어요. 함수의 선언은 내부의 연산의 실제적 구현보다는 어떤 값이 들어오고, 어떤 값을 반환하느냐의 측면으로 데이터의 입구와 출구를 설명하는 인터페이스의 선언 정도로 볼 수 있어요. 그리고 함수의 정의는 실제 그 코드를 작성함으로써 그 선언된 함수를 구현을 통해서 디자인 프로세스를 명시적으로 구현할 수 있죠.

함수의 선언에 해당되는 인터페이스^{Interface}를 살펴보면, 알고리즘을 통해 해결코자 하는 문제의 핵심을 다뤄낼 수 있는 데이터^{Input}를 선언하는 곳이죠. 다시 말해 어떤 문제를 압축, 축약하여 몇몇의 주요 파라미터^{Parameter}로, 혹은 아규먼트^{Argument}로 정의하고, 그 파라미터의 연산 결과로 반환^{Return} 될 값의 형식을 정의하게 되는 것이죠. 즉, 함수의 인풋과 아웃풋을 선언하는 것이죠.

이와 같은 사고 적용이 가능한 수준의 문제들은 비교적 직관적이고 간단한 문제들이 그 대상이 될 수 있고, 쉽게 모듈화할 수 있다는 장점이 있어요. 평균을 구하는 알고리즘, 자동차의 속력을 Km에서 Mile로 바꾸는 알고리즘 등 문제가 명확한 상황을 그 예로 들을 수 있어요. 비행기, 자동차, 고양이 등 이동하는 모든 물체의 속도표기를 앞서 만들어 놓은 하나의 모듈을 사용해서 Km에서 Mile로 바꾸는 알고리즘을 적용할 수 있고, 속도의 평균 또한 하나의 모듈로 해결할 수 있겠죠. 함수의 선언에 관해서는 그 형식은 숫자 정보가 될 것이고, 그 내용으로는 인풋은 Km값 그리고 아웃풋은 Mile값으로 정의 되겠죠.

만약 '패턴'을 디자인할 때, '좀 더 명확하게, 내부적 대비를 주면서 기존 것과 잘 어울리게 만들 수 있을까요?'라는 식으로 디자인의 방향이 있다고 가정해 봐요. 이 요청에 위의 사고를 적용하여 되묻는다면, 어떤 값이 들어가서 어떤 값이 나오길 바라는지 명시적으로 물어봐야 해요. 만약 스스로 그 프로세스를 논리적으로 설명할 수 없다면, 그 필요한 인풋과 결과로써의 아웃풋을 명확하게 설명할 수 없다면, 모호하게 사람에 따라 해석의 여지가 있는 방식은 컴퓨테이셔널 방법이 절대로 적용될 수 없어요. 왜냐하면 모호한 것은 변수화, 혹은 파라미터화시킬 수 없고. 이것들 없이는 프로그래밍의 실행과 평가를 구현할 수 없기 때문이죠.

따라서 기존 디자인과 새로 적용될 '패턴' 디자인의 차이를 정의할 수 있는 파라미터를 생각해보는 것이 우선이 되겠죠. 예를 들면 가로 세로의 비율이 1:5를 기준으로 그 비율 더 커졌을 경우 대비가 크다고 볼 수 있고, 색상은 채도와 그 패턴 돌출로 생기는 그림자 기준으로 그 변화를 평가한다고 가정을 해봐요. 그렇다면 파라미터는 가로, 세로, 색상, 높이, 그리고 그림자를 계산할 주변의 높이를 파라미터로 선언하면 되겠죠. 이처럼 알고리즘을 생각할 때, 문제를 분해하여 추상화시켜 기술하고 평가할 주요 파라미터들을 통해 문제를 바라보고 서술하는 관점으로 알고리즘을 이해하고, 디자인 프로세스의 명시적 기술에 활용하는 것이죠.

매개변수 & 전달 인자 / Parameter & Argument

매개변수(파라미터^{Parameter})와 전달인자(아규먼트^{Argument})는 때때로 섞어서 쓰기도 하죠. 엄밀히 말하면 매개변수^{Parameter}는 함수 안에서의 정의 및 사용에 나열된 변수들을 의미하고요, 전달인자^{Argument}는 함수를 호출할 때 전달되는 실제 값을 의미해요. 따라서 이 같은 의미를 명확히 하기 위해, 매개변수는 변수^{Variable}로, 전달 인자는 값^{Value}으로 보는 것이 일반적이예요.

매개변수^{Parameter} 아래와 같이 함수가 있고 그 함수를 호출^{Call}하여 결과를 출력하는 간단한 프로그램인데요. add 함수의 a와 b는 매개변수로써, 그 함수 영역 안에서 쓰이는 변수로 볼 수 있어요. add 함수를 호출할 때 주어지는 값을 대체하는 용도로 쓰이겠죠.

전달인자^{Argument}는 add 함수를 호출할 때 first와 second 변수가, 각각 3과 2를 add 함수 값으로 전달되죠. 따라서 first와 second는 전달인자로 볼 수 있어요.

```
# 파이썬 예
def add (a, b):                    // 함수의 정의
      return a + b                 // 함수의 구현
first = 3
second = 2
result = add (first, second)       // 함수의 실행
print(result)                      // 결과: 5
```

파라미터와 소프트웨어

AutoCAD, Photoshop, MS Power Point 등의 소프트웨어를 보면 아이콘을 통하던 단축키를 통하던, 명령이 실행되면 항상 요구되는^{Required} 파라미터를 입력해야 작동을 해요. 기본 값으로 설정이 되어 있거나, 장면 상의 어떤 객체를 파라미터로 참조하는 경우에는 암묵적으로 파라미터로 대체가 되는 경우도 있지만, 소프트웨어들을 뜯어보면 내부적으로 함수와 그에 따른 필요한 파라미터는 정상적인 실행을 위해 항상 요구^{Required} 되요.

각각의 함수들은 서로를 호출하며 정해진 루틴을 수행하는 것이죠. 이러한 함수의 실행은 아이콘, 혹은 명령어들이 풀다운 메뉴^{Drop-down menu}에 부려져 있는 것이죠. 다른 관점으로는, 일반화된 함수들이 구축되어 소프트웨어에 내재되어 있고, 디자인의 주요 요소를 파라미터로 추상화시켜 원하는 함수들을 파라미터와 함께 실행함으로 디자인 피드백을 받으며 발전시켜 나간다고 볼 수 있어요.

가령 라인을 그리기 위해서 'Line' 명령어를 통해 프로그램에게 시작을 알리고, 그 후로 첫째 점, 둘째 점을 달라고 요구하겠죠. 즉, Line을 그리게 위해 Line을 정의하는 두 점의 파라미터를 달라고 하는 것이죠. 벽체를 만들 때, (1) 앞의 Line함수를 호출하고 (인풋: 점 두개, 아웃풋: 라인) (2) Offset을 호출한 후 (인풋: 라인과 간격 값, 아웃풋: 폴리라인), (3) Extrusion을 호출시켜(인풋: 닫힌 폴리라인과 높이, 아웃풋: 3차원 오브젝트) 각각의 파라미터 입력의 순서^{Procedural}로 기술될 수 있죠.

이러한 방법론들을 하나의 수로^{Pipeline}처럼 그 파라미터 흐름, 함수의 연계성을 구축한다고 볼 수 있죠. 이러한 방식으로 사고하는 것을 컴퓨테이셔널 디자인 사고로 볼 수 있고, 구현하는 행위를 작은 범위에서 '알고리즘 작성하다.', 넓은 범위에서는 '프로그래밍을 한다.'라고 볼 수 있다는 것이죠. 따라서 디자인을 좀 더 명백하게 나누고, 변수를 통해 디자이너들이 각 단계에 개입하여 하여 컨트롤하겠다는 것이에요. 조건에 따라 변수를 수정하고 그에 맞는 분기를 통해 다양한 아웃풋들을 만들어 낼 수 있다는 것이죠.

다시 말해 소프트웨어에서 제공되는 명령어들은 일반화된 함수 형태로 우리에게 제공되고, 우리는 그 일반화된 함수를 실행하기 위해 필요한 파라미터들을 제공함으로써 다양한 문제를 풀 수 있는 것이죠. 즉, 변수를 통해서 일반화된 함수들을 특수한 상황의 함수로 제어할 수 있다는 것이에요. 이러한 기준, 방법, 사고, 개념을 바탕으로 컴퓨테이셔널 디자인 사고를 위한 명시적 기술을 해 나간다는 것이에요.

파라미터와 비쥬얼 프로그래밍 / Visual Programming

이러한 특징을 시각적으로, 좀 더 디자이너 친화적으로 구현시킨 환경을 비주얼 프로그래밍Visual programming이라 부르기도 해요. 요즘 많은 디자인 소프트웨어에서 이러한 명령어와 변수들의 관계성을 통해 디자인을 쉽게 구현할 수 있게 비주얼 프로그래밍 형식을 지원해 주고 있어요. 다이나모Autodesk Dynamo, 그라스하퍼Rhino Grasshopper, 노드 박스NodeBox, 후디니Houdini, 언리얼 블루프린트Unreal Engine Blue Print, 3ds max MCGMax Creation Graph라는 형식으로 지원해 주고요. 3ds max의 Material 같은 경우 일찍이 이러한 인터페이스를 지원해 오고 있었어요. 특별히 Scratch의 경우 초등학생들도 쉽게 따라하며 게임과 같은 다양한 프로그램을 구현하고 학습할 수 있는 환경을 제공해줘요. 따라서 이와 같은 비쥬얼 프로그래밍 환경을 통해 디자인의 순서를 기술하고 파라미터로 그 관계성을 정의하는 경험을 쌓는 것도 방법일 수 있어요.

요약해 보면, '변수', 혹은 '파라미터'(데이터)는 명령어(모듈, 함수, 알고리즘) 체계들의 명시적 연관성을 구현할 때 매우 중요한 요소이고, 이 방식의 확장으로 디자인 알고리즘을 구현하는 것이라고 볼 수 있어요. 이 방식의 확장 전략으로는 앞서 우리가 살펴본 절차지향Procedural design, 파라메트릭 디자인Parametric Design, 룰 베이스 디자인Rule-based design, 혹은 에이전트 베이스 디자인Agent-based Design 등의 패러다임에 내제된 방향성에 근거하고 가이드를 받아 디자인 프로세스의 구체적, 명시적 기술을 해 나갈 수 있게 되는 것이죠.

컴퓨테이셔널 디자인 사고에서 알고리즘의 내용적 측면인 '명시성Explicit'에 대해서 이야기 나누었고, 이해를 돕기 위해 변수, 함수, 파라미터 그리고 그에 따른 예를 알아봤어요. 다음으로 알고리즘의 형식적 특징에 대해서 함께 알아봐요.

16.4 알고리즘의 특징이 무엇 일가요?

'생각을 나열한다.', '프로그래밍을 한다.' 즉, '알고리즘을 코딩한다.'는 행위는, '비교'와 '반복'을 어떻게 디자인할 것인가의 관점으로 볼 수 있어요. 아주 단순한 알고리즘부터 복잡한 알고리즘까지, 결국 그 형식은 '비교'와 '반복'으로 알고리즘이 구성된다는 것이죠.

디자인도 마찬가지로 볼 수 있어요. 직관적이고 통합적사고가 산발적으로 처리되는 것 같지만, 결국 컴퓨테이셔널 사고를 적용해 보면 분명 그 사유의 인과가 있고, 인과에 따른 흐름이 순차적으로 있다는 것이죠. 즉, 디자인 프로세스도 인과관계라는 조건들이 있고, 그것들의 흐름에 따라 반복하며 발전시켜 나가는 것이죠.

컴퓨터의 정확도 그리고 비교 / Accuracy & Comparison

디자인의 형식적 측면과 내용적 측면은 수 체계로 추상화가 가능해요. 즉, 데이터로 압축, 표상Representation시켜 다뤄낼 수 있다는 것이죠. 기하학, 색, 움직임, 인터랙션 등 모든 것들은 데이터로 다뤄질 수 있어요. 데이터로 다뤄진다는 것은 계산이 가능하고 비교가 가능하다는 것이죠. '크다', '작다', '같다', '같지 않다'의 논리 평가로, 기분에 따라 바뀌는 인간과 비교할 수 없을 만큼 매우 정확한 비교가 가능하다는 것이에요. 이 평가기준으로 분기를 만들어 다음 행위를 기술하는 것이 알고리즘의 주요 형식일 수 있어요.

컴퓨터의 속도 그리고 반복 / Speed & Repetition

반복 또한 매우 중요하죠. 컴퓨터의 강점인 매우 빠른 속도로 반복 실행할 수 있죠. 만약 컴퓨터가 느리다면, 알고리즘이 느리게 실행이 됐다면, 컴퓨터가 이렇게까지 우리 삶 안에 깊숙이 근본적인 변화를 만들어 내지 못했을 거예요. 현재 컴퓨터와 우리가 사용하는 대부분의 알고리즘은 체감상, 실행과 거의 동시에 완료가 되죠. 그 배경과 이유는 앞서 이미 자세히 살펴봤기 때문에 디자인 부분에 집중해서 이야기를 나누어 봐요.

일반적으로 디자인은 반복Iteration으로 볼 수 있어요. 전통적인 관점에서도, 정해진 도구들과 제한된 기법들로 말도 안되는 다양한 결과들을 만들어내죠. 이것이 디자인의 힘이라 생각하는데, 그 과정적 측면은 수많은 반복으로 피드백을 얻어 그 다음 반복의 '방향'과 '결'을 결정하며, 다양한 아웃풋들을 만들어 낸다고 볼 수 있어요. 그 변화가 미묘할 수 있어도, 무수히 많은 시도와 변형들을 통해서 전통적인 방법으로 도달할 수 없는 새로운 무언가를 찾아낼 수 있죠.

작금의 많은 디자인 도구들은 디지털 소프트웨어 도구로 이동이 되었죠. 일반 사용자들은 잘 모를 수 있으나, 소프트웨어는 내부적으로는 정해진 루틴들을 반복하는 것이 바로 그 핵심이에요. 매우 복잡한 조건을 판단하고 반복하여 굉장히 까다로운 문제들까지 해결하는 것처럼 보일 수 있으나, 이 마저 분해를 해보면 정말 매우 단순한 반복으로 나누어져요.

결국 알고리즘을 작성한다는 것은 비교와 반복을 기준으로 디자인 알고리즘을 패턴화시키고 나눌 수 있다는 것이죠. 앞서 살펴본 예처럼 '음료수 병을 디자인한다.'고 했을 때도, 원을 그리는 비교 평가기준을 반복하면서 인간의 직관과 함께, 다양한 디자인을 만들어 낼 수 있을 도구로 알고리즘이 사용 될 수 있다는 것이에요.

일반화, 모듈화 그리고 재활용성 / Reusable & Modules

컴퓨테이셔널 디자인 사고와 그것의 구현인 알고리즘 코딩에서 중요한 핵심 중 하나는 '모듈화'로 볼 수 있어요. 앞서 살펴본 것처럼 최소 단위의 의미있는 행위로 나누어 볼 수 있고, 기계적 연산의 결과 값을 재활용하기 위한 모듈로도 나누어질 수도 있어요. 본질은 반복적인 작업과 다양한 상황에 적용 가능한 일반화된 의미로, 지속 가능한 실행 단위로 모듈화를 시킨다는 것이죠.

음료수 캔 디자인의 경우, 모듈 단위로 원을 그리고 Z 축으로 음료수병의 윤곽을 그린 후 그 원들로 음료수 캔을 디자인한다는 가정을 했을 때, 원을 그리고, 이동을 시키고, 주어진 원의 윤곽으로 면을 생성하는 것은 각각 모듈화가 가능하고, 이 일반화된 모듈은 음료수 캔을 넘어 다양한 형태로 변형이 가능하겠죠. 자동차 바퀴를 디자인할 수도 있고, 시각디자인,

혹은 모직의 원형 패턴을 디자인할 때도 사용이 가능하겠죠.

더 나아가 작은 단위 모듈을 조합하여 실행하는 상위 모듈을 구현할 수도 있겠죠. 주어진 디자인 문제를 비교하여 미리 작성된 다양한 서브모듈을 상황에 따라 실행하고, 반복하며, 빠르고, 효율적이고, 창의적이게 디자인 순서도를 만들 수 있겠죠.

필자의 경우 새로운 디자인 연구나 문제들에 맞닥뜨릴 때 구축된 모듈 라이브러리를 먼저 떠올려요. 그리고 비슷한 작업들, 혹은 변형이 가능한 모듈들을 먼저 살펴보고 그것들의 조합으로 대부분의 문제를 해결해요. 사실 디자인 이슈에서 필요한 알고리즘은 그렇게 복잡하고 다양하지 않기 때문에, 여러분들도 매번 코드를 작성할 때 한 번만 쓰고 버리지 말고, 모듈들을 누적하여 스스로의 디자인 라이브러리를 구축하길 권해요.

기존의 모듈을 보면서 좀 더 창의적인 접근법과 문제 해결법을 발견할 수도 있고, 기존 모듈을 사용함으로써 시간을 아끼고 전체적인 디자인 흐름에 완성도를 높이며, 창의적인 작업에 더 집중을 할 수 있기 때문이에요. 무엇보다 컴퓨터 공학에서 이 재활용성에 대한 입장은 프로그래밍에서 매우 중요한 이슈로 보고 있고, 때문에 꼭 모듈화를 통한 접근을 하여 지속 가능하고, 디버깅^{Debugging}이 직관적이고, 코드에 억압당하지 않는 환경을 구축하길 기대해요.

우측 QR 코드 [**라이노(Rhino3d) C# 코드 라이브러리 만들기**]는 모듈화에 대한 워크숍이에요. C#의 경우 DLL^{Dynamic Link Library}의 형태로 패키지할 수 있고, Python, Javascirpt, JAVA 등의 언어들에서도 다양한 모듈화가 있으니 참조해서 학습하기를 권해요.

더 나아가, 모듈화를 통해 소프트웨어의 환경에 따라 Plug-in, 혹은 Add-on 등을 만들 수 있어요. 그리고 독립 소프트웨어^{Stand-alone software}를 만들 때도 모듈화는 중요하게 활용되는 개념이에요. 우측 QR 코드 [**플러그인(Plug-in) / 애드온(Add-on) / 라이브러리(lib)**]를 통해서 Revit의 Dynamo와 Grasshopper의 Add-on, 혹은 웹 환경과 윈도우 환경에서 독립 소프트웨어 등을 만드는 과정들을 소개할게요.

16.5 디자인 & 도구로서의 코딩

도구의 이해는 중요해요. 굉장히 중요한 것이에요. 과거에 필자는 펜과 스티로폼으로 모형을 만들며 건축 디자인을 했었죠. 그것들에서 얻는 장단점은 분명히 있고, 그 결에 맞추어 아이디어 발전의 암묵적인 방향성이 어느 정도 강제된다고 볼 수 있어요. 즉, '금속'이라는 재료를 가지고 디자인할 때, 가공 도구에 따라 주조^{Casting}하거나, 단조^{Forging}하거나, 압출^{Pressing}하거나 압연^{Rolling}하거나, 절삭^{Cutting}하여 가공된다면 각각의 방법론에 맞춰 가공 가능한 형태들의 특징이 있다는 것이죠.

생각의 도구로서

컴퓨테이셔널 디자인 사고는 무엇일까요? 앞서 살펴본 것처럼 문제의 분해와 추상화를 통해 명시적 선언을 하고, 비교와 반복을 통한 구현으로 볼 수 있죠. 이러한 사고 체계를 바탕으로 기존의 디자인 사고 흐름을 컴퓨테이셔널 사고로 전환하여 디자인 프로세스를 바라보는 것이죠. 이러한 사고 훈련으로 어떤 기회가 포착이 될까요? 어떤 디자인 데이터가 가공이 될까요? 컴퓨테이셔널 사고라는 간단한 접근법으로 어떻게 복잡 미묘한 디자인을 풀어낼 수 있을까요?

이 과정과 고민들을 통해서, 전통적이고 직관에 익숙한 생각의 틀과 방법론이 컴퓨테이셔널 사고로의 전환을 훈련하고, 체화시켜, 보다 명시적 사고를 할 수 있는 힘을 기르는 것이죠. 즉, 주어진 디자인 문제들에 컴퓨테이셔널 사고를 적용하여 기술하고 해결하는 생각의 도구로 활용될 수 있다는 것이죠.

구현의 도구로서

이러한 생각을 구현^{Implementation}함에 있어서 명시적 기술 방법인 프로그래밍 언어의 문법에 익숙해지는 것이 그 시작점이겠죠. 왜냐하면 명시적 기술을 위해서 가장 엄밀한 언어인 수학을 통해 문제와 프로세스를 추상화시켜 논리구조를 구현하는 경험을 쌓아야 하기 때문이죠.

프로그래밍 문법과 수학은 뒷부분 [**18 수학, 가장 엄밀한 언어**]에서 좀 더 자세히 다루어요.

알고리즘과 API

알고리즘을 코딩할 때 생각해야 할 것은 무엇일까요? 내가 코딩을 통해서 어떤 문제를 기술하고 해결할지를 알아야 하겠죠. 분위기에 휩쓸려, 떠밀려 코딩 공부하거나, 목표 의식 없이 학원 코스나 동영상 강좌를 따라하는 것은 어쩌면 시간을 허비하는 것일 수도 있어요. 왜냐하면 가르치는 사람의 경험과 편향에 떠밀려, 맞다 판단하고 학습하긴 하지만 실제적으로 디자인을 위한 활용도는 떨어지는 경우가 많이 있기 때문이죠. 가령 성적표 만들고, To-do 리스트 만들고, 화면에 문자를 찍는 것이 나의 디자인에 도움이 될까요? 물론 도움이 되기는 하겠지만 그래도 디자인에 어떻게, 어디에, 왜 사용할지를 알아야 한다는 것이죠. 그렇지 않으면 흥미도, 재미도 느끼기 어렵고 오랫동안 지속하기가 힘들죠. 따라서 전공을 선택해야 하는데, 여기서 전공은 소프트웨어의 API로 이해하면 좋아요.

즉, 디자이너로서 창작활동에 직결될 수 있는 알고리즘을 공부함으로써 재미를 가지고 의미있는 학습을 지속할 수 있다는 것이죠. 동시에 여러분들이 하고자 하는 전공으로 선택된 소프트웨어의 API 단에서 디자인에 필요한 대부분의 중요한 알고리즘은 이미 잘 패키지 되어 있어요. 따라서 처음 시작하는 디자이너들에게 그 제공된 알고리즘들을 디자인 프로세스에 맞춰 시기적절하게 호출하여, 디자인 기술을 하는 상위레벨의 알고리즘에 집중하면 되기 때문에 보다 쉽고 효율적이게 코딩이라는 도구를 사용할 수 있게 되는 것이죠. 성적표를 만들고 To-do 리스트를 만드는 것 보다 훨씬 더 유의미한 경험과 시간투자가 될 수 있겠죠.

디자이너를 위한 API의 두 가지 관점

궁극적으로 나만의 컴퓨테이셔널 디자인 API를 구축하는 것이 목표이긴 하지만 이제 시작하는 디자이너 입장에서는, 일반적으로 상용 소프트웨어에서 제공되는 API의 활용이 더 중요해요. 즉, 어떤 소프트웨어를 선택하고 그에 따른 API를 공부할 것이냐의 질문으로 볼 수 있어요. RhinoCommon API 예를 들면 Rhino에서 제공되는 거의 모든 명령체계를 코드로 접근할 수 있어요. 디자인과 직결되는 기하학과 관련된 모듈도 있고, Rhino 프로그램 데이터에 접근하는 모듈도 볼 수 있어요.

앞서 살펴본 것처럼 API는 소프트웨어의 철학이 담겨 있기 때문에 그 환경과 문법을 이해하여 디자인 알고리즘을 작성하는 것이죠. 무엇보다 디자인은 지오메트리가 굉장히 중요한데 이것들을 어떤 단위로 쪼개고 구성을 했는지, 지오메트리들의 데이터들의 관계성은 어떠한지, 그에 따른 어떤 가공프로세스 존재하는지 API를 살펴봄으로 파악할 수 있다는 것이죠.

또한 디자인 데이터를 다루는 용도로 활용할 수 있을 뿐 아니라, 그 소프트웨어 자체를 컨트롤할 수 있는 명령어 체계에도 접근을 가능케 해줘요. 가령 코딩을 통해 소프트웨어의 환경을 조정하거나 그 환경 데이터를 가져와서 활용할 수 있고, 입출력에 해당하는 명령어들을 제어해 데이터를 가져오거나 내보낼 수도 있고, 개발자가 열어놓은 권한 안에서 소프트웨어 아키텍처 관점에 해당하는 그래픽스 파이프라인, 데이터 파이프라인, 인터랙션 파이프라인 등의 접근도 API를 통해 가능하다는 것이죠. 즉, 소프트웨어 도구에 얽매이지 않고 높은 활용할 수 있다는 이야기죠.

디자인 언어

컴퓨테이셔널 디자인 사고에서 필요한 각론을 알아봤어요. 컴퓨테이셔널 디자인 사고는 개념이고, 여러분이 컴퓨테이셔널 디자인을 할 때 가이드로써 충분히 체화될 때까지 반복해서 상기해 보기를 권해요. 그리고 무엇보다 중요하게 이 도구들과 사고체계들이 적용되는 지점, 다시 말해 스스로의 디자인 사고 방법을 지속적으로 발전시켜 가는 것도 그 핵심이에요.

어떤 의미로 보면 직관에 의존한 전통적 디자인 방법론 그리고 컴퓨테이셔널 방법론, 이 두 방법론들이 교차되고 화해되는 접점을 잘 이해하고, 활용하여, 통합적인 생각을 하는 훈련을 권해요. 마치 국어와 영어가 실시간 동시통역이 되듯, 두 생각의 '결'과 '논리체계'의 화학반응을 낼 수 있는 전략과 경험이 컴퓨테이셔널 디자이너로서 추구해야 하는 방향(각 지점의 장점들을 융합)이라 생각해요.

! 디자인 전공생의 걱정, 선택, 미래

기존의 것 vs 새로운 것

코딩의 중요성을 인지하고 컴퓨테이셔널 디자인을 학습하려는 학생들과 소통
을 하다 보면, 그럼에도 불구하고 전통적인 디자인 방식과 컴퓨테이셔널 한 방
식의 차이에서 오는 혼란 그리고 미래의 취직에 대한 걱정들을 엿볼 수 있어
요. 너무나 자연스러운 현상인 것 같아요. 기존에 익숙한 방식에서 떠나 새로움에 대한 불확
실성이 우려될 수 있죠. 그 혼란에서 중심을 잡을 수 있는 몇몇의 관점을 함께 고민해 봐요.

관점 1. 현재를 이해하고 미래를 준비하는 관점

우리가 학습하는 거의 모든 내용은 과거에 기초하고 있죠. 초, 중, 고, 대학 과정을 거치면서
과거에 기록된 지식, 문화, 관습, 혹은 전공 지식 등을 학습하죠. 언어, 수학, 공학, 디자인도
그러하고 과거에 누적된 정보를 습득하는 것이죠. 왜 과거를 배울까요? 그 과거를 바탕으로
미래를 살아갈 수 있는 통찰력을 얻게 되기 때문이죠. 마찬가지 관점으로 볼 수 있어요. 미래
를 준비하고 맞이함에 있어서 새로운 것을 학습하던, 전통적인 방법을 학습하던 각각의 관점
과 개성이 있기 때문에, 스스로가 더 집중할 수 있는 지점을 순차적으로 학습함으로 20, 30
대의 에너지를 허비하지 않는 것이 중요하다고 생각해요.

동시에 과거를 학습한다는 것은 과거와 현재의 역동적인 흐름의 인과관계에 기초한 미래 예
측 관점도 있죠. 따라서 지금의 학생 때 이해되는 세상보다, 5년 10년 뒤 현업의 미래를 타
깃하여 준비하는 전략도 요구돼요. 즉, 공을 따라가기보다 공이 갈 방향으로 달리는 것이죠.

관점 2. 생활 속의 사고체계 관점

굳이 지금부터 미리 걱정할 필요는 없다고 생각해요. 아마도 실무로 나올 때 환경이 많이 변
해 있을 것이란 생각을 해요. 왜냐하면 변화 속도가 점점 가속화가 되기 때문이죠. 모두가 필
요를 느끼는 시점이 왔을 때 준비를 하는 것보다, 지금부터 조금씩 차분히 학습하는 것이 유
리하다고 생각해요. 일반적 디자인 방법을 학습하더라도, 잠을 자고, 식사를 하고, 데이트를

하고, 여가생활을 즐기는 것처럼, 시간을 따로 떼어 내어 교양을 쌓듯이, 내가 잘할 수 있는 것을 더 잘해나가는 관점으로 컴퓨테이셔널 사고와 코딩을 이해하는 방법도 있어요.

또한 컴퓨테이셔널 한 방법론을 굳이 디자인 스튜디오를 통해 적용하고 아웃풋을 만들어 내야한다는 부담감에서 자유할 필요가 있다고 생각해요. 컴퓨테이셔널 사고(디자인)는 문제 해결 능력이에요. 전통적인 문제 해결(디자인) 방식으로 함께 조화를 만들고, 디자인을 넘어 일상생활의 문제를 다루는 힘을 기를 수 있기 때문에, 열심을 내어 현실적 목표를 달성하기보다, 그러한 사고체계를 체화시켜 삶의 부분으로 만드는 접근이 중요하다 생각해요.

관점 3. 기초, 기존 체계(전통적 디자인 방법론)의 중요성

컴퓨테이셔널 디자인이 온전한 영향력을 발휘하기 위해서는 반드시 전통적인 디자인 통찰에 기초해야 한다고 생각해요. 컴퓨터 공학, 그래픽, 컴퓨테이셔널 사고에만 뛰어난 이들이 컴퓨테이셔널 디자인을 잘 할 수 없는 이치와 같아요. 따라서 전공하고 있는 디자인의 전통적 방식을 충분히 경험해야 그 프로세스의 단점과 장점을 이해할 수 있고, 디자이너로서 컴퓨테이셔널 방법론을 의미있게 적용 할 수 있다는 것이죠.

동시에 초보 디자이너와 상담하다 보면, 스스로의 디자인 방법론이 없기 때문에 마치 컴퓨테이셔널 디자인을 못하게 비춰지는 경우도 왕왕 있거든요. 이런 경우 해결책은 컴퓨테이셔널 디자인을 더 공부하는 것이 아니라, 전통적인 디자인을 경험하고 학습함으로써 해결이 가능한 사례도 있어요. 왜냐하면 컴퓨테이션은 하나의 디자인 도구이기 때문이죠.

관점 4. 조언의 배경을 이해하는 관점

조언에는 항상 편견^{Bias}이 있어요. 조언을 온전히 대입시키기 위해서는 그 조언자의 배경, 의도, 견해, 경험을 반드시 이해하고 나의 상황에 맞게 튜닝하여 적용하는 것이, 그 조언을 듣고 소화하려고 노력하는 것보다 더 중요하다 생각해요. 예를 들면 '양자역학'이 지금의 물리학의 주류로서 다뤄지고 있죠. 그러나 20세기에는 그렇지 않았어요. 당대 최고의 과학자인 아인슈타인은 양자역학의 '불확정성의 원리'가 스스로의 이론인 '특수상대성 이론'과 양립할 수 없다 판단했기 때문이죠. 하지만 작금의 현실은 양자역학이 우리의 삶을 바꾸고 있죠. 양자 컴퓨팅이 그 예가 될 수 있어요.

인터넷 붐이 불 때, 1995년도 빌 게이츠[Bill Gates]의 인터뷰(우측 QR 코드 참조)를 보면, 진행자가 "인터넷이 왜 특별하냐?"고 물었고, 빌은 "야구 경기를 들을 수 있다."는 예를 들었죠. 그러자 진행자는 "라디오랑 다른 것이 무엇이냐?" 물었

고, 빌은 "인터넷을 통해 야구 경기를 저장한 후 볼 수 있다."라고 답했죠. 진행자는 "그러면 인터넷이 녹음기랑 다른 것이 무엇이냐?"고 되물었죠. 빌의 설명에도 불구하고, 새로운 것을 이해할 때 그들이 익숙한 편견에 빗대어 이해를 시도했고, 그 편견으로 당시 대부분의 대중은 인터넷의 가능성을 온전히 이해하고 받아드릴 수 없었죠. 그러나 결과적으로 당시 사람들의 생각과는 다르게 인터넷은 우리의 삶을 완벽하게 바꾸어 놓았죠. 이처럼 경험의 폭, 상상 가능한 영역에 근거하여 편향을 가지고 시대를 보고 이해할 수밖에 없는 것이죠.

필자 또한 편견이 있죠. 조언을 주는 부모님도 편견을 가지고 있고, 학교에서 지도하는 교수님들도 편견을 가지고 있어요. 시대와 문화, 개인의 경험과 성취, 혹은 역할 모델에 기인하는 편견들을 잘 이해하는 것이 조언을 건강히 다루는 하나의 관점일 수 있다고 생각해요.

관점 5. 정답을 찾아 선택하기보다, 나의 선택을 정답으로 만드는 관점

필자도 중 고등학교 때 프로댄서로 사회생활을 시작해서 몇몇의 전문 직업을 거치면서 수많은 고민, 결정, 후회가 있었죠. 우리 삶의 대부분의 문제는 양자택일 모양의 형식을 보일 수 있으나, 내용적 측면으로는 그렇지 않게 이해될 수 있는 것도 많아요. 특별히 젊은 시절에는 많은 경험을 통해서 '나'를 알아가는 시간을 갖는 게 중요하다 생각해요. 좋은 선택이던 나쁜 선택이던 그 과정에서 오는 피드백을 통해서 내가 잘하는 것들, 심장이 뛰는 부분, 나도 모르는 장점이 발휘되는 지점들을 발견하여, 누가 시켜서 하는 일이 아닌, 내가 하고 싶고, 즐기는 부분을 찾아서 승부를 보는 것 더 중요하다고 생각해요.

기성 교육의 틀로 우리는 선택지에서 오답을 제거하고 정답을 찾는 과정에 최적화되어 있죠. 하지만 내가 선택한 선택지를 정답으로 만들어 내는 시각과 진취적인 자세가 우리 삶에 더 중요한 훈련이고, 값진 실력이 아닐까 생각해요.

17 컴퓨테이셔널 디자인 적용 & 방법론

 좌측의 QR 코드 [**디자이너를 위한 컴퓨테이셔널 디자인 사고**]는 필자가 디자이너들이 컴퓨테이셔널 디자인을 좀 더 편하게 이해하여 적용할 수 있게 키워드를 통해 가이드로 활용할 수 있도록 정리해 놓은 자료예요. 앞서 학습한 컴퓨테이셔널 사고가 어떻게 디자인에 적용될 수 있는지 '키워드'와 함께 알아봐요.

17.1 가설, 상상, 질문하기 Question & Imagination & Hypothesis

무엇을 '하기Doing'보다는, 무엇을 '왜Why'해야 하는지를 먼저 알아야 해요. 주어진 문제를 어떻게 인식할 것인가에 대한 이야기로 볼 수 있어요. 원하는 목표를 설정하거나 환경, 혹은 가설을 세우는 작업이 이 단계에 해당될 수 있어요.

올바른 답을 얻기 위해서 바른 질문을 해야 한다는 이야기가 있듯이, 다각도의 질문을 던지면서 브레인스토밍Brainstorming을 하는 것이죠. 어떤 질문이 선행되어야 하고, 질문에 따른 답들이 나왔을 때 그 중요도와 우선순위 등을 고민하면서, 그 문제의 윤곽Boundary을 확인하며 다음의 키워드를 적용해 보는 것이에요.

THE QUESTION / IMAGINATION / HYPOTHESIS
문제의 이해 / Understanding Problem, Concern & Issue
인풋과 아웃풋의 선언 / Declaring Inputs & Outputs
이행서 작성 / Writing Instructions

예를 들면 정확하게 한 문장으로 '이 알고리즘, 혹은 디자인 프로세스를 통해서 원하는 것이 무엇인가?'라는 질문이죠. 좀 더 엄밀한 언어로 하면, 어떤 인풋들이 그 질문에 제공되고, 답으로서는 어떤 아웃풋을 기대하는가에 대한 이야기로 볼 수 있어요. 필자 스스로도 디자이너로서 경험과 학습된 사유방식이 있기 때문에, 형용적이고, 형이상학적이며, 이러면서 저래야 하는 사고의 모호성이 습관적으로 배어 있죠. 이런 모호한 사고들을 방지하고, 제한하고, 명확한 답을 얻기 위한 명시적 질문, 혹은 가설을 세우는 것이죠.

따라서 원하는 목표에 도달할 수 있게, 명확한 질문들을 던지고 우선순위에 따라 구체적으로 접근하는 훈련을 해야 한다는 것이에요. 모호한 부분을 일관되고 명시적 기준으로 선언할 수 있는 질문을 던지는 방법, 즉, 인풋과 아웃풋이 무엇인지 생각해 보고 작성해 보는 것이죠.

만약 위의 사고가 익숙하지 않다면 전체적 접근보다는 부분적이고, 단순하고, 명확한 지점부터 질문을 던지고 구현하면서 점차적으로 디자인을 관통할 가설을 만들어 나가는 방법도 있어요. 처음 시작하는 디자이너의 경우라면 아주 작은 단위의 단순한 자동화를 위한 질문들, 전체를 고려하지 않아도 되는 완벽하게 격리된 프로세스를 구현하는 질문부터 시작하는 것이죠. 내가 원하는 것이 정확하게 무엇인지, 그 답을 얻기 위해서 무엇이 반드시 필요한지, 명시적으로 생각하고, 상상해 보고, 기술하는 것이죠.

17.2 방법론 & 접근법 The Methodology & Approach

앞서 세운 가설과 질문들이 디자인 문제들을 해결할 때의 전략과 틀이라고 본다면, 각각의 질문들을 구체적으로 하나하나 풀어나갈 방법론이 필요하겠죠. 아래의 키워드는 위에서 학습한 내용을 구현하기 위한 행동지침의 전략으로 이해하면 좋아요.

가령 통합적이고 전체적인 접근보다, 부분적으로 단순하고 명확한 지점으로부터 질문을 던지며 질문의 핵심을 요약, 추상화시켜 나가는 방법이 있을 수 있겠죠. 예를 들면 사람을 그릴 때 복잡한 디테일은 다 버리고, 두 선을 다리와 팔, 한 선을 몸통으로 추상화시키는 것이죠.

혹은 전체적인 틀, 큰 그림들을 그리면서 세부적인 요소들을 추가해 나가는 방법도 가능하겠죠. 가령 사람의 얼굴을 그릴 때, 전체적으로 윤곽을 잡으며 디테일을 살려 나가는 관점이죠. 또는 자동차의 경우 일반적인 자동차의 형태가 있죠. 그 형태를 기준으로 자세한 모양의 디테일들을 그려가며 특징을 부여해서 디자인해 나가는 전략도 있겠죠.

THE METHODOLOGY & APPROACH

전체에서 부분 & 부분에서 전체 / from Whole to Parts & from Part to Whole

간단함에서 복잡함 & 복잡함에서 간단함 / from Simple to Complex & from Complex to Simple

일반에서 특화됨 & 특화됨에서 일반화 / from Generic to Specific & from Specific to Generic
추상에서 구체화 & 구체화에서 추상화 / from Abstract to Concrete & from Concrete to Abstract

이러한 생각 흐름의 전략은 글로 써질 수 있고 궁극적으로 더 엄밀한 수 체계로 기술되어질 수 있기 때문에, 위의 키워드를 통해 문제를 바라보는 훈련이 중요해요. 필자도 소프트웨어 엔지니어로서 특정 이슈를 해결하는 알고리즘을 구현할 때, 머릿속에서는 위의 키워드와 같은 전략들을 기본으로 하여 타이핑을 치고, 수정하면서, 어떤 전략이 지금 주어진 이슈를 해결하는데 가장 좋은 방법인지를 끊임없이 머릿속에서 실행Execution 해 가며 코딩을 해요.

17.3 정책 The Manifesto & Policy

실제 코드를 작성하기 전에 전체를 관통할 알고리즘(디자인 알고리즘) 설계의 정책에 대해서 한번 고민해 봐야 해요. 컴퓨터 공학에서 바이너리 컨디션Binary Condition은 양립할 수는 없는 환경이에요. 즉, '모' 아니면 '도'인 것이죠. 다시 말해 문제를 바라보고 해결할 때 일관된 하나의 전략을 유지해야 한다는 것이죠.

즉, 어떤 이슈를 인식할 때 디자이너의 자세로 볼 수 있어요. 어떤 정책을 펼칠 것인가? 예를 들면 공산주의 스타일로 하나의 컨트롤 타워를 세워 모든 주권을 손에 쥐는 방식Centralized으로 코딩할 것인가? 혹은 민주주의 형태로 다양한 분야의 컨트롤 타워를 세워 협력하는 방식으로 프로그래밍을 할 것인가? 즉, 전체를 관통할 수 있는 하나의 자세를 정하는 것이에요. 그리고 최대한 일관성을 가지고 프로그래밍을 하자는 선언, 혹은 정책으로 볼 수 있어요.

좀 더 쉬운 예를 들면 같은 문제를 해결하더라도, '접근 방법의 일관성을 어디에 둘 것인가?'로 볼 수 있어요. 가령 데이터를 두고 함수들을 통과시켜서 결과를 만들 것인가? 아니면 데이터의 큰 틀을 선언하고 함수로 하여금 데이터에 접근해서 결과를 만들게 할 것인가? 즉, 함수 지향으로 갈 것인가? 오브젝트 중심으로 할 것인가?의 결정을 그 예로 들 수 있어요.

물론 실제적인 알고리즘들의 구현 과정 중에서 때때로 예외Exception를 둘 때가 있을 수 있어요. 하지만 이런 예외들이 많아지고 초기 정책이 느슨해지면, 완성도 있고 지속 가능한 프로그래밍에 도움이 되지 않아요. 특별히 특정 복잡도를 넘어서면 유지, 보수, 개발에 심각한 걸림돌이 되어 부메랑처럼 돌아오게 돼요. 따라서 우회를 하더라도 큰 틀에서는 선언된 정책을 지속적으로, 일관성을 유지하며 코딩해 나가는 것이 중요해요.

THE MANIFESTO & POLICY

결정론적 vs 확률적으로 접근 / Deterministic vs Stochastic

집중적 vs 혹은 발산적 / Converge vs Diverge – Design Space, Optimization, Pareto Efficiency

탑다운 vs 바틈업 / Top-down vs Button-up

전반적으로 vs 부분적으로 / Holistic vs Partial

이미 존재하는 vs 새롭게 이끌어 찾아내는 / Existing vs Emerging(Revealing)

중심적 vs 탈 중심적 / Oriented vs Disoriented

집중화 vs 분산화 / Centralized vs Decentralized

순차적 vs 반복적 / Procedural vs Iterative

최고 vs 최선 / Ultimate(Best) vs Optimal

예를 들면 [**CHAPTER 3 코딩 & 컴퓨테이셔널 디자인 활용**]에서 알아봤듯이 해결해야 하는 문제가 결정론적으로 접근해야 하는 문제들이 있고, 확률론적으로 접근해야 하는 문제들이 있어요. 이 둘은 목표 자체가 다르기 때문에 스스로 세운 질문에 맞는 정책을 펼치는 것이 필연적이죠. 혹은 어떤 특정 목표와 조건에 최대한 접근하는 것을 목적으로 할 것인지, 다양성, 즉 여러 옵션들^{Design Space}을 확인하는 것이 목적인지에 따라 전략이 다를 수 있겠죠.

이미 알려진 결과, 혹은 내가 생각하는 결과물을 만들어 내야하는 경우^{Existing}도 있지만, 경우에 따라 환경과 조건에 맞는 경험하지 못한 새로운 무언가를 찾아 내야^{Emerging}하는 경우도 있어요. 또는 순서와 절차^{Procedural}에 따라서 진행해야 해결되는 이슈들도 있고, 반복의 접근법^{Iterative}으로만 해결될 수 있는 이슈들도 있어요.

같은 디자인 이슈가 있다 하더라도 다양한 방법론을 적용해서 생각해 보고, 구현해 보는 훈련을 권해요. 처음에는 어렵게 다가올 수 있는데, 반복 훈련을 지속하면 특정 문제를 잘 설명하고, 변형할 수 있는 접근의 틀과 유연성이 생기실 거예요. 컴퓨테이셔널 사고 체계로의 전환이 문제인 것이지, 그 사고가 체화됐다면, 마치 운전하면서 대화도 하고 여러 생각들도 편하게 할 수 있듯 위의 키워드들은 매우 편리하고, 상식적이고, 자연스러운 디자인 방법론으로 받아들여지게 될 거에요.

17.4 구현 Implementation

앞서 고민한 (1) 가설, 질문들을 해결하기 위한 (2) 다양한 접근 방법들 그리고 그 방법들을 씨줄과 날줄로 엮을 (3) 정책들을 실제 코딩을 통해 구현할 차례에 왔어요. 프로그래밍 언어 문법을 통해 앞서 정리한 내용들을 수 체계의 형식을 빌려 코드를 작성하는 것이죠.

코딩을 한다는 것은 현실세계의 문제들을 컴퓨터의 가상세계 안으로 가져와 해결하겠다는 의미죠. 다른 말로 풀면 현실 상황을 컴퓨터의 체계 안에서 기술해야 한다는 것이에요. 물론 선택한 언어의 문법에 따라, 지향하는 프로그래밍 패러다임에 맞춰, 한줄 한줄 써 내려가야 겠죠. 그 과정에서 다음의 키워드를 생각하면서, 그 코드의 내용들에 적용해 가며, 이산화된 디지털 세상 안에서 무한하고 복잡한 현실의 문제를 기술하는 훈련을 할 수 있어요.

THE IMPLEMENTATION

무한에서 유한으로 / from Infinite to Finite - FEM, Structure Analysis

암묵에서 명시적으로 / from Implicit to Explicit

모호함에서 명확함으로 / from Ambiguous to Certain

얽혀짐에서 나눠짐으로 / from Entangled to Separated - Pipeline

암묵적 관계에서 명시적 상호관계로 / from Inactive to Interactive - Complex System

현상에서 모델로 / from Phenomenological(Observation) to Predictable(Model & System)

직관에서 구현으로 / from Intuition(Imagination, Hypothesis) to Implementation

컴퓨터의 '메모리'라는 디지털 공간은 유한하고, 비트의 스위치를 끄고, 키며 계산을 해 나가요. 그래서 무한의 공간을 유한으로 나누는 과정이 반드시 필요해요. 나중에 뒷부분 **[CHAPTER 6 코딩, Coding]**에서 좀 더 자세히 나누기로 하고, 앞서 살펴본 시뮬레이션 사례 이야기 때 나누었던 이산화의 과정을 고려해야 한다는 것이에요. 즉, 아날로그 현실의 무한한 정보를 유한한 디지털 세계로, 정보의 손실을 최소화하며, 어떻게 수 체계를 통해 표상 Representation, 번역 Interpretation할 수 있을 것인가의 이야기죠.

특별히 컴퓨테이션의 활용이 깊어질수록 현실의 문제를 메모리라는 형식 안에서 효율적으로 관리해야 해요. 단순히 자료형의 메모리 종류, 할당, 최적화를 이야기하는 것이 아니라, 현실의 디자인 이슈를 어떤 데이터 구조로 다룰 것이냐의 관점인 것이에요. 뒤의 [**CHAPTER 19 코딩, 무엇을 기술하나?**]에서 더 자세히 이야기 나누어요.

동시에 컴퓨터는 '계산기'이기 때문에, 인간들이 문제를 인식할 때의 모호하고 암묵적인 사고 흐름을 수 체계를 이용하여, 연산 가능한 명시적 체계로 기술해야 하는 것이죠. 현실 문제는 매우 복잡하고 그 관계성 또한 암묵적이죠. 이런 복잡한 현상을 컴퓨테이셔널 사고로 분해하고, 순서를 정하고, 조합하여, 복잡함을 구현하고, 조정하는 것이 중요한 접근법이라 볼 수 있어요. 이 과정에서 위의 키워드를 유념하며 구현하길 권해요.

17.5 공간 정보 Spatial Data Manipulation

프로그래밍은 결국 데이터 구조의 선언이고, 알고리즘으로 그 선언된 구조안에 기술된 정보를 가공하는 것이죠. 따라서 데이터 구조는 풀고자 하는 현실 이슈를 컴퓨터 공학적으로 설명하는 방법으로 볼 수 있어요. 디자인도 결국 공간 정보, 형태정보이기 때문에 내가 풀고자 하는 문제를 잘 설명할 수 있는 데이터 구조를 선언하고 그 구조를 활용하여 공간 정보를 처리해 나가는 것이라고 볼 수 있어요.

데이터 구조는 간결할수록 좋아요. 그리고 문제를 직관적으로 추상화시킬 수 있다면 더 좋아요. 복잡한 N 차원의 공간이라 하더라도, 데이터 구조의 측면에서는 직관적인 구현이 가능하죠. 디자인 하고자 하는 공간을 대표하는 데이터 구조를 구현한 후, 그 안에서 여러 형태의 데이터 가공이 가능하죠.

예를 들면 공간데이터의 메모리를 직접 연결, 참조하여 상호관계를 정의한다던가, 특정 함수를 만들어 데이터의 순수함을 유지시키면서 함수를 통해 결과만을 받을 수도 있고, 데이터 구조 스스로 계산과 그 히스토리의 추적, 결과물의 저장을 모두 포함한 객체[Object]로써의 전략을 취할 수도 있죠.

SPATIAL DATA MANIPULATION

액션 / Dumb vs Smart – Component Oriented Programming: React, Unity3d

관계성 / Reciprocal(Mutual & Dependent) vs Isolation(independent)

프라이버시 레벨 / Public or Protected or Private

추상화 vs 실체화 / Abstract vs Concrete – Implementation and Inherent

연결 vs 끊김 / Connected vs Disconnected

정적 vs 동적 / Static vs Dynamic(Instance)

위의 키워드는 앞서 살펴본 구현과정에서도 동일하게 적용될 수 있는 공통 유념 사항이기도 하며, 공간 데이터 구조들을 구현할 때도 항상 위의 키워드를 상기하며 코딩하기를 권해요. 단순히 변수를 선언하여 공간 정보를 담기보다, 공간 정보들 간의 다양한 성격, 관계성, 발전 방향 등을 포괄적으로 다룰 생태계로써의 공간 데이터 구조를 구현하는 것이 컴퓨테이셔널 디자인에서는 중요하다고 볼 수 있어요.

가령 일반적인(제너릭^{Generic}) 데이터 구조를 선언 후, 디자인 공간 환경과 다뤄내야 하는 데이터 가공에 따라 특화된 구조로 변형을 하여 상황에 맞는 코드를 구현하는 방법도 있고, 환경에 따라 데이터들의 관계성을 다이내믹하게 서로 참조^{Reference}하며, 직관적이고, 효율적인 디자인 데이터를 공간상에서 추상화하여 다룰 수도 있어요. 뒤의 [**21 코딩: 공간 정보 & 파이프 라인**]에서 설명할 Graph, Pixel, Voxel 등의 데이터 구조가 그 예일 수 있어요.

17.6 도구 & 원칙 The Tool & The Principle

'컴퓨테이셔널 디자인 사고'의 기술 도구인 프로그래밍 언어들을 보면, '문법 측면'으로 주요한 원칙들이 있죠. 가령 앞서 함께 알아본 절차지향, 함수 지향, 오브젝트 지향, 데이터 중심, 컴포넌트 중심 등의 개념을 가지고 프로그래밍을 해 나가는 것도 문법에 해당되죠. 전달하고자 하는 내용과 논리가 있을 때, 글을 쓰는 방식에 따라 형식적 측면이 다양하게 구사될 수 있겠죠. 하지만 코딩은 명시적으로 할수록 좋아요. 유지, 보수, 디버깅, 모듈화, 재사용성 등을 고려해 가면서 프로그래밍 문법적으로 효율적인 기술을 해 나가는 것이죠.

따라서 코딩 도구인 프로그래밍의 문법을 높은 수준으로 활용(기술과 개념의 이해)하여 문제를 좀 더 세련되게 기술하는 것이죠. 마치 글쓰기 할 때 여러 고급 표현들을 숙지하고 있다면, 전달의도와 논리를 더 명확하게 하기 위해 시기적절하게 그 세련된 구문과 표현을 사용할 수 있는 능력과도 같은 내용으로 프로그래밍 문법을 이해할 수 있어요.

THE TOOL & THE PRINCIPAL

Analytic-Oriented & Object-Oriented & Functional & Procedural & Component...

Relational Hierarchy

Properties and Behaviors

Pure & Impure

Condition & Loop

Coordinate system, Distortion, Projection Remap Interpolation …

17.7 요약 Summary

요약하면 아래의 키워드와 같이 (1) 디자인 이슈와 문제를 작은 의미로 분해하고, 목적에 따라 분류를 하고 조합을 하는 것이죠. (2) 주어진 이슈를 잘 설명할 수 있는 데이터 구조를 구현하고 (3) 알고리즘을 적용하여 데이터를 가공하는 환경을 구축하는 것이라고 간단히 압축할 수 있어요.

Breaking down, Differentiating Issues, Problems, and Tasks

Developing Spatial Data Structures

Implementing Algorithms

이 책이 입문서임을 고려해 봤을 때, 이 정도면 여러분들이 고민해야 할 키워드와 내용을 충분히 전달한 것 같아요. 추후, 가제 [따라하며 입문하는 컴퓨테이셔널 디자인]을 통해서 실습과 함께 알아보도록 해요. 더 자세한 내용을 알고 싶은 독자는 다음의 QR 코드 [**컴퓨테이셔널 디자인 28. SA 7.0 Lecture 2. 디자이너를 위한 컴퓨테이셔널 사고**]를 참조해 주세요.

! 알고리즘 학습 방법

어떤 부분에서 '알고리즘은 데이터 구조를 만들고 그 구조를 수정하는 것이다.'라는 말에 전적으로 동의해요. 앞서 살펴본 언어들에서 제공되는 기본적인 데이터 형식과 구조를 바탕으로 주어진 디자인 이슈를 잘 설명하고, 해결하기 위한 적절한 데이터 구조를 만들고, 수정, 업데이트하는 것이 사실 전부죠.

이러한 알고리즘을 어떻게 공부할까요? 크게 두 접근법이 있다고 볼 수 있어요. 코딩 문제풀이를 해 보는 것이죠. 흔히 구글, 애플, 삼성, 카카오의 코딩 시험을 준비하는 과정을 통해서 알고리즘 학습을 하는 것이죠. 체계적으로 분류가 잘 되어 있고, 많은 학습 자료와 도움이 되는 사이트들이 많아요.

주의할 점은, 아무래도 디자이너로서 코딩을 활용하는 입장에서의 그 중심을 잘 견지하는 것이 중요해요. 주객이 전도되지 않게 선택과 집중해서 학습하기를 권해요. 왜냐하면 코딩 시험의 경우 판단기준이 명확해서, IT 회사에 엔지니어로 입사하는 것이 목표가 아닌 이상 많은 시간을 투자할 필요는 없어요. 정답을 맞추는 문제 풀이를 넘어, 각각의 알고리즘의 구현과 적용할 수 있는 범위와 방법을 학습함에 있어서는 체계적으로 도움을 받을 수 있어요.

알고리즘 기초 수준의 문제들(문법^{Programming}, 수학^{Mathematics}, 완전 탐색^{Brute-Force Search & Exhaustive Search}, 정렬^{Sorting}, 다이내믹 프로그래밍^{Dynamic Programming}, 그리드^{Greedy} 알고리즘)과, 특별히 공간 정보(그래프 탐색^{Graph Traversal})를 다루는 문제들을 풀어 보기를 권해요. 이런 문제들의 접근방식을 학습해 보기를 권해요.

 일반적으로 알고리즘을 평가하는 방식들이 있죠. 그중에 시간 복잡도^{Time complexity}와 공간 복잡도^{Space complexity}로 알고리즘을 평가할 수 있어요. 시간 복잡도는 알고리즘을 수행하는 시간으로 볼 수 있고, 공간 복잡도는 사용되는 메모리를 평가하는 것이죠. 중요한 이유는 알고리즘의 특성이 있고, 그에 따른 최적화된 구현을 하는 것이 평가기준 중 하나기 때문이에요. 좌측의 QR 코드로 자세한 설명을 대신할게요.

다른 접근법으로는 기하학^{Geometry}에 필요한 알고리즘을 공부하는 거예요. 물론 위와 동일한 뜻일 수 있으나 코딩 테스트에 합격하기 위한 공부가 아닌, 디자인을 실현하고 평가하는 관점으로의 학습과 구현을 공부해 보길 권해요. 그리고 관심사에 맞춰서 데이터 과학, 인공지능, 소프트웨어 아키텍처, 최적화 등으로 확장시켜 스스로 가지고 있는 디자인 전공과 장점이 부각되어 화학반응이 날 수 있는 학습전략을 세우는 것도 권해요.

위의 접근방식을 경험해야 하는 이유 중 하나는, 컴퓨테이셔널 사고, 즉 하이 레벨로 문제를 인식하고, 분해하고, 패턴을 찾고, 추상화를 통해 구현을 한다고 봤을 때, 위의 알고리즘 학습 경험을 통해서 로우 레벨에서 어떻게 분해하고 패턴화시키고 구현할 수 있는지에 대한 안목과 직관, 즉 현실적인 프로그래밍 실력을 기를 수 있기 때문이에요.

왜냐하면 다양한 알고리즘 문제 유형들은 특화된 문제와 목적 그리고 어느 정도 정해진 사용법들이 있고, 이를 학습함으로 역설적으로 미래에 부딪힐 다양한 디자인 문제들을 보다 쉽게 접근하고 해결할 수 있는 생각의 틀과 전략으로 활용할 수 있기 때문이죠.

노파심에 이야기하지만 앞서 말한 알고리즘 공부 방법들이, 공학도들과 다른 삶과 생각의 결로 살아온 디자이너에게 분명 쉽지 않고 많은 좌절을 줄 수 있어요. 무엇보다 중요한 것은 스스로가 재미를 잃지 않고 지속하여 그 시간 분량을 채우는 것이에요. 그 분량은 실력과 비례하기 때문에 비교적 어려운 알고리즘을 학습할 때도 지속할 수 있는 환경을 만들어 꾸준히 공부하기를 권해요. 만약 학습이 너무 어렵고 힘들다면, 코딩과 디자인 스크립팅이 좀 더 익숙해진 후 다시 돌아와서 이와 같은 알고리즘을 학습해도 충분하다고 생각해요.

! 왜 컴퓨테이셔널 디자인에 배타적일까?

일전에 컴퓨테이셔널 디자인 수업을 진행할 때 주최 측에서 부탁한 내용이 있었어요. 요약 하면 "경력이 많은 디자이너일수록 컴퓨테이셔널 디자인을 쉽게 받아들이지 못한다. 배타적으로 받아들이는 경향이 짙어 보인다. 그들의 생각을 바꿀 수 있는 강의를 부탁한다." 이러한 반응은 사실 매우 흔하고 일반적인 것 같아요. 저도 10여 년 넘게 고민하는 부분이기도 하죠. 상황이 어떠한지 함께 생각해 봐요.

새로운 것에 대한 배타성은 당연한 것이죠. '새로운 것을 또 해야 해?', '지금까지 잘하고 있었는데?', '내가 지금까지 해온 것들이 있는데...', '기존의 것은 내 손바닥 안에 있었는데...', '새로운 것이 나의 경험을 부정해?' 등의 반응처럼 기득권일수록 가진 무언가, 혹은 익숙한 것들을 지키는 건 당연한 이치라 생각해요. 하지만 앞서 디자이너가 왜 코딩과 데이터를 활용해야 하는지 설명했기 때문에, 스스로 더 나은 기회와 경쟁력을 가지고 무언가를 할 수 있다는 판단을 하게 되면 새로운 것에 대한 배타성은 해결될 수 있다고 생각해요.

새롭게 공부해야 하는 고된 여정을 생각하기보다, 가능성과 기대에 초점을 맞춘다면 그 과정을 극복할 수 있는 충분한 동기와 연료가 될 수 있다 생각해요. 특별히 이제 시작하는 디자이너들에게는 정말 좋은 기회임이 분명해요. 왜냐하면 이미 자리 잡은 기성세대들과 경쟁할 필요가 없는 기회이기 때문이에요.

오해에서 오는 혼란, 오해가 없는 '올바른 개념'이 무엇일까요? 과연 올바른 개념이 존재는 할까요? 지금 이 책을 쓰고 있는 필자의 경험과 지식이 올바른 개념이라고 주장할 수 있을까요? "나의 문화유산답사기" 책을 보면, "인간은 스스로 경험한 폭만 느끼는 법이다. 경험의 폭은 지식에 국한된 것이 아니라 삶의 체험 모두를 말하는 것이다."라고 말하고 있죠. 이처럼 다양한 경험, 배경, 이해를 가지고 있는 사람들이 공존하며 각자의 위치로부터 이해를 시작했을 때 그 간극으로 시작하여 전혀 다른 지점에 위치하고 있는 서로를 발견할 거예요.

예를 들면 컴퓨테이션이 자동화인데, 자동화가 어떻게 인간의 창작을 대체할 수 있나? 혹은 인간만이 가진 고귀함이 프로그래밍으로 가능하나? 등의 질문들에 답을 드리며, 몇몇 키워드로 수렴시키려고 노력하면 그 키워드 또한 다른 생각과 편향들로, 필자의 노력과 기대와는 달리 더 거리가 멀어지는 것을 경험해 봤어요. 컴퓨테이셔널 디자인, 데이터, 인공지능 영역을 매스컴이나 다른 비전문가들의 이야기, 혹은 스스로의 경험에 근거한 바람과 상상력으로 이해하려 할 때 벽을 느끼죠.

사실 그 개념은 이미 잘 정리된 영역이죠. 답을 찾을 필요는 없어요. 왜냐하면 오랜 시간을 통해 잘 정리된 영역이기 때문이죠. 즉, 컴퓨터 공학을 통해서 그 개념을 이해하며 '그 사고를 어떻게 디자인 프로세스에 적용할 수 있을까?'를 종합적으로 고려해 보는 것으로, 그 개념 이해를 시작할 수 있다는 것이죠. 컴퓨테이셔널 사고는 정말 단순한 사고인데, 문과와 이과의 괴리처럼, 다른 뇌를 사용해 오고 있던 디자이너들에게 생소하게 느껴질 수 있죠. 이해가 안 된다고 잘못된 것은 아니라는 것이에요. '컴퓨테이셔널 사고'는 '문제 해결 방법'인데, 이것을 '디자인의 결과물'로서 이해하려는 시도에서 문제가 발생된다고 볼 수 있어요.

다름에서 오는 불편함은 컴퓨터 공학에 대한 배경지식이 없는 디자이너들에게 매우 불합리하게 보일 수 있어요. 때때로 컴퓨테이셔널 사고는 작은 디자인 문제를 해결하기 위한 전체론적 접근 방식을 요구하는 동시에, 포괄적인 디자인 문제를 해결하기 위해 극도로 격리된 프로세스를 요구하기도 해요. 이러한 딜레마와 접근 방식은 전통적인 디자인 방식과 사고방식에 체화된 디자이너에게 불편하게 다가 올 수 있죠.

다른 말로 프로세스와 도구가 익숙하지 않아서 일 수 있어요. 예를 들면 오랜 시간 건축물을 디자인해 온 설계자들은 보편적 디자인 프로세스가 암묵적으로 사고에 배어있고, 큰 틀에서는 그러한 프로세스가 그 세상에서는 '상식'이 되는 것이죠. 만약 전혀 다른 영역의 디자이너들이 건축물의 설계 프로세스를 바라본다면 이해 못할 부분도 있죠. 우리는 컴퓨터를 사용할 것이기 때문에 컴퓨터 공학에 대한 이해를 해야 해요. 마치 이과와 문과의 차이처럼, 다른 사고를 해야 하는 것이 디자이너들에게 장애물로 작용할 것이나, 반드시 필요한 수순이라 사료되죠.

18 수학, 가장 엄밀한 언어 Numerical Description as Design Tools

수학 언어는 다양한 학문과 영역에서 필수 언어로 쓰여요. 현대의 천문학은 사실상 수학으로 기술해야 더 직관적으로 이해할 수 있는 영역에 들어가 있고, 과학, 금융, 사회학, 의학, 정치, 문화 등의 많은 영역에서 수학은 이미 매우 중요한 언어로 쓰이고 있어요.

디자인 영역도 디지털 소프트웨어 도구를 사용하면서부터 내부적으로 사실상 수학 언어로 디자인을 기술하고 있어요. 디자이너가 느끼지 못해서 그렇지 소프트웨어 단에서는 모든 것이 수 체계로 디자인을 기술하고, 구축하고, 디자인 데이터가 계산되는 것이죠. 마치 플라톤 [Plato]의 동굴 비유처럼, 그 실체는 수 체계로 기술된 데이터가 되는 것이고, 데이터의 표상으로 우리가 화면을 통해 인식할 수 있는 시각정보로 투영이 되는 것일 뿐이에요. 즉, 수 체계를 통해 문제를 기술하고 해결하는 패러다임은, 앞서 명시한 영역분 아니라 이미 디자인에서도 '컴퓨테이셔널 디자인'이라는 형태로 '파라메트릭 디자인', '알고리즘믹 디자인' 등의 내용으로 이미 우리에게 성큼 다가와 있죠.

18.1 엄밀함

왜 현대문명은 수학에 장악 당했을까요? 데이터의 일반화도 한몫을 담당했겠지만, 무엇보다 그 엄밀성 때문이라고 볼 수 있어요. 역사를 보면, 언어가 나오면서 지식을 기록하고 승계하면서 문명의 도약이 이뤄졌던 것처럼, 언어는 매우 중요한 도구예요. 하지만 비트켄슈타인 [Wittgenstein]의 '오리-토끼' 그림처럼, 개인의 시각, 견해, 경험, 그리고 문화와 시대정신에 따라 그 내용이 너무 쉽게 오역되고 많은 오해, 오류, 노이즈를 포함하게 되는 것이죠.

하지만 전통, 지식체계, 법 등으로 그 엄밀성을 높여 순도 있는 내용을 압축하여 기존 언어에서 빈번하게 발생하는 오역의 여지를 다루어낼 수 있었다고 볼 수 있어요. 하지만 그 엄밀한 '법'마저도 바라보는 주체에 따라, 이해관계에 따라 해석의 여지가 있기 마련이죠. 이러한 언어로는, 누구나 동의할 수 있는 시스템을 구축하는 것은 어불성설이라 볼 수 있죠.

인류가 고안해 낸 언어 중에 가장 엄밀한 언어를 수학으로 볼 수 있어요. 수학은 국가, 인종, 문화, 시대정신에 상관없이 동일한 해석을 가능케 하죠. 때문에 수학은 조작과 예측이 가능한 시스템을 구축할 수 있는 결정론적 환경을 제공해 주죠. 따라서 은행의 전산시스템, 병원의 각종 장비, 교통 등 문명을 지탱하는 주요한 시스템은 수학의 언어로 기술되고 작동되죠.

18.2 수 체계

디자인 행위와 목적을 생각함에 있어 정말 다양한 시각이 있을 수 있지만, '프로세스로써의 디자인', 혹은 '방법론'으로의 디자인에 집중을 해 봐요. 프로세스라고 하면 일반적으로 인과 관계를 들 수 있겠죠. 혹은 논리적 흐름으로의 프로세스로 이해할 수도 있고요. 결국 '어떤 관계성에 대한 정의, 흐름, 시스템, 생태계 등을 정의함으로써 디자인을 해 나간다.'라는 관점에서 디자인을 조명한다면, 수학 언어는 디자인에 완벽한 도구일 수밖에 없어요.

이런 관계성에서 우리는 좀 더 적극적으로 수 체계의 힘을 빌려 디자인 발달 과정에 적극 개입할 수 있는 것이죠. 쉬운 예로는, 거리가 얼마큼 됐을 때(독립 변수) 이것에 비례/반비례하게 어떤 행위(종속 변수)를 하는 방식인데요. 이렇게 독립변수와 종속변수들이 서로 유기적으로 유의미하게 정의된 관계로 연결되어 있고, 이러한 연결성들은 디자인할 때의 사고방법A Way of thinking, 혹은 디자인 전략처럼 프로세스 안에서 수 체계로 기술된다는 개념인 것이죠.

가령 창문을 하나 만들려고 해요. 특정 시간에 얼마큼의 태양 빛이 들어왔으면 좋겠다는 목표Target for optimization를 잡아 놓고, 창문을 만들면 빛이 들어올 것이고, 그 상태에서 창문의 위치, 크기 파라미터를 그 태양빛이 들어오는 곳에 관계성을 걸어놓는 거예요. 물론 그 관계성에서 빛이 얼마큼 들어왔을 때, 창문을 어떻게 움직인다는 수치적 기술Description로 정의되어야 겠죠. 이것을 수학에서의 변수, 즉 파라미터를 활용하여 디자인 체계를 기술하는 것과 같죠. 더하기, 빼기, 곱하기, 나누기, 제곱, 제곱근 등은 각각의 성질이 있어요. 수 체계 안에서 그 성질들을 디자인 변형의 내용으로 가할 때, 혹은 현상을 수 체계로 모방하여 모델링할 때 사용 될 수 있겠죠.

18.3 수학의 추상화

추상의 일반적인 개념은 노이즈가 많은 복잡한 현실, 혹은 가공하고자 하는 대상의 본질을 축약하고, 간략화하여 다룰 수 있는 형태로 압축, 단순화시켜 핵심을 드러내는 것으로 볼 수 있어요. 0은 존재할까요? 1, 2, 3, 혹은 더하기 빼기라는 객체는 현실에 존재하는 것일까요? 사실 수학은 추상 그 자체로 볼 수 있어요. 사과를 셀 때, 모든 사과를 다 가져와 세는 것이 아니라, 사과의 개수, 즉 숫자로 사과를 추상화시킨 후, 수 체계를 통해 가공하는 것이죠.

디자인의 개념, 프로세스도 동일한 추상화가 가능하죠. 사실 여러분들이 사용하고 있는 디자인 소프트웨어에서 작업을 마친 후 저장을 시키면, 소프트웨어 내부적으로는 그 디자인 작업물을 데이터 형식, 즉 숫자로 그 결과물을 추상화시켜 저장을 하게 되는 것이죠. 어떤 의미로 그 소프트웨어는 디자인을 추상화시키고 해석(불러오는)하는 도구로 볼 수도 있어요. 앞서 살펴본 것처럼 코딩을 한다는 의미는 소프트웨어를 커스터마이제이션을 하는 관점인데, 소프트웨어에서 제공해 주는 정형화된 명령체계를 떠나, 높은 수준의 세련된 디자인 알고리즘을 프로세스에 맞게 수 체계를 활용해 정의할 수 있다는 것이죠.

디자인은 인간이 창의력을 발휘하여 무언가를 만들어 내는 고유한 활동이라 봤을 때, 그 사고의 흐름들을 수 체계로 추상화시키는 것이죠. 컴퓨테이셔널 사고에서 알아봤듯이, 그 사고들을 나누고 간략화시켜 본질을 추출하고, 그 인과관계를 수의 성질로 대체시켜, 계산 가능한 형태로 추상화시키는 것이죠. 이렇게 디자인의 관계와 수 체계를 연결시키는 직관과 통찰을 훈련하는 것이 중요하다고 볼 수 있어요.

18.4 상상의 도구 수학

상상의 관점에서 추상화를 이야기해 봐요. 앞서 살펴본 것처럼 '디자인 방법론을 수 체계를 통해 구현한다.'라고 학습했는데, 이 과정에서 강조하고 싶은 것은 '추상을 통한 예측'이에요. 수학의 성질 중 하나는 결정론적 프로세스를 지향하죠. 우리는 3 + 3을 봤을 때, 머릿속에 6이라는 것이 누구에게나 공통적으로 그려질 거예요.

디자인으로 돌아오면, 소프트웨어 단에서는 기하학을 이용하죠. 즉, 벡터로 점 선 면의 모든 형태를 나타낸다는 것이죠. 다시 말해 특정 벡터에 어떤 수의 더하거나 빼면 그 벡터가 어떻게 변형되는지 예측(상상)이 가능하다는 것이죠.

간단히 수의 성질에 대해서 이야기 나누어 봐요. 왜 '-2 X -2'의 결과로 '+4'가 나올까요? 답을 찾는 시험에서의 수학말고, 한번 어떤 일이 일어나는지 머릿속에서 좌표를 하나 만들고 상상을 해봐요. -2라는 어떤 힘, 혹은 성질이 있다고 보죠. 그리고 곱하기는 비율로 볼 수 있으니, 앞에 적용하고자 하는 그 객체에 역으로 2 배의 힘으로 가공^{Product}한다는 표시인 것이죠. 그 객체는 1차원 좌표계의 '-2'에 위치하고 있으니까, 그 힘의 두 배를 역(- 마이너스)으로 줬을 때, 그 좌표계의 '4'의 지점에 위치하게 되는 것이죠. 그 순서를 상상할 수 있나요?

너무 뻔한 이야기일 수 있으나 수의 성질 상관관계들을 머릿속에 그리면서, 벡터 각각의 요소들의 가공을 상상하면서 코딩을 할 경우, 디자이너들의 특유의 공간지각 능력이 수학 활용 능력과 프로그래밍 능력을 재미와 함께 증가시켜 줄 수 있어요. 좀 더 자세한 설명은 우측 QR 코드 [**컴퓨테이셔널 디자인 26. 곱하기 어떻게 볼까? 추상을 통한 상상?**]을 통해 나누도록 할게요. 상상의 영역에서의 수학을 도구로 사용하는 훈련을 코딩하는 순간순간 되새기며 체화시키길 권해요.

18.5 수학과 공간 정보

벡터는 하나의 데이터를 정의하는 객체이고 그 객체가 투영될 좌표계가 있을 때, 비로소 벡터의 온전한 의미를 가질 수 있게 되죠. 기본적으로 숫자는 1차원의 공간을 의미하죠. 0을 기준으로 -1, -100... 의 공간과 +1, +100... 공간이 1차원, 즉 한 방향 공간이 존재하게 되는 것이죠. 이러한 숫자 3개가 모이면 3차원의 공간을 표상^{Representation}하는 벡터로 볼 수 있죠. 앞서 이야기 나누었듯이 공간 정보를 다루는 것이 디자인의 핵심이고, 좌표계의 맥락에서 그 벡터의 변형을 상상하는 것이 중요하죠.

좌표계가 정의된 장면이 하나 있다면, 그 공간에 하나의 포인트를 놔두는 것이죠. 만약 특정 벡터를 그 포인트에 가한다면? 다른 포인트와 연결해서 선을 만든다면? 그 선의 직각하는 법선^{Normal}을 만들고, 최초의 포인트에 다른 벡터를 적용한다면? 이러한 행위들을 좌표계의 맥락^{context}에서 상상하는 훈련이 필요하다는 것이에요.

디자인을 위한 코딩 학습을 시작함에 있어 필요한 현실적인 수학은 '사칙연산'만으로도 충분 하다고 볼 수 있어요. 2D, 혹은 3D 좌표계안의 벡터 요소들^{X, Y, Z Axis}의 연산을 상상하는 훈련을 시작으로, 기하학, 삼각함수, 선형대수학 등으로 필요에 따라 확대해 나가는 것이죠. 중요한 것은 수 체계를 공간상의 위치, 힘, 방향, 관계 상상에 활용하며 코딩하는 습관을 기르길 권해요.

18.6 코딩 공부에 필요한 능력? 수학력?

'코딩을 본격적으로 공부하려고 하는데, 필요한 수학이 어느 정도 될까요?'라는 질문을 종종 받아요. 마치 공부하기 전에 방청소, 책상정리 하려는 듯한 느낌이 들죠. 저의 대답은 '많이 알면 당연히 도움이 되겠죠? 하지만 수학을 잘한다고 해서 반드시 프로그래밍을 잘하는 건 아니에요. 유리할 뿐이죠.'라고 답하고, 지금 당장 코딩을 한 줄이라도 더 작성하기를 종용하죠.

사칙연산만 할 수 있다 하더라도 충분히 코딩 공부를 시작할 수 있어요. 중, 고등학교 때 배운 수학으로도 충분하다 생각해요. 또한 프로그래밍을 하다가 관심사가 정해지면 따로 보충해서 채워 나가는 방법도 있죠. 프로그래밍은 단순한 수학적 사고보다 좀 더 다양한 사고력을 필요로 해요. 만약 수학이 상대적으로 모자라면 다른 논리력을 키움으로서 상호 보완할 수 있고, 그렇게 계속 반복하다 보면 부족한 부분도 채워지는 것을 경험할 수 있어요.

수학력

수학을 잘한다? 즉, 수학 점수가 좋다는 개념, 정규 교육 시스템에서 정해진 시간에, 정해진 문제 유형들을 기계적으로 잘 풀어낸다고 가정을 해 보면, 그 사람이 프로그래밍을 할 때 수학을 비례하여 잘 활용할 수 있다는 것은 절대 아니라고 생각해요.

프로그래밍에서 수의 성질과 체계를 이용해 데이터의 계산과 흐름을 디자인하고, 조정하고, 현실 문제를 구현하는 것은 다른 이야기예요. 시작함에 있어서, 중학교 때 공부했던 수준의 수학과 조화를 이루면서 프로그래밍을 할 수 있는 실력 정도만 되어도 대부분의 디자인 문제를 수 체계로 기술하기에 전혀 문제되지 않아요. 서두르지 말고 그 분량을 채워 나가길 권해요.

도메인, 전공

수학에 대한 깊은 이해는 프로그래밍 공부를 시작하는 단계에서는 중요하지 않지만, 적용하고자 하는 영역에 따라 달라질 수 있어요. 데이터 과학과 같은 통계나, 물리, 그래픽스, 기하학, 데이터베이스 등의 다양한 전공에 따라 요구되는 수학의 깊이와 의존성이 차이를 보일 수 있겠죠. 하지만 디자인을 위한 코딩의 경우에는 좌표계의 이해와 간단한 벡터, 혹은 매트릭스 계산 정도로도 많은 것들을 할 수 있어요. 이 상황에서 수학은 충분조건은 아니라고 생각해요. 즉, '수학을 잘하기만 하면 코딩을 잘할 수 있다.'가 아니라, '수학을 그다지 잘 못하더라도, 코딩은 잘할 수 있다.'로 볼 수 있어요.

왜냐하면 대부분의 디자인 소프트웨어에서 제공하는 코딩 환경에서 수학 및 지오메트리의 대부분들이 라이브러리 형태로 제공되고 있어서, 그것들을 연결하고 응용하는 차원의 코딩이기 때문에 그래요. 물론 깊게 들어가면 그에 상응하는 깊이의 수학을 이해해야겠죠. 하지만 처음 코딩을 배울 때만큼 어렵지는 않을 거예요. 프로그래밍에 익숙해질수록 수학적 알고리즘의 구현은 상대적으로 쉬워진다고 느낄거예요. 가령 선택[Selection algorithm], 보로노이[Voronoi], 패킹[Packing], 기하학[Geometry], 그래프[Graph] 등의 알고리즘을 들 수 있죠.

논리력

어떤 의미로 보면 국어실력, 혹은 논리력이 더 중요하게 느껴지기도 해요. 결국 현실의 복잡한 문제나 디자인 문제들을 소프트웨어로 해결한다고 생각해 보면, 문제들의 단계를 나누고 분리하고 순서를 정해서 단순한 형태로 문제들을 서술하고 연결하는 것이 결국 프로그래밍의 큰 틀이라고 볼 수 있고, 각각의 구현 단계에서 디테일들을 수학적, 즉 산술이 가능한 부분으로 치환시킨다고 보면 이해가 좀 쉽지 않을까 해요. 결국 복잡 미묘하게 얽혀있는 상태를 이해, 분해해서 언어로 풀 수 있다면, 혹은 시각 언어인 다이어그램으로 표현할 수 있다고 본다면, 그것을 조금 엄밀한 논리로 서술한 것이 프로그래밍이라고 볼 수 있어요. 가령 의사코드(슈도코드 pseudocode)와 UML 다이어그램을 그 예로 들 수 있어요.

의지력

프로그램을 공부할 때 수학력이 문제되는 것보다, 현실적으로는 99% 넘게, 의지력이 더 문제가 돼요. 현재 내 상황에서 잘하고 못하고는 중요하지 않아요. 왜냐하면 보완하고 배우면 해결되는 문제이니까요. 중요한 것은 그것을 할 수 있는 의지가 있냐가 더 중요해요. 코딩을 처음 시작할 때, 코딩 문법이 익숙하지 않고 수학적 표기와 흐름이 눈에 안 들어올 뿐이에요. 그냥 경험하지 못한 것들에 대한 불편함이라 볼 수 있어요. 무려 수학의 28%나 이해하고 있었던 폰 노이만의 말

"수학은 이해하는 것이 아니다. 그저 익숙해질 뿐",

이에 대한 필자의 정리는, 우리가 '이해했다.'하는 것들도 어떤 의미에서는 그 사고와 패턴에 익숙해진 것이라고 볼 수 있어요. 즉, 수학을 잘하고 못하고는 내가 충분히 그것에 익숙해 졌나? 그만한 시간을 들였나? 그것에 충분히 동화됐나?의 문제로 볼 수 있다는 것이죠.

수학적 사고력 / 직관력

코딩, 혹은 프로그래밍을 계속하다 보면 어떤 단순한 수학의 문제풀이와 구현을 넘고, 프로그래밍 언어들의 문법을 넘어, 결국 어떤 데이터들을 다룰 생태계를 구축하게 되죠. 앞서 설명한 논리력, 추상력, 사고력들이 산술 체계라는 엄밀성을 바탕으로 수학 기호로 정리하고 표현하는 능력으로 귀결될 수 있다고 생각해요. 즉, 어느 한 요소로 판단될 수 없고, 뒤집어 보면, 부족하면 다른 부분들로 채울 수 있고, 꾸준한 시간 투자와 경험 그리고 실수를 통한 배움으로 결국에는 각 필요한 요소가 상향평준화 된다고 생각해요.

즉, 컴퓨테이셔널 사고는 오케스트라의 연주로 빗대어 볼 수 있어요. 어느 한 가지 악기로 판단되는 것이 아니라, 결국 종합적인 사고력의 협력으로 어떻게 컴퓨터를 효율적으로 일을 시킬 수 있을 것인가로 판단되겠죠.

$$(((\text{수학력} + \text{논리력} + \text{추상력}) \times \text{수학적 사고력})^{\text{의지력}}) = \text{프로그래밍 실력}$$

요약하면,
사칙 연산을 할 수 있다면, 코딩을 시작함에 있어서 전혀 문제되지 않는다.
디자이너의 경우, 오히려 '디자인 단계를 어떻게 추상화할 것인가?'가 더 중요하다.
그 중 제일 핵심은, '충분한 시간을 투자했나? 충분히 동화됐나?'의 문제이다.
내가 힘들면 남도 힘들고, 그 평균을 넘어야 실력이라는 의미가 생긴다.

시간투자를 꾸준히 하기 위해 다음 질문에 스스로의 답을 생각해 봐요. '내가 왜 코딩을 해야 하는가?', '정말 확실한 이유가 있는가?', '그 시간을 다른 것에 투자하는 게 낫지 않은가?', '주저없이 답할 수 있는가?', 어떠한 부정적인 말로 가로막더라도, '그 벽을 넘어 상대방을 납득시키며 나갈 수 있는가?', 결과적으로 '이 기술과 경험이 나에게 장착된다면 내가 원하는 미래를 그릴 수 있는가? 정말 확신이 있는가?' 이것들이 명확하면 고민 말고 지속하세요.

이러한 긍정적인 사이클을 돌릴 수 있는 동기가 중요해요. 왜냐하면 무언가를 시작하고 유지하려면 정말 말도 안되게 많은 에너지가 필요하죠. 그 에너지는 어떠한 답답한 상황에도 포기하지 않고 꾸준히 유지할 수 있는 이유와 연료가 되기 때문이죠. 필요에 따라 스스로를 속임으로서 지속해야 할 때도 있어요. 마치 작은 로켓을 일정 궤도에 올리기 위해 엄청난 에너지가 필요한 것처럼, 필자도 영포자, 수포자로서 20대 후반에 영어와 수학을 시작해서, 미국에서 대학원을 졸업하고 소프트웨어 엔지니어로 이직을 하기까지 상상할 수 없는 엄청난 에너지를 쏟아 부었어요. 또한 그 에너지를 유지하기 위해 위의 질문들을 상기시키면서 그것을 해야만 하는 동기를 잊지 않으려 필사적으로 노력했었죠. 사실 과거에 비해 많은 예제와 공부자료들이 온라인에 존재하죠. 더 좋은 학습자료와 수업의 문제가 아니라, 기존의 자료를 내 것으로 만들고자 하는 의지, 그 때 필요한 동기, 그리고 에너지의 문제라 생각해요.

! 난수^{Random}에 대한 단상

난수는 흔히 이야기하는 무작위 수^{Random number}로 볼 수 있죠. 컴퓨팅 파워를 활용하여 어떤 문제를 기술할 때, 난수가 있어서 매우 효과적으로 프로그래밍을 할 수 있는 사례가 생각보다 굉장히 많아요. 그도 그럴 것이 결정론적 계산에 최적화된 머신을 가지고 복잡한 문제들을 기술할 때, 혹은 프로그래밍을 효율적으로 작성할 트릭을 적용할 때, 인간의 상상과 직관을 넘어서는 결과물을 만들어낼 수 있는 쉬운 방법 중 하나가 난수의 활용이에요.

일반적으로 난수를 만들게 되면, 0.0에서 1.0의 실수 값이 나와요. 말 그대로 무작위로 나오죠. 혹은 −1에서 +1의 사이 값, 또는 0에서 100 사이 값으로도 프로젝션^{Projection}, 혹은 맵핑^{Remapping}하여 필요한 값을 생성하여 사용할 수 있죠.

정말 랜덤일까?

Python과 같은 하이 레벨 언어의 경우 Random을 사용하면 정말 랜덤 한 수치가 나오는 것처럼 보여요. 하지만 좀 더 저 수준 언어로 내부적으로 들어가 보면 난수가 발생하는 것 또한 규칙이 있어요. 셰이더^{Shader} 언어의 경우 랜덤을 생성하는 알고리즘을 직접 작성하기도 해야 해요. 즉, 난수를 만들기 위한 규칙을 코딩하는 아이러니가 있다는 것이죠.

규칙을 갖는 랜덤이 중요한 이유가 여러 가지 있겠지만, 디자인에서 그 결과를 파생하는 파라미터를 추적해야 하는 경우가 왕왕 있어요. 그리고 그 변화를 측정해서 디자인 엔지니어링을 해야 하는 경우도 있고요. 때문에 Seed라는 개념이 대부분의 언어의 난수에서 지원이 되고, 결과적으로 난수를 의도에 맞게 조작할 수 있게 되고, 디자인 프로세스를 기술할 때보다 더 유의미하게 활용할 수 있는 것이죠.

"랜덤 하게 했어요."

필자의 경험인데요. 학생들의 작품을 리뷰하러 갈 때 종종 듣는 말이에요. 설명을 듣다가 특정 중요 지점이 있다고 판단돼서, 그 지점에 어떤 프로세스가 적용됐는지 물어보면 "랜덤하게 했어요."라는 말로 넘어가려는 상황이 있죠. 물론 '무작위의 아름다움, Beauty of Randomness'라는 말이 있기는 하지만 랜덤을 적용해야 하는 이유와 적용될 수밖에 없는 상황이 논리적 비약 없이 유의미한 인과 의미를 가질때 그 아름다움이 정당화된다고 생각해요.

무언가를 기대하고 디자이너의 의도가 발휘되어야 하는 지점에서 "난수(랜덤)로 했어요."라는 말은, 리뷰를 하는 사람으로서 기대와 힘이 많이 빠지게 하죠. 어쩌면 이러한 대답은 컴퓨테이셔널 디자인 방법에 회의적인 분들이 그들의 생각과 입장을 더 강화시키는 재료로 사용하지 않나 싶기도 해요.

"확률로서의 랜덤"

난수는 '0'과 '1'의 확률로 해석이 가능해요. 즉, 디자인 프로세스에서 어떤 결정을 내릴 때, 여러분들이 난수 값을 활용해서 확률적 결정과 프로세스를 설명할 때, 매우 강력하고 우아하게 사용할 수 있어요. 쉬운 예를 들면 비가 올 확률이 70%를 넘어가고, 근처에 사는 10명의 친구 중 친구 2명의 스케줄이 90% 이상의 확률로 비워져 있을 때를 가정해서, 1/3의 확률로 3개 중 하나의 식당을 선택하는 문제를 기술할 때, 난수가 없다면 구현에 있어서 굉장히 복잡해 질 수 있어요. 혹은 날씨에 따라 선호되는 음식 종류를 더 많이 서비스해 줄 수 있는 식당에 가중치를 부여할 때 가중치 값의 확률 범위를 더 높여 주거나, 특정 조건에서 페널티 크기 값 범위를 확률적으로 정할 때, 난수는 매우 중요하게 사용될 수 있어요.

뿐만 아니라 디자인 특유 성향인 형의상학적인 형용적 기술, 상대적 지각, 편향적 기호, 트렌드, 선호도, 모호함 등을 확률로 설명하여 모델링할 때도, 난수를 이해하고 활용할 수 있는 능력이 있다면, 이러한 디자인 메트릭은 역설적으로 컴퓨테이셔널 디자인 프로세스를 보다 유의미하고 납득할 수 있는 과정으로 만들 수 있죠.

우측 QR 코드 [RhinoGrasshopperPython Challenge, 10 데이터 Random(무작위) 분석하기, Python]을 통해서, 데이터 생성, 분석 그리고 확률로의 활용에 대한 이야기를 나누어 봐요.

! 언어와 사고의 도약

우리는 무엇을 배우면서 사는가? : 세대에 따른 언어, 지능, 그리고 도약들

구어체

먼 과거도 비슷하지만 가깝게 6.25 전쟁을 겪으신 우리 할머니, 할아버지 시대에는 대부분의 사람들이 학교에서 언어들(국어, 수학, 과학, 경제, 문화 등)을 학습하기보다, 전쟁으로 무너진 나라를 일으키기 위해 삶의 현장과 일터에서 대부분의 삶을 보냈죠.

즉, 그들의 소통, 기록, 학습에 사용되는 주요 언어의 형식은 구어체로 볼 수 있어요. 당시에는 글을 읽고 쓸 수 있는 분들이 많지 않았고, 지금과 비교해 보면 정보 매체 또한 다양하지 못했죠. 따라서 말과 말을 통해 습득된 지식과 경험의 이해는 상대적으로 해석되고, 정보 전달에 많은 노이즈와 외곡이 편만할 수밖에 없는 시대로 볼 수 있죠. 이러한 문화, 시대정신, 사고체계가 그 시대의 인텔리전스로 남았던 것이죠.

문자체

경제가 발전하면서 교육 수준과 열의가 높아지며 새로운 세대가 나타나기 시작했죠. 대부분의 사람들이 고등학교까지 의무 교육을 보편적으로 이수하며 문맹률이 낮아졌고, 보다 많은 사람들이 다양한 언어들을 높은 수준으로 이해하며 지식과 학습활동에 활용할 수 있었죠.

과거 구어체를 사용하는 것보다 문자체를 활용하는 것이 지식과 논리체계의 본질을 이해하고, 학습하고, 삶에 적용함을 좀 더 용이하게 했다고 볼 수 있겠죠. 따라서 경제발전에 따라 변화하는 새로운 사회 요구들을 큰 오해 없이 무리 없이 학습하며, 사회의 지능이 도약한 시기로 볼 수 있어요.

논리체계

2000년도를 넘어가며, 대학 교육이 필수가 되면서 또 한 번의 도약은 이루어지죠. 사회활동

에 요구되는 보편적 언어와 지식을 넘어, 전공지식 언어를 습득하며 보다 전문화, 체계화된 지식들과 논리체계는, 분명 기초지식만을 학습하는 시대보다 더 높은 수준의 사고를 원활히 할 수 있는 세대로 정리될 수 있죠.

우리가 살고 있는 지금이, 과거 그 어느 때보다 복잡한 정보와 문제를 다각도로 사고하고 결정을 내릴 수 있는 시대가 아닐까 생각해 봐요. 인터넷의 발달로, 굉장히 높은 수준의 정보를 과거보다 손쉽게 접근할 수 있을 뿐 아니라, 그 지식을 소화할 수 있는 논리체계도 월등해졌다고 볼 수 있어요.

정보 보존과 전달 그리고 엄밀성

분명 과거보다 지식수준은 높아졌고, 정보의 손실을 최소화하며, 그 지식을 프로세스할 수 있는 사고체계 또한 다양해지고, 전문된 사고 방법론들도 보다 엄밀히, 과거에는 포착조차 못한 부분들도 사고의 대상으로 둘 수 있는, 높은 수준의 개개인의 지능이 과거에 비해 비약적으로 도약하며 또 한 세대를 정의했다고 볼 수 있어요.

또 한 번의 도약은 어디서 일어나고 있을까요? 작금의 시대를 바꾸고 이끌어 가는 핵심 영역들에서 우리가 습득할 수 있는 언어와 논리체계는 무엇일까요? 어떤 사고의 힘이 사회의 지능을 또 한 번 도약시킬까요? 필자의 개인적인 생각을 우측 QR 코드 [**컴퓨테이셔널 디자인 37. 우리는 무엇을 배우면서 사는가? feat. 언어와 컴퓨테이셔널 사고, 그리고 사고의 도약**]을 통해 더 자세히 공유할게요.

CHAPTER 6 코딩, Coding

앞서 우리는 큰 틀에서, 디자이너에게 코딩의 의미와 사례 그리고 컴퓨테이셔널 사고에 대해서 알아봤고, 컴퓨테이셔널 디자인 사고로 확장을 해 보았어요. 이러한 배경지식과 사고체계를 바탕으로 프로그래밍의 구현에 해당하는 '코딩' 이야기를 해 볼까요?

이번 챕터에서는 실제 코드를 작성함에 있어서 구체적으로 어떤 것들을 이해해야 하는지 알아보는 시간을 가져 봐요.

19 코딩, 무엇을 어떻게 기술^{Description} 하나?

19.1 디자이너에게 필요한 언어

코딩 공부를 하고자 하는 디자이너가 가장 궁금해 할 수 있는 질문이에요. 질문자의 위치와
목적에 따라 공부해야 하는 언어들이 다를 수 있어요. 따라서 보편적으로 컴퓨터 프로그래밍
언어들을 나누는 이유와 목적에 대해서 먼저 알아보도록 해요.

로우 레벨 언어^{Low-level Language}	VS	하이 레벨 언어^{High-level Language}
매니지드 언어^{Managed Language}	VS	언매니지드 언어^{Unmanaged Language}
타입 언어^{Typed Language}	VS	언타입 언어^{Untyped Language}

일반적으로 '하이 레벨'하면, 좀 더 암묵적이고 추상적인 인간의 언어와 비슷하다고 보면 되
고, '로우 레벨'하면 명시적인 기계어에 더 가깝다고 정리할 수 있어요. 로우 레벨 언어는, 어
셈블리^{Assembly} 언어나 C, 혹은 C++처럼, 컴퓨터가 초기 보급될 때 발전했던 언어로서 우리가
사용하는 운영체제나, 전자제품에 들어가는 프로그램^{Embedded System}, 혹은 높은 속도와 안정성이
요구되는 대부분의 상용 소프트웨어의 개발에 주로 이용됐죠. 그 이유는 그만큼 프로그래밍
을 할 때 높은 자유도, 즉 하드웨어나 메모리를 구체적으로 직접 컨트롤 지원해 주는 언어들
이기 때문이죠. 단점은 진입장벽이 높고, 숙련된 프로그래머들이 개발을 할 수 있고, 메모리
를 직접 제어하는 만큼 개발에 있어서 신경써야 하는 부분이 많은 거예요.

하이 레벨 언어들은 주로, Python, JAVA, Javascript, C# 등의 모던 프로그래밍 언어를 들
수 있어요. 물론 기준에 따라, C++도 하이 레벨 언어로 보는 경우도 있는데, 일반적으로 메
모리를 수동으로 제어를 해야 하나, 혹은 자동으로 언어 단에서 제어를 해 주느냐로 구분하
는 경우도 있어요. 하이 레벨 언어는, 컴퓨터 공학을 전공하지 않는 사람들도 코딩을 보다 쉽
게 할 수 있게 복잡한 많은 부분들을 프로그램 뒷단에 숨겨 놓고, 알고리즘 구현을 보다 쉽게
할 수 있도록 만들어 놓은 언어들이라고 볼 수 있어요.

이번에는 언어의 사용 목적을 이야기해 봐요. 가령 JAVA의 경우 C혹은 C++의 수동 메모리 제어 대신 가비지 컬렉터Garbage Collector를 활용하여 메모리를 관리해 주는 언어로 볼 수 있어요. 특정 회사의 경우 'JAVA 언어로 개발한다.'하면, 안드로이드 앱이나, 스탠드 얼론 소프트웨어를 개발한다고도 볼 수 있어요(물론 서버구축 등 다른 용도에도 쓰일 수 있죠). C#의 경우에는 마이크로소프트 회사가 개발을 했죠. 즉, 윈도우 환경에서 보다 편하게 개발할 수 있는 언어이고 JAVA와 매우 흡사한 언어라고 알려져 있어요. 만약 아이폰 앱을 개발할 목적이면 Swift, 혹은 Objective-C와 같은 프로그래밍 언어를 사용해야 해요.

타입Data Type(자료 형)을 명시적으로 사용하지 않아도 되는 언어의 예는 Python과 Javascript를 들 수 있어요. 웹브라우저에서 작동하는 앱을 구현하려면 Javascript(JAVA 언어와는 상관이 없는 다른 언어), 혹은 슈퍼셋Superset인 Typescript(Javascript를 포함한)를 사용해서 구현해야 하죠. Python의 경우도 자료형이 특별히 필수적이지 않기 때문에 비교적 배우기 쉽고 알고리즘의 구현도 간단하죠. 때문에 인공지능이나 데이터 과학, 혹은 많은 상용 그래픽 소프트웨어에서도 스크립트 언어로 지원을 해주죠. 이 과정을 통해 Python은 확장성이 좋다는 평가 또한 생겼어요.

사실 언어의 특성과 분류를 이야기하려면 더 많은 장을 할애해야 하고, 배경지식도 있어야 더 정확하게 이야기를 나눌 수 있고, 이는 곧 컴퓨터 프로그래밍의 역사죠. 그러나 디자이너들의 입장에서는 이 정도의 틀로도 충분하고 나중에 필요에 따라 더 학습하길 권해요.

19.2 그래서, 어떤 언어를 써야 해?

디자인 소프트웨어에서 제공되는 스크립트 언어

처음 시작하는 디자이너의 경우, 뒷부분 [CHAPTER 7 학습 방향]에서 공부 방법에 대해 자세히 이야기하겠지만, 익숙한 디자인 소프트웨어에서 제공되는 스크립트 언어로 학습을 시작하길 권해요. 왜냐하면 이미 익숙한 도구이기 때문에 API 및 소프트웨어 문법에 보다 편하게 적응할 수 있기 때문이죠. 예전에 3ds max의 경우에는 maxscript, Maya의 경우에는

MEL Script과 같이 그들만의 스크립트 언어를 가지고 있었으나, 요즘의 기존에 널리 사용되는 언어들을 각자의 스크립트 언어로 차용하는 트렌드가 주류를 이뤄요.

뒷부분에서 더 자세히 설명할 Javascript의 경우에는 웹Web환경뿐 아니라, Adobe 제품군, Photoshop, Illustrator, AfterEffect 등의 제품에서 사용되는 스크립트로서 AppleScript, VBScript와 함께 활용되죠. 인공지능에 활용되는 Ruby 언어는 SketchUp 소프트웨어의 스크립트 언어이고, 마이크로소프트의 C# 언어의 경우 Rhino3d, 3ds max, Revit, Unity 등에서 사용할 수 있어요.

Python 언어의 경우 3ds max, Maya, Cinema4D, Blender, Rhino3d, Revit 등 많은 모던 그래픽 소프트웨어에서 스크립트 언어로 지원해 주고 있어요. 즉, Python 언어를 익히시면 동일한 문법을 위와 같이 다양한 그래픽 소프트웨어 환경에서 활용할 수 있게 되는 것이죠.

 좌측 QR 코드 [QnA 35. 파이썬 그리고 그래픽(맥스, 마야, 라이노...)]는 학생의 질문으로서 그래픽 작업할 때 어떻게 파이썬을 활용할지에 대한 필자의 생각이에요.

운영체제 & 플랫폼 따라

운영체제(OS)에 따라 사용 가능한 프로그래밍 언어들을 나누어 볼 수 있어요. 가령 C# 언어는 윈도우 플랫폼, Objective-C, 혹은 Swift 언어는 애플 플랫폼에서 작동하는 독립 소프트웨어, 혹은 플러그인 등을 개발할 수 있죠. JAVA 언어의 경우 가상 머신을 통해서 대표 운영체제인 윈도우, 리눅스, 또는 맥 OS 등에서도 실행이 되죠. 좀 더 로우 레벨로 내려가 보면, C, 혹은 C++ 언어를 사용하여 각각의 운영체제에 맞게 컴파일하여 사용할 수도 있어요.

 아무래도 많은 디자인 소프트웨어들이 윈도우 운영체제 기반으로 작동이 되기 때문에 C#을 사용한다는 것은 매우 유리해요. 특별히 C#의 경우 자료형(타입)을 명시적으로 기술해야 하는 언어이기 때문에 코딩할 때 매우 편리하죠. 더 자세한 내용은 좌측 QR 코드 [디자이너를 위한 프로그래밍 언어 1/2-C#]를 참조해 주세요.

Web 환경과 브라우저

작금의 트렌드를 보면 많은 기득권이 웹으로 옮겨가는 추세죠. 여러가지 이유 중 하나는 웹브라우저^{Web Browser}는 운영체제와 디바이스의 종류에 상관없이 작동되고, 그 규격 또한 매우 안정적으로 발전하고 있으며, 동시에 통신 네트워크나 데이터 관리도 로컬의 환경보다 웹 환경이 더 유리하기 때문이죠. 따라서 웹브라우저에서 작동되는 언어, 즉 Javascript를 알고 있다면 다양한 기술과 서비스를 하나의 언어(NodeJS를 통해)로 사용할 수 있는 거예요. 물론 클라이언트 측면^{Client side}의 이야기이고, 서버 구축과 데이터베이스 등 뒷단^{Back-end} 으로 깊게 들어가면 이렇게 단순하지 않은데, 지금 시작하는 디자이너들에게는 Javascript 언어로 웹 환경에서 디자인 작업을 할 수 있다 정도로 정리하면 좋을 것 같아요.

웹 환경에서는 HTML 마크업 언어와 CSS로 웹사이트와 같은 페이지를 구축할 수 있고, Javascript 언어는 그 페이지 안에서 작동되는 프로그래밍 언어로서, 여러 가지 이벤트들이나 특정 알고리즘을 수행하여 기능적인 내용을 구현할 수 있어요. 뿐만 아니라 웹 환경에서 제공되는 다양한 2D, 3D 그래픽 API를 활용하여 다양한 그래픽 라이브러리 또한 Javascript 언어로 제어할 수 있어요.

Javascript의 경우 그 태동의 역사를 살펴보면, 현재의 상황보다 좀 더 간단한 상황을 위한 스크립트 언어로 디자인되었었죠. 물론 V8엔진과 같은 기술혁신으로 속도와 안정성 등 다른 언어와 비교될 만한 수준까지 올라왔어요. 하지만 대용량의 프로젝트를 작업할 때는 자료형이 느슨해 코드 상의 에러를 잡는 것이 어려울 때가 있어요. 그래서 실리콘밸리의 많은 개발자들은 주로 Typescript로 개발을 해요. 앞서 살펴본 것처럼 Typescript는 Javascript의 슈퍼셋으로, Javascript와 동일하면서 몇몇 추가적인 문법과 장치들이 있고, 특별히 복잡한 개발을 할 때 많은 유리함을 줘요. 자세한 내용은 우측의 QR 코드 [**디자이너를 위한 프로그래밍 언어 2/2-Typescript(Javascript)**] 를 참조해 주세요.

너는 어떤 프로그래밍 언어를 쓰니?

 아무래도 디자이너로서 처음 코딩을 공부할 때, 어떤 언어를 사용해야 하는지 고민이 많을 거예요. 필자도 처음 시작할 때 그러했어요. 다음의 QR 코드 [QnA 37. 너는 어떤 프로그래밍 언어를 쓰니?]는 학생의 질문으로, 필자가 다양한 컴퓨테이셔널 디자인 프로젝트를 수행할 때, 환경에 따라서 어떤 언어들로 구현을 하는지에 대한 질문이었어요.

요약하면

하루가 다르게 새로운 기술이 나타나고 사라지고, 새로운 프로그래밍 언어와 표준이 제시되고 소멸되고 통합을 반복하면서, 프로그램 언어의 세상은 굉장히 다이내믹한 것이 현실이죠. 예를 들면 '구글에서 밀고 있는 언어래!', '앞으로 대세가 될 언어와 라이브러리래!'라고 하면 항상 찬반이 대립되죠. 그럼에도 불구하고 어떤 언어를 어느 기준으로 선택해서 접근하면 좋을지, 스스로의 목적이 무엇인지 내용을 잘 이해하고 그에 맞는 필요한 언어들을 전략적으로 공부하길 권해요.

또한 디자이너로서 코딩을 활용하는 측면에서는 한 가지 언어도 충분할 수 있지만, 좀 더 전문성을 가진 디자이너가 되기 위해서는 여러 언어를 필수적으로 다뤄야 하고, 다루어질 수밖에 없을 거예요. 즉, 문제의 종류, 개발과 서비스 환경에 따라 그것에 맞는 언어를 사용해야 하기 때문이죠.

필자도 10개 이상의 언어를 다루어 오고 있는데, 사실 컴퓨터 언어의 핵심을 보면 거의 같다고 보면 되요. 하나를 제대로 이해하면 다른 언어로의 확장은 따로 공부할 필요가 없을 만큼 간단해요. 어차피 언어는 컴퓨터와 사람을 연결해 주는 도구이고, 컴퓨터는 결국 계산기이며, 계산의 결과를 메모리를 통해서 저장하고 화면에 출력하는 기계인 것이죠. 언어의 종류와 상관없이 그 기본에 충실하면 어떤 언어를 공부하더라도 쉽게 배우고, 다른 언어로 유연하게 확장할 수 있다는 것이죠. 그러면 본격적으로 코딩의 개념에 대해서 알아봐요.

19.3 계산 그리고 '='의 의미와 중요성

코딩을 디자인에 적용할 때, 적용 영역에 따라 그 깊이와 넓이가 엄청나다는 것을 이해하는 데까지는 그리 오랜 시간이 필요하지 않아요. 다시 말하면, 오랜 역사를 두고 발전된 각각의 학문인만큼, 대학교에서 전공이나 몇 년의 실무 경력으로 프로그래밍의 전반을 이해한다는 것은 사실상 불가능해요. 그럼에도 불구하고 공부의 시작점은 같죠. 우리의 도구인 컴퓨터를 이해하는 것이에요. 현실적인 시작점은 코딩을 해석해 나가는 계산부터 이해를 해보면 좋을 것 같아요.

기본적으로 코드를 작성한다는 것은 계산 수식을 작성하는 것이죠. 컴퓨터가 코드를 해석할 때 계산 가능한 숫자 형태로 내부적으로 실행이 되죠. 세상 그 어떤 코드를 볼 때도 결국 계산 가능한 형태일 수밖에 없어요.

'='의 의미 / Assign

A = B

수학에서는 'A = B'는 A와 B는 같다는 의미로 쓰이죠. 하지만 프로그래밍에서는 해석이 달라요. B의 값이 A로 할당^{Assign}, 즉 저장된다는 의미예요.

A = (3 + 2) * 2

위의 식은 어떻게 이해하면 좋을까요? '='를 기준으로 뒤의 숫자 '(3 + 2) * 2'의 연산이 먼저 이루어지고, 그 결과 값을 '=' 앞에 위치한 A에 저장을 하는 것이죠.

계산해 보면, 괄호안의 '3 + 2' 연산이 먼저 이루어지고 '4'와 곱해져서 결과 값 '20'이라는 값이 A에 할당이 되는 것이죠. 좀 더 엄밀하게 말하면 그 '20'이라는 결과 값은 메모리 어딘가에 저장이 되고 그 메모리의 주소Memory Address값이 A안에 기억되는 거예요.

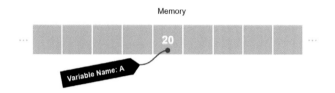

Memory

20

Variable Name: A

사칙연산 / Arithmetic Operations

```
1 + 1      // 더하기, 결과 값은 2
2 - 1      // 빼기, 결과 값은 1
3 * 2      // 곱하기, 결과 값은 6
10 / 2     // 나누기, 결과 값은 5
```

기본적으로 사칙연산은 더하기 '+', 빼기 '-', 나누기 '/', 곱하기 '*'로 표기돼요. 여러분들은 이 사칙연산을 가지고 디자인 프로세스를 기술하고 논리 체계를 만들어 나가게 되는 것이에요. 놀랍지 않나요? 이 단순한 연산으로 우주선도 쏴 올리고, 자율주행과 같은 인공지능도 구축하는 것이에요. 여러분들이 사용하는 모든 프로그램은 이러한 '+', '-', '/', '*' 연산의 집합으로 설계가 되어 있어요.

주석 / Comments

```
// 한줄 주석이에요.

/*
이 안에 들어오면, 여러 줄에 걸쳐,
주석처리가 되요 자유롭게 메시지를 남기세요!
*/

# 파이썬에서의 한 줄 주석이에요!
```

위의 사칙연산 예에서 '//'을 사용하였는데요. 이것은 주석으로서 코드가 실행될 때 '//' 뒤의 것은 연산에 포함되지 않아요. 따라서 코딩할 때 코멘트, 혹은 중요한 내용들을 주석의 형태로 남길 수 있어요. C, C++, C#, JAVA, Javascript와 같은 언어에서는 '//'는 주석을 선언하는 키워드이고, Python의 경우에는 '#'을 사용해요.

19.4 상태와 메모리 State and Memory

대부분의 프로그램, 가령 Photoshop, CAD, 혹은 스마트폰의 앱 등은 시작될 때, 프로그램을 구동하기 위한 자료(명령어 포함)들을 먼저 메모리에 올려놓아요. 마치 재료들을 잘 다져서 요리를 준비하듯이, 필요한 데이터들은 실행Runtime 시에 정해진 데이터의 타입에 맞게 메모리에 그 정보들이 올라가고, 미리 정의된 루틴에 맞춰서 중앙처리장치CPU가 각각의 메모리에 접근해서 계산을 하고, 그 결과를 해당 메모리에 업데이트하는 것이죠.

메모리는 여러 개의 상자들이 쭉 나열해 있다고 상상하면 좋아요. 정말 어마 무시하게 많은 상자들이 컴퓨터 가상의 공간 안에 쭉 나열돼 있다고 볼 수 있어요. 가령 숫자를 표현할 때는 소프트웨어가 나열된 메모리들의 상태를 On / Off 하면서 정보들을 메모리에 2진수 형태로 기록하는 것이죠. 그리고 각각의 상자들은 유니크한 아이디를 가지고 있어요. 즉, 겹치지 않는 숫자 형태의 주소를 가지고 있어요. 하지만 이 복잡하고 긴 숫자 주소를 기억하는 것은 불편하죠. 그래서 프로그래밍 언어들에서는 간단하게 변수Variables라는 형태로 주소로 접근할 수 있게 해 놨죠.

변수 / Variables

'프로그래밍을 한다.'라는 것은 어떤 의미로는 변수를 선언하고 계산을 통해 변수를 업데이트하는 것이라고 볼 수 있어요. 즉, 데이터를 선언된 변수를 통해 메모리에 저장하는 것인데, 컴퓨터는 무한을 다룰 수 없기 때문에 유한의 형태, 즉 데이터의 형태가 정해져 있다고 볼 수 있어요. 가령 문자, 문자열, 숫자도 여러 형태가 있겠죠. 각각의 데이터 형식(타입Type)에 따라 담을 수 있는 정보의 크기가 달라지죠. 결국 전기신호로 메모리 박스들을 키고 끄는 형태로 각각의 bit(메모리의 최소 단위) 제어를 통해 정보가 저장돼고 업데이트가 되는 것이죠. 보통 번거로운 일이 아니겠죠? 하지만 변수를 통해서 아주 간단히 제어할 수 있게 되는 거예요.

상수 / Constant

상수는 변하지 않는 상태로 볼 수 있어요. 사실 상수로만 프로그램이 작성되었다면, 그 프로그램은 딱 한 가지 정해진 행위만 하는 프로그램이 되겠죠. 굳이 프로그램을 짤 필요 없이 그 시간에 계산을 하는 것이 더 빠르겠죠. 이처럼 변수가 있어서 프로그래밍이 의미가 있어지는 것인데 상수는 왜 필요한 걸까요? 프로그램 실행 전반에 걸쳐서 변화하지 않는, 혹은 변화되서는 안되는 그런 상태는 상수로 지정해서 관리해요.

가령 디자인 프로세스를 기술할 때 정해진 값이 있을 경우, 실수로 그 값을 변화시키면 안 되고, 접근만 하여 데이터를 가져오기를 원할 때 상수는 아주 좋은 대안이 되죠.

자료형 / Data Type

자료를 담는 변수와 상수에 대해서 알아봤는데(엄밀하게는 데이터가 저장될 메모리 주소를 저장하는 변수), 어떤 자료형들이 있는지 확인해 봐야겠죠. 자료형은 세분화하여 나뉠 수 있어요. C, C++ 같은 로우 레벨 언어일 경우 더 그래요. 하이 레벨 언어로 분류되는 Python 과 Javascript의 경우는 별도의 자료형(타입) 지정 없이, 하나의 변수에 여러 가지 자료형을 담을 수도 있어요.

즉, '**자료형이 세분화되어 있다.**' Typed Language의 장점은, 그만큼 정교하게 메모리와 데이터를 관리할 수 있고, 복잡한 코드를 효과적으로 관리하여 사전에 많은 문제를 방지할 수 있는 환경을 제공해 주는 거예요. 단점은 코딩을 하기에 알아야 하는 것들이 많아서 코딩을 처음 학습하는 사람들에게 진입장벽으로 작용해요.

Python과 같이 '**자료형이 명시적으로 없는 언어**', Untyped Language의 경우 장점은, 자료형에 신경을 쓰지 않고 빠르게 작업을 할 수 있죠. 따라서 Python과 같은 언어는 인기가 높고, 비전공자에게 추천되는 언어이기도 해요. 그만큼 진입장벽이 낮은 것이죠. 단점으로는 아무래도 타입(자료형)이 없기 때문에, 복잡한 코드에서 상대적으로 유지 관리 보수가 당연히 어려워지겠죠.

자료형에서 정수(int)냐 실수(float)냐? 단정도(float)냐 배정도(double)냐? 프로그래밍 언어의 구현 차원에서 다소 차이는 있을 수 있지만 개념은 같아요. 컴퓨터는 유한을 다루는 기계예요. 무한을 다루지 못해요. 정해진 자원, 리소스Resource을 가지고 프로그램을 작성하는 것이죠. 따라서 현실의 문제를 수 체계로 추상화시킬 때, 문제를 효과적으로 기술할 수 있는 적절한 데이터형을 사용하는 것이 중요해지는 것이죠.

일반적 모던 프로그래밍 언어를 기준으로 우리가 학습할 자료형의 내용을 설명할게요.

boolean:	정수형	값: 0, 1 , true, false	1Byte
char:	정수형	값: –128, 32, 127...	1Byte
int :	정수형	값: – 0, 4, 7, 10, 1240...	4Byte
float:	실수형	값: –0.125f, 0.0f, 5.5f, 100.0f...	4Byte
double:	실수형	값: –0.125, 1.0, 125.009...	8Byte
string:	문자형	값: "hello world"	

정수형의 경우, 불리언boolean, 문자char, 정수int 자료형이 그 예일 수 있어요. 가령 1.5와 같은 실수 값은 할당할 수가 없어요. 불리언Boolean은 진실True, 혹은 거짓False 두 값만 존재하죠. 그 중간 값은 존재할 수 없죠. 문자 char의 경우 정수를 할당받을 수 있는데, 그 값은 ASCII 코드로 해석해서 문자를 담을 수 있어요. 예를 들면 97는 소문자 'a'의 값을, 65는 대문자 'A'의 값을 가지게 되는 것이죠. 또한 0과 1의 두 값을 가지고 연산을 하려고 할 때, 굳이 4 Byte를 차지하는 int 자료형을 사용할 필요는 없겠죠. 왜냐하면 문자char, 혹은 블리언boolean은 0과 1을 표현할 수 있는 범위를 가지고 있어 1 Byte의 메모리만 차지하기지 때문이죠.

실수의 경우, 소수점 이하의 정보를 담을 수 있어요. 디자인 스크립팅에서 실수를 다룰 때, 높은 정밀도를 주는 '배정도, double' 자료형을 많이 사용하게 돼요. 하지만 실시간 그래픽 엔진인 Unity의 경우 '단정도, float' 자료형을 사용하기도 해요. 아무래도 메모리를 실시간으로 관리하고 화면에 도형을 그리는 것이 주 업무이기 때문에 높은 정밀도를 요구하지 않는 상황에서는 실수를 담는 자료형인 싱글 플롯^float^을 주로 사용하죠. 디자인에서 정밀한 수치가 중요한 만큼 8 Byte의 공간을 사용하더라도 높은 정밀도를 유지하기 위해 double 자료형의 사용이 선호되죠.

 좌측의 QR 코드 [**Precision 그리고 Design**]은 디자인과 정밀도에 대한 질문을 받고 작성한 글이에요. 여러분들이 디자인 소프트웨어를 사용할 때 환경 세팅 값에 정밀도^Precision^ 값을 설정하는 항목이 있는데요, 비슷한 개념으로 이해하면 될 것 같아요. 즉, 데이터를 어떤 범위에 놓고 가공할 것인가에 대한 생각이에요.

다음의 예는 C#, Python, Javascript(Typescript) 언어들에서 정수형의 변수를 '선언'하고, 값을 '할당'하고, '연산'하는 과정을 비교해 봤어요.

```
// C#의 예
int myValue;              // myValue로 int 자료형 선언 한다.(반드시 int 형)
myValue = 5;              // myValue에 5를 할당 한다.
int result = myValue + 10;    // result 자료형의 선언과 동시에 결과를 할당 한다.


// Python의 예
myValue = 5;              // myValue에 5를 할당 한다.(선언 필요 없음)
result = myValue + 10;       // result 자료형의 선언과 동시에 결과를 할당 한다.


// Javascript(Typescript) 의 예
let myValue = 5;           // myValue에 5를 할당 한다.(let으로 모든 자료형 선언)
let result = myValue + 10;    // result 자료형의 선언과 동시에 결과를 할당 한다.
```

문자형의 경우, 스트링^string^은 사실상 앞서 살펴본 문자 '캐릭터, char'의 집합으로 보면 돼요. 가령 'hello world'의 각각 문자에 해당하는 char 데이터 구조들이 붙어서 배열(어레이^Array^), 혹은 리스트^List^의 형태로 문자열을 나타내는 것이죠. 이 부분은 나중에 실수형과 정수형의 집합인 Array와 List를 학습할 때 함께 알아보도록 할게요.

요약하면 컴퓨터의 가장 기본이 되는 자료형(타입)을 통해 복잡한 메모리 관리를 좀 더 편하게 할 수 있게 해줘요. 왜냐하면 자료형을 선언해줌으로써 필요되는 갯수의 메모리를 묶고, 그 유니크한 주소값을 우리가 선언하는 자료형의 변수에 저장함으로써, 복잡한 부분들을 쉽고 간단하게 해결했기 때문이죠. 사실 이 단계들은 프로그래밍 언어 단에서 해결을 하고 있음으로 지금 당장은 깊게 이해할 필요는 없지만, 한 번 정리를 하고 넘어가면 뒤의 내용을 학습할 때, 개념적으로 이해에 많은 도움이 되요.

배열 / Array & List

앞서 기초 데이터 자료형을 이용하여 단일 정보를 메모리에 효과적으로 담을 수 있는 방법을 알아봤어요. 단일 정보일 경우에는 문제가 없어 보이지만, 100개, 1000개 이상의 데이터를 다뤄야 한다면 어떻게 해야 할까요? 그 많은 자료형과 변수명을 선언할 수는 없겠죠.

기본적인 데이터 집합으로 '배열'을 들 수 있어요. 앞서 살펴본 자료를 담을 각각의 그릇들을 순서대로 쭉 나열하여 묶은 것을 배열로 볼 수 있어요. 만약 1000명의 학생들의 평균을 작성하다고 봤을 때, 변수를 1000개를 선언해서 사용해야겠죠. 엄청 비효율적일 거예요. 이럴 경우 배열을 사용하면 효과적으로 문제를 기술할 수 있어요.

배열을 선언하게 되면, 다음의 그림과 같이 주어진 개수를 담을 수 있는 연속적인 데이터들의 집합이 선언돼요. 원하는 원소를 직접 접근할 수도 있고, 뒤에서 배울 반복문과 함께, 각각의 원소를 차례대로 방문할 수도 있죠. 일반적으로 많이 활용되는 데이터 구조인 만큼, 여러분들이 익숙해지고 친해져야 할 데이터 구조라고 볼 수 있어요.

Array in memory Diagram

```csharp
// C#
int[] myIntArray0 = new int[5] { 1, 2, 3, 4, 5 }; // Array 선언과 동시에 데이터 입력

int[] myIntArray1 = new int[5];  //5개의 데이터를 선언
myIntArray1[0] = 1;                    // 0 번째 인덱스에 int 자료 1을 할당
myIntArray1[3] = 4;                    // 3 번째 인덱스에 int 자료 4를 할당
myIntArray1[4] = 5;                    // 4 번째 인덱스에 int 자료 5를 할당

Write(myIntArray1[2].ToString());      // 2번째 요소에 접근 그리고 출력 '3'
```

```python
# Python
myIntArray0 = [1, 2, 3, 4, 5] # Array(List) 선언과 동시에 데이터 입력

myIntArray1 = []              # Array(List) 선언
myIntArray1.append(1)         # 처음 1을 첨부
myIntArray1.append(2)         # 다음 자료로 2를 첨부
myIntArray1.append(3)         # 다음 자료로 3을 첨부

print(myIntArray1[2])         # 인덱스 2번째 요소에 접근 그리고 출력 '3'
```

위의 경우 C#과 Python에서 배열Array을 선언하는 예를 간단히 알아봤어요. C#의 경우 자료 형을 명시해 주고 데이터를 입력해 주어 만드는 방법과, 선언 후 입력하는 방법 또한 알아봤 어요. 중요한 것은 크기를 미리 명시해야 한다는 것이죠. 그러나 C#의 List의 경우 좀 더 자 유롭게 동적으로 배열의 크기 조절이 돼요. Python의 경우 자료형과 상관없이 대괄호, '[ ]' 를 통하여 선언을 하고 append 함수를 통해서 데이터를 할당했어요. 그리고 인덱스index를 통 하여 2번째 요소를 출력한 예예요.

 '시작은 항상 '0'부터이다!' 대부분의 프로그래밍 언어(maxscript 제외)의 인 덱스는 항상 '0'부터 시작해요. 즉, 배열의 첫 번째 원소를 가져올 때 '0'을 써 야 해요. 다섯 번째 원소는 '4'로 인덱스를 해야 해요. 배열의 실제 길이는 전체 길이에서 '1'을 뺀 값이라 볼 수 있어요. 왜냐하면 프로그래밍의 인덱스는 '0'부터 시작하기

때문이에요. 초보자들이 많이 헷갈리고 실수하는 부분이라 다시 강조해요.

연결리스트 / Linked List

연결 리스트를 살펴보면 앞서 살펴본 Array보다 데이터의 삽입과 삭제가 용이한 데이터 구조예요. 각각의 데이터들은 그 뒤에 다음으로 올 데이터를 참조로 가지고 있어요. 따라서 데이터가 쭉 연결되어 있다고 볼 수 있죠. 중간에 데이터를 추가할 경우도 그 연결 고리를 바꿔줌으로써 쉽게 삽입, 삭제를 할 수 있죠. 하지만 뒤에 위치한 데이터에 접근하기 위해서 앞선 배열Array의 경우 인덱스를 통하여 비순차적 접근Random Access을 했다면, 연결 리스트는 특정 원소에 접근하기 위해 순차 접근Sequential Access 해야 하는 비효율성이 있어요.

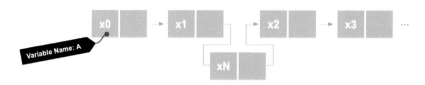

Linked List Diagram, NJSTUDIO

데이터 구조는 장단점이 있기 마련인데, 탐색과 정렬이 중요하면 배열Array의 사용이 추천되고, 자료의 삽입과 삭제가 빈번하면 연결 리스트Linked list를 사용하는 것이 유리해요. 연결리스트의 경우에는 폴리라인Polyline, 혹은 폴리곤Polygon 같은 이슈를 기술할 때 유리할 수 있어요. 라인들의 정점을 중간 중간 손쉽게 삽입하고 지울 수 있죠.

자료구조를 사용하는 목적은 데이터의 저장과 접근을 원활하게 함이죠. 반복해서 강조하지만, 주어진 문제를 잘 설명하는 데이터 구조를 선언하는 것은 나중에 알고리즘을 적용할 때, 디버깅Debugging할 때, 혹은 재사용성이 높은 코드를 작성할 때 매우 유리할 수 있어요.

여러분이 선택한 프로그래밍 언어에 따라 구현에서는 약간의 차이를 보일 수 있어요. 하지만 큰 개념은 앞서 알아본 틀 안에서 이루어져요. 이 책의 목적이 입문서인 만큼, 이러한 개념의 이해를 바탕으로 학습코자하는 프로그래밍 언어에서는 어떻게 구현되는지 별도의 학습 자료를 참고하여 자세한 문법과 사용법을 익히시길 권해요.

19.5 비교와 반복 Conditional Statement & Loop

프로그래밍의 핵심이 무엇인지 물어온다면, '비교'와 '반복'으로 답할 수 있어요. 컴퓨터의 논리 회로를 보면 주어진 인풋에 따라, AND, NOT, OR, XOR 등의 논리 게이트가 있죠. 즉, 판단이 들어감으로써, 정해진 일련의 작업을 수행하는 매크로적 단순함에서 논리적인 프로그래밍으로 컴퓨터를 활용할 수 있게 되는 것이죠.

프로그래밍에서 논리는 매우 중요한 요소예요. '컴퓨테이셔널 사고를 한다.', 혹은 '알고리즘을 작성한다.'는 의미는 논리구조를 어떻게 디자인할 것인가에 대한 이야기로 볼 수 있다는 것이죠. 논리구조가 존재하지 않으면 프로그래밍을 하는 의미가 없다고 볼 수 있을 정도로 논리 구조는 프로그래밍 자체라고 볼 수 있어요.

디자인을 한다는 것은 결정의 연속이라고 할 수 있어요. 결정을 내린다는 것은 명시적이던 암묵적이던 어떤 평가기준이 존재하는 것이 되겠죠. 그 기준을 세우고, 평가를 내리는 내용을 기술하는 것이 프로그래밍이라고 볼 수 있는 거예요. 가령 형태를 바꾸고, 그 결과를 확인하며 판단을 하고, 위치를 바꾼다던가 크기를 조절한다던가 등의 판단 후, 그에 맞는 액션을 하고 또 평가를 하는 것이죠. 이러한 루틴의 반복을 통해서 주어진 작업을 완료하는 것이죠.

조건문 / Conditional Statement

```
a == b            // a와 b가 같다면 true 그렇지 않으면 false
a =! b            // a와 b가 다르다면 true 그렇지 않으면 false
a > b             // a가 b보다 크다면 true 그렇지 않으면 false
a >= b            // a가 b보다 같거나 크다면 true 그렇지 않으면 false
a <= b            // a가 b보다 같거나 작다면 true 그렇지 않으면 false
a < b             // a가 b보다 작다면 true 그렇지 않으면 false
a > b             // a가 b보다 크다면 true 그렇지 않으면 false


a && b 혹은 a and b    // a와 b가 같다면 true 그렇지 않으면 false
a || b 혹은 a or b     // a와 b가 다르다면 true 그렇지 않으면 false
```

코드 레벨에서는 위와 같이 기술될 수 있어요. 사용하는 언어마다 구현에 있어서는 약간씩 다를 수 있으나 개념은 같아요. 그럼 조건문을 이용해서 실제 예를 들어 볼까요?

```csharp
// C#
Int a = 3;
int b = 5;

if (a < b) {
    // a가 b보다 작습니다.
} else if (a == b) {
    // a와 b가 같습니다.
} else {
    // a는 b보다 큽니다.
}
```

```python
# Python
a = 3
b = 5

if a < b:
    # a가 b보다 작습니다.
elif a == b:
    # a와 b가 같습니다.
else:
    # a는 b보다 큽니다.
```

위의 예처럼 'if then else' 구문을 통해서 여러 가지 조건을 정의하여 코딩할 수 있어요. 'else'는 위의 조건들을 만족시키지 않았을 경우 실행되는 영역이에요. 이번에는 중복 비교 Nested Conditional Statements를 해볼까요?

```csharp
// C#
Int a = 3;
int b = 5;
int c = 10;

if (a < b) {
    if ( (a + b) > 5 && c > -5 ) {
        // 모든 조건이 만족될 때
    } else {
        // 위의 조건이 만족되지 않을 때
    }
} else {
    // 초기 a < b가 거짓일 때
}
```

```python
# Python
a = 3
b = 5
c = 10

if a < b :
    if (a + b) and (c > -5 ):
        # 모든 조건이 만족될 때
    else:
        # 위의 조건이 만족되지 않을 때
else:
    # 초기 a < b가 거짓일 때
```

위의 코드와 같이 조건문 if 안에 또 다른 if 문을 선언할 수 있어요. 또한 switch 조건문을 사용하여 논리 분기를 구현하는 방법도 있어요. 프로그래밍의 문법은 언어에 따라 달라질 수 있지만, 결과적으로 프로그램 흐름의 분기를 정의하는 논리 형식이라 볼 수 있어요.

반복문 / Loops

컴퓨터 프로그래밍의 꽃은 반복문이라고 생각해요. 반목문은 그만큼 중요하게 많이 사용되며, 컴퓨터의 연산능력이 발휘되는 부분이 아닌가 싶어요. 코드 레벨에서 어떻게 사용되는지 알아보죠.

```csharp
// C#
int sum = 0;
for (int i = 0 ; < 100 ; ++i) {
    sum = sum + i;
}
```

```python
# Python
sum = 0
for i in range(0, 100):
    sum = sum + i
```

위의 예제는 반복문 for 구문을 이용하여 0부터 99까지 더하는 코드로 볼 수 있어요. C# 예제의 경우 for 구문 안에 조건문이 있죠. i는 0부터 시작을 하고 100보다 작을 경우, 즉 99까지 그 조건이 맞는 한 계속 실행이 돼요. 그리고 마지막 ++i의 의미는 자기 자신(i)에 1을 더하라는 문법이에요. 따라서 sum = sum + i을 통해서 자기 자신(sum)에 계속 i를 더하는 계산이 이루어지죠.

Python의 예로는 range라는 함수를 통해서 0부터 100까지의 수를 리턴 받을 수 있어요. 즉, 1, 2, 3, 4...99를 포함한 Array가 리턴이 되고, 그 Array의 원소 개수를 i 변수로 받아 내면서 sum에 총합을 더하게 되는 것이죠.

While 반복문에 대해서 알아 볼까요? 내용은 앞서 살펴본 for 구문과 같아요. 주어진 조건이 만족되는 한 계속 반복을 수행해요.

C#의 경우 index라는 변수를 미리 선언 후, 100 값을 입력하고 while 구문에 위치한 조건문에서 'index--'를 함으로써 index의 값을 1식 차감시켰어요. 처음 반복에서는 99, 98... 1까지 진행돼요. 그 후 while 구문에서 숫자 0이 입력되면 0을 false로, 즉 거짓으로 해석한 후 반복을 종료하게 돼요.

```csharp
// C#
int index = 100
int sum = 100;
while (index--) {
    sum = sum + index;
}
```

```python
# Python
index = 99
sum = 0
while (index):
    sum = sum + index
    index = index - 1
```

위의 Python의 경우 while의 조건문에서 차감이 이루어지는 것이 아니라, 그 구문안의 마지막 부분에 index = index - i를 통해서 실행이 한번 된 후 차감이 되는 것을 확인할 수 있어요. 그 차이 때문에 index 변수를 선언하고 값을 할당할 때 99라는 숫자를 준거예요. while 조건이 true일 경우 계속 반복하며 99부터 1까지 누적 합을 계산하고 종료되겠죠.

```csharp
// C#
int index = 100
int sum = 100;
while (index--) {
    sum = sum + index;
    if ( sum > 300 ) {
        break;
    }
}
Write(index)
```

```python
# Python
index = 99
sum = 0
while (index) :
    sum = sum + index
    index = index - 1
    if sum > 300 :
        break;
print(index)
```

위의 예제는 반복문에 조건문을 넣었어요. 즉, 매번 반복을 할 때 조건이 만족되면 더 이상 반복을 하지 않는 구조예요. 결과적으로 index를 출력하는데, 몇 번째 index를 더했을 때 그 합이 300을 넘어서는 순간인지 알 수 있는 알고리즘이 되는 것이죠.

혹시 어렵게 느껴지나요? 글로 풀어서 오히려 더 어렵게 다가올 수 있어요. 만약 장난감, 혹은 가구 조립을 글로만 풀었을 경우 매우 어렵게 느껴질 수 있듯이요. 그러나 막상 한번 해보면 별거 아니듯 코딩도 동일하다고 생각해요. 여러분들이 앞의 예제 코드를 반복해서 타이핑하다 보면 직관적으로 자연스럽게 이해가 될 거예요. 익숙하지 않아서 오는 문제지, 어렵지 않다는 것을 금방 알 수 있을 거예요. 요즘은 초등학생들도 코딩을 학습할 수 있는 이유이기도 해요. 뒤 [28 워크숍 참조 자료] 챕터에 C#과 Python 비디오 워크숍이 있으니, 글로 이해가 되지 않은 분들은 뒤의 학습 자료 챕터를 참조하기 바래요.

필자도 처음 프로그래밍을 공부했을 때 의아하고 신기하게 생각했던 부분은, 다양한 애플리케이션을 개발할 때, 혹은 복잡한 디자인을 발전시킬 때, '어떻게 그 단순한 조건문과 반복문만으로 그 복잡한 문제들을 해결하고 설계하지?'라는 것이었어요. 그 후로 다양한 경험과 학습을 하였고, 지금은 자연스럽게 조건문과 반복문만으로 어떻게 문제를 기술하면 효과적인지, 어떤 형식으로 컴퓨테이셔널 사고를 적용해서, 문제를 나누고 패턴을 파악하고 기술하여 효과적으로 유지 보수할 수 있는지에 대해 직관적으로 알 수 있게 되었죠.

19.6 논리 덩어리, 함수 Function

프로그램의 가장 작은 단위의 연산은 무엇일까요? 사칙연산이 될 수도 있겠지만, 여기서는 코드의 한줄 한줄을 연산의 최소 단위로 가정을 해 보죠. 그다음은 무엇으로 볼 수 있을까요? 아마도 for 구문을 다음 스케일의 예로 볼 수 있겠네요. 혹은 위의 마지막 예제처럼 for 반복 구문과 if 조건문들이 중첩되어 특정 아웃풋을 만들어 내는 단위로 묶을 수도 있겠네요.

어떻게 이 논리 체계들을 나누어서 보관하고, 재사용할 수 있을까요? 한줄 한줄로 하기에는 너무 비효율적이겠죠. 그렇다고 너무 큰 단위로 묶었을 경우 일반화시키기가 어려울 수 있어요. 상황에 따라 달라질 수 있는데, 작업Task의 의미로 나누는 것이 일반적일 수 있다고 생각해요.

책상 조립과정을 예로 작은 단위의 행위(작업)로 먼저 나누어 봐요.

탐색하는 행위

탐색모듈1(장비를 찾는 알고리즘), 탐색모듈2(가구를 찾는 알고리즘)...

조립하는 행위

조립모듈1(망치로 못을 박는다), 조립모듈2(나사를 돌려 조립한다)...

해체하는 행위

해체모듈2(못을 뺀다), 해체모듈3(나사를 뺀다)...

평가하는 행위

평가모듈1(방금 전 행위가 올바른가)...

위와 같이 모듈을 만들었다면, 그 모듈들을 조합할 상위 모듈을 아래와 같이 만들어 봐요.

다리조립모듈(

　1: **탐색모듈2**(다리를 찾는다), 2: **탐색모드1**(드라이버를 찾는다), 3: **조립모듈2**(나사로 조립),

　4: **탐색모드1**(망치를 찾는다), 5: **조립모듈1**(못으로 조립),

　6: **평가모듈1**(지금 행위가 잘 됐었다면 넘어가고, 그렇지 않으면 다시 실행)

)

상판조립모듈(

　...앞서 정의한 모듈을 조합함으로 행위를 정의...

)

책장조립모듈(

　...앞서 정의한 모듈을 조합함으로 행위를 정의...

)

그럼 앞서서 작성된 작은 모듈과 큰 모듈을 가져와서 책상을 만드는 프로그래밍을 해볼까요?

(1) 탐색모듈1을 이용하여 상판을 찾는다.

(2) 상판조립모듈로 상판을 완성한다.

(3) 평가모듈1을 사용하여 상판이 완성되면 다음으로 넘어간다.

(4) 다리조립모듈을 for 반복문을 이용하여 다리 4개를 완성한다.

(5) 평가모듈1을 사용하여 4개의 다리가 잘 조립되었다면 다음으로 넘어간다.

(6) 책장조립모듈로 책장을 완성 후 상판에 놓는다.

(7) 평가모듈1을 활용하여 책상 전체가 잘 완성되었는지 평가한다.

(8) 끝

앞서 간단한 의사코드^{Pseudocode}로 작성한 '책상 조립은 작업'들의 의미를 나누어서 함수로 만든 과정을 알아봤어요. 이처럼 패턴을 분석하여, 나누고, 모듈화시키고, 모듈끼리의 관계성을 부여해서 우리가 원하는 책상 만들기 의사코드를 작성해 봤어요.

어떤 함수(조립모듈 1과 2)는 특정 부분에 특화된 것들이 있고, 어떤 코드(평가모듈 1)는 일반화되어 여러 가지 상황에 쓰일 수도 있었죠. 이러한 논리들을 덩어리화하고 함수와 모듈화시키는 것은 여러분들의 디자인 프로세스와 의도를 잘 반영하여 효과적으로 기술하면 되는 것이죠. 또한 어느 정도 경험이 쌓이기 전까지 잦은 실수를 할 수도 있어요. 모듈화의 범위와 방법은 정답이 없기 때문에 시행착오를 거치는 것이 일반적 순서라고 볼 수 있어요. 따라서 문제를 논리단위로 나누고, 조합하여 컴퓨테이셔널 사고를 구현하는 훈련을 하길 권해요.

함수 / Function

프로그래밍에서 함수는 매우 중요한 단위예요. 디자인 스크립팅을 하게 되면 사용하는 소프트웨어에서 주요 기능들을 함수의 형태로 제공을 해줘요. 뒷부분에 학습할 API를 통해서 접근할 수 있고, 사용자는 이 주어진 함수들을 조립하여 모듈로 만들고, 필요에 따라 호출하고 그 결과를 비교 반복을 하며 실행하는 것이죠.

대부분의 언어에서 여러 모듈을 지원해 줘요. 가령 수학 모듈의 경우 Sin, Cos, Tangent, Random, Floor, Sqrt, Power 등의 함수를 지원해 주고, 여러분들이 사용하는 소프트웨어 단에서는 UI를 통해 접근할 수 있는 명령어들도 함수 단계로 묶어^{Wrapping} 지원해 주고 있죠. 이런 함수를 이용하여 코딩을 시작하면 쉽게 프로그래밍을 할 수 있어요. 또한 앞서 살펴본 것처럼 필요에 따라 모듈화를 통해 여러분만의 함수를 만들 수도 있죠. 어떻게 보면 100%의 자유도가 우리에게 주어지는 것이죠. 그렇기 때문에 프로그래밍이 오늘날 중요한 위치에 올 수 있었다고 생각해요.

19.7 흔한 실수

처음 코딩을 할 때, 자주하는 실수에 대해서 이야기 나누어 봐요. 처음에는 한줄, 두줄도 실행이 안되는 경우가 있어요. 코딩은 영어와 같이 굉장히 구조적이어서 꼭 문법에 맞춰서 작성해야만 작동해요. 뒤의 **[22 버그와 디버그 챕터]** 부분에서 좀 더 자세히 다루겠지만, 초보자들이 자주 범하는 문법 실수를 통해서 처음 코딩을 할 때 유념해야 하는 사항을 간단히 알아봐요.

! 만약 코드가 실행이 안 된다면, 다음과 같은 문법을 체크 해봐요.

세미콜론(:)을 작성 중인 코드의 끝에 입력하지 않으면 에러가 나는 경우가 있어요. Python Javascript와 같은 언어들은 선택적^{Optional}이지만, C, C++ C#, JAVA와 같은 언어들은 한 줄 코드 작성이 끝나면 세미콜론을 반드시^{Required} 오퍼레이션의 끝에 붙여줘야 해요.

소문자와 대문자 구별이 명확해야 해요. 문자는 유니크한 하나의 데이터이기 때문에 사람은 의미론적으로 이해하지만 컴퓨터는 'myName'과 'MyName'을 전혀 다른 개체로 인식해요.

for, if, class와 같은 예약어 키워드^{Keyword}들은 변수명으로 할 수 없어요. 더 나아가 언어마다 예약어가 다른 부분이 있어요. 가령 C#의 경우 int, float과 같은 키워드, Javascript의 경우 var let, const와 같은 예약어로 변수명을 사용할 수 없어요.

Array나 리스트의 원소에 접근할 때 항상 '0'부터 시작해요. 첫 번째 원소에 접근을 하려면 [0] 번째로 접근을 해야 하고, 마지막 원소의 경우 전체 길이에서 하나를 빼 주어 [전체길이 −1] 접근을 해야 해요. 배열에서 인덱스를 할 때 많이 실수를 하니까 꼭 염두해 두세요.

() 소괄호 {} 중괄호 [] 대괄호를 열었다면 반드시 닫아야 해요. 처음 코딩할 때 헷갈릴 수 있는데 익숙해지면 '범위'를 나타내 주는 '()', 혹은 '{}'를 구조적으로 확인하면서 범위(스코프^{Scope})가 꼬이지 않게 확인해 주면서 코딩을 해야 해요. Python의 경우 탭^{Tab}키로 공간^{Space}을 띄움으로써 범위를 나타내요. Python의 문법은 비교적 쉽지만 스페이스는 공간을 명확하게 해줘야 해요. 그렇지 않으면 범위를 착오하여 에러가 발생해요.

! 파이썬 ^{Python} 언어 공부 방법

처음 코딩을 공부하는 디자이너들에게 Python 언어를 권해요. 비교적 배우기 쉽고 온라인에 많은 자료들이 있기 때문에 공부하기 매우 편하죠. 즉, 내가 궁금한 부분들은 이미 누군가의 질문이였고, 그 질문을 해결할 수 있는 답들은 인터넷에서 검색하여 매우 손쉽게 찾을 수 있기 때문이죠.

뿐만 아니라 앞서 설명한 것처럼 파이썬^{Python}은 다양한 환경에서 스크립트 언어로 지원이 되기 때문에 하나의 문법을 익힌 후 Python을 스크립트로 지원해 주는 여러 소프트웨어 환경에서도 동일하게 사용할 수 있어요. 동시에 하나의 언어를 충분히 이해하면 다른 언어로 확장하는 것은 매우 쉬워요. 따라서 비교적 쉽고 공부하기 편한 언어를 선택해, 충분히 이해하는 것이 유리하다 볼 수 있죠.

 다음의 QR 코드 [Introduction to Computational Design: Data, Geometry, and Visualization Using Digital Media]는 Digital FUTURES에서 진행한 워크숍의 우리말 버전의 학습자료 예요. 파이썬 부분을 참조하길 권해요.

더 많은 자료는 뒤에 학습 자료 챕터의 워크숍 참조자료를 통해 소개할게요.

파이썬(Python) 배워야 할까? 장단점을 알아보자!

라이노 파이썬 / Rhino Python, 공부법

건축 컴퓨테이셔널 유학 그리고 파이선 코딩 공부

! 디자이너를 위한 C# 공부 자료

앞서 추천드린 파이썬 프로그래밍 언어와 함께 C# 언어를 추천해요. 물론 언어를 개발하고 관리하는 주체인 마이크로소프트라는 거대 기업이 기술과 자본을 투자해서 계속 발전을 시켜 나가겠지만, 윈도우 환경에서 개발이 가능하고 자료형이 제공된다고 앞서 살펴봤죠. 또한 JAVA 문법과 굉장히 흡사하고 비교적 모던 프로그래밍 언어로 분류될 수 있어요. 파이썬, Javascript와 같이 메모리 관리도 따로 하지 않아도 되기 때문에 실수를 막을 수 있고 프로그래밍에 더 집중할 수 있는 환경을 제공해 줘요. 위의 QR 코드 [**컴퓨테이셔널 디자인 08. 디자이너를 위한 프로그래밍 언어 1/2-C#**]를 통해 자세한 내용을 공유해요.

설명비디오

필자도 즐겨 쓰는 언어이기도 하고, 학생들의 요청으로 작성된, Rhino Grasshopper 환경에서 C# 코딩에 대한 기본 문법 강의를 공유해요. 그 내용은 동일하기 때문에 다른 환경(예를 들면 Unity)에서의 C# Scripting 적용이 가능하죠. 좀 더 깊은 학습을 하고 싶은 분들은 두 번째 우측 QR 코드 [**Grasshopper 그리고 CSharp 00 디자이너를 위한 C# 기초 문법 워크숍 소개**]와 세 번째 QR 코드 [**디자인 스크립팅을 위한 C# 기초 문법 [맴버십 강의]**]를 참조하길 권해요.

강의리스트

마지막 우측 QR 코드 [**Grasshopper 그리고 CSharp 구독자 질문 Q08 from C# to Python**]은 이미 C# 언어에 익숙한 학생분의 질문으로, 어떻게 Python 공부를 시작하면 좋을것인가의 질문에 대한 필자의 생각이에요. C#과 Python의 문법을 간단히 비교하며 학습을 시작하는 방법에 대한 이야기를 하고 있어요.

C# to Python

20 코딩: 정보와 행위의 정의

20.1 프로그래밍의 본질

다시 한 번 정리해 봐요. 프로그래밍은 변수를 통해 주어진 문제를 설명하는 (1) 데이터 구조를 정의하고 (2) 데이터를 업데이트하는 것이라고 알아봤죠. 예를 들어 사람이라는 데이터 구조가 있다고 가정해 봐요. 사람을 표현하기 위해 '이름', '나이', '키', '몸무게' 등의 데이터들이 존재하고 '걷다', '뛰다', '먹다' 등의 '행위'가 있죠. 즉, 이 행위를 통해 '키'와 '몸무게' 등의 데이터들이 수정될 수 있겠죠.

데이터 / Data

```
// 정보                          // 행위

이름 = "nj"                     달리다 (키, 몸무게, 이동거리) {

몸무게 = 70                          몸무게 = 몸구게 - 이동거리 * 0.0001

키 = 170                            return 몸무게

이동거리 = 0.0                   }
```

상단 좌측의 의사코드Pseudocode는, 사람의 정보를 '이름', '몸무게', '키', '이동거리'의 변수를 선언하고 값을 할당했어요. 이 데이터는 상단 우측의 '달리다' 함수를 통해서 업데이트될 수 있겠죠.

알고리즘 & 액션 / Algorithm, Action, Behavior

데이터를 위에서 정의했으니 이번에는 그 데이터를 수정할 수 있는 알고리즘, 즉 달리는 행위를 선언하고 구현할 수 있어요(우측 의사코드). '달리다'를 실행하면 그 거리에 비례해서 몸무게를 줄이는 아주 간단한 행위(알고리즘)로 볼 수 있어요. 이렇게 정보와 데이터를 명시적으로 구분해서 코드를 작성하는 것이 일반적이고 직관적이죠.

만약 한 명이 아니라 백 명 천 명 이상의 사람들이 있다면 배열^{Array}과 반복^{Loop}문을 활용해서 해결할 수 있겠죠. 하지만 달리기를 통해 몸무게가 줄어드는 것뿐 아니라, 다른 사람들과 경쟁을 하여 서로가 서로에게 영향을 주는 토너먼트와 같은 경기를 코딩으로 구현한다면 어떨까요?

더 복잡한 관계성을 정의해야 한다면?

단순히 달리기 시합이 아닌 격투 시합이라고 가정을 해 봐요. 서로 격투를 통해서 A가 B에게 데미지를 입히고 몇 번의 펀치와 킥으로 승리를 했는지, 혹은 토너먼트 상에서 어떤 상대를 어떤 히스토리로 이기고 왔는지 등을 추적하고 계산하고 싶다면, 앞의 방식으로 구현을 한다면 실수도 많아지고 디버깅이 어려워지기 쉬워요. 자칫하면 얽히고설킨 스파게티 코드^{Spaghetti} ^{Code}가 만들어지고, 며칠 후에 보면 이해가 안되는 코드 투성일 수 있어요.

데이터 구조 + 알고리즘 = ?

(1) 데이터와 (2) 그 데이터를 수정하는 알고리즘을 하나로 묶어 보면 어떨까요? 만약 그렇다면 굉장히 효율적이게 코드를 관리할 수 있고 디버깅도 수월하겠죠? 프로그래밍의 패러다임 중 하나인 오브젝트 중심 프로그래밍(OOP$^{Object Oriented Programming}$)의 개념을 활용하면 이를 상대적으로 쉽고, 직관적으로 구현할 수 있어요.

20.2 객체 ^{Object}

객체^{Object}는 소프트웨어 세계 단에서 구현할 대상이고, 이를 구현하기 위한 설계도를 클래스^{Class}로 볼 수 있으며, 이 설계도에 따라 소프트웨어 단에서 구현^{Implementation}된 실체를 인스턴스^{Instance}로 볼 수 있어요.

오브젝트 중심의 패러다임은 절차지향 패러다임과 사뭇 다르다고 느끼실 거예요. 또 다른 접근방식과 사고체계가 필요해요. 예를 들어 현실의 대상을 객체^{Object}로 추상화시켜 볼까요?

'사람'은 실제 존재하는 대상은 아니에요. 추상의 개념으로 볼 수 있어요. 사람이 구체화되면 이남주, 김남주, 박남주와 같이 객체에서 파생된 인스턴스들이 나타나고 대한민국의 데이터베이스에 주민으로 등록되는 것이죠. 같은 의미로, 자동차는 존재할까요? 자동차 또한 현실에 존재하지 않는 추상의 개념이고, Tesla model X, Kia K9과 같은 요소가 실제 존재하는 객체Object로 볼 수 있어요.

오브젝트 중심으로 프로그래밍을 할 때, 현상을 추상화시키는 작업이 필요해요. 즉, Class로 현상을 추상화시켜야 한다는 것이죠. 즉, 어떤 컨셉, 혹은 붕어빵 틀과 같은 설계도로서 Class를 정의해야 한다는 것이에요. 기술적으로, 설계도 Class를 바탕으로 객체Object를 소프트웨어 단에서 실체화하면 그것이 인스턴스Instance가 되고, 이 과정을 인스턴스화Insanitation라고 하며 이는 실제 메모리에 할당되어 우리가 조작할 수 있는 대상, 혹은 상태가 되는 것이에요.

쉽게 이해하는 클래스

현상을 Class로 정의할 때 중요한 두 가지 요소가 있어요. 정보(명사)와 행위(동사)로 분류해서 접근하면 좀 편해요. 사람으로 예를 들면 정보(명사)는 '이름', '국적', '키', '주소', '혈액형', '몸무게', '가족관계' 등의 다양한 데이터가 있겠죠. 행위로 나누면 '가다', '오다', '먹자', '보다', '이사 가다' 등의 행위(동사)로 나누어질 수 있겠죠.

다음 페이지의 C# 예제로 작성된 Person Class를 보면 height와 weight는 배정도double 데이터형식으로 정의되어 있죠. 문자열string의 형식으로 이름을 정의했어요. 블리언boolean 형식으로 살아있는지 죽어있는지를 나타내는 데이터도 있죠. 마지막으로 정수 int 형태로 age를 정의한 것도 볼 수 있어요.

Class안의 함수로 eat이 정의되어 있죠. 파라미터는 문자열 형태의 food 변수명으로 선언이 되어 있어요. 만약 food 변수의 문자가 '고기'라고 한다면 몸무게를 1.2를 곱해서 weight을 높이고, 그렇지 않으면 1.05를 곱해서 weight 값을 업데이트를 하는 것이죠. 이렇게 해서 Person Class를 선언하고 Instance를 받아서 사용할 수 있어요.

```
// C#으로 작성된 코드에요
class Person {                      // class의 이름을 선언 그리고 범위의 시작
    double height = 170;            // int 자료형, height 선언 그리고 170값 할당
    double weight = 70;            // int 자료형, weight 선언 그리고 70값 할당
    string name = "namju";          // string 문자열, name 선언 그리고 namju 할당
    bool live = true;               // boolean 자료형, live 선언 그리고 true 할당
    int age = 30;
    public eat (string food) {      // eat 함수 선언 그리고 파라미터 선언
        if (food == "고기") {         // 만약 food 파라미터가 '고기'라고 한다면 실행
            this.weight *= 1.2;     // 참을 경우에는 weight에 1.2를 곱해 준다
            return this.weight;     // 함수 결과 리턴
        } else {
            this.weight *= 1.05;    // 거짓일 경우 weight에 1.05를 곱해 준다
            return this.weight      // 함수 결과 리턴
        }
    }                               // eat 함수 범위 닫기
}                                   // class 범위 닫기
```

아래의 예는 앞서 선언한 Person Class에서 인스턴스를 받아온 예인데요. nj, mj의 변수에 모든 데이터와, 그 데이터를 프로세스할 수 있는 함수가 정의돼 있고, '.' Dot notation을 통해서 접근해서 데이터를 가져오거나 함수를 실행할 수 있어요.

```
Person nj = new Person();       // Person 클래스에서 인스턴스를 만듦
nj.eat("야채");                  // eat에 야채를
nj.eat("고기");                  // eat에 고기를
Print(nj.weight);               // nj의 몸무게 88.2를 출력한다
Person mj = new Person();       // Person 클래스에서 인스턴스를 만듦
mj.eat("고기");                  // eat에 고기를
Print(mj.weight);               // mj의 몸무게 73.5를 출력한다
```

우측의 QR 코드는 파이썬을 통해 class를 활용한 토너먼트 전투 게임의 예제로써 Person, History, Round 그리고 Game Class가 있죠. Person Class는 토너먼트의 History를 가지고 있고 각각의 History에서 다른 파이터와의 대결

을 Round로 저장하고 있게 되는 것이죠. 이러한 토너먼트의 틀은 Game에서 Person Class를 조합함으로써 구현한 것이에요. 중요한 지점은 각각의 Class에서 어떤 데이터와 어떤 함수가 있는지, 서로 어떤 관계성을 가지고 데이터를 업데이트 하는지를 참조해 보면 좋을 것 같아요.

클래스 상속

OOP의 중요한 특징 중 하나는 상속^Inheritance 개념이에요. 상속은 부모자식관계에서 부모의 데이터(자료)나 함수(매소드)를 구현 없이 자동으로 받아서 사용하는 개념이죠.

자동차 클래스를 통해서 알아볼까요? 모든 현실에 실체화된 자동차는 공통적인 데이터를 가지고 있죠. '모델명', '바퀴', '문', '핸들' 등이 있을 수 있죠. 공통적인 자동차의 행위는 '가속하다', '멈추다', '좌회전', '우회전', '문이 열리다', '문이 닫히다' 등이 있겠죠. 그리고 위의 정보를 하나의 설계도 Class로 기술하면 다음과 같아요.

```csharp
// C# 부모 클래스 코드 구현
class Car {
    string modelName = "untitle";    // 자동차 모델명
    int wheel = 4;                   // 바퀴의 개수
    int door = 4;                    // 문의 개수
    int handle = 1;                  // 핸들 개수
    go (float speed) {
        // TODO :                    // 속도에 맞게 포지션 데이터를 업데이트한다.
    }
    stop() {
        // TODO :                    // 속도에 맞게 감속하며, 포지션 데이터를 업데이트한다.
    }
    openDoor() { /* TODO: */ }       // 문을 연다.
}
```

다음의 코드를 보면 앞서 선언한 Car Class를 상속받아 TeslaModel3이라는 새로운 Class를 선언한 예제예요. modelName 변수에 모델 이름을 수정하고, 핸들의 개수는 자율주행으로 필요없다는 가정 하에 0으로 바꾸었어요. 그 외의 데이터와 함수들은 자동으로 상속이 되

기 때문에 기존에 선언된 내용을 가져다 쓰게 구현되어 있는 것이죠. 분만 아니라 부모에서 기술된 'go'라는 함수를 Tesla Model 3에 맞는 가속도를 구현하는 알고리즘으로 수정 업데이트, 즉 오버라이딩^{Overriding} 할 수 있어요. 필요에 따라서 부모에게서 상속된 틀을 기준으로 변수와 함수를 손쉽게 수정하여 사용할 수 있어요.

```csharp
// C# 자식 클래스 코드 구현
class TeslaModel3 : Car {                    // 부모 클래스로부터 상속
    string modelName = "Model 3";            // 자동차 모델명
    int handle = 1;                          // 핸들 개수
    go (float speed) {
        // TODO:                             // 새로운 가속 알고리즘 구현
    }
}
```

결과적으로 Class의 계층형 구조^{Hierarchical Structure}를 구축할 수 있죠. 가령 부모 Class에서 문제를 일반화^{Generalization}시켜 기술하고, 자식 Class에서는 구체화^{Specialization}를 시켜, 효과적인 문제 해결과 코드 관리 유지, 보수 그리고 재사용성^{Reusability}이 향상되죠.

이 밖에도 하나의 객체가 여러 타입을 가질 수 있는 다형성^{Polymorphism} 개념도 이해해야 하고, 추상 클래스^{Abstract Class}를 통해 상속을 강제시켜 명시적으로 구현도 가능하고, 캡슐화^{Encapsulation}를 통해 데이터와 함수의 접근성을 세련되게 제어할 수도 있어요. 이 밖에 오브젝트 중심의 프로그램을 통해, 기존의 절차지향에서 불편하게 구현해야 하는 것을 손쉽게 할 수 있는 여러 가지 소프트웨어 디자인 패턴^{Software design pattern}들이 존재해요.

이러한 Class의 개념 이해를 바탕으로 여러분들이 사용하는 프로그래밍 언어에 맞게 확장하길 권해요. C#, Python, JAVA, Javascript 등의 언어마다 문법의 차이가 있고 개념에서 약간씩의 차이를 보일 수 있으나, 어디까지나 그 언어의 특화된 방향이지 그 핵심 개념은 같다고 볼 수 있어요.

오브젝트 중심적 사고는 디자이너에게는 다소 생소한 사고일 수 있어요. 일상생활에서 사

고하는 절차적 방식과 다소 차이가 있죠. 그러나 문제를 좀 더 포괄적으로 추상화시키고, 구체화를 통해 문제를 기술하고 해결하는 사고 또한 매우 중요한 컴퓨테이셔널 사고 형식 중 하나로 볼 수 있어요. 좌측의 QR 코드 [**컴퓨테이셔널 디자인 06. 쉽게 이해하는 클래스**] 학습 자료를 통해 다시 한 번 요약, 정리하기를 권해요.

20.3 디자인 객체 ^{Object}

앞서 살펴본 것처럼 컴퓨테이셔널 디자인은 디자인의 요소들인 형태, 색, 움직임 등의 데이터를 가지고 어떻게 코드를 통해서 창작활동을 할 수 있을 것인가로 요약할 수 있죠. 오브젝트 중심의 사고를 이러한 디자인 데이터에 적용을 시켜볼까요? 점의 예를 들면 정보(데이터)로서는 좌표계라는 세상 안에서 각각의 축의 위치를 숫자로 기록할 수 있죠.

예를 들면 '3, 2에 점을 놓는다.' 즉, '3','2'라는 데이터로 그 점을 기술할 수 있는 것이죠. 그럼 행위로써는 어떤 기능들이 있을 수 있을까요? 점을 옮길 수 있고, 점은 연결하여 선을 만들 수 있고, 점과 점을 비교할 수도 있겠죠. 이러한 것들은 점에게 가할 수 있는 행위임과 동시에 점의 정보를 변형하는 방법으로 볼 수 있겠죠.

객체를 통한 정보와 행위의 추상화 그리고 분류

여러분이 사용하는 대부분의 모던 소프트웨어들은 이러한 틀로, 소프트웨어에서 제공되는 다양한 디자인 요소들을 추상화, 계층화, 분류시켜 사용자에게 제공을 하고 있어요. 어떤 디자인 소프트웨어를 보던, 라이브러리^{Library}, 혹은 프레임워크^{framework}를 보던, 점^{Point}이라는 디자인 요소는 분명 제공이 될 것이고, 다소 차이를 보일 수 있으나 그 철학과 개념의 공통분모로 반드시 사용자에게 제공이 돼요. 이러한 객체들은 네임스페이스^{Namespace}의 패키지로 객체^{Object}를 통해 그 정보와 행위를 추상화시켜 사용자에게 API 형태로 제공될 수 있어요. 예를 들면 'RhinoCommon'을 들 수 있어요.

더 나아가 이러한 사고의 틀은 여러분들이 다양한 소프트웨어 환경에서 코딩을 하거나, 혹은 스스로의 디자인 솔루션을 개발할 때도 동일하게 적용 가능한 개념으로써 좀 더 높은 수준의 컴퓨테이셔널 디자이너로서 도약하기 위한 필수 관문으로 이해할 수 있어요.

20.4 벡터 데이터 & 행위 Vector

디자인 객체[Object]에서 가장 핵심이 되고 기초가 되는 것은 단언컨대 벡터[Vector]로 볼 수 있고, Vector 데이터를 조작함으로써 형태를 분석하고 변형을 할 수 있게 되요. 일반적으로 디자인에서 사용하는 Vector 공간은 2차원과 3차원 유클리드 공간[Euclidean Space]이 주로 활용되죠. 노파심에 말하면, 다른 데이터 구조도 마찬가지지만 Vector의 차원이 높다고 세련된 알고리즘을 구현할 수 있는 것은 아니고, 주어진 문제를 가장 잘 기술하는 최적화된 차원의 공간을 사용하는 것이 좋아요.

디자인을 위한 Computational Geometry & Analytic Geometry

'계산 기하학', 컴퓨테이셔널 지오메트리[Computational Geometry]는 고대 문명부터 발전해 온 기하학위에 계산학적 접근을 통해 알고리즘을 개발하고, 문제를 해결하는 영역으로 볼 수 있어요. 동시에 좌표 기하학, 또는 카테시안 기하학으로 불리는 '해석 기하학[Analytic Geometry]' 또한 디자이너가 익숙한 3차원의 공간에서 도형을 해석하고, 이해하고, 다루는 학문으로 볼 수 있죠.

이 두 영역을 간단히 말해 '코딩을 통해 형태(기하학[Geometry])를 구현하고 그 형태의 성질과 데이터를 디자인에 활용한다.' 정도로 이해하면 쉽게 적용을 시작 할 수 있어요. 따라서 이러한 학문들을 디자인에 적용하기 위한 첫걸음은 Vector를 이해하는 것으로 시작하는 것이죠.

앞서 알아본 것처럼 Vector는 'X', 'Y', 'Z'의 정보 요소를 추상화시키는 방식이고, 그 각각의 요소를 점[Point]으로 위치 표상[Representation]을 할 수 있고, Vector로 방향과 세기의 관점으로 표상하고 해석하고 계산할 수 있죠. 그 의미가 어떻게 달라지고 어떤 계산[Computational Geometry]과 해석[Analytic Geometry]이 있는지 코드[Code]와 함께 알아봐요. 다음 페이지의 예들에서는 자료형을 명시적으로 표현하기 위해 C# 언어의 문법을 따랐어요.

Vector 계산

가장 일반적인 연산으로 Vector를 더하거나, 빼거나, 곱하거나, 나눌 수 있어요. Vector 각각의 요소들의 정보를 연산함으로 Vector의 방향과 힘을 조정할 수 있고, Vector를 점에 대해 연산으로 가할 수 있고, 혹은 Vector 스스로를 점으로 해석하면 위치 정보로 해석할 수도 있어요.

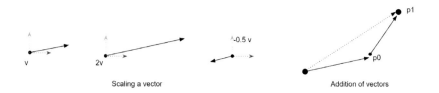

Scaling a vector   Addition of vectors

숫자로 곱하기 / Scalar

```
double scalar = 2.5;              // 벡터에 가공할 실수를 선언
Vector v1 = new Vector(           // 벡터 오브젝트를 만든다.
    v0.x * scalar ,               // 각각 X Y Z 축에 값을 적용한다.
    v0.y * scalar ,
    v0.z * scalar
);
```

더하기 / Addition

```
Vector resultV = new Vector( v0.x + v1.x , v0.y + v1.y , v0.z + v1.z);
```

하나의 Vector 정보를 통해 Vector의 길이 값을 알 수 있고, 방향 정보를 얻기 위해 정규화시키는 경우도 있어요. 디자인 활동에 빈번하게 요구되는 계산이에요.

Length   Unit Vector & normalized vector

길이 / Length

double length = **Math.Sqrt(**v.x * v.x + v.y * v.y + v.z * v.z**);**

단위 벡터(정규화) / Unit Vector (Normalization)

double len = **Math.Sqrt(**v.x * v.x + v.y * v.y + v.z * v.z**);**
Vector unitV = **new Vector(**v.x / len , v.y / len , v.z / len**);**

두개의 Vector 분석

두 Vector의 내적 계산을 통해, Vector 관계성을 '−1'과 '+1'사이의 값 정보로 얻을 수 있어요. 조명 연산^{Lighting Calculation}, 혹은 Cosine을 활용하여 각도를 구할 수 있고, 외적 계산을 통해 주어진 두 Vector에 직각하는 방향의 정보를 얻어 낼 수 있고, 두 Vector의 거리를 계산할 수도 있죠. 이러한 분석과 가공이 디자인에 일반적으로 사용될 수 있어요.

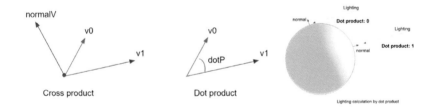

내적 / Dot Product

double dotProduct = v0.x * v1.x + v0.y * v1.y + v0.z * v1.z;

외적 / Cross Product

Vector normalV = **Vector(**
        v0.y * v1.z − v0.z * v1.y ,
        v0.z * v1.x − v0.x * v1.z ,
        v0.x * v1.y − v0.y * v1.x
    );

거리는 디자인에서 매우 중요하게 계산되고 활용할 수 있는 분석 데이터로 볼 수 있어요. 두 Vector가 있다면 그 거리를 계산할 수 있고 특정 거리[Distance]에 위치한 Vector 값을 가져올 수 있고, 중간점을 계산할 수도 있어요. 더 응용해 보면, 주어진 두 점 사이를 특정 거리 값으로 균일하게 나누어 점들을 생성할 수도 있겠죠. 이는 공간을 이산화할 때 유용하게 사용될 수 있어요.

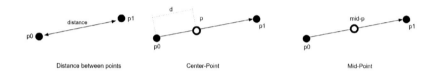

| Distance between points | Center-Point | Mid-Point |

거리 / Distance

```
double distance = Math.Sqrt(
        (p0.x – p1.x) * (p0.x – p1.x) +
        (p0.y – p1.y) * (p0.y – p1.y) +
        (p0.z – p1.z) * (p0.z – p1.z)
);
```

두 점 사이의 거리 t에 있는 점 / Point at a distance t along line between 2 points

```
Vector v = p1 – p0;
v.unitize();
Point p = p0 + (v * d);
```

중간점 / Mid-Point

```
Point midPoint = (p1 + p2) * 0.5;
```

삼각형에서 벡터 / Vector in Triangle

앞서 Vector 두 개의 관계성으로 분석 가능한 데이터를 알아봤다면, 세 개의 Vector는 더 많은 분석과 가공을 가능케 해요. 동시에 컴퓨터 그래픽에서는 면의 최소 기초단위를 삼각형 Triangle으로 다루고 있어요. 여러분들이 선을 하나 그린다 하더라도 로우 레벨의 그래픽카드GPU 단에서는 삼각형 두 개를 그림으로써 하나의 선을 화면에 그려주죠. 또한 NURBS면을 정의했다 하더라도 결국 계산 단에서는 미분되어 작은 단위의 삼각형으로 분석이 가능하고, 화면에 렌더링될 때는 뒷단에서는 무조건 NURBS면을 Mesh의 삼각형으로 변형하여 화면에 그려져요.

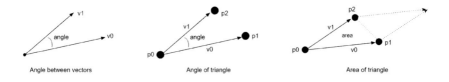

벡터 사이의 각도 / Angle between Vectors

```
double angle = Math.Acos(
        (v0 * v1) / ( v0.length() * v1.length() )
    );
```

삼각형의 각도 / Angle of triangle

```
Vector v0 = p1-p0;
Vector v1 = p2-p0;
double angle = Math.Acos(
        (v0 * v1) / (v0.length() * v1.length())
    );
```

삼각형의 면적 / Area of triangle

```
Vector v0 = p1 - p0;
Vector v1 = p2 - p0;
Vector cv = crossProduct(v0, v1);
double area = cv.length() * 0.5;
```

세 개의 점[Point]을 통해 그 관계성을 두 개의 Vector로 값을 투영하여, 삼각형의 수직하는[Normal] 면의 방향성을 계산할 수 있을 뿐 아니라, 포인트를 선 위에 투영[Projection]시킬 수 있고, 세 개의 점의 중앙에 위치한 점을 Vector로 표현하고, 수많은 포인트들의 중심점[Center-Point]을 구할 수도 있어요.

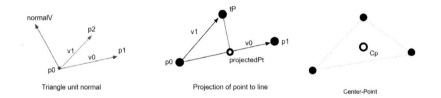

Triangle unit normal   Projection of point to line   Center-Point

삼각형 단위 노멀 / Triangle Unit Normal

```
Vector v0 = p1 - p0;
Vector v1 = p2 - p0;
Vector normalV = crossProduct (v0 , v1);
normalV.normalized();
```

포인트 투 라인 투영 / Projection of Point to Line

```
Vector v0 = p1 - p0;
Vector v1 = tP - p0;
v0.normalized();
projectedPt = v0 + v0 * (v1 * v0);
```

삼각형의 중심 / Center of Triangle

```
Point midPoint = ( p1 + p2 + p3 ) * ( 1.0 / 3.0 ) ;
```

포인트 클라우드의 중심 / Center of Point Cloud

```
Point midPoint = new Point();
for(int i=0; i < pt.Length; ++i) {          // 모든 포인트의 위치를 더한다.
    pmean += pt[i];
}
midPoint *= ( 1.0 / (pt.Length) );          // 더해진 포인트의 개수로 나누어 평균 구함.
```

20.5 데이터 구조로서의 지오메트리 Geometry as Data Structure

앞서 학습한 Vector를 '데이터'와 '행위'를 담는 오브젝트로 만들어 볼까요?

아래의 지오메트리 클래스의 구현들은 필자가 국제 콘퍼런스^{DigitalFUTURES}에서 진
행한 컴퓨테이셔널 디자인 수업의 일부 자료로, 어떻게 Computational Ge-
ometry와 Analytic Geometry를 구현하고 사용할 수 있는지에 대한 예제로써
Typescript 프로그래밍 언어를 사용하였어요. 입문서인 이 책에서는 간단한 설명을 하고 추
후 **"따라하며 입문하는 컴퓨테이셔널 디자인 시리즈"**를 통해서 자세히 이야기하도록 할게요.

아래의 Vector Class를 보면, 데이터로는 x y z가 숫자 자료형으로 기술되어 있고, 그밖에
toString, length, normalized는 행위로써 오브젝트에 포함이 되어 있죠. 그리고 distance
라는 정적^{Static} 함수로 두 포인트의 거리를 계산하는 함수도 있는 것을 확인할 수 있어요.

벡터 클래스 / Vector Class

```
class MyVector {                                          // MyVector 클래스 정의
  static distance(v0: MyPoint, v1: MyPoint) {            // 거리를 구하는 정적 함수
    return Math.Sqrt(
      (v0.x – v1.x) * (v0.x – v1.x) + (v0.y – v1.y) * (v0.y – v1.y) + (v0.z – v1.z) * (v0.z – v1.z));
  }
  x: number;                                              // x 값을 저장시킬 프로퍼티(변수)
  y: number;                                              // y 값을 저장시킬 프로퍼티(변수)
  z: number;                                              // z 값을 저장시킬 프로퍼티(변수)
  constructor(x: number, y: number, z: number = 0.0) {
    this.x = x;                                           // 콘스트럭터로서, 클래스가 만들어질 때
    this.y = y;                                           // 실행되는 유효 범위(Scope)로서
    this.z = z;                                           // x y z 값을 받아와 내부에 저장함
  }
  toString() {                                            // x y z값을 문자열로 반환
    return `x: ${this.x}, y: ${this.y}, z: ${this.z} `;
  }
  length() {                                              // x y z값을 JSON 오브젝트로 반환
    // TODO                                               // 함수 구현
  }
  normalized() {                                          // 벡터 정보 값의 정규화
    // TODO                                               // 함수 구현
  }
}
```

아래를 보면 vecA 변수명으로 'x: 10, y: 2.25, z: 1' 데이터를 사용하여 MyVector Class 에서 인스턴스를 만들었어요. 그리고 행동을 책임지는 함수(메소드)로는 toString, toJson, 그리고 toDraw 함수들을 실행할 수 있죠. 특별히 정적^{static} 함수로 vecA와 vecB의 거리를 계 산하는 함수를 실행하고 거리를 출력했어요.

```
const vecA = new MyVector(10, 2.25, 1);          // MyVector의 인스턴스를 vecA로 받음
console.log(vecA.toString());                    // 결과: "x: 10, y: 2.25, z: 1"
console.log(vecA.toJson());

const vecB = new MyVector(3, -2, 5);             // MyVector의 인스턴스를 vecA로 받음
let theDistance = MyVector.distance(vecA, vecB)  // 정적함수를 통해 두 벡터의 길이를 계산
console.log('distance between vecA and vecB: ', theDistance);   // 결과: 9.113863066779093
```

색 클래스 / Color Class

Vector와 마찬가지로 색^{Color} 또한 중요한 디자인 데이터가 될 수 있죠. 색 오브젝트는 점^{Point}, 선 ^{Line}, 면$^{Surface\ or\ Triangle}$, 혹은 형태$^{Shape\ or\ Mesh}$ 등에 적용될 수 있는 주요 데이터 구조로 볼 수 있어요.

색 데이터 구조로는 R 빨강색^{Red}, G 녹색^{Green}, B 파란색^{Blue}, A 투명도^{Alpha}의 정보 값을 들 수 있 어요. 행위 또한 Vector 못지 않게 다양한 가공^{Processing}이 있어요. 특별히 다음의 class에서는 RGBA 값을 16진수의 Hex컬러 값으로 변형하고, HSV$^{Hue\ Saturation\ Value}$ 공간의 값으로 변형하는 함수가 구현되어 있어요.

```
class MyColor {
    r: number;
    g: number;
    b: number;
    a: number;
    constructor(r: number = 255, g: number = 255, b: number = 255, a: number = 0.5) {
        this.r = r; this.g = g; this.b = b; this.a = a;
    }
}
```

```
class MyColor {
    ...
    ...
    public normaized(){
        return [this.r / 255, this.g / 255, this.b / 255]
    }
    public toHex(){
        return '#' + [Math.round(this.r), Math.round(this.g), Math.round(this.b)].map(
            x => {
                const hex = x.toString(16);
                return hex.length === 1 ? '0' + hex : hex;
            }).join('');
    }
    public toHSV(){
        const r = this.r / 255; const g = this.g / 255; const b = this.b / 255;
        const max = Math.max(r, g, b), min = Math.min(r, g, b);
        let h = max, s = max, v = max;
        const d = max - min;
        s = max === 0 ? 0 : d / max;
        if (max === min) {
            h = 0; // achromatic
        } else {
            switch (max) {
                case r: h = (g - b) / d + (g < b ? 6 : 0); break;
                case g: h = (b - r) / d + 2; break;
                case b: h = (r - g) / d + 4; break;
                default: break;
            }
            h /= 6;
        }
        return [h * 360, s * 100, v * 100]; // the result between 0 to 1 , 결과: 0과 1 사이값
    };
}
```

아래를 보면 myColorA의 변수명으로 MyColor Class에서 인스턴스를 하나 받아왔어요. 값은 r:25, g:100, b:25, a:1의 값을 아규먼트로 사용했어요. 그 RGB 값을 Hex 값으로 그리고 HSV 공간의 값으로 출력하는 예제예요.

```
const myColorA = new Color(25, 100, 25, 1)
console.log(myColorA.toHex());        // 결과 값: "#196419"
console.log(myColorA.toHSV());        // 결과 값: [120, 75, 39.21568627450981]
```

포인트 클래스 / Point Class

앞서 선언해 놓은 MyVector class와 MyColor class로 Point class를 구현해 볼까요? Point class에는 vec와 color 변수로 각각의 정보를 담고, Vector 데이터와 색 데이터를 프로세스할 함수도 아래와 같이 구현하였어요. 따라서 Point class를 통해서 그 복잡도를 좀 더 효과적으로 관리하여 그 하위 데이터에 접근하고 수정할 수 있겠죠.

```
export class MyPoint {
    vec: MyVector;
    color: MyColor;
    constructor(x: number = 0, y: number = 0, z: number = 0) {
        this.vec = new MyVector(x, y, z);
        this.color = new Color(0, 255, 0);
    }
    public distanceTo(other: Point) {
        return MyVector.distance(this.vec, other.vec)
    }
    setColor(r: number, g: number, b: number, a: number = 1.0) {
        this.color.r = r;
        this.color.g = g;
        this.color.b = b;
        this.color.a = a;
    }
    getHex(){
        return this.color.toHex();
    }
}
```

p0과 p1의 변수에 포인트를 생성하여 인스턴스를 받아 왔어요. 그리고 두 포인트의 거리를 재고 그 거리 값을 출력할 수 있어요. 또한 p0의 포인트의 색 값도 setColor 함수를 통해 손쉽게 수정할 수 있죠.

```
let p0 = new MyPoint(0, 0, 0);
let p1 = new MyPoint(3, 4, 5);

console.log('distance from p0 to p1', p0.distanceTo(p1))

p0.setColor(255, 0, 255);
console.log(p0.getHex());        // 결과 값: '#ff00ff'
```

라인 클래스 / Line Class

앞서 선언한 Class들을 기초로 Line class를 만들어 봐요. MyLine class를 선언하고 선을 정의할 두 개의 Point 데이터와 Color 데이터를 포함한 Line Class를 구현하였어요. 즉, MyLine Class를 통해 Point에 접근할 수 있고 그 포인트의 Vector 값까지 접근하고 수정할 수 있는 라인 데이터 구조를 구현한 것이에요. Vector부터 시작하여 포인트를 거치고 라인까지 그 위계 관계를 잘 생각해 보고, 그에 따른 데이터와 그 데이터를 수정할 함수의 관계성도 잘 정리해 보세요. 익숙해 진 후, 여러분들의 디자인 이슈에 맞게 이러한 데이터 구조를 변형하고 발전시켜 디자인 프로세스와 시스템에 적용할 수 있는 능력을 기르는 것이 중요해요.

```
export class MyLine {
    p0: MyPoint;
    p1: MyPoint;
    color: MyColor;
    constructor(point0: MyPoint, point1: MyPoint) {
        this.point0 = point0;
        this.point1 = point1;
    }
    public getMidPoint() {
        return new MyPoint(
            p0.vec.x + ((p1.vec.x + p0.vec.x) * 0.5),
            p0.vec.y + ((p1.vec.y + p0.vec.y) * 0.5),
            p0.vec.z + ((p1.vec.z + p0.vec.z) * 0.5)
        );
    }
}
```

아래의 예제는 앞서 선언한 MyLine에서 선을 구현하기 위해 먼저 두 개의 포인트를 먼저 선언하고, 그 선언된 포인트를 아규멘트(파라미터)로 Line 인스턴스를 받아 온 것이죠. 그리고 Line의 행위로써 중간점을 반환하는 함수를 실행하여 중간점을 가져오는 예제예요.

```
let p0 = new Point(0, 0, 0);
let p1 = new Point(2.34, 5.4, 20);

let ln = new Line(p0, p1);
console.log(ln);
console.log(ln.getMidPoint());          // x: 1.5, y:2, z:2.5의 값을 가지는 중간점 반환
```

폴리라인 클래스 / Polyline Class

폴리라인을 Class로 추상화시키는 구현 방법은 크게 두 가지가 있을 것 같아요. 하나는 폴리라인을 구성하는 점^{Point}들을 통해 구현하거나, 혹은 라인^{Line}들을 통해 구현하는 방법을 들 수 있죠. 아래의 예제는 전자의 내용으로 구현된 Polyline class예요.

```
export class Polyline {
    pts: Point[];
    isOpen: boolean;
    constructor(isOpen: boolean = false) {
        this.pts = [];
    }
    public push(other: Point) {
        this.pts.push(other);
    }
    public toString(){
        return `Length of pts: ${this.pts.length}`;
    }
    public getLength(){
        let totalDistance = 0.0;
        for (let i = 0 ; i < this.pts.length - 1; ++i) {
            let dis = this.pts[i].distanceTo(this.pts[i+1])
            totalDistance += dis;
        }
        return totalDistance;
    }
}
```

아래의 사용 예제는 Polyline 인스턴스를 하나 받아오고, push 함수를 통해서 폴리라인을 구성할 점 요소를 추가했어요. 그리고 폴리라인의 전체 길이를 반환하는 함수를 실행하는 예제예요.

```
let pl = new Polyline();
pl.push(new Point(0, 1.25, 0))
pl.push(new Point(1, 2.5, 1))
pl.push(new Point(2, 1, 3.15))
pl.push(new Point(3, 2.5, 2))

console.log(pl.toString())      // 결과 값: "Length of pts: 4"
console.log(pl.getLength())     // 결과 값: 6.831596656171637
```

데이터 구조로서의 디자인 요소 / Data Structures as Design Elements

그 밖에 어떤 디자인 요소들이 객체로 추상화될 수 있을까요? 원Circle, 사각형
Rectangle, 박스Box, 구Sphere 등 다양한 기본 도형들이 있을 수 있어요. 앞서 우리가
살펴본 생각의 틀로, 여러분들은 필자보다 더 세련된 형태로 추상화시킬 수 있
을 거예요. 과제로 남길께요. 이러한 훈련을 통해 컴퓨테이셔널 사고를 유연하게 적용하고 구
현할 수 있는 경험과 실력을 쌓을 수 있고, 나아가 여러분들이 디자인하는 형태와 그 내용들
을 보다 계산학적 분석학적으로 접근할 수 있어요. 위의 QR 코드 [**CodePen**]을 통해 웹 환
경(언어: Typescirpt)에서 학습할 수 있는 자료를 공유해요.

Maya, Sketchup, Photoshop, AfterEffect 등 2D와 3D 디자인 소프트웨어는 지오메트리
를 이러한 형식으로 추상화하여 오브젝트와 명령어들을 제공해 주고 있어요. 따라서 클래스
와 모듈에 대한 개념을 이해하고 API를 보면 보다 쉽게 이해되고, 나아가 개발자들의 철학과
소프트웨어의 생태계와 문법을 이해함에 있어서 굉장히 유리하고, 결과적으로 그 경험들을
바탕으로 스스로의 디자인 알고리즘과 시스템 구현의 생각들을 시작할 수 있어요.

나아가 눈에 보이는 디자인적 형태적 측면뿐 아니라 복잡한 내용을, 컴퓨테이셔널 사고를 통
하여 추상화하고 구현하는 과정에서 디자인 요소들을 데이터 구조화시키는 것은 매우 중요
해요. 가령 플레인Plane, 혹은 프로젝션Projection과 같은 Helper뿐 아니라, 디자인 파이프라인에
해당되는 파라메트릭 디자인Parametric Design, 룰 베이스 디자인Rule based, 에이전트 베이스 디자인 시
스템에서의 Agent들의 행동과 결과를 분석하고, 결과에 따른 행위를 반복하고 평가하는 등
의 보다 수준 높은 디자인 내용, 전략, 방법론을 추상화시킬 수 있는 능력을 기르길 권해요.

중요하게, 공간 정보를 매우 명시적으로 다루고 조작할 수 있는 환경을 구축할 수 있어야 도
구에 얽매이지 않고 스스로 원하는 디자인 알고리즘을 구현할 수 있는 실력을 갖추게 되요.
앞서 살펴본 기하학이라는 형식을 통해 공간 정보를 다루는 내용을 알아봤다면, 다음 챕터에
서는 컴퓨터 공학의 데이터 구조의 관점으로 공간 정보를 다루는 방법을 알아봐요.

! 속도와 메모리 관리

탁월한 소프트웨어 엔지니어, 혹은 컴퓨테이셔널 디자이너가 되기 위해 여러 가지 조건이 있지만 무엇보다 중요한 것 중 하나는 메모리 관리로 볼 수 있어요. 물론 프로그래밍에서 계산이 주 업무이긴 하지만 결과적으로 그 값을 어떻게 저장하고, 접근하고, 수정하느냐가 여러분들이 작성하는 코드로 기술이 되는 것이기 때문이에요. 즉, 컴파일을 거쳐 운영체제 위에서 여러분들이 작성한 코드가 한줄 한줄 실행이 될 때 작성한 변수와 데이터 그리고 함수들이 메모리 단에서 어떻게 관리될 것인지를 고민하는 것이죠.

C, C++과 같은 언어는 포인터^Pointer로 메모리를 명시적으로 제어하지만 대부분의 모던 프로그래밍 언어, 혹은 디자이너가 사용하는 대부분의 언어들의 가비지 컬렉터, GC^Garbage Collection, 런타임(실행 시에^Runtime) 상에서, 더 이상 사용하지 않는 동적 할당된 메모리들을 그때그때 소거해주죠. 자동으로 관리되기 때문에 좀 더 프로그래밍 논리를 구현하는데 집중할 수 있게 해주죠. 그러나 할 수만 있다면 가비지 컬렉터가 최소한으로 작동되게 코드를 구현하여 성능을 긴 시간 유지할 수 있게 하는 것이 중요하죠. 왜냐하면 가비지 컬렉터가 실행이 되면 계산상의 비용도 발생되고, 따라서 성능 하락은 피할 수 없게 돼요. 여러 가지 팁과 노하우가 있겠지만, 초보자들도 쉽게 적용할 수 있는 아이디어들을 나누어 봐요.

반복되는 계산들은 **미리 계산**하여, 상수로 저장해 두는 방법도 있어요.

반복되고 생성하는 변수는 **미리 선언**하여, 재활용할 수 있어요.

렌더링 시에^Rendering loop 지속적인 메모리 할당은 피해 주고, 렌더링 반복이 시작되기 전에 미리 선언하고, 렌더링 중에 **재활용**해서 사용할 수 있어요.

계산되는 함수와 화면에 그림을 그리는 렌더링 **함수를 분리**하여 계산이 없을 때는, 바로 렌더링을 할 수 있게 할 수 있어요(렌더링에 관련된 매트릭스 계산은 셰이더 단에서 할 수 있어요).

Class를 사용할 때, Instance와 함께 굳이 동적으로 구현하지 않아도 되는 함수들은 **정적** ^Static function**으로 구현**하는 것이 좋아요.

new 키워드를 사용할 경우 동적 메모리 할당이 이루어짐으로, 지속적인 생성과 소멸은 가비지 컬렉터가 작동하는 주원인으로 볼 수 있어요. 따라서 미리 선언을 해 놓고 필요에 따라 가져다 쓸 수 있게 할 수도 있어요. 예를 들면 **오브젝트 풀링**Object Pooling을 필요에 따라 구현하여 사용하는 것도 방법이에요.

HTML Canvas 렌더링 최적화 / HTML Canvas Optimization of Rendering Loop with JSAPI for Drawing on Map

우측의 QR 코드는 HTML Canvas 기술로, 렌더링Rendering loop 파이프라인을 최적화시킨 예로 볼 수 있어요. 특별히 ESRI의 JSAPI 라이브러리를 바탕으로 화면의 Zoom, Pan 작동 시, Projection을 하여 지도상의 위치와 화면상의 좌표값도 동기화해 줘야 하는 이슈로, 동적 렌더링과 이벤트 흐름을 최적화시킨 예예요.

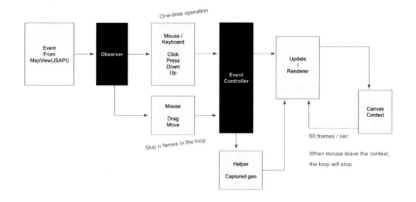

더 다양한 방법과 노하우가 있을 수 있어요. 중급 이상의 컴퓨테이셔널 디자이너가 되기 위해, 시행착오Try and Error를 거치면서 필요와 상황에 맞춰 적용할 수 있는 최적화를 통해 코딩하는 훈련을 권해요. 속도 저하를 막고 메모리도 효율적으로 관리할 수 있는, 확장력 있고 깊이 있는 컴퓨테이셔널 디자이너, 혹은 크리에이티브 코더Creative Coder가 되기 위해 반드시 메모리에 대한 고민을 해보길 추천해요.

21 코딩: 공간 정보 & 파이프라인

21.1 자료구조: 선형 & 비선형 구조 Data Structure

프로그래밍이 실행될 때 한줄 한줄 계산해 나가며 실행하죠. 계산된 결과 값은 변수에 담아지죠. 기존 변수 값을 수정하거나 새로운 변수를 만들어 값을 저장하기도 하죠. 즉, 이러한 변수들은 '자료'를 담는 바구니로 보고, 이러한 바구니들을 집합, 구성, 관리하는 방법을 '자료구조'로 볼 수 있어요. 앞서 살펴본 것처럼, '프로그래밍 = 자료구조 + 알고리즘'으로 대표될 수 있을 만큼 매우 중요한 요소죠.

컴퓨터 공학적 관점에서 자료구조를 선택하고 평가함에 있어 처리시간, 크기, 활용 빈도, 수정 빈도 등이 고려될 수 있는데요. 코딩을 배우는 디자이너의 경우 무엇보다 중요하게 생각해야 할 것은 지금 해결하고자 하는 디자인 문제를 가장 잘 설명할 수 있는 자료구조를 선택하고 구축하여 디자인 프로세스를 효과적으로 기술하는 것이에요. 특별히 디자인에서 필수인 공간 정보를 다룰 때, 문제에 맞춰 설계가 잘 된 데이터 구조는 실행시간과 메모리를 아껴줄 뿐 아니라, 지속적으로 디자인 프로세스를 발전시킬 때, 효과적으로 유연하게 데이터에 접근해서 수정을 가할 수 있게 해 주는 것이죠.

자료구조의 형태는 크게 '선형 자료구조'와 '비선형 자료구조'로 나뉘어요. 선형 자료구조는 앞서 알아본 데이터 배열Array or List과 같이 일렬로 나열되어 있는 것을 뜻하고, 비선형 자료구조는 선형으로 나열되어 있지 않고 특정형태를 가지고 있는 데이터 구조를 뜻해요.

선형구조

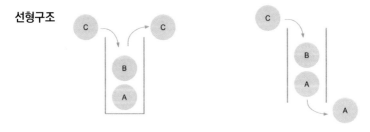

Stack Data Structure (Left), Queue Data Structure (Right)

선형 구조 : 스택 / Stack

'스택^Stack'은, 데이터의 '입구'와 '출구'가 같다고 이해할 수 있어요. 나중 들어간 데이터가 처음으로 나오는 구조 LIFO: Last In First Out의 형식의 데이터 구조를 Stack이라고 해요.

쉬운 예로 창고에 물건을 안쪽부터 쌓아 놨다고 가정했을 때, 가장 마지막에 들어간 물건이 가장 먼저 나오겠죠. 동시에 먼저 집어 넣은 안쪽의 물건을 빼낼 때, 바깥에 위치한 짐들을 다 빼야겠죠. 즉, 이전 페이지 왼쪽 하단의 그림과 같이 나중에 넣은 데이터가 먼저 나오는 개념이죠.

선형 구조 : 큐 / Queue

'큐^Queue'는, 먼저 삽입한 데이터가 먼저 나오는 FIFO: First In First Out 구조로 저장하는 데이터 구조예요.

쉬운 비유로 음식점에 입장하려 일렬로 줄을 선 것을 상상하면 좋을 것 같아요. 선착순으로, 먼저 온 사람이 먼저 들어가는 형식인 것이죠. 즉, 먼저 넣은 데이터가 먼저 나오는 개념이에요. 예를 들면 프린터의 출력 처리나 프로세스 관리 등 데이터가 입력된 시간 순서대로 처리해야 할 필요가 있는 상황을 그 예로 들 수 있어요.

비선형 구조 : 트리 / Tree

트리 구조는 노드^Node와 그 노드를 연결하는 간선^Edge으로 구성된 데이터 구조로서 하나의 뿌리^Root가 존재하고, 마치 파일 디렉터리처럼, 혹은 회사 조직 같이 계층적 내용을 설명할 때 활용될 수 있는 비선형 데이터 구조예요. 이진 트리, 이진 탐색 트리, AVL 트리, 스레드 이진 트리, B- 트리 등의 여러 가지 유형의 트리가 있고, 트리마다 최적화된 문제들이 있어요.

데이터 구조의 주목적은 데이터 구조상에 존재하는 특정 데이터를 탐색하고, 접근하고, 업데이트하는 것이 주요 목적이기 때문에, 효과적인 계산을 위해서 다양한 탐색기법들이 존재하고 트리구조 또한 변형되어 사용이 되죠.

예를 들면 100만 명의 고객 데이터가 존재하고 특정 고객 한 명을 찾기 위해 검색을 한다고 가정해 봐요. 그 사람이 데이터 구조의 처음에 위치한다면 좋겠지만, 만약 마지막에 위치했을 때는 데이터를 끝까지 탐색해야 찾을 수 있게 되죠. 하지만 이진트리를 사용하여 데이터를 나누어 검색할 경우, 최악의 상황에서도 좀 더 효과적으로 찾을 수 있어요.

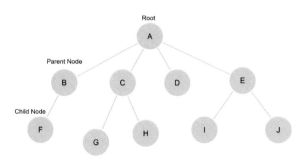

Tree Data Structure, NJSTUDIO

비선형 구조 : 그래프 / Graph

트리 구조와 같게 그래프는 노드Node와 그 노드를 연결하는 간선Edge으로 구성된 데이터 구조이지만, 뿌리 노드가 존재하지 않는 네트워크로써 가령 철도, 고속도로와 같은 형태를 기술할 때 뿐만 아니라 확률 모델링Graphical Probability Model을 할 때도 사용할 수 있어요. 무방향 그래프Undirected Graph, 방향 그래프Directed Graph, 가중치 그래프Weighted Graph 등 여러 가지 유형의 그래프가 있고, 문제에 맞춰서 구현해 사용할 수 있어요.

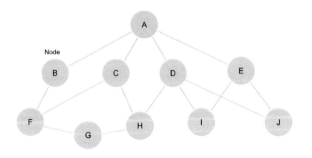

Graph Data Structure, NJSTUDIO

필자의 경우 그래프를 자주 사용하는데, 그 이유는 매우 다양한 공간 디자인 이슈들을 효과적으로 그래프화하여 추상화시킬 수 있기 때문이에요. 가령 도시의 네트워크, 건축물의 동선, 실(공간)들의 배치, 혹은 프로그램의 파이프라인 등 그래프 구조를 활용할 때 설명될 수 있는 문제들이 많이 있어요.

데이터 구조를 구현했으니 탐색에 대해서 알아봐야겠죠. 그래프 순회$^{Graph\ traversal}$의 경우 '넓이 우선 탐색'과 '깊이 우선 탐색'방식들이 있어요. 이해를 돕기 위해서 그래프의 예제보다 단순한 트리구조를 들어 설명해 볼게요.

깊이 우선 탐색의 경우, Root A부터 시작하여 연결된 -〉B -〉F 방향의 깊이로 끝까지 탐색을 하고, 원하는 결과를 찾지 못했을 때 돌아올 수 있도록 현재 노드 위치를 스택^{Stack}에 쌓아 놓아요. 이러한 깊이를 재귀적으로 수행하며, 백 트레킹$^{Back-Tracking}$ 과정을 통하여 부모 노드로 다시 오길 반복하며 탐색을 하는 거예요. 결과적으로 A - B - F - C - G - H - D - E - I - J 순서대로 탐색하게 돼요.

사용 용도로는 위상을 정렬하거나, 사이클을 확인하거나, 정점의 연결을 확인할 때처럼 깊이 우선 탐색으로 해결할 수 있는 문제에 사용할 수 있어요.

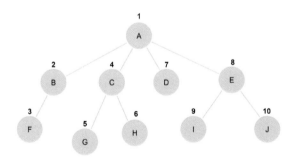

DFS : Depth-first search

넓이 우선 탐색의 경우, Root A부터 연결된 다음 노드들을 모두 큐^{Queue}에 담고 큐안의 데이터를 모두 방문한 후, 노드의 위치를 변경하고 그 변경된 노드의 이웃들을 방문을 반복하며,

모든 노드들을 그래프, 혹은 트리 구조를 순서대로 방문을 하게 되죠. 다시 설명하면 큐 안의 데이터를 방문한 후, 기준 노드를 변경하고, 기준 노드의 이웃들을 방문하며 모든 노드들을 그래프, 혹은 트리 구조 순서대로 방문하게 돼요. 결과적으로 A - B - C - D - E - F - G - H - I - J 순서 탐색을 할 수 있어요.

사용 용도로는, 시작 노드부터 다른 노드까지의 최단 거리를 구하기 위해 사용돼요. 최소 신장 트리, 혹은 다익스트라^{Dijkstra}, 혹은 벨먼 포드^{Bellman-Ford} 알고리즘 등으로 확장하여 쓰이기도 해요.

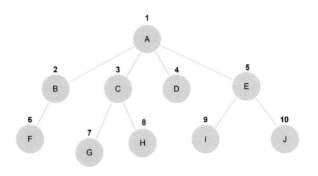

BFS : Breadth-first search

자료구조를 선택하여 구현할 때 가장 중요한 것은 지금 해결하려는 이슈가 무엇이고, 그 이슈를 잘 설명하고, 직관적으로 추상화시킬 수 있는 구조를 기준하여 변형하거나 구현할 수 있어야 하죠. 그래야 자료구조의 효율성이 극대화될 것이고, 모듈화도 가능하고, 디버깅도 비교적 유리하게 할 수 있어요.

이와 같은 자료구조의 이해를 통해, 여러분들이 데이터를 다루고 알고리즘을 작성할 때 고려해야 할 사항, 데이터의 흐름과 탐색, 변형 가능한 범위 등의 알고리즘 설계에 관련된 아이디어와 틀을 제공받을 수 있어요. 왜냐하면 이와 같은 데이터 구조는 독단적으로도 사용이 가능하지만, 알고리즘 작성할 때 부분적으로, 혹은 필요에 따라 혼합하여 디자인 이슈들을 풀어내는 프로그램을 할 수 있게 해주기 때문이에요. 또한 코드의 유지보수나, 혹은 다른 사람이 작성해놓은 코드를 이해할 때도 그 체계를 이해하고 접근하기 때문에 효과적으로 대응이 가능해요.

21.2 공간 정보 그리고 이산화 Discretization

앞서 설명한 것처럼 '디자인은 공간 정보를 다루는 것.'이라고 알아봤어요. 2D나 3D 공간, 혹은 N차원에서 그림을 그리던, 오브젝트를 만들던 데이터를 가공하여 시각정보로 표상시 킨다고 봤을 때, 디자이너에게 있어서 '공간 정보'를 어떻게 다룰 것이냐는 굉장히 중요한 이 슈예요. 필자도 국내외 컴퓨테이셔널 디자인을 하는 분들을 만나서 이야기를 해보면 두 부 류의 사람으로 나눠져요.

(1) 디자인 이슈에 맞게 데이터 구조를 구현하고 발전시킬 수 있는 사람
(2) 디자인 이슈를 주어진 데이터 구조로만 기술하고 사용하는 사람

복잡도가 낮다는 전제하에 둘 다 결과물은 같게 나올 수 있으나, 그 내용적 측면, 발전 가능 성, 문제를 이해하고 구현하는 능력, 그리고 중요하게 특정 복잡도 이상을 다룰 때 차이는 더 욱 극명하게 나타나요.

문제 기술과 메모리 한계

펜을 가지고 종이에 커브를 하나 그리고 그 커브를 점으로 나누어 나타낸다면, 이 간단한 문 제는 컴퓨터로 기술이 불가능해요. 왜냐하면 아날로그 세상의 특성상 점과 점 사이는 무한 대로 나누어질 수 있기 때문이죠. unsigned long long의 데이터 타입을 봐도 그 범위가 0부 터 18,446,744,073,709,551,615 사이 값의 유한 Finite을 다루기 때문이죠. 금융 시스템에 서 사용하듯 문자열로 바꾸어 계속 붙인다 하더라도 결과적으로 무한 Infinite을 다룰 수 없어요.

따라서 이러한 현실 문제를 디지털 세상에서 기술할 때는 어떤 형식으로든지 이산화 과정이 암묵적, 필연적으로 적용될 수밖에 없어요. 예를 들면 여러분의 기분을 숫자로 나타낸다면 그것 또한 경우의 수가 무한대이기 때문에 사실상 계산하는 것은 불가능해요. 따라서 그 범 위의 한계를 정하는 것이 보통이죠. 가령 기분을 0부터 10까지 정수로 나타낸다는 의미 자 체는 이미 0, 1, 2 … 8, 9, 10으로 이산화를 전제로 데이터화시키겠다는 의도가 암묵적으 로 내포되어 있는 것이에요.

벡터 데이터 그리고 공간 정보의 이산화 / Vector & Discretization

현실에 굉장히 매끈하게 깎여진 직사각형 물체가 있다고 가정해 봐요. 이 물체는 사실상 해상도의 차이에 따라, 원자 크기로 들어갔을 경우 거의 무한에 가까운 정점들로 그 형태가 구성되어 있어요. 형태의 점 정보를 다 구현하는 것은 굉장히 비효율적이겠죠. 이 문제를 프로그래밍으로 기술하고 계산하기 위해서 현실 문제의 추상화를 통해, 즉 4개의 정점으로 직사각형을 정의할 수 있어요. 그리고 각각의 정점^{Vector}의 형식으로 기술함으로 간단하게 현실 문제의 핵심을 추상화하여 컴퓨터로 기술할 수 있다는 것이죠. 즉, 벡터 데이터$^{Vector\ Data}$ 형식의 기술을 통해 공간을 이산화시킨 것이라 볼 수 있어요.

앞서 우리가 살펴본 점^{Point}, 선^{Line}, 면^{Area}의 경우 기하학적 기술을 통해서 공간 정보를 이산화하는 대표적인 방법으로 간주될 수 있어요. 필자가 반복적으로 왜 공간 정보와 지오메트리, 즉 데이터 구조로서의 지오메트리를 강조하는지 알 수 있을 거예요. 결국 공간을 기술하고 계산하는 방식이고, 디자인에서 매우 중요하고, 필수적인 개념이기 때문에 그래요. 뒤에서 설명할 그래프 데이터 구조를 통해서 좀 더 자세히 알아봐요.

래스터 데이터 그리고 공간 정보 이산화 / Raster & Discretization

유한한 메모리를 가지고 좀 더 명시적인 공간구조의 정의를 생각해 보면 래스터 데이터$^{Raster\ Data}$ 구조가 그 예일 수 있어요. 앞서 개념을 설명했기 때문에 형식적 측면의 설명은 넘기고 내용적 측면을 생각해 봐요. 메모리의 크기와 디자인의 의도에 맞는 해상도에 따라, 행과 열의 격자 매트릭스 형식으로, 공간을 픽셀 단위로 이산화시키는 것이죠. 앞선 예처럼 현실세계에 매끈하게 깎여진 직사각형 물체를 래스터화시킨다면, 해상도의 차이는 있겠지만 결국 프로그래밍 가능하고 계산 가능한 방식으로 디지털 세상으로 추상화시켜 구현이 가능하다는 것이죠.

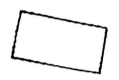  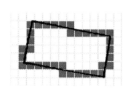

Reality (Left), Vector (Middle), Raster representation (Right), NJSTUDIO

이러한 공간 정보 이산화의 방식들은 분명 장단점이 존재해요. 해결코자 하는 문제, 발전시키고자 하는 디자인 목적에 맞는 이산화 방식을 통해 현실 문제를 기술하고, 데이터 구조를 정의하는 것이 디자인 스크립팅에서 중요한 컴퓨테이셔널 디자인 사유와 구현 방식이라 볼 수 있어요. 뒤에 설명할 픽셀 데이터 구조를 통해 좀 더 자세히 알아봐요.

21.3 그래프 데이터 구조: 위상 정보 ^{Topology}

'푸앙카레 추측^{Poincaré conjecture}'의 예를 들어봐요. 쉽게 설명하면 우주선에 밧줄을 매달고 우주를 한 바퀴 돈 후, 그 줄을 모두 당길 수 있다면 우주는 '구'형이라는 추측이에요. 즉, 우주라는 무한에 가까운 큰 공간의 위상을 알아내기 위해 추상화시켜 그 문제에 접근한 것이죠. 다른 예로는 한붓그리기로 알려진 '쾨니히스베르크^{Seven Bridges of Königsberg}'의 다리 건너기 문제를 보면 지역들의 위상을 간략화하여 계산 가능한 형태로 추상화시킨 예로 볼 수 있어요.

즉, 형태의 위상^{Topology}으로 공간 정보로 추상화하여 그 핵심 공간 정보를 다룰 수 있다는 것이죠. 많이 드는 예로는 도넛과 머그컵은 달라 보이지만 위상^{Topology}은 같다고 보는 것이에요.

Graph Processing Spatial data, NJSTUDIO

그래프 데이터 구조는 매우 다재다능한 비선형 데이터 구조로서 공간 정보를 다루는 디자이너들에게 유용하게 사용될 수 있어요. 도시의 형태, 건물의 동선, 지하철, 도로의 구조 등의 1차원부터 N차원까지 직관적으로 위상을 다룰 수 있는 데이터 구조를 구현할 수 있어요. 다른 관점으로, 정수처럼 딱 딱 끊어지는 형식으로 다루어 낼 수 있는 디자인 이슈들은 그래프(혹은 트리) 구조로 관계의 위상이 중요한 문제들을 코드화시킬 때 유용하게 사용되죠.

21.4 픽셀 데이터 구조: 연속 정보

매트릭스: 연속적인 데이터 구조 / Matrix

래스터 형식처럼 특정 해상도를 기준으로 공간을 나누는 방식으로써 사진, 혹은 이미지를 들 수 있어요. 이미지를 계속해서 확대해 보면 픽셀 단위로 보이겠죠. 이 사각형 단위로 공간을 쪼개고 데이터로 담는 것이죠. 기술적으로는 2D 어레이[Array], 혹은 매트릭스[Matrix] 데이터 구조로 기술할 수 있어요.

픽셀 데이터 구조 / Pixel

2차원 평면공간을 통해 설명 가능한 문제들을 특정 해상도로 나누어서 전체 공간을 캡처하는 것이죠. 가령 에너지 분석이나 CFD 시뮬레이션 등 공간을 일정 해상도로 나누어 데이터를 픽셀 단위로 저장하고 계산해야 하죠. 이러한 경우는 매트릭스 형식의 데이터 구조를 통해 각각의 필셀의 연속적인 정보들을 다룰 수 있죠.

복셀(혹은 높은 차원의 텐서) 데이터 구조 / Voxel & Tensor

복셀은 2차원 픽셀 요소에 3차원의 관계성을 기술하는 데이터 구조로 볼 수 있어요. 이름에서 나타나듯이 Volume + Pixel 부피를 표상할 수 있는 픽셀 유닛들의 모음이라고 볼 수 있어요. 즉, 3차원 공간의 데이터를 캡처하고 그 연결성을 바탕으로 프로세스할 수 있는 것이죠.

디자이너로서 무언가를 만들고 그린다는 것은 결국 공간에 어떤 정보를 둘 것인가로 해석할 수 있어요. 즉, 어떻게 공간 정보를 다룰 것이냐의 질문과도 같아요. 쉬운 예로 특정 곡률 값을 가진 면을 실제로 만들 경우, 현실세계에서는 분명 오차[Tolerance]가 존재하기 때문에, 기하학 합리화[Geometry Rationalization]할 때도 이산화 개념이 확장되어 적용돼요.

사실 내부적으로는 동일해요. 그래프 형식으로 연속적인 데이터를 다루는 매트릭스(혹은 텐서)의 관계성을 구현할 수 있고, 반대도 가능해요. 왜냐하면 사실상 컴퓨터 프로그램에서 다루어지는 어떠한 숫자도 결국 별개의[Discrete] 하나의 정보이기 때문에 그러해요. 그럼에도 불구하고 필자가 명시적으로 나눈 이유는, 디자이너들에게 그 차이와 적용의 이해를 돕기 위한 강조점이 있어요. 계속 다양한 디자인 이슈를 접하고 컴퓨테이셔널 사고를 하고, 그에 따른 구현 경험이 누적되면 어느 순간 이산화Discretization에 대한 개념이 잡힐 것이고, 상황에 맞춰서 구현하고 그 내용을 설명할 수 있는 여러분들을 발견할 수 있을 거예요.

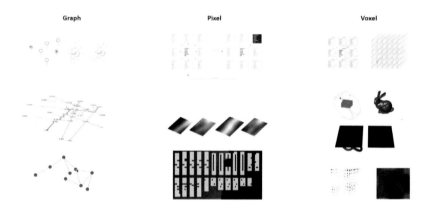

Graph (Left), Pixel (Middle), Voxel (Right), NJSTUDIO

다음의 QR 코드들은 그래프, 픽셀, 복셀 구조에 대한 이해를 돕기 위해 쉬운 설명으로 만들어 놓은 자료예요. 디자인과 공간 정보를 다루기 위한 첨부 설명이 더 필요한 분께 추천해요.

자료구조, 그래프 / Data Structure for Design, Graph

자료구조, 픽셀, 복셀 / Data Structure for Design , Pixel and Voxel Data Structure

복셀(Voxel)과 컴퓨테이셔널 디자인 그리고 건축 디자인

석사 유학생의 질문(논문)과 개인적인 생각 feat. Gamification, Voxel, Computational Design

21.5 공간 나누기 ^{Partition}

공간을 나눌^{Discretization} 때 효과적이고 많이 사용되는 데이터 구조로서 2D 공간의 Quadtree, 3D 공간의 Octree 데이터 구조를 들 수 있어요. 앞서 알아본 픽셀기반 공간 분할 방식은 공간을 균일^{Even}하게 나누어 공간상의 관계성을 보존하는 것이 핵심이였다면, Quadtree와 Octree 파티셔닝은 균일한 공간화보다 공간상의 군집화된 정보의 효과적인 접근을 하는 것에 방점을 둔 데이터 구조로 볼 수 있어요.

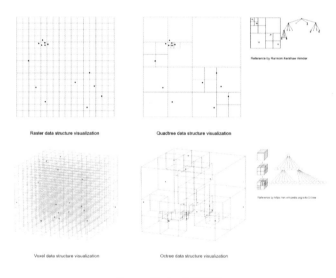

Space partitioning , NJSTUDIO

위의 그림은 2D, 3D 공간상에 위치한 '점' 정보를 바탕으로 공간을 이산화한 결과예요. 동일한 점들이지만 다른 방식으로 공간이 나누어졌죠. 왼쪽의 Raster화 된 Pixel Map, 혹은 Voxel 구조의 경우 균일한 정보로 공간 보간을 할 수 있는 장점이 있고, 위의 가운데 이미지를 보면 Quadtree와 Octree는 점들의 밀도에 맞춰 공간이 효율적으로 나뉜 것을 볼 수 있죠. 특성상 2D, 3D 공간에서 오브젝트의 Picking 알고리즘을 구현할 때 효과적으로 사용될 수 있어요. 결과적으로 목적에 따라 필요한 데이터 구조를 구축하고, 디자인 프로세스에 적용할 수 있는 능력을 기르길 권해요.

21.6 소프트웨어 아키텍처: 데이터 파이프라인

소프트웨어 아키텍처Software architecture는 컴퓨테이셔널 디자인 전문가가 되기 위해 매우 중요한 부분으로 볼 수 있어요. 일반적으로 경력과 경험이 풍부한 엔지니어가 소프트웨어 구조 설계를 하고, 그 설계 위에 각각의 팀원들이 세부사항을 구현하는 경우가 보통이죠. 숙련된 엔지니어가 전체적인 프로그래밍의 구조를 통합적으로 설계함으로, 각각의 구성 요소들의 관계성, 앞으로 다가올 이슈들, 필요한 스펙들, 유지, 관리, 보수가 지속 가능한 프로그래밍 구조를 책임지고 있는 것이죠.

디자이너가 코딩을 할 때 이러한 소프트웨어 설계까지 알아야 할까요? 굳이 알 필요는 없다고 생각해요. 무게 중심이 다르기 때문에 프로그래밍의 구조를 책임지는 엔지니어는, 디자인에서 필요한 주요 알고리즘보다, 안정적으로 소프트웨어를 디자인하고 시스템의 복잡한 문제를 해결하고, 유지하는 쪽이 핵심이기 때문이죠.

그러나 소프트웨어의 구조설계에 필요한 철학과 구현과정에서 디자이너가 배울 수 있는 많은 장점들이 있어요. 예를 들면 복잡한 디자인 시스템과 환경을 구축을 하고, 파라메트릭한 파이프라인을 구축하고, 에이전트 베이스의 디자인 방법론들을 구축할 때, 여러 가지 데이터 파이프라인을 개발하고 발전시켜야 할 때, 비교적 간단한 디자인 스크립팅을 할 때의 자세와는 사뭇 다른 접근 방식과 생각의 흐름이 요구돼요. 따라서 컴퓨테이셔널 디자인 전문가로서 비전을 가지고 있는 디자이너는 주의 깊게 이 장을 살펴 보길 권해요.

소프트웨어 아키텍처 패턴 / Software architecture and Design patterns

예를 들면 널리 사용 되는 MVCModel View Controller 패턴을 살펴봐요. 모델Model의 경우, 일반적으로 내부 알고리즘으로 '무엇'을 해결할 것인가에 대한 구현으로 볼 수 있어요. 가령 여러분들이 사용하는 대부분의 디자인 알고리즘, 혹은 특정 이벤트들을 수행하는 실제 논리Logic가 모여 있는 곳이 모델에 해당되죠. 뷰View의 경우, 화면에 결과를 출력을 하거나 사용자를 위한 UI를 구현하는 곳이죠. 더 나아가 여러분들이 렌더링 엔진, 혹은 뷰어를 만들 수 있다면 화면의 그래픽을 그리기 위한 기술들이 구현되는 곳으로도 볼 수 있어요. 마지막으로 컨트롤러^{Controller}의 경우 모델과 뷰를 연결하고 이벤트들을 받아, 모델에 있는 실제 알고리즘들을 연결, 조합, 실행을 오케스트라하는 부분으로 볼 수 있어요.

이러한 접근은 사실 컴퓨테이셔널 사고를 다른 스케일로 적용했다고 볼 수 있어요. 문제를 나누고 패턴을 파악하여 추상화시켜 그 문제를 해결할 수 있는 시스템을 구축하는 것이기 때문이에요. 세상에 단순한 문제는 없어요. 아무리 간단한 이슈도 깊게 파고 내려가다 보면 상상하지 못한 문제들이 발생되고, 여러 가지 변형이 가능하고, 항상 예외가 발생하기 마련이에요. 따라서 특정 이상의 복잡도를 다루어내기 위해서 이러한 접근 방식을 통해 그 문제를 해결하는 구조와 틀을 전략적으로 수립하고 가이드를 받으며 들어가야 하는 것이에요.

 만약 숙련된 컴퓨테이셔널 디자이너가 특정 복잡도 이상의 디자인 스크립팅을 구현할 때 코드가 헷갈리고, 디버깅이 어렵고, 재활용성이 떨어져, 며칠 뒤 코드를 봤을 때 이해가 잘 안되는 느낌을 받는다면, 프로그래밍의 디자인 패턴을 공부해서 이와 같은 소프트웨어 아키텍처에 대한 개념을 잡기를 권해요. 좌측의 QR 코드 [**컴퓨테이셔널 디자인 29. SA 7.0 Lecture 3. 캐드, 데이트의 흐름 / CAD data pipeline**]을 통해 CAD 시스템의 구조와 개념을 이해하고, 여러분들이 구현하고자 하는 환경들에 맞춰서 변형해서 구현하는 훈련을 권해요.

디자인 시스템 아키텍처 / 파이프라인

 나아가 소프트웨어 아키텍처와 파이프라인의 설계는, 디자인 스크립팅을 할 때 그 추상화의 개념이 거의 같게 적용이 된다고 볼 수 있어요. 가령 파라메트릭 환경을 구축할 때, 사실상 데이터 파이프라인과 이벤트 파이프라인 그리고 렌더링 파이프라인들을 분리해서 접근을 하는 것이 좀 더 지속 가능한 코드를 작성하고, 모듈화를 하고, 디버깅 할 때 매우 유리해요. 더 자세한 설명은 좌측의 QR 코드 [**컴퓨테이셔널 디자인 39. 컴퓨테이셔널 사고와 파이프라인의 중요성(발췌 버전)**]을 통해서 보충 설명을 드리도록 할게요.

다른 예로 파라메트릭 디자인을 탑 다운[Top-down] 방식의 접근법으로 본다면, 바틈 업[Bottom-up] 관점으로 우측의 QR 코드 [컴퓨테이셔널 디자인 40. 컴퓨테이셔널 사고와 파이프라인 위계 에이전트의 행동, 데이터 업데이트 관계성(발췌 버전)] 추가 자료를 이해하기를 권해요. 미시적 관점으로의 컴퓨테이셔널 사고를 알고리즘의 구현으로 봤을 때, 거시적 관점으로의 컴퓨테이셔널 사고 적용은 소프트웨어 구조의 구현으로 볼 수 있어요.

각각의 에이전트들의 관계성을 목표에 맞게 다이내믹하게 정의하고, 그 결과들은 어디에서 프로세스하고, 어디서 어떻게 평가하여, 다시 에이전트들의 행동을 수정하는지에 대한 전략들이 소프트웨어 아키텍처 단에서 구현되어 있어야 해요. 그래야 직관적으로 디버깅[Debugging], 유지보수[Maintainability], 재활용[Reusability], 확장[Scalability] 가능한 디자인 솔루션을 모듈화하고, 구축할 수 있어요.

지금 우리가 학습하는 부분들은 숙련된 컴퓨테이셔널 디자이너들이 다음 단계로 도약할 수 있는 내용을 설명한 것이에요. 만약 이 부분이 이해가 안 되고 어렵게 느껴지더라도 매우 정상이에요. 소프트웨어 아키텍처와 데이터 파이프라인 부분은 다양한 프로젝트를 경험하다 보면, '더 좋은 방법은 없을까?', '왜 이렇게 해야 하지?', '너무 복잡한 것 같은데…'와 같은 질문이 자연스럽게 생길거예요. 그때마다 다시 한 번씩 살펴보기 바래요. 그리고 눈앞에 필요한 것들을 하나하나 학습해 나가다 보면, 나도 모르게 소프트웨어 구조를 디자인하는 자신을 발견하게 될 거예요.

이 책은 '디자이너를 위한 코딩 입문서'인 만큼, 여러분들이 길을 잃거나 다음 지점으로 이동이 궁금할 때, 전체를 조망할 수 있는 지도로서의 활용을 목표로 하고 있어요. 개개인의 목표와 필요에 따라 굳이 소프트웨어 구조를 학습하고 디자인할 필요가 없을 수도 있어요. 그러나 이러한 개념을 알고 이해함으로써 협업을 하거나 소통을 할 때 필요한 지식으로 활용할 수 있어요.

22 버그와 디버그 Bug & Debug

2016년도에 이루어진 이세돌과 알파고의 대국을 보면, 78수 신의 한 수로 승리를 거두면서 이세돌은 알파고에게 이긴 유일한 인간이라는 기록을 남겼죠. 이세돌은 인터뷰에서 "사실 이건 꼼수죠. 정확히 받으면 안 먹힐 수 있는 수이죠. 알파고가 일종의 버그였던 것 같아요."라고 말했어요. '버그'가 무엇일까요? 이 경우에는 좀 정교한 설명이 필요하겠지만 일반적으로 '버그'하면 의도하지 않은 오작동을 생각할 수 있죠.

프로그래밍에서 버그를 이해하는 것은 매우 중요해요. 왜냐하면 어떤 의미에서는 버그를 찾아서 해결하는 것이 개발자들의 주 업무이고, 그 행위 자체가 프로그래밍에 포함되기 때문에 그래요. 버그가 없는 소프트웨어는 없어요. 우리가 몰라서 그렇지 소프트웨어의 복잡도가 올라갈수록 다양한 버그를 포함할 가능성이 높아지죠. 때문에 디버깅이 개발자들의 주 업무임과 동시에, '프로그래머의 실력은 곧 디버깅 실력이다.'라는 말도 나오게 되는 것이죠.

프로그래밍에서 버그[Bug]를 바로 잡는 것을 디버그[Debug]라고 해요. 디버그라는 말은 초창기 컴퓨터 내부 회로에 나방이 들어가 고장을 일으킨 후로, '벌레를 제거해서 오류를 잡는다.'라는 의미에서 유래되었고. 현재에도 그 은유적 표현은 코딩을 할 때 광범위하게 쓰여요. 버그의 종류는 엔지니어링하는 영역에 따라 정말 세분화되어 있지만 일반적으로 크게 3가지로 압축할 수 있어요.

22.1 버그의 분류 Types of Software Bugs and Errors

컴파일 에러 & 문법 에러 / Compile Error & Syntax Error

컴파일의 의미는 여러분들이 작성한 코드들을 기계어로 번역시켜 실행 가능한 형태로 만들어 놓는 것이라 이해하면 좋아요. 문장에 잘못된 문법이 있다면 제대로 번역이 안 되겠죠? 아주 조그마한 인간적인 실수가 있다 하더라도 프로그래밍에서는 실행 자체가 안 돼요. 사실 이 부분은 우리에게 매우 좋은 장치로 볼 수 있어요. 이러한 문법적 실수가 있다면 바로 잡고 넘어가야지, 에러를 건너뛰고 넘어가다 보면 나중에 더 치명적인 버그로 부메랑처럼 다가오기 때문이죠. 다행이 Visual Studio Code와 같은 IDE^{Integrated development environment} 개발 소프트웨어에서 컴파일 에러는 바로바로 경고를 띄워서 쉽게 해결할 수 있는 환경을 제공해 줘요.

컴파일 에러의 예로 앞서 살펴본 [**19.9 흔한 실수**]의 문법적인 에러를 들 수 있어요. 특별히 처음 코딩을 하는 분들에게 아주 사소한 문제로 실행이 안되는 사례가 많은데 이러한 에러는 에러들 중에 가장 디버깅이 쉬운 에러로 볼 수 있고, 코딩과 문법에 익숙해지면서 자연스럽게 줄어드는 버그로 볼 수 있어요.

런타임 에러 / Runtime Error

문법상의 문제없이 컴파일이 된 후 실제 실행 단에서 발생되는 에러를 말해요. 실행은 문제없이 되지만 특정 처리 구간에서 프로그램이 강제 종료되거나 멈춰버리는 상황도 발생해요. 실행 에러는 컴파일 에러에 비해 디버깅이 어려운 것이 사실이에요.

대표적으로 메모리 참조 부분이나 배열의 크기를 넘어 접근하려 할 때, 어떤 수를 0으로 나눌 때, 무한반복 할 때, 예외 처리 부분에서 발생되는 상황, 혹은 재귀 호출이 너무 깊어질 때 등의 상황에서 발생될 수 있어요.

시맨틱 에러(의미론적 에러) / Semantic Error

문법 오류와 런타임 에러도 없지만 결과 값이 정상적으로 나오지 않는 경우를 말해요. 즉, 알고리즘의 에러라고 볼 수 있는 거예요. 굉장히 넓은 의미로 적용이 가능하겠죠. 가령 은행 입출금 프로그램을 작성한다고 할 때, 잔고는 100만 원이 있고 10만 원을 입금을 했는데, 더해지는 것이 아니라 빼져서 90만 원의 잔고를 나타낸다던가, 100만 원에 50만 원을 출금했는데, 150만 원이 되는 에러를 지칭해요. 문법도 문제가 없고 실행에도 문제가 없는데, 알고리즘이 원하는 대로 작동하지 않는 상황을 의미론적, 혹은 논리 에러로 볼 수 있어요.

지금까지 우리가 알아본 버그들은 프로그램에 치명적인 영향을 주는 에러 위주로 알아봤어요. 즉, 프로그래밍 실행 자체에 문제가 있는 에러였죠. 하지만 버그의 개념을 좀 더 확장해서 살펴보면 다음과 같은 문제들도 버그의 대상이 될 수 있어요.

가령 속도 저하가 일어나거나, 같은 코드가 여러 군데 복제되어 있거나, 메모리 누수나, 시스템이 불안해지는 특정 구간들이 있을 수 있어요. 소프트웨어는 멈추지 않고 작동은 되나 문제가 있는 것이죠. 이렇게 코드를 효과적으로 개선^{Improvement}, 재구성(리펙토링^{Code Refactoring})하는 것도 넓은 의미로의 디버깅으로 볼 수 있어요.

코딩을 할 때 실제적인 다양한 디버깅 툴이 존재하고, 숙련된 개발자의 경우 자신만의 경험과 노하우를 가지고도 있을 거예요. 예를 들어 웹 관련 코딩을 한다고 보면 브라우저 단계에서의 디버깅 툴, OS나 데스크톱^{Desktop} 환경, 혹은 언어에서 지원해 주는 소프트웨어 개발환경인 IDE^{Integrated Development Environment} 단계에서의 디버깅 툴뿐만 아니라 다양한 기술과 전략들이 활용되죠. 좀 더 구체적으로 디버깅을 하는 방법을 알아볼까요?

22.2 디버깅의 자세

필자가 코딩을 처음 공부할 때 디버깅에 대한 강의를 들은 적이 있는데요. 아직까지 기억에 남는 내용은 다음의 디버깅을 시작하기 위한 3가지 단계예요.

첫째, 아무 것도 하지 말라. 둘째, 아무 것도 하지 말라. 셋째, 아무 것도 하지 말라.

지금 돌이켜 보면, 위와 같이 요약할 수 있을 것 같아요.

제일 중요하게 생각할 것은 **지금 보이는 문제는 단지 표면에 드러나는 문제일 뿐**이라는 것이죠. 마치 감기의 결과로 콧물이 나고 열이 나는 것처럼, 감기를 고쳐야 그 문제가 근본적으로 해결이 되는 것이죠. 표면적으로 그 증상을 고치는 것은 디버깅에서 의미 없을 수 있고, 오히려 나중에 더 큰 문제를 야기할 수 있어요. 만약 코딩 중에 바로 문제를 만들었다면(실행에러, 컴파일에러...) 대부분 프로그래밍을 하면서 직관적으로 바로 바로 수정을 하는데, 이렇게 알 수 없다는 의미는 이미 그 문제가 여러 레이어로 겹쳐져 있다는 뜻이에요. 무엇이 그 문제를 야기할 가능성이 있는지를 고민하고, 그 원인들을 엔지니어링하는 것이 중요해요. 마치 의사가 환자의 증상들을 곰곰히 들은 후 그 증상들이 가르키는 부분을 정확하게 집어 내어 처방전을 내 놓듯이, 발생한 에러들이 여러 시점에서 무엇을 가르키는지, 의심되는 구간들을 하나하나 체크해 가며 문제를 좁혀나가는 전략을 사용해 보길 권해요.

만약 근본적인 문제임에도 불구하고 **결과로써 보이는 문제를 바로 찾아 해결했다면,** 여러분들은 어쩌면 진짜 버그를 잡을 수 있는 기회를 놓치게 되는 것일 수도 있어요. 지속적으로 개발을 하다 보면 복잡도가 올라가고 버그를 잡기 더 어려워지겠죠. 언제 어디서 터질지 모르는 폭탄을 제거할 기회를 놓치게 되는 것이죠.

원래 있던 문제인가? 아니면 추가된 코드 커밋^{Commit}**에서 발생한 문제인가?**를 확인하는 것도 중요해요. 원래 문제가 있었는데 인식하지 못하고 새로 작성한 코드에서 발생한 것으로 착각할 수도 있어요. 프로그래머들에게 'git' 코드 버전 관리 시스템이 있어요. 이런 경우 과거의 코드로 돌아가서 그 문제의 원인을 테스트하고 디버깅하여 해결할 수 있겠죠.

디버깅을 하면서 사이드 이펙트를 잘 이해해야 해요. 근본적인 버그를 잡았을 때, 또 다른 버그가 생성되는 경우도 종종 있어요. 즉, 잘 작동하던 부분에서 문제^{Regression}가 발생이 된다는 이야기예요. 프로그래밍은 유기체처럼 연결되어 있기 때문에, 마치 하수도의 누수 공간을 찾아서 그 부분만 전략적으로 디버깅을 해야 하죠. 부작용을 이해하며 디버깅을 해야 더 큰 문제들을 야기하지 않아요.

따라서 잘 짜인 코드는 **디버깅에 유리한 코드**라고 할 수 있어요. 앞서 설명한 컴퓨테이셔널 사고로 문제를 나누고^{Separate Concerns}, 즉 프로그래밍의 파이프라인을 디자인할 때, 모듈화시키고, 모듈끼리 서로 영향을 받지 않게 패턴을 디자인해야 하고, 특별히 데이터의 흐름, 명령어의 흐름, 인터랙션의 흐름들을 전략적으로 디자인하여, 문제의 증상을 보고 마치 양 떼를 몰아가듯이 **지점 지점을 바로 타깃팅하여 좁혀 들어가 그 원인**을 찾아낼 수도 있어요.

버그가 없는 프로그램은 없죠. 우스갯소리지만 코딩을 한다는 말은, 버그를 만들고 있다는 것으로도 볼 수 있어요. 우리가 알 수 없고 찾을 수 없어서 그렇지, 코드를 많이 작성하면 할수록 버그는 어디선가 항상 생기기 마련이에요. 문제는 버그를 찾아내서 바로잡을 수 있는 자세와 실력이 더 중요하다는 것이죠.

버그를 대하는 또 하나의 자세는 '컴퓨터는 항상 옳게 실행된다.'라고 생각하는 거예요. 버그 리포트를 받을 때, 필자를 포함한 대부분의 소프트웨어 엔지니어들은, '그럴 리 없는데?', '이전엔 잘 됐는데?', '혹시 잘못 실행한거 아녜요?', '그 결과는 말이 안되는데...' 등의 반응이 반사적으로 나오죠. 그 후 살펴보면, 프로그램은 정확히 내가 작성한 대로 실행된 것을 알 수 있어요.

즉, 어떠한 에러든 내가 잘못 작성한 것이지 컴퓨터가 에러를 만든 것은 아니라는 것이죠. 이러한 자세로 디버깅에 임한다면 '컴퓨터가 무엇을 잘못 실행한 거지?'의 관점으로 문제를 살피는 것이 아니라, '내가 무슨 실수를 했지?'의 관점으로 디버깅을 할 수 있어요. 이것이 별거 아닌 것 같아 보여도, 디버깅의 경험이 쌓이면 그 차이를 피부로 체감할 수 있어요.

위에서 설명한 것 외에 더 많은 내용과 방법이 있을 수 있어요. 그만큼 디버깅은 중요하고, 프로그래머라면 매 순간 겪으면서 깨닫고 지속적으로 학습해야 하는 내용이죠. 마치 의사처럼 증상들을 보면서 그 증상들이 가리키는 근본 문제가 무엇인지를 판단할 수 있는 경험과 직관을 키워야 한다는 것이죠. 이러한 경험이 쌓이면서 좀 더 실력있는 컴퓨테이셔널 디자이너, 더 나아가 소프트웨어 엔지니어가 될 수 있기 때문에, 버그를 너무 무서워하지 말고 적극적으로 코딩을 하길 권해요.

22.3 고무 오리 디버깅 Rubber Duck Debugging

필자도 종종 사용하는 고무 오리 디버깅에 대해서 소개하려 해요.

(1) 고무 오리 인형을 구해 모니터 앞에 올려놓죠.
(2) 고무 오리 인형에게 코드의 목적과 버그에 대해서 한줄 한줄 설명을 해요.
(3) 고무 오리 인형이 버그에 대한 깨달음을 줘요.

즉, 스스로 생각을 정리해서 오류를 발견하는 것이죠. 매우 흔하게 프로그래머는 자신이 작성한 코드에 갇힘으로서 보지 못하고, 알아채지 못함으로 버그의 원인이 찾지 못하는 경우가 많아요. 따라서 제 3자인 고무 오리에게 객관적으로 코드를 한줄 한줄 설명함으로써 코드의 결점을 찾아내는 것이죠. 하나의 메타인지와 같은 접근이죠. '이 부분은 명확해!'하고 넘어가는 부분들도 검토의 대상이 되며, 아무것도 모르는 고무 오리에게 설명을 해 줘야 하는 것이니까요.

필자는 개인적으로 '컴퓨터는 에러가 없다.'고 간주해요. 무슨 말이냐면, 어떤 문제가 생겼다면 그건 무조건 나의 실수로 보고 시작한다는 것이죠. 가령 굉장히 높은 복잡도의 소프트웨어를 개발 유지 보수를 할 때, A의 이슈 관점으로 코드를 작성하고 B의 관점에 몰입해서 작업을 하고 난 후, 다시 B의 관점으로 A를 보면, 분명 완벽하게 작업을 했다 하더라도 '어? 내가 왜 이렇게 했지?'라고 생각할 때가 왕왕 있어요. 하지만 A의 관점에서는 그것이 최선일 때가 있죠. 각각의 관점에서는 최선일 수 있지만, 스스로 코드를 작성할 때, 무엇에 더 집중하느냐에 따라 버그의 여지를 남겨 둔다고 볼 수 있어요.

따라서 한걸음 뒤에서 문제를 객관적으로 보고, 심지어 완벽한 코드라고 생각된 부분도 한 줄 한 줄 디버깅을 해가면, 허무한 실수, 절대 찾아내지 못할 버그도 발견하는 경험을 할 수 있을 거예요. 마지막으로 디버깅 실력을 올리는 가장 빠른 길은 보다 많은 실수를 해보는 것이에요. 시행착오Trial and error를 통해 경험을 쌓는 것이죠. 과거, 실수하고 해결한 경험들은 디버깅의 직관, 통찰과 정확하게 비례한다고 봐도 무리가 없어요. 실수도 패턴이 있고, 여러 종류의 에러를 경험하며, 코드작성과 동시에 학습된 경험으로 버그를 예측하고, 사전에 미리 방지하며 코딩하는 습관도 가지게 될거예요. 우리의 삶을 통해 통찰을 습득하는 과정과 매우 흡사하죠.

22.4 코딩 학습 요약 그리고 나아갈 방향

이번 챕터에서는 현실적인 코딩 입문에 필요한 주요 개념에 대해서 알아봤어요. 이 개념을 반복해서 숙지하길 바라고, 특별히 직접 코딩을 해보면서 컴퓨테이셔널 사고를 마음으로 느끼면서 체화하길 바라요. 추천하지 않는 방식으로는, 암기하여 이해하려 하거나, 혹은 작성된 코드를 눈으로만 읽어 가면서 공부하는 것은 지양하길 권해요. 왜냐하면 컴퓨터 언어도 언어인 만큼 직접 써보고 사용하면서 그 분량과 함께 실력이 자라는 것이기 때문에 그래요. 절대로 수영을 글로 배울 수 없는 이치와 같아요.

이 책이 입문서임을 고려해 보면, 이 개념 지도를 바탕으로 여러분들이 선택한 프로그래밍 언어를 보다 공격적으로 공부하기를 권해요. 위에서 우리가 학습한 예제들은 코딩 개념을 명확하게 설명하기 위해 자료형(타입)이 있는 언어Typed languages의 예로 설명 드렸는데, 자료형이 암묵적인 언어들Untyped languages, 가령 Python, 혹은 Javascript 등 다른 언어의 형태와 문법에서 차이를 보일 수 있으나 내용적, 논리적 측면에서 같다고 보면 되요. 즉 우리말이 다른 나라말로 그 의미와 뉘앙스가 전달될 수 있는 것처럼, 그 개념을 잘 이해하면 쉽게 확장할 수 있다는 이야기죠. 마치 국어를 잘 하는 사람이 외국어를 잘 할 수밖에 없는 이치와 같아요.

동시에 추천하는 방법은 한 가지 언어를 깊이 공부하기를 권해요. 위와 같은 맥락이기도 한데요. 하나의 언어를 깊이 이해한다면 그만큼 도구를 잘 이해한다는 이야기고, 그 이해를 바탕으로 도구에 얽매이지 않고 디자인 프로세스를 효과적으로 기술할 수 있게 되겠죠. 나아가 그 이해와 경험을 다른 언어에 확장하는 것은 매우 쉬워요. 그 문법적인 내용만 치환하면 되기 때문이죠. 여러 언어들로 별도의 큰 학습시간 없이 확장이 매우 용이하다는 것이죠.

만약 '디자인을 위한 코딩' 실습에 대해서 더 자세히 이해하고, 학습하고 싶은 독자는 뒤의 [CHAPTER 7 학습 방향, 23 코딩 학습 방법]과 [CHAPTER 8 학습자료 28 워크숍 참조 자료]를 활용하길 권해요.

 좌측의 QR 코드 [컴퓨테이셔널 디자인 38. 5/6 학습 자료(디자이너를 위한 컴퓨테이셔널 디자인 특강)]은 특강 중에 워크숍 학습 방법을 설명한 강의의 일부예요. 뒤에 자세히 설명 드리겠지만, 실습을 빨리하고 싶은 분을 위해 먼저 공유해요. 각자의 관심사, 목적, 환경에 맞게 선택적으로 전략적으로 학습하기를 권해요.

! 브루트 포스^{Brute Force} & 몬테카를로^{Monte Carlo} 방법론

위의 용어가 어려워 보일 수 있으나, 개념을 이해하면 손쉽게 이러한 방법론들을 디자인 프로세스를 기술, 구현할 때 활용할 수 있는 개념이에요. 현상 모델링을 하거나 디자인 프로세스를 구현할 때, 확률론적^{Stochastic} 접근과 결정론적^{Deterministic} 접근을 할 수 있다고 앞서 이야기 나누었죠. 비슷한 관점으로서 그 알고리즘 구현^{Implementation}의 방향으로 이해하면 좋아요.

브루트 포스^{Brute Force}는 말 그대로 무차별 대입을 하는 거예요. 다른 관점으로는 완전한 대입을 통해서 모든 경우의 수를 100%확인하는 것이죠. 마치 핸드폰의 암호를 풀 때 모든 경우의 수를 대입해서 풀어내는 방식이죠. 그 복잡도가 크지 않을 경우 매우 좋은 성능과 결과물을 찾아 낼 수 있어요. 반드시 완전 탐색을 해야 하는 경우, 여러분들의 디자인 구현에서 이벤트, 혹은 데이터 파이프라인에 해당하는 것들은 브루투 포스 관점을 염두에 두시고 구현하는 것이 좋아요. 디자인의 예로는 뒤에 설명할 몬테카를로 방식으로 구현하지 않아도 되는 것들을 모두 포함할 수 있다고 볼 수 있어요. 기본적으로 컴퓨테이션 방법론이 결정론을 지향하고 있기 때문에, 거의 모든 부분의 알고리즘은 안정적으로 브루트 포스에 최적화시켜 구현하는 것이 유리하죠.

몬테카를로^{Monte Carlo}는 무작위 대입을 통해 확률적 근사치로 문제를 해결하는 방법으로 볼 수 있어요. 가령 Circle Packing의 경우 위의 부루트 포스로 할 경우 더 복잡해 질 수 있죠. 개념적으로 모든 경우의 수를 대입하는 것보다, 확률적으로 정해진 공간 안에 원을 패킹하는 것이 더 좋은 성능과 결과를 보장할 수 있죠. 결과적으로 브루트 포스와 다르게 그 조건을 만족시키는 여러 가지 경우들이 나타나겠죠. 또한 파라메트릭 디자인, 혹은 Agent-based 모델링 같은 경우에도 몬테카를로 방식으로 행동과 평가를 구현하는 것이 좀 더 유리하다 볼 수 있어요. 전통적 디자인 방법과 비슷하게, 실험적^{Simulation} 관점, 혹은 반복^{Iterative}을 통한 디자인 디벨롭 특성상 여러분들이 각자의 디자인 프로세스를 기술할 때, 근사치를 찾아내고 좁혀가는 과정을 반복해서 최종 결과물에 다다르는 방법이 많이 활용될 수 있어요. 예를 들면 유전 알고리즘에 기반을 둔 라이노 그라스하퍼의 갈라파고스 알고리즘도 그 결이 같다고 볼 수 있어요.

CHAPTER 7 학습 방향 Study Plans

앞서 하이 레벨로, 디자이너가 왜 코딩을 공부해야 하는지? 어떤 유익이 있는지 컴퓨테이셔 널 디자인이 무엇인지? 어떠한 사례가 있는지? 무엇을 학습해야 하는지? 컴퓨테이셔널 사 고는 무엇인지? 어떤 프로세스로 적용이 되는지? 코딩은 무엇인지? 순서대로 알아보았죠.

이번 챕터에서는 디자이너가 코딩을 학습함에 있어 어떤 생각들과 공부 전략들이 있을지 이 야기해 봐요. 더불어 그에 따른 목표와 학습 방향에 대해서 함께 알아봐요.

23 코딩 학습 방법

요즘 많은 디자이너가 코딩 공부를 어떻게 하는 것이 좋을지 여러 채널을 통해 물어와요. 형식이야 다양하겠지만 코딩도 결국 언어이기 때문에, 익숙해질 때까지 포기하지 않고 시간의 분량을 채우는 것이 핵심이죠. 사족이지만, 우리는 어린 시절부터 국제사회의 공통어인 영어를 공부하는데 꽤나 많은 시간을 투자하죠. 하지만 오랜 시간 공을 들인 영어실력을 발휘하여 외국 사람들과 대화하며 일하는 사람은 아주 극소수에 해당될 거예요.

'만약 그 시간에 컴퓨터 언어를 학습해 컴퓨터에게 일을 시키는 방법을 배웠더라면 어땠을까?'하는 생각이 들고, 현실적으로 더 중요하다고 생각해요. 왜냐하면 지치지 않고 투정도 부리지 않는 잘 만들어진 알고리즘만 있다면, 잘 세팅된 회사의 수십 수백 명 직원들보다 더 효율적이고 창의적일 수 있기 때문이죠. 지금도 늦지 않았어요. 소프트웨어 파워를 각각의 디자인 업무에 적극 활용할 수 있는 공부 방법들에 대해서 알아봐요.

"디자이너가 코딩까지 공부해야 해?"

필자가 처음 디자인 소프트웨어 학습을 시작했을 1997년 즈음, 컴퓨터 소프트웨어인 오토캐드^AutoCAD와 3d studio r11을 공부 했었어요. 그때 주변 사람들이 대부분 '너는 디자이너인데, 왜 그런 소프트웨어를 공부해?'라는 시각으로 바라봤어요. 10년이 흐른 후, 대부분의 학생들은 CAD와 3D 모델링뿐 아니라, Animation, 혹은 VR과 같은 시각화까지 하는 사례가 많았어요. 10년이 더 흐른 지금, 많은 디자이너들은 그라스하퍼^Rhino Grasshopper, 다이나모^Revit Dynamo와 같은 비주얼 스크립팅^Visual programming language을 활용하고 있으며 코딩에도 많은 관심을 보이고 있어요. 앞으로 10년은 어떨까요?

특별히 필자가 활동하는 해외에서는 디자인과 코딩을 동시에 할 수 있는 사람들 몸값이 높죠. 앞으로의 10년을 생각해 보면 코딩을 하는 디자이너는 더 이상 스페셜리스트라기보다, **'디자이너기 때문에 코딩을 당연히 코딩을 해야지!'**라는 시대가 온다고 믿고 있어요.

이러한 시대상황에서 컴퓨터 언어도 하나의 언어이기 때문에, 코딩을 공부한다는 것은 반복해서 훈련을 한다는 것이고, 특정 시간 이상의 반복적인 훈련시간을 채움으로서 익숙해지고 전문적 여질 수 있다고 생각해요. 따라서 그 시간을 채울 수 있다면 형식적 측면은 그리 중요하지 않다는 것이 필자의 생각이죠. 하지만 추천되는 방법은 있다고 생각해요.

디자이너로서 코딩 활용 vs 코딩을 디자인에 활용

학습 방법을 이야기하기에 앞서 학습 방향을 생각해 보면, 디자이너가 코딩을 공부하는 두 가지 목적이 있다고 생각해요. (1) **디자이너로서 코딩을 활용해서 디자인에 방점을 두고 미래를 준비하는 측면**, 반대로 (2) **디자인에 대한 이해를 바탕으로, 컴퓨팅 파워를 통해 디자인을 엔지니어링 관점으로, 좀 더 전문적인 컴퓨테이셔널 디자이너**가 되길 원하는 측면을 들 수 있어요. 즉, 전자는 디자이너로서 코딩을 활용하는 측면, 후자는 엔지니어적 관점으로 코딩을 활용해 디자인 이슈들을 해결하는 관점으로 요약될 수 있어요. 다행히 학습에 있어서 공통분모가 존재해요. 그 첫 번째 스텝이 무엇인지 알아봐요.

23.1 가장 익숙한 도구 / 환경에서부터 시작하자

그 시작은 비교적 단순할 수 있어요. 내가 주로 활용하는 2D, 혹은 3D그래픽 소프트웨어를 잘 이해하는 것이죠. 학교나 실무에서 다양한 디자인 프로세스와 프로젝트를 경험하다 보면, 손에 익은 도구들이 분명 존재할 거예요. 그 도구의 가능성과 한계를 이해하는 것이 첫 번째라고 볼 수 있어요. 과일을 깎는 과도부터 시작해서, 전쟁터에 들고 나갔던 검까지, 다양한 스케일의 칼은 그 용도가 분명히 있기 때문이죠.

이처럼 2D, 3D, 혹은 그 밖의 모델링 스타일에 따라 각각 도구들이 자연스레 디자이너들의 왼손과 오른손에 붙들려 진다는 것이죠. 이 도구들의 장단점과 문법을 잘 이해하고 있어야 한다는 것이 핵심이에요. 그 이유는 대부분의 디자인 소프트웨어는 스크립트 환경이 지원되고, 그 소프트웨어를 이해하는 만큼 코딩이 쉽게 다가올 수 있기 때문이죠. 좀 더 구체적인 이유는 다음과 같아요.

API를 학습하자

디자인을 위한 코딩을 한다는 것은 코딩을 통해서 디지털 공간상에서 무언가를 그리고 수정하는 것으로 볼 수 있어요. 즉, 지오메트리^{Geometry}와 시각화^{Visualization}가 많은 부분을 차지해요. 이런 복잡한 명령어들은 우리가 사용하는 2D, 혹은 3D 소프트웨어에서 패키지 형태로 제공되는데, 이것을 API$^{Application Programming Interface}$라고 해요.

디자이너들이 원래 아이콘을 클릭 클릭하며 디자인해 나가 듯, API의 명령어들을 나열하고 반복하며, 마우스로 명령어를 클릭하는 것 대신 컴퓨터의 언어로 기술을 하는 것이죠. 만약 내가 익숙한 소프트웨어가 있다면, 그 API를 학습할 때 굉장히 유리하겠죠.

왜냐하면 우리는 이미 그 소프트웨어에 대해 잘 알고 있고, 익숙하기 때문이죠. 어떤 명령어, 아이콘이 무엇을 하고, 다른 명령어들과 어떻게 사용될지 이미 많이 사용해봤기 때문에 API와 코딩 학습을 더 재미있고 빠르게 학습할 수 있다는 것이죠.

프로그래밍 언어, 컴퓨테이셔널 사고 그리고 알고리즘

이미 익숙한 툴로, API를 활용해서 디자인 단계들을 수행할 행동 지침서를 코드로 만들어 입력한다고 봤을 때, 디자이너들이 많이 힘들어하는 부분들은 그 지침서, 즉 그 과정을 만드는 일이에요. 다시 말해 코딩이고, 알고리즘을 작성하는 부분들이에요. 이 부분은 두 가지로 나누어질 수 있는데, 첫 번째는 '언어의 문법'을 공부하는 것이고, 두 번째로는 그 문법 활용해서 '의미있는 문장'을 만드는 것이죠.

첫 번째로 문법의 경우는 내가 필요한 언어를 공부하는 것이죠. 변수를 정의하고, 함수를 만들고, 어레이^{Array}나 리스트^{List} 같은 데이터 구조를 활용하여 특정 문제들을 해결하는 훈련을 하는 것이죠. 컴퓨터 언어의 경우 인간의 언어와 다르게 문법이 복잡하지 않고 암기해야 하는 단어(예약어^{keyword})들도 많지 않아요. 그리고 하나의 언어를 잘하게 되면 다른 언어로 확장도 너무 쉽죠. 무엇보다 중요한 것은 프로그래밍 언어의 문법공부를 직접 해보면 자연스럽게 컴퓨테이셔널 사고를 할 수밖에 없어요.

두 번째로 알고리즘은^{Algorithm} 문제를 해결하기 위한 절차죠. 새로운 알고리즘을 공부하기보다는 내가 이미 익숙하게 다루고 있는 디자인 이슈를 작은 단위로 쪼개서 나누고, 순서대로 기술하며, 때로는 반복과 조건을 체크하면서 주어진 이슈를 해결하는 것이죠. 다른 말로는 컴퓨테이셔널 사고인데, 앞서 문법을 배우다 보면 자연스럽게 체화되는 것이죠. 예를 들면 A의 크기가 B보다 크다면 A의 형태를 바꿔라, 혹은 A의 색을 바꿔라 등, 여러분들이 일반적으로 하는, 내가 이미 익숙한 디자인 방법론을 코드화시키는 것이죠.

다시 강조하지만 코딩 실력은 공부 분량을 채우면 자연스럽게 해결되는 문제예요. 사실 현실적인 이슈는 나 스스로가 익숙한 디자인 방법론을 가지고 있느냐의 문제로 볼 수 있어요. 왜냐하면 그 익숙한 방법론을 그대로 코드로 옮겨 적으면 되는 문제이기 때문이에요. 우리가 기억할 것은 '코딩은 우리의 디자인을 돕는 도구다.' 스스로의 디자인 언어가 있다면, 이것들을 '컴퓨터가 쓰는 언어의 문법과 논리로 기술하면 된다.'로 요약될 수 있어요.

23.2 추천하지 않는 학습 방법

대부분 디자이너들은 코딩 공부를 프로그래밍 학원, 혹은 학과 수업을 등록하거나, 컴퓨터 언어 강좌를 듣는 것으로 시작해요. 일반적인 코딩 공부 방법이죠. 컴퓨터 공학은 수학 바탕의 특정 문제 해결을 지향하는 이과적 성향을 띠고 있기 때문에 수업의 내용과 형식이 그러해요. 그 수업의 결은 창작활동을 유도하는 디자이너가 익숙한 수업들과는 많이 다르죠.

다시 상기해 보면, 언어는 훈련이기 때문에 그 특정 시간을 채울 수 있느냐의 문제라고 알아봤죠. 만약 위의 방법으로 분량을 채울 수 있다면 결과적으로 특정 수준의 실력을 갖출 수 있기 때문에 전혀 문제될 것이 없어요.

그러나 문제는 대부분의 디자이너들은 습관상, 경험상, 뇌 구조상 앞선 공부 방법이 불편해요. 즉, 용두사미, 작심삼일이 되는 케이스들이 허다하다는 것이죠. 그도 그럴 것이 무언가 상상하고, 그림을 그리고, 모형을 만들어 구체적인 시각 피드백에 익숙한 디자이너로서 학습의 재미를 찾기 쉽지 않다는 것이죠. 마치 문과, 이과, 예능 쪽의 사고 차이처럼, 학습 방법에서도 서로 다른 익숙함과 지향점이 있다는 것이죠.

같은 코딩 학습을 하더라도 작성된 코드의 결과가 화면에 그려지고, 논리구조와 파라미터를 수정할 때 즉각적으로 화면에 그 결과가 그려지면, 보편적으로 코딩을 공부하는 방법과 비교할 수 없을 정도의 재미, 강한 동기부여, 학습능률과 지속성이 탁월하다는 것이 필자가 학생들을 지도하며 느낀 경험이예요.

알고리즘 학습 또한, 디자이너에게 익숙하지 않은 수 체계를 활용해 정해진 틀 안에서 효율적계산 흐름을 구현하는 것보다, 디자이너가 익숙한 사고를 활용하여 무언가를 만들고 변형하는 방식의 알고리즘 구현이 보다 높은 학습 성취를 가져올 수 있다는 것이죠.

필자도 앞선 두 가지 다른 방법으로 학습을 해 보았고, 선생의 위치에서도 가르쳐 봤죠. 분명 각각의 방법에는 장단점이 있고 우선순위가 있을 수 있어요. 하지만 코딩 학습을 이제 시작하는 디자이너에게 추천하는 방법은, 앞서 설명한 것처럼 나의 익숙함, 나의 기존 지식과 경험 체계 안에서 그 살을 붙여 나가는 방식으로 학습하길 권해요.

요약하면

현실적인 예를 들어보면 익숙한 디자인 소프트웨어의 생태계와 문법을 이해하고, 그 소프트웨어 플랫폼에서 지원되는 스크립트 언어를 공부하고, 알고리즘의 구현 또한 새로운 무언가를 하기보다 내가 익숙한 디자인 프로세스를 구현하는 것으로 시작을 하면 학습에 유리하다는 것이죠. 그러면 보다 높은 흥미와 재미를 찾을 수 있고 그 연료를 바탕으로, 특정 시간의 분량에 도달하는 것도 힘들지 않을 거예요. 더 나아가 그 체력을 바탕으로, 컴퓨터 공학의 어려운 알고리즘이나 이과적 성향의 수업들을 한결 편하게 학습할 수 있을 거예요.

23.3 디자이너로서, 컴퓨테이셔널 디자인을 어떻게 공부할까?

앞서 이미 익숙한 툴을 바탕으로 코딩이라는 생소한 파도를 타라고 알아봤었죠. 디자이너로서 코딩을 활용한다는 측면으로 구체적인 예를 들어 요약해 봐요.

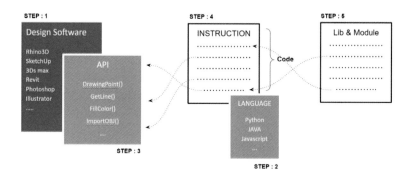

API Concept Diagram

STEP 1: 디자인 소프트웨어 이해, 왼손과 오른손에 들려진 도구를 이해하자

디자인 소프트웨어는 일반적으로 2D와 3D 그래픽 도구로 나누어질 수 있죠. 2D는 벡터^Vector 그래픽과 비트맵 그래픽^Bitmap으로 나누어질 수 있어요. 가령 일러스트레이터^Illustrator, 혹은 포토 샵^Photoshop이 그 예일 수 있어요. 3D 그래픽 도구는 거의 모든 프로그래밍 벡터^Vector 기반이고, 렌더링을 거치면 비트맵^Bitmap을 그래픽을 생성해 낼 수 있어요. 이러한 상용 소프트웨어 도구 를 잘 살펴보면 패턴이 존재해요.

가령 라이노^Rhino3d의 경우에는 포인트와 커브 그리고 면과 솔리드 오브젝트를 구축하는 방법, 상관관계의 패턴, 즉 소프트웨어의 생태계를 이해하는 것이 중요해요. 그 이유는 나중에 여 러분들이 코딩과 API를 학습하면 느낄 수 있겠지만, 각각의 소프트웨어들의 아이콘과 모델 링 방법론이 다르게 보이지만 결국 내부적으로는 매우 흡사하고, 그것을 각각의 소프트웨어 철학에 맞게 강조점을 두어 구현만 해 놓았다는 것을 깨달을 수 있어요. 3ds max, Maya, SketchUp, Illustrator, AfterEffect 등의 대부분의 상용 디자인 소프트웨어는 그들만의 생태 계가 존재하고 그 생태계의 문법을 이해하는 것이 바로 그것이죠.

코딩을 떠나 소프트웨어를 이해하는 것이 우선일 수 있죠. 서두에 말했듯이 소프트웨어의 이 해는 단순히 툴을 활용하는 능력이 아니라, 그 툴이 가지고 있는 지식적, 기술적 패키지를 어 떻게 했느냐를 이해하는 것으로 볼 수 있기 때문이에요. 다시 말해서 디자이너의 경우 왼손과 오른손에 가장 익숙한 디지털 그래픽 소프트웨어의 문법, 혹은 명령어 체계들의 이해가 선행이 되어야겠죠. 더 나아가 그 소프트웨어를 개발한 개발자들의 철학, 개발 의도와 목적까지 이해하고 납득하는 수준까지 이해를 넓히면 더 좋아요.

STEP 2: 프로그래밍 문법 이해 / 형식적 측면: 언어 문법, 코딩하기

너무나 당연하게 우리는 코딩을 할 것이기 때문에 컴퓨터 언어를 공부해야겠죠. 다행히 컴퓨터 언어는 사람들의 언어보다 단순하고, 읽기와 쓰기만 하면 돼요. 사실 쓰기만 하면 읽기는 자동으로 될 거예요. Python 언어의 경우는 문법을 하루만 배워도 간단한 알고리즘을 작성하는데 무리가 없어요. 대부분의 모던 디자인 소프트웨어들은 스크립트 환경이 지원된다고 말했었고, 특히 Maya, Rhino, 3ds max, 혹은 Cinema4D의 경우에도 Python 스크립트가 지원이 되요. 만약 여러분들이 Python의 문법을 알고 있다면 동일한 문법으로 앞선 예들의 다양한 소프트웨어에서 코딩을 할 수 있게 되는 것이죠.

물론 데스크톱 앱을 만들거나, 아이폰이나 또는 웹브라우저에서 작동하는 앱의 경우 특정 언어들을 공부해야 하지만 하나의 언어를 확실히 이해 후 확장하는 전략을 펼치자고 이야기를 드렸었죠. 컴퓨테이셔널 디자인을 위한 코딩은 API와 함께 아주 단순한 문법으로도 생각보다 많은 것들을 할 수 있어요. 때문에 간단한 문법부터 확실하게 학습 후, 실제로 디자인을 위한 코딩을 하면서 체화시키는 방법을 추천해요.

STEP 3: API 이해 / 전공 이해하기

앞서 살펴본 것처럼, 여러분들이 주로 활용하는 소프트웨어를 살펴보면 API가 존재해요. API^{Application Programming Interface}는 '애플리케이션 프로그래밍 인터페이스'의 약자로서, 코딩을 할 때 각각의 명령어들을 호출할 수 있는 인터페이스의 패키지라고 보면 좋아요. 일반적으로 소프트웨어를 사용할 때 아이콘을 누르고 명령어를 호출해서 디자인을 해 나가죠. 그것을 코드로 작성할 때 API를 통해서 동일한 명령어를 호출할 수 있다는 이야기예요. 얼마나 중요한지 아시겠죠? 소프트웨어를 잘 이해하고 있다는 것은 그 명령어 체계들의 생태계와 문법을 이해하고 있다는 의미일 뿐 아니라 API의 학습에도 굉장히 유리하다는 것도 알아 봤죠.

쉽게 풀면 명령어들의 클릭 대신에 API의 명령어를 호출해서 알고리즘을 작성할 것인데, 그 호출될 함수들의 역할과 인풋 인자$^{Input\ parameters}$와 반환 값$^{Return\ values}$을 편하게 학습할 수 있다는 거예요. 그리고 API는 항상 문서^{Document}를 가지고 있어요. 문서를 검색해서 API의 체계와 함수의 역할을 자세히 알 수 있죠. API의 학습은 프로그래밍 언어와 마찬가지로 하나의 소프트웨어의 API를 잘 이해하면 다른 소프트웨어의 API 또한 아주 쉽게 학습할 수 있어요. 다시 강조하지만 그 기초인 수학, 기하학이 같기 때문에 그래요.

STEP 4: 알고리즘 작성

우리가 소리를 내서 말을 한다고 의미가 부여되는 것은 아니죠. 앞서 기본적인 프로그래밍 언어의 문법과 소프트웨어의 API를 공부했다면 이제부터 의미있는 코드를 작성해야겠죠. 알고리즘은 아주 쉬운 단계로, 여러분들의 디자인 프로세스를 그대로 기록하여 하나의 인스트럭션을 만드는 거예요. 그 프로세스를 기록하는 도중에 어떤 판단들이 들어가겠죠. 가령 '형태가 이렇게 된다면', '색이 이렇게 된다면', '이것을 해라' 또는 '저것을 해라'의 형식으로 여러분들의 디자인 방법론과 경험에 따른 판단기준들을 코드로 명시적으로 기록하는 것이죠.

여러분 각자가 프로그램을 사용할 때, 한번 스스로를 관찰해 보면 분명 실행 순서$^{Action\ Sequences}$들이 포착될 거예요. 그것들을 코드로 기록하는 것이죠. 또한 어떤 명령어를 적용한 후, 그 결과물을 여기저기 돌려보며 암묵적으로 판단을 하고 그 판단에 맞게 다른 명령어들을 실행하는 여러분들을 발견할 수 있을 거예요. 그 때 내가 왜 그런 판단을 했는지 수 체계를 활용하여 기술하는 것이죠. 글로는 어려워 보일 수 있지만 실습해 보면 사실 아주 간단한 것이에요.

STEP 5: 디자인 이슈와 모듈 / 디자인 이슈에 따른 모듈화

앞의 과정을 반복적으로 훈련하다 보면, 스스로의 디자인 방법론이 사용되는 API와 함께 어떻게 코딩화되는 것이 효율적일 수 있는가에 대한 이해가 생겨요. '어떻게 파라미터할 것인가?', '전체적, 혹은 부분적으로 접근할 것인가?', '어느 부분까지 코딩을 통하고, 어느 부분부터 디자이너의 직관이 개입되어야 하는가?', '어떻게 수치화할 것인가?' 등의 과정을 거치다 보면, 모듈화를 통해 좀 더 효율적인 디자인 시스템을 구축하고 나아가 더 효과적인 라이브러리Library를 구축해서 다양한 디자인 환경, 목적, 상황에 맞게 대응하며 사용Deployment할 수 있게 돼요.

더 나아가 틈틈이 시간을 내서 알고리즘도 공부하기를 권해요. 앞서 이야기 나눈 것과 같이 디자인 이슈에 맞는 데이터 구조를 만들고, 효과적으로 업데이트하고, 아주 복잡한 계산들을 단순 명료한 논리구조로 체계화시키고, 효과적으로 나누어 구조와 파이프라인을 만드는 것이죠. 즉, 앞서 배운 컴퓨테이셔널 사고를 통해서 디자인 프로세스를 높은 수준으로, 구체적으로 지속 가능한 모듈을 기술하는 훈련을 하는 것이죠.

결과적으로 스스로 익숙한 학습된 디자인 프로세스를 이해하고 컴퓨팅 파워를 어떻게 활용할 수 있는지에 대한 직관과 개념이 잡히기 시작할 거예요. 필자의 경험상 디자인에 방점을 두고 코딩을 활용한다는 측면에서는 앞선 스텝을 꾸준하게 함으로써, 처음에는 단순한 자동화Automation만을 코딩으로 활용한다고 생각했다면 코딩을 통해서 점차 좀 더 창의적인 작업까지 그 범위를 넓혀 가고, 스스로의 경험과 디자인 프로세스를 좀 더 컴퓨테이셔널Computation한 방법으로 구현할 수 있는 시각이 확장될 수 있어요. 따라서 일반적인 디자이너들에게 권고될 수 있는 학습 방향이라고 생각해요.

요약하면

STEP 1: 디자인 소프트웨어 이해

왜냐하면 디자인 소프트웨어를 플랫폼 삼아 제공되는 알고리즘과 명령어를 활용할 것이기 때문이죠. 따라서 그 소프트웨어가 어떤 방식으로 운행되는지 먼저 이해해야겠죠.

STEP 2: 프로그래밍 문법 이해 / 형식적 측면: 언어 문법, 코딩하기

왜냐하면 디자인 소프트웨어는 내부적인 스크립트 언어를 가지고 있거나, Python, Ruby,

C#, Javascript와 같은 스크립트 언어를 지원해 주기 때문에, 그 소프트웨어에서 사용 가능한 컴퓨터 언어의 문법을 학습해야 한다는 것이죠.

STEP 3: API 이해

첫 번째 스텝(소프트웨어 이해)을 이해했다면, 아이콘으로 클릭했던 명령어들이 어떻게 API를 통해서 접근할 수 있고, 입력 값은 무엇인지, 반환 값은 무엇인지, 특정 명령을 수행하기 위해서 선행할 명령어들이 어떤 것인지에 대한 학습을 해야 하죠.

STEP 4: 알고리즘 작성

세 번째 스텝을 이해했다면, 어떤 형식으로 API 조합이 구현되는지 아이디어가 생길 것이고 특정 이슈나 업무를 수행하는 전략을 짤 수 있게 되는 것이죠. 동시에 디자인 전략을 프로그래밍하기 위해 두 번째 스텝에서의 코딩 능력이 필요하겠죠. 따라서 작은 단위의 문제들을 해결하기 위해 API를 코딩하여 의미있는 알고리즘 덩어리들을 작성하는 것이죠.

STEP 5: 디자인 이슈와 모듈 / 디자인 이슈에 따른 모듈화

네 번째 스텝에서 작성된 알고리즘 부스러기들을 조합하여 유의미한 디자인 프로세스를 구현하는 단계이죠. 전체적, 혹은 부분적으로 디자인 프로세스에 적용될 수 있는지 고민하고, 데이터의 흐름을 디자인하고, 모듈화하여, 디자인 프로세스를 코딩, 혹은 프로그래밍하는 단계로 볼 수 있어요.

이 과정이 충분히 체화가 됐다면 디자인 프로세스와 컴퓨테이셔널 방법론이 충돌 없이 화해되고, 상호보완적, 통합적 디자인 사고Design Thinking를 통해 시너지를 만들 수 있게 되는 시점으로 볼 수 있어요. 디자인에 방점을 두고 코딩을 활용하려는 디자이너에게 추천되는 학습 방법 스텝들로 위와 같이 다시 한번 요약을 해 봤어요.

! 그 많은 것 언제 다 하나 2: 학습전략

작금의 시대는 많은 것을 알고 있는 것을 넘어 필요한 것, 새로운 것을 얼마나 빠르고 정확하게 학습할 수 있느냐의 능력이 더 중요해진 사회라는 것을 잊지 마세요. 컴퓨테이셔널 디자인의 분모 중 하나는 컴퓨터 공학인데, 컴퓨터 공학의 발전 속도는 이미 한 개인이 학습하여 이해할 수 있는 수준을 넘어버린 지 오래죠. 따라서 모든 것을 다 이해하고 학습하는 것은 불가능하기 때문에 새로운 기술을 이해하고 필요한 이론과 기술을 학습할 수 있는 능력, 즉 학습 커브^{Learning Curve}의 기울기를 빨리 높일 수 있느냐가 중요한 능력이 되는 것이에요.

일전에 코딩과 디자인에 대한 이야기를 나누고 있었고, 과거 개발자 현재는 스타트업 CEO로 활동하고 계신 분은, '개발자가 되려면 많은 것을 알고 있어야 한다.'고 주장했죠. 일견 맞는 말이나, 현실은 다르죠. 단언컨대 달라요. 컴퓨터 공학은 그 고유의 영역을 넘어 다른 수많은 영역에 융합되며 계속 진화 중인 학문이거든요. 즉, 학문의 궤적을 쭉 따라 공부하는 것은 평생 공부만 해도 소화 못할 분량이죠. 왜냐하면 학습 속도보다 발전 속도가 더 광범위하게 나타나기 때문이에요. 알고 있어서 하기보다는 필요에 맞춰서 학습하는 능력이 중요해지는 것이죠.

어떤 전략을 수립해야 할까요? 첫 번째는 전공영역의 중요성이에요. 우리는 다행히 전공이 있죠. 바로 디자인이죠. 그 안에서도 환경, 건축, 도시, 프로덕트, 시각, 패키지, 일러스트 디자인 등으로 세분화되겠죠. 그 세분화된 지점에서 컴퓨터 공학을 바라보면 그에 맞는 우선순위가 나타나요. 효과적으로 학습 트리를 따라 경쟁력과 실력을 확보할 수 있는 것이죠. 두 번째, 상황에 따라 어떤 지식^{Knowledge}과 기술^{Technology}이 필요한지를 파악하고 기존의 지식체계에 선택적으로 편입시켜 화학반응을 만들어 그 학습 곡선^{Learning Curve}을 줄일 수 있느냐의 이야기죠. 이렇게 전략적 취사선택을 통해 학습하는 것으로 상쇄시킬 수 있어요.

 이 책을 집필하고 NJChannel 프로젝트를 하는 이유중 하나는 필자의 경험과 지식 그리고 기술이, 이제 시작하는 누군가에게 많은 시간과 시행착오를 줄일 수 있는 지도로 활용될 수 있다는 기대감 때문이기도 해요. 우측의 QR 코드 [QnA 69. 학부생의 질문, 공부방법, 기초의 중요성, 스튜디오 수업의 주의점, 트렌드의 주의점]을 공유해요. 학부생 질문으로, 디자이너로서 그 많은 프로젝트와 기술들을 언제 공부 했나? 다 알고 한 것인가? 어떻게 준비하는 것이 좋을까?에 대한 필자의 생각이에요.

! 컴퓨테이셔널 디자인 수업 방식: 스튜디오 형식 VS 강의 형식

코딩을 배울 때 크게 두 가지의 수업 방식이 가능할 것 같아요. (1) 스튜디오 중심의 수업 방식이고 (2) 강의 중심의 수업 방식이죠. 많은 디자인 학교에서는 강의 방식보다는 스튜디오 방식을 채택하는 경향이 있죠. 그도 그럴 것이 수업을 계획하는 분들과 학생들도 스튜디오 방식에 익숙하기 때문이죠. 그럼 과연 이 스튜디오 방식이 디자이너가 코딩을 배울 때 유리한 수업 방식일까요?

강의 중심의 경우, 교제를 중심으로 수업을 진행하는 것처럼 이론을 배우고 과제를 수행하는 형식의 일반적인 강의 형태로 볼 수 있어요.

스튜디오 방식의 예를 들면 디자인 주제를 맞춰서 개인, 혹은 팀으로 그 아이디어를 발전시켜 결과물을 만들어 내는 수업 형태로 볼 수 있어요.

필자의 의견은 수업의 내용에 따라, 목적에 따라, 성취 목표에 따라, 스튜디오 형식 아니면 강의 형식, 혹은 하이브리드 한 접근 방법이 필요하겠지만, 일반적으로 처음 코딩을 공부하는 디자이너에게 유리한 수업 형식은 강의 방식으로 진행되어야 한다는 생각을 가지고 있어요. 자세한 이유와 설명은 위의 QR 코드 [**QnA 69. 학부생의 질문, 공부방법, 기초의 중요성, 스튜디오베이스 수업의 주의점, 트렌드의 주의점**]의 29분 45초를 참조 바래요.

추가 자료로 좌측 QR 코드 [**QnA 72. 직장인 질문, 컴퓨테이셔널 디자인 대학원**], [**QnA 61. #컴퓨테이셔널 디자인 교육, 코딩 교육, 누가 가르쳐야 하나?**]를 통해 필자의 경험과 느낀 점에 대해서 공유해요. 여러분들이 대학교, 혹은 대학원을 고르거나, 컴퓨테이셔널 디자인 프로그램을 선택할 때 생각해 볼 지점과 필자의 개인 생각에 대해서 정리한 자료예요.

QnA 72

QnA 61

24. 컴퓨테이셔널 디자인 테크트리

만약 좀 더 높은 수준의 목표를 고민하는 디자이너가 있다면, 다음의 **추가 세가지 학습 스텝** (1) 수학 & 기하학[Mathematics & Geometry], (2) 데이터 과학[Data Science], (3) 컴퓨터 공학[Computer Science]도 학습하길 권해요.

24.1 더 높은 수준의 컴퓨테이셔널 디자인 학습 스텝

STEP: 1 수학 & 기하학 [Mathematics & Geometry]

수학이라는 언어는 달리기와 같아요. 육상 선수를 제외하고 달리기를 전공으로 하는 사람들은 없지만 일반 사람들 중 달리기를 못하는 사람은 없어요. 달리기를 잘하면 다른 운동들, 가령 축구, 농구, 배구 등의 스포츠를 할 때 굉장히 유리하죠. 특히 디자이너들은 수학하면 지레짐작 겁부터 먹는데, 그럴 필요가 없어요. 모든 학문과 사고의 기초가 수학인 만큼 우리가 익숙하고 재미를 느끼는 지점으로부터 수학을 바라보면 충분히 재미있는 언어일 수 있어요. 디자이너는 무언가를 그리고 만들죠. 즉, 좌표계에 점을 놓는 거예요. 그 놓아진 좌표에 점들을 연결해서 선을 정의하고, 면을 정의하죠. 어떤 의미로 보면 여러분들이 시각화[Visual Representation]한 디자인들은 그대로 수 체계[Mathematical Representation]로 표상, 설명이 된다는 이야기예요.

즉, 해석 기하학[Analytic geometry], 계산 기하학[Computational Geometry], 미분 기하학[Differential Geometry] 등의 수학은 디자인과 빼놓을 수 없는 것들이죠. 앞서 로우 레벨에서는 모든 소프트웨어들이 같다고 말했는데, 그 이유는 2D, 3D 소프트웨어를 만들 때, 코드를 구현할 때, 기반이 되는 수학과 이를 이진수로 구현하는 프로그래밍 체계가 같기 때문에 그래요. 따라서 여러분들이 그래픽에 관련된 수학을 많이 알수록 더 유리하게 되는 것이죠. 마치 달리기를 잘하면 다른 운동에도 유리하듯이, API의 형태만 봐도 뒷단[Back-end]에서 무엇이 어떻게 작동되는지 알고, 나아가 여러분의 디자인 이슈에 딱 맞는 효율적인 알고리즘을 개발할 수도 있게 되는 것이죠.

권고사항은 발췌해서 공부하기를 추천해요. 디자인 이슈를 이해하고 코딩을 할 때 필요한 수학적 지식을 검색해서 하나둘씩 공부해 나가는 것이죠. 이렇게 공부하다 보면 이산수학, 계산 기하학, 해석 기하학, 선형대수학 등 그래픽에 필요한 수학들에 노출이 되고, 이 다양한 수학 영역들도, 결국 하나의 영역을 다른 무게 중심과 강조점으로 기술하고 있다는 것이 느껴질 거예요. 그래서 선택적인 학습을 통해 학습 속도를 더 빠르게 높일 수 있게 되는 것이죠. 특별히 우리는 수학의 공식과 변수가 바뀔 때, 화면에 바로 시각적인 피드백이 디자인의 형태로 나타나니 선택적으로 필요한 수학을 디자인에 활용하여 재미있게 학습할 수 있죠.

또한 기하학, 최적화, 이산수학, 데이터 과학, 머신 러닝, 딥 러닝 등을 각각의 영역에서 공부하다 보면, 어느 순간 다른 영역들에서 시작한 내용들이 하나를 가리키고 수렴되며 결국 같은 이야기를 다른 관점에서 강조점과 목표를 두어 설명했다는 것을 느낄 수 있어요. 이 관점을 조금 틀어서 이야기를 해보면, 초기에 배경지식의 부재로 각각의 영역들이 파편적으로 떨어져 있어 보일 수 있어요. 하지만 그 관점에서 학습을 시작하지 말고 우선 가장 유리하고 익숙한 방법을 하나 취하세요. 그리고 그 관점에서 각각의 영역을 바라보면, 나무를 보기보다 좀 더 포괄적으로 숲을 보며, 하나를 배워 여러 군데에 적용할 수 있는 직관을 키우고, 기존 지식을 바탕으로 새로운 지식을 소화시키는 전략을 취한다면 지속 가능한 높은 학습능률을 경험할 수 있다고 생각해요.

STEP: 2 데이터 분석 능력

이 책의 서두에서 말한 것처럼, 결국 코딩을 한다는 것은 '데이터라는 재료를 다룬다.'라고 알아봤어요. 풀어서 이야기하면 데이터의 흐름을 만들고, 데이터로 캡처하고, 데이터를 생성하고, 평가하고, 기록하는 것이죠. 즉, 디자인 프로세스를 데이터로 변환해서 디자인 발전을 해나간다는 것이죠. 앞서 살펴본 것처럼 디자이너의 입장에서 API를 활용해서, 디자인 프로세스를 기술하고 발전시켜 나가는 수준에서는 데이터의 중요도가 크게 와 닿지 않을 수 있어요. 하지만 보다 적극적으로 소프트웨어 파워를 활용한 컴퓨테이셔널 디자인 관점에서 데이터의 이해는 필수적이고 핵심이라고 볼 수 있어요.

즉, 디자인 프로세스는 결국 데이터 가공 파이프라인Data Pipeline으로 간주될 수 있고, 디자이너는 코딩을 통해서 디자인 발전 Design development 을 관통하는 시스템을 데이터 파이프라인을 통해 구현하는 것이 되겠죠. 따라서 데이터에 대한 이론과 수학의 이해도가 높으면 그만큼 더 의미 있고 설명과 지속 가능한 시스템을 구현할 수 있는 시각이 강화되는 것이죠.

STEP: 3 좀 더 깊은 컴퓨터 공학 Computer Science 의 이해

코딩을 공부하는 우리들에게 아무리 강조해도 지나치지 않는 것은 깊은 컴퓨터 공학의 이해죠. 디자이너로서 API를 활용하는 수준을 넘어 의미있는 컴퓨테이셔널 디자인을 하기 위해서는 컴퓨터 공학을 반드시 이해해야 해요. 코딩을 한다는 것의 뿌리는 컴퓨터를 여러 수준으로 활용한다는 의미이기 때문에 컴퓨터를 잘 알아야 하겠죠.

컴퓨터 공학도 굉장히 넓은 학문이고, 동시에 여러 다른 학문들과 융합되면서 학습해야 하는 부분들도 기하급수로 늘어나죠. 그러나 반복적으로 강조하는 것처럼 우리의 사용목적에 근거해서 전략적으로 학습해야 하는 부분들이 있어요. 시작함에 있어서 자료구조, 알고리즘, 이산수학, 그리고 그래픽스를 공부하기를 권해요. 각자의 관심사에 따라 세부항목들이 더 존재하지만 그래도 기초가 될 수 있는 부분을 튼튼하게 하는 것은 디자인 코딩을 작성할 때 뿐아니라 새로운 기술을 학습하고 구현할 때도 매우 중요해요.

요약하면

앞서 기본 5가지 스텝에 어느 정도 익숙해 졌다면 분명 어느 정도 관심사가 형성이 되기 마련이에요. 왜냐하면 그 과정에서 흥미를 느끼는 부분들이 찾아지고, 동시에 질문들과 호기심이 자연스럽게 생기기 때문이죠. 그 방향성으로 시야를 확장해 보면 어떤 수학적 기초와 컴퓨터 공학적 학습을 해야 하는지 우선순위가 생기고 한 걸음씩 나아가면 돼요. 그리고 무엇보다 중요하게 내가 나아가고자 하는 도메인의 지식을 쌓음으로써 수학과 컴퓨터 공학을 어떻게 전공영역에 연결할 수 있는지, 화학반응을 만들 수 있을지, 다리가 놓아지는 것이죠.

이 단계에서의 학습은 필요한 부분들을 발췌해가며, 무엇보다 중요한 것은 반복적인 학습이에요. 가령 책 한 권을 처음부터 완벽하게 이해하고 넘어가기보다, 이해가 안되는 부분들은 넘기며 전체적으로 그 지도를 머릿속에 형성시키고 그 루틴을 반복하면서, 필요에 따라 선택적으로 지속적으로 학습을 하세요. 마치 오솔길을 계속 오가면 큰 길이 되듯이, 같은 벡터라고 해도, 그래픽 관점, 수학 관점, 데이터 관점 등으로 지속적으로 머릿속에 입력하며 꾸준히 학습하다 보면, 처음에는 이해가 안가더라도 어느 순간 지식의 파편들이 머릿속에서 하나로 우아하게 정리되는 경험을 할 수도 있어요.

이러한 과정을 반복하다 보면 어느 순간 산발적으로 학습했던 내용들이 서로 연결되며, 보완되고, 설명되고, 과거에 보지 못한 것들을 상상하기 시작하는 그런 경험을 할 수 있을 거예요. 그런 학습의 도약이 몇 번 정도 누적되면 새로운 기술과 도구가 나와도, 보다 쉽고 재미있게 핵심에 접근할 수 있어요. 서로 정말 다르다고 알고 있고 느껴졌던 영역들이 조화롭게 융화되고, 아름답게 화해되고, 서로를 체계적으로 보완하고, 더 나아가 같은 이야기를 각각의 다른 영역의 관점에서 강조점을 두고 이야기하고 있었다는 경험도 하게 될 거예요. 마치 통일장 이론Unified field theory 과 같이, 여러분들의 논리체계와 디자인 프로세스를 포괄적으로 통일할 수 있는 스스로의 생태계를 만들어 낼 수 있을 거예요.

24.2 컴퓨테이셔널 디자인 스페셜리스트 Computational Design Specialist

앞서 살펴본 것처럼 (1) 디자이너로서 디자인의 방점을 둔 API를 활용한 디자인 스크립팅 경우 비교적 단순하게 접근할 수 있지만, (2) 디자인에 대한 이해를 바탕으로, 컴퓨팅 파워를 통해 디자인을 엔지니어링 관점으로, 더 전문적인 컴퓨테이셔널 디자이너로 살아남고, 전문가가 되기 위한 방법은 앞서 명시한 3개의 추가적인 스텝을 통해 가능하다고 생각해요. 왜냐하면 디자이너의 입장에서 코딩을 활용하는 것을 넘어 컴퓨터 공학, 데이터공학, 그리고 엔지니어적인 접근법들이 그 차이를 만들기 때문이에요.

추천되는 학습 방법은, 앞서 이야기 나눈 기본 5단계를 확실하게 체화시킨 후 추가 3단계를 반복 학습하는 거예요. 특별히 '컴퓨테이셔널 사고'와 '알고리즘' 학습을 추천해요. 필자의 생각에 이 단계는 디자인 능력과 소프트웨어 엔지니어링 능력이 '50'대 '50'의 균형을 잡는 지점이라고 생각해요. 물론 개인의 경험에 따라 50의 정도와 수준이 차이가 날 수가 있지만 예를 들어보면, 파라메트릭 한 디자인 파이프라인을 구현하고, 제너레이티브한 디자인 패턴과 전략의 청사진Blue print을 코드로 디자인할 수 있고, 디자인 이슈들을 자유롭게 분해하고, 솔루션을 개발할 수 있는 수준을 목표로 잡으면 좋을 것 같아요.

다시 말해 목표는, 먼저는 디자이너로서 정확하게 디자인의 방향과 이슈를 이해하여 구체적으로 어떤 솔루션이 필요할지 이유와 목적을 파악하는 능력과 더불어, 후에는 개발자로서 그에 따른 컴퓨테이셔널한 해결책을 필요에 따라 유연하게 구현할 수 있는 능력이라 생각해요.

필자의 경험상 해외의 경우 이상적인 컴퓨테이셔널 디자이너로서의 요구사항은 디자인도 가능하고, 코딩, 즉 프로그래밍도 가능한 사람을 기대하는 경우가 많다고 볼 수 있어요. 가령 업무에 따라 일반적인 전통적 방식의 디자인, 컴퓨테이셔널 디자인, 혹은 디자인을 위한 솔루션 개발 등의 업무들이 산발적으로 발생하기 때문에, 다이내믹하게 스위치를 할 수 있는 능력이 좀 더 성공적인 컴퓨테이셔널 디자이너로서 갖춰야 하는 경쟁력이라 사료돼요.

24.3 디자인 엔지니어링 Design Engineering

디자인 엔지니어링이라는 용어Term가 애매하게 읽힐 수 있는데, 여기서 필자가 사용하는 의미는 디자이너의 감성과 경험에 따라 평가되는 그런 항목의 것이 아니라, 절대적 수치에 의해서 평가되는 명확한 항목과 기준을 가지고 디자인을 하는 것을 지칭하는 거예요.

가령 튼튼하고, 웅장하고, 단아하고, 안락하고, 섹시한 느낌의 건물을 디자인한다고 가정해봐요. 여러 가지 미사여구와 함께 형용적, 철학적 사유로 평가할 수도 있고, 다수의 대중들에 의해서 평가될 수도 있고, 문화와 관습에 따라 평가될 수도 있다는 것이죠. 중요 지점은 평가자에 따라 해석의 여지가 다를 가능성이 매우 다분하다는 것이죠. 하지만 엔지니어링 관점에서 평가를 해보면, 가령 '진도 8.0 강진에도 견디는 건물이기 때문에 튼튼하다.', 혹은 '이건물의 특정 공간은 자연 채광과 통풍이 최소 몇 시간 이상 노출이 되기 때문에 안락한 공간으로 볼 수 있다.'라는 것처럼 논쟁의 여지가 없는 명확한 기준을 가질 수 있는 것들이에요.

비행기를 디자인할 때 가장 중요한 것이 무엇일까요? 당연히 안정성이겠죠. 여러 악 조건 속에서도 안전을 보장할 수 있는 엔지니어링이 되어야 해요. 비행기의 날개 디자인 또한 그렇게 평가가 되겠죠. 결과적으로 예쁘고, 멋있고, 감성에 울림을 주고, 안전해 보이는 디자인보다, 수치적으로 안전한 비행과 연료효율을 높이기 위한 디자인 변형만이 유의미해지겠죠.

자동차의 경우 문제가 생기면 해당 모델을 리콜하는 사태도 생기고, 스마트폰도 형태가 쉽게 변형되거나 액정이 깨지는 문제들이 생겨 생산라인을 다 바꿔야 하는 일도 생길 수 있고, 또한 건축을 할 때 구조의 문제로 디자인대로 시공할 수 없는 일도 발생할 수 있죠. 이런 종류의 이슈들을 예측하고 해결하기 위한 디자인 솔루션들을 개발하는 관점으로 디자인 엔지니어링적인 접근법을 들 수 있어요.

디자인 목적과 방향에 따라 여러 가지 옵션을 테스트하고, 시뮬레이션하고, 각각의 파라미터에서 나오는 결과물을 평가기준에 의해서 최적화시켜가며 디자인을 해 나갈 수 있다는 것이에요. 이 경우에는 엔지니어링 관점이 디자인 관점보다 무게중심이 높아질 수 있고, 전통적디자인 프로세스의 구현보다는 최적화 솔루션으로 디자인을 바라보는 경우로 볼 수 있어요.

좀 더 생각해 볼 내용으로 [**컴퓨테이셔널 디자인 32. 궁극의 테크트리! 컴퓨테이셔널 디자이너로 살아남기!**]라는 제목의 비디오를 공유해요. 여러분들도 각자의 디자인 영역에서 경쟁력있는 컴퓨테이셔널 디자이너로 미래를 준비하기를 기대해요.

24.4 소프트웨어 엔지니어링 Software Engineering

앞서 우리가 살펴본 것처럼 같은 개발자라 하더라도 개인의 관심사와 목표에 따라서 다른 관점을 가지고 개발할 수 있어요. 일반적으로 컴퓨터 공학을 전공하고 소프트웨어 엔지니어로 일을 할 경우, 어떤 문제에 대한 솔루션을 소프트웨어 단에서 구현을 하는 사람으로 볼 수 있어요. 창의적인 디자인 해결방법보다 주어진 문제를 효과적으로 해결하고 최적화를 시키는 것이 그 직업군의 특성, 관심사, 혹은 성향이라고 볼 수 있어요. 컴퓨테이셔널 디자인과 가까운 직업군을 굳이 들어 본다면, 컴퓨터 그래픽스 엔지니어와 기술테크가 흡사하다고 볼 수 있어요. 왜냐하면 사용하는 기술 단과, 이론, 알고리즘들에서 공통분모가 많죠.

하지만 명확한 다른 지점들이 존재해요. 필자의 경험을 예로 들면 컴퓨터 공학을 전공하고 그래픽스를 하는 분들에게 게임엔진, 물리엔진, 파이프라인의 개선, 데이터 흐름 등, 그래픽스 아키텍처 단에서 최적화 효율화 방법론을 연구 개발하는 것이 주요한 목적이라 본다면, 디자이너의 배경을 가지고 그래픽스 기술들을 활용한다면 전통적인 그래픽스 엔지니어가 할 수 없는, 볼 수 없는 다양한 지점들에서 실력을 발휘할 수 있다는 것이죠.

생각의 '결'과 '목적'이 다르기도 하지만 디자이너의 경험과 시각이 소프트웨어 엔지니어의 지식, 기술과 시너지 효과를 만들어 낸다면 이는 매우 큰 경쟁력이 된다고 생각해요. 디자인 특성상 디자이너는 많이 보고, 경험하고, 상상하여, 이슈를 발견하고, 창의적인 디자인 방법으로 그 문제를 해결하는 관점에서는, 기존의 전통적인 소프트웨어 엔지니어와 차별화될 수 있는 지점이라 사료되죠. 동시에 디자이너가 소프트웨어 엔지니어 수준의 사고와 기술의 이해가 있다면, 필요에 따라 프로그래밍을 구현을 할 수 있는 능력도 갖추기 때문에 그 다음에서 오는 새로운 차원의 경쟁력이 확보된다고 말할 수 있어요.

그래픽스 테크놀러지와 라이브러리 / Graphics Technology & Library

컴퓨터 그래픽스는 컴퓨터 공학의 중요한 영역중 하나이며 많은 기술들이 개발되고 발전되고 있죠. 뿐만 아니라 HCI^{Human Computer Interaction}, 인공지능^{AI: Artificial Intelligence}, VR^{Virtual Reality}, AR^{Augmented Reality} 등 거의 모든 주요한 산업에 핵심기술들을 공유하고 있어요. 그중에 특히 OpenGL^{Open Graphics Library}은 오래되고 널리 활용되는 기술이죠.

컴퓨테이셔널 디자이너로서 소프트웨어 엔지니어링 수준의 기술 구현을 목적으로 하는 분들은 OpenGL 학습을 권해요. 물론 Vulkan과 같은 최근의 그래픽 기술도 있지만, 비교적 쉽고 전통적인 OpenGL을 추천해요. OpenGL은 DirectX, Metal, Vulkan과 같은 저 수준 API와 같이, 그래픽카드 단과 소프트웨어 단을 연결해 주는 로우 레벨^{Low-level} API를 제공해 주고 문서도 많죠. 따라서 이 기술을 잘 이해하고 있다면 상용 디자인 소프트웨어를 이해하거나 디자인 알고리즘을 좀 더 효과적으로 구현할 수 있는 능력과 시각을 가질 수 있게 되죠.

웹 환경과 그래픽 / Graphics on the Web

기존 데스크톱 기반의 환경에서 웹 기반 환경으로 패러다임이 넘어가고 있죠. 가만히 살펴보면, 소프트웨어 기술의 큰 변화와 혁신은 웹을 기준으로 로컬의 환경에서 웹으로 이주되고 있어요. 이 책의 목적과 다르기 때문에 자세한 설명을 하지는 않겠지만, 디자이너의 작업환경, 소통환경, 도구 환경 등의 변화가 앞으로는 웹을 기준으로 이루어진다고 볼 수 있어요.

웹도 오랜 시간 발전하면서 디자이너들을 위한 여러 그래픽 환경을 제공해 주고 있어요. Vector 그래픽으로서의 SVG, Bitmap의 이미지와 Canvas 환경, 영상매체뿐 아니라, 앞서 알아본, OpenGL ES 2.0 기반의 WebGL 기술을 통해 3D 그래픽을 구현할 수 있어요. 주목받는 표준으로는 WebGPU 기술과 웹 어셈블리[WebAssembly] 기술들이 발전되고 있어요. 브라우저 하나로 모든 기술들이 통합되고 속도와 안전성이 발전을 거듭하고 있으며, VR, AR기술과 메타버스[Metaverse]와 같은 패러다임의 변화도 이러한 발전을 가속시키는 이유기도 하죠.

디자인 영역은 디지털 소프트웨어 도구에 의존이 상당한 만큼, 이러한 패러다임 변화와 함께 어떤 기술을 학습하고, 적용하여, 좀 더 높은 수준의 컴퓨테이셔널 디자이너로서, 엔지니어로서 경쟁력을 가질 수 있을지에 대한 전략을 짜는 것도 중요한 요소로 볼 수 있어요.

우측 QR 코드 [CAD(Computer-aided design) 소프트웨어 개발 Starter!]는 독립 디자인 소프트웨어를[Standalone software] 만들 수 있는 템플릿에 관한 설명이에요. OpenGL, WebGL, Canvas와 같은 그래픽 환경과 Tensorflow와 같은 인공지능 머신 러닝 환경, React와 같은 웹[Front-end] 라이브러리를 포함한, 간단한 기술을 설명한 비디오를 권해요. 독립 소프트웨어 환경에서 디자인 솔루션, 크리에이티브 코딩과 같은 작업을 하고 싶은 디자이너는 다음의 템플릿을 활용하면 비교적 쉽게 시작할 수 있어요.

24.5 소프트웨어 엔지니어링 VS 소프트웨어 디벨롭먼트

필자 주변에 많은 '소프트웨어 엔지니어'와 '소프트웨어 디벨로퍼'가 있어요. 취업 단계에서는 뽑고자 하는 특성을 고려한 직업군으로 분류될 수 있고, 때로는 같은 포지션임에도 불구하고 개인의 관심사에 따라 약간의 차이를 보이기도 해요. 필자가 정의하는 소프트웨어 엔지니어와 소프트웨어 디벨롭먼트의 차이를 통하여 디자이너로서 코딩을 어떤 전략으로 활용할 수 있을지 간단히 생각을 나누고 고민하는 시간을 가져봐요.

관심사 차이

필자가 동의하고 있는 '소프트웨어 엔지니어링'의 정의를 보면 컴퓨터 공학, 즉 소프트웨어 공학의 사고방법과 기술 그리고 방법론을 가지고 주어진 문제를 엔지니어링하는 행위로 보고 있어요. 그 원칙, 공리Principle를 적용하여 문제 해결의 도구로 사용하는 것이죠. 가령 필자가 알고 있는 엔지니어 중 한 명은 Autodesk에서 패브리케이션과 멀티 머티리얼 3D 프린팅을 개발하고 있어요. 그분은 소프트웨어 공학을 도구로 주어진 현실 문제를 해결하기 위해 엔지니어링을 하는 엔지니어로 분류되고 있어요. 항공기 시뮬레이션, 구조 공학, 인공지능 등 다양한 산업분야의 문제들을 소프트웨어 도구로 문제를 해결하는 사람들로 정의하고 있죠.

'소프트웨어 디벨로퍼'에 대해서 생각을 해보면 소프트웨어를 개발하는 측면에 관심이 더 있다는 것을 느껴요. 가령 보안과 동시접속이 이뤄졌을 때 캐시를 운영하는 방법, 소프트웨어의 시간 복잡도와 구현에 목을 매고, 새로운 소프트웨어 기술이 나왔을 때 빠르게 테스트를 하여 최신의 스펙을 안전하게 유지관리 보수하는 쪽에 더 많은 관심이 있는 사람이라 볼 수 있는 것이죠. 말 그대로 컴퓨터 공학의 사고로 소프트웨어를 개발, 유지, 관리, 보수하는 것에 초점이 있는 사람으로 볼 수 있어요.

고민 이유

이 둘 차이가 별거 아닐 수 있고, 어떤 분들은 굳이 나눌 필요가 있냐고 말하는 경우도 있는

데, 이 작은 근본적 차이는 같은 일을 하더라도 매우 다른 접근법과 결과를 가져와요. 가령 전자의 경우 주어진 문제 해결에 민감하고, 문제의 창의적 해결책을 포괄적으로 바라보고, 지속 가능한 해결책을 고민하고, 프로그래밍을 할 때도 이와 같은 것들을 고려해서 코드와 파이프라인을 작성해 나가죠. 후자의 경우에는 기술에 굉장히 민감하다고 볼 수 있어요. 새로운 문법, 솔루션, 그리고 규격이 나올 때, 기존 것과 어떻게 다른 퍼포먼스와 안전성을 가져올 수 있을 것인가를 최적화시키는 것이 가장 큰 관심사이죠.

개인적인 견해로 컴퓨테이셔널 디자인을 위의 두 개의 관점으로 본다면, 전자는 창의적인 디자인 프로세스를 고민하고 구현하는 것을 매주 중요하게 보며 어떤 디자인 방법론을 만들어 낼 수 있느냐가 핵심이 될 수 있다 생각해요. 후자의 관점으로는 어느 소프트웨어에서 어떤 기술이 지원이 되고, 기술이 필요한 디자인 방법론을 최적화시키고, 안정적인 퍼포먼스와 데이터 파이프라인에 좀 더 관심이 갔다고 볼 수 있어요. 좀 더 극단적인 비유를 들면, 웹사이트를 만들 때 웹사이트의 디자인과 레이아웃의 의미와 그 경험들을 집중하여 개발하는 사람과, 사용되는 라이브러리 그리고 코딩 문법 등의 부류를 고민하며 개발하는 사람의 차이로 이해할 수 있어요.

이러한 생각들은 가령 테크니컬 아트, 데이터 시각화, 머신 러닝, 인터랙티브 디자인 등 앞서 살펴본 컴퓨테이셔널 방법론으로 활용될 수 있는 다양한 필드에 동일하게 투영하여 볼 수 있는 리트머스 시험지와 같은 역할을 해요.

물론 상황에 따라 주어진 이슈의 목적에 따라 달라질 수 있으나, 이러한 미묘한 차이와 결이 분명 존재하고 그에 따라 마찰이 생기는 경우도 있고 개개인의 커리어를 발전시킬 전략도 다르다는 것이죠. 어디에 심장이 뛰고, 흥미를 느끼는지 확인하고, 그에 맞는 전략을 수립하여 학습과 경험을 쌓기를 바라요.

다음의 QR 코드는 [QnA 73. 컴퓨테이셔널 디자인, 코딩의 영역은? 데이터베이스? 서버? 개발의 전반적인 부분? 우선순위?]를 주제로 소프트웨어 엔지니어링과 디벨롭먼트에 관한 생각을 여러분들과 나누어 봐요.

! 생각의 점유율과 Deep Thinking

하나의 문제를 흘깃 봤을 때는 문제 자체가 이해가 안 될 때가 많거나, 기존의 학습된 상식, 경험, 그리고 프레임에 빗대어 그 문제를 이해하려고 하여 오히려 오해만 커질 때도 종종 있죠. 그러나 그 문제를 지속적으로 계속 생각하면 문제의 핵심이 가슴으로 와 닿는 것을 경험하기도 하죠. 더 많은 시간을 골똘히 그 문제에 푹 빠져서 몇 날 며칠을 Deep Thinking을 하게 되면 다른 차원의 시각들이 열리는 것을 경험할 수 있게 되죠.

필자의 작업 스타일은 회사 일을 하거나, 글을 쓰거나, 프로젝트를 하거나, 알고리즘을 개발할 때, 할 수만 있다면 한 호흡으로 끝내려고 노력해요. 그 한 호흡은 일주일이 걸릴 수도 있고, 한 달이 걸리는 경우도 있어요. 그럼에도 불구하고 그 문제가 마무리될 때 까지는 생각을 끊지 않는 것이죠. 왜냐하면 일반적으로 '워라밸'The Quality of Work Life이 보장된 출퇴근 형식으로 하나의 문제를 다룬다고 가정했을 때, 다음날 출근하여 전날의 시작점부터 다시 시작하려면, 다시 그 문제 안으로 들어가기까지 시간이 걸리기 때문이에요. 특정 복잡도 이상의 무언가를 할 때는 그 해결코자 하는 문제를 다시 이해하고, 몰입하는 시간이 일주일 이상 걸린 경험도 있어요. 한 달 휴가를 마치고 회사에 복귀했을 때 그러했죠.

이렇게 한번 그 문제에 푹 빠져서 몰입했을 때의 시너지 효과는 단순히 100시간을 10시간으로 쪼개서 10일에 걸쳐 해결해야 하는 문제를 상당히 단축시킬 수 있을 뿐 아니라 내가 생각지도 못한 아이디어가 나올 수도 있다는 것이죠. 이런 경험을 몇 번 해봤다면 새로운 일을 시작할 때 이러한 Deep Thinking에서 오는 새로운 사고 확장 그리고 그것에서 오는 놀라운 발견들이 궁금해지고 마주하고 싶어지기 마련이죠.

생각의 점유율에는 한계가 있어요. 필자의 경우 다른 생각들이 지금 집중해야 할 생각을 방해하지 못하게 하기 위해, 회사가 끝나고 동료들과 식사를 하거나, 커피를 마시거나, 함께 시간을 보낼 때, 지속적으로 회사 프로젝트를 이야기하고, 토론하고, 생각을 나누며, 그 집중력을 잃지 않으려고 노력해요. 물론 회사가 끝나면 나만의 삶으로 돌아와 취미를 즐기고 다른 무언가를 하며 스트레스를 푸는 스타일의 사람들도 있죠. 장단점이 있겠지만 필자가 만나 본

대부분의 전문가들은 이러한 Deep Thinking으로 생각의 점유율을 다른 무언가에 빼앗기지 않고 높은 수준으로 유지시키며, 몰입의 힘을 탁월하게 활용하는 것이 일반적이라 생각해요.

약간 다른 관점으로, 마치 우리가 문제를 풀 때 정답을 찾는 법도 있지만 오답을 제거하는 방법도 있는 것처럼, 내 생각의 점유율을 뺏어갈 수 있는 가능성이 있는 것들을 소거하고 삭제시킴으로써, 원천적으로 그 생각의 풀Pool 안에서만 있을 수 있도록 주변을 단순화시키는 것도 중요한 방법일 수 있어요.

필자는 '시간이 어디서 나서 회사 일을 하면서, 학습하고, 개인 작업을 하고, 자료들을 공유하나?'라는 질문을 종종 받아요. 필자가 학창 시절에 공부나 암기를 잘하지 못했고, 스스로 탁월한 학습 습관이 없는 관계로, 불리함을 극복하기 위해서 했던 것이 이러한 깊은 사고를 하는 몰입과 노력이었다고 생각해요. 이러한 훈련과 습관으로 태생적 단점을 극복하고, 시간을 단축함과 동시에, 여러 깊은 사고들에서 오는 시너지 효과와 동기부여들이 많은 작업량을 다뤄 낼 수 있는 연료가 되어준 것이 아니었나 싶어요.

여러분들이 학습을 할 때, 컴퓨테이셔널 사고를 할 때, 알고리즘을 짤 때, 그때 당장은 문제가 무엇인지도 정확하게 이해가 되지 않을 때가 많을 거예요. 과거의 필자가 그러했고, 상대적으로 경력을 쌓은 지금도 마찬가지예요. 괜찮아요. 정상이라고 생각해요. 그 지점에서 딱 멈춰서, 아주 깊게 파고 내려가 생각에 생각을 더 하다 보면 탁월한 통찰들과 마주하는 경험을 할 수 있을 거예요. 나는 소거되고 오직 그 생각만 존재하는 '무아지경'으로 'Deep Thinking'하는 것이죠.

이 과정이 처음은 어려울 수 있어요. 필자도 고등학교 때까지 주변이 너무 산만해서 부모님을 많이 걱정시키는 아이였어요. 당시의 직업학교였던 공고출신에 프로 BBoy댄서였으니 학습, 몰입, 그리고 Deep thinking과 얼마나 거리가 멀었겠어요. 여러 모양으로 반복적으로 훈련을 하면 여러분에게 최적화된 방법과 스타일이 생길 것이고, 이러한 사고 훈련은 비단 코딩과 컴퓨테이셔널 디자인에서만 발휘되는 것이 아니라, '삶 전반에 걸쳐 몰입과 Deep Thinking에서 오는 생각의 힘이 정말 많은 것들을 바꿀 수 있다.'라는 것을 경험하게 해줄 거라 생각해요.

! 컴퓨테이셔널 디자인 이론에 대한 단상

'컴퓨테이셔널 디자인 이론'에 대한 하나의 관점, 혹은 생각을 공유하려 해요. 전공 분야에 맞게 '이론'의 목적과 의미가 있다고 생각해요. 쉽게 설명해 보면 과학의 경우 현상을 관측하고 그 관측을 토대로 가설 세우죠. 이는 증명을 통해 법칙이 될 수도 있고, 추후 여러 실험들을 통해 그 이론이 보완되거나, 철회되는 경우도 왕왕 있죠. 과학의 언어는 앞서 살펴본 것처럼 수체계가 주류를 이루고, 사람에 따라 그 인과관계의 해석에도 큰 여지가 발생하지 않아요. 왜냐하면 관찰, 실험, 객관적 데이터에 기초하기 때문이죠.

디자인의 경우는 어떨까요? 디자인과 같이 검증이 주관적이고, 개인 견해와 주장이 펼치는 논리와 동원된 근거에 맞춰, 비약이 없고 조화를 이룬다면 이론으로 받아드려질 수도 있는 영역이죠. 특별히 시간이 흘러 후대에 의해 사조와 스타일이 정리되고, 당대의 사람들은 그것들을 끌어당겨 해석하여 스스로의 논리를 만들고, 영역(도메인)을 만들고, 현재 혹은 미래의 문화와 트렌드를 설명하는 이론들을 만들어가는 것이 일반적이라고 볼 수 있어요.

이론을 구축하는 여러 이유 중 하나는, 앞서 살펴본 것처럼 과거의 사건들을 요약 정리하여 그 본질을 정리하는 것 뿐 아니라, 그 이론을 바탕으로 앞으로의 사건들 혹은 문화와 트렌드의 변화를 예측하고, 이해하고, 대응하는데 시금석으로 활용할 수 있다는 것이죠. 가령 리모트센싱에 대해서 이야기를 해봐요. 과거 과학이 발달되기 전에는 밤하늘의 화성의 별빛을 보고 그 빛의 온도와 밝기 등을 바탕으로 대기상태 거리 등을 관측하고 이론을 세웠죠. 현대에 들어서는 직접 탐사선을 보내 리모트센싱으로 구축된 이론을 검증하고, 수정하여 좀 더 현실적인 이론과 법칙을 만들어, 더 멀리 있는 별들에게 개선된 이론을 적용하여 보다 유의미한 해석과 이해를 할 수 있게 되는 것이죠.

디자인에서 몇몇의 이론 활용을 살펴보면 스스로의 디자인을 합리화하기 위해 혹은 자신만의 영역을 구축하기 위해 '컴퓨테이션 이론'들을 가져와 적용하고 사유 Speculation 하는 사례들을 종종 볼 수 있어요. 디자이너가 디자인 이론을 다루듯 컴퓨테이셔널 이론을 이해하여 적용한다면 많은 오해가 생길 수 있어요. 다른 두 지점의 목표, 마치 과학과 미술이 다른 것처럼, 네모난 동그라미를 그리는 것처럼 문법상 오류는 없지만 내용상 잘못이 있을 수 있다는 것이죠.

이는 코딩을 경험해 보지 못한 사람이 상상력과 바람에 기초해서 알고리즘과 데이터를 다루고, 이야기를 나눌 때의 한계와도 그 결이 같다 볼 수 있어요.

디자이너의 기존 지식과 사유 방식으로 설명이 안되는 부분들에서 문제가 발생될 수 있다는 것이죠. 이미 현실적인 개념 정리가 매우 잘 되어있음에도 불구하고 스스로의 영역을 확장하기 위해 상상력을 발휘해 설명하려 할 때 굉장히 현실성 없는 이야기가 된다는 것이죠. 쉬운 예로 아카데믹 측면은 실무를 반드시 이해해야 하고, 반대인 실무적 차원에서도 아카데믹 관점을 견지하며 발전해야 한다는 것이죠. 당연한 이야기로 들릴 수 있으나 현실은 그렇지 않기 때문에 이 지점을 강조하는 거예요. 이론은 현실을 반영하고, 이해를 돕고, 핵심을 정리한 개념으로 볼 수 있고, 반대도 실무적 현실을 요약, 압축, 정리하다 보면 통찰 높은 이론이 될 수 있다는 것이죠. 즉, 코끼리에 대한 이론을 정리할 때 상호 보완적인 방법들이 적용되어, 그 이론적 설명이 보편적으로 납득되고 활용가치가 인정될 때 유의미해진다고 볼 수 있어요. 사실 이 문제는 굉장히 간단해요. 수영을 문자와 상상력을 동원해서 이해하지 말고 직접 물에 들어가서 배우고, 느끼고, 즐기면 되는 문제죠.

예를 하나 더 들면 성경, 혹은 고대 문명의 고 문서들을 해석할 때, 가장 바보 같은 방법 중 하나는 지금의 시각으로 그것들을 이해하려는 것이에요. 여러 가지 가설들을 세우고 설명하려 들죠. 왜냐하면 연구자, 평가자, 그리고 대중에게 편한 방법일 수 있기 때문이에요. 그러나 그 문서들이 작성될 때의 시대정신, 문화, 관습, 상황 등을 알고 있다면 상상력을 동원해 가설을 펼치지 않아도 매우 간결하게 설명되고, 오해의 여지도 없어지죠.

컴퓨테이셔널 디자인이 주류로 편입되기 위해, 많은 진통을 통해 다양한 이론들이 나오고, 정리되며 여러 모양으로 제도권에서 요구하는 형태들을 갖추어 가겠죠. 필자의 생각은 그 과정에서 현실성 없는 이야기로 디자이너의 상상력을 펼쳐 오해를 만들기보다, 디자인에 접목할 새로운 기술, 이론, 실체의 이해가 선행된 후 스스로가 펼치고자 하는 이론들을 만들어 가는 것이 맞아 보인다는 것이죠. 그 이해는 단순히 책 몇 권으로 읽어 되는 것이 아니라 실제 코딩을 해 보고, 디버깅을 해 보고, 시행착오가 쌓여서 이해되는 영역이예요. 극단적인 비유를 들면 한 권의 책을 읽고 배운 수영에 대해 확고한 신념과 영향력으로 말할 때의 위험성을 들 수 있어요.

25 데이터

앞서 살펴본 기본적인 스텝^{Step}들을 충분히 체화시켰고, 스스로의 테크놀러지 트리^{Technology Tree} 목표도 명확하다면, 무엇을 더 학습해야 할까요? 어떤 시각으로 코딩을 활용해야 할까요? 이 지점에서 필자가 강조하는 것은 '데이터'예요. 앞서 살펴봤듯 4차 산업의 핵심 재료인 데이터 는 하드웨어와 소프트웨어의 도약으로 인터넷이라는 망^{Network}을 중심으로 모이고 있죠. 물론 디자인 데이터, GIS, 환경 등과 같은 차원의 데이터도 있지만, 데이터의 개념을 확장해 보면 우리가 의식할 수 있는 모든 것은 데이터로 바라보고 활용할 수 있어요.

여러분들이 구글의 검색 엔진을 사용할 때, 구글은 데이터를 가지고 성향 및 트렌드 분석을 해 오고 있고, 넷플릭스의 영화도 여러분들이 검색한 키워드를 바탕으로 추천 시스템 구축하 죠. 유튜브의 알고리즘도 내가 봤던 영상들을 기준으로 다른 영상들을 추천해 주기도 해요. 20대 중반의 남자 그리고 여자들의 소비 습관과 관심도를 분석해서 광고를 붙이기도 하죠. 아마존은 이러한 분석들을 통해서 개개인에 커스터마이즈 된 상품들을 꼬리에 꼬리를 물며 제공하죠. 이를 바탕으로 후발주자임에도 불구하고 이커머스 시장의 최고가 될 수 있었죠.

소셜미디어들 메타(페이스북), 트위터, 인스타그램 등을 통해서 개인의 취향, 사회관계 등의 데이터를 확보하고 있겠죠. 무제한 업로드가 끝난 구글 포토는 그동안 우리가 올린 수많은 이 미지 데이터로 인공지능을 학습했다고 해요. 웹사이트, 혹은 앱 등을 사용할 때, 똑같은 앱을 실행하더라도 사용자 맞춤으로 개인화되어 나오는 이유는, 그동안 우리의 사용 패턴으로 데 이터를 수집하고, 분석을 바탕으로 그들이 원하는 최적의 시나리오를 사용자에게 제공해 주 기 때문이에요. 그 뒤에는 데이터가 있어요.

스마트폰은 우리 삶의 일부분이 되었어요. 어디를 가나 항상 함께 있죠. 시간과 위치 정보를 항상 기록하죠. 어디에서, 어떤 앱을 썼는지, 어느 사이트에 접속해서 무엇을 했는지 항상 기 록하고 있죠. 심지어 구글의 크롬 브라우저의 경우 익명^{Incognito}상태에서도 데이터를 추척했다 는 이야기가 나돌고 있죠. 아마존의 알렉사와 스마트폰은 지속적으로 우리의 소리를 듣고 있 고, 지도 앱은 교통의 흐름뿐 아니라 어디서 어디로 이동했는지, 심지어는 일주일 전, 한 달전의 동선과 비교해서 우리가 갈 곳을 제안하기도 하죠. 그 뒤에는 위치 정보 데이터를 기록하고 분석하는 빅 데이터 기술이 있죠.

이러한 사실들은 이미 우리들에게 알려진 것들에 불과하고, 거대 자본, 권력, 지식, 기술력을 바탕으로 이미 우리가 상상하는 수준 이상까지 데이터를 가공해 오고, 사용해 왔다고 생각해도 전혀 무리는 아니죠.

새로운 것이 아니다

사실 데이터는 새로운 것이 아니에요. 구석기 시대의 벽화를 떠올려 볼까요? 그 시대 사람들은 그 벽화를 쉽게 해독하고 이해할 수 있었을 거예요. 이집트의 벽화도 그 시대상을 함축적으로 기록해 놓은 것이죠.

오늘날의 '데이터'라 하면 컴퓨터가 해독하고 계산할 수 있도록 설계되어 있는 것이죠. 대부분이 디지털 매체를 통해서 기록, 저장돼요. 그렇기 때문에 굉장히 빠른 속도로 인코딩^{Encoding}, 디코딩^{Decoding}이 가능하며 다양한 형태로 재구성될 수 있는 것이죠. 우리가 (1) **인식**하고 모두가 합의하는 방법으로 (2)**기록**할 수 있다면 전부 데이터가 될 수 있어요.

25.1 DIKW 피라미드 다이어그램 Data, Information, Knowledge, Wisdom

DIKW 피라미드, NJSTUDIO

1. 데이터 / Data

전 페이지의 DIKW 피라미드를 보면, 제일 하단에 데이터가 존재하죠. 어떤 현상의 단면, 혹은 사실의 기술을 '정성화', '정량화'한 데이터는 여러 가지 의미로 가공될 수 있기 때문에 날것의 형태로 볼 수 있어요. 필요에 따라서 직간접적인 데이터들을 모아 다양한 방향성을 가진 데이터 세트를 구축할 수 있고, 지속적으로 계속 업데이트가 가능한 특성도 있죠.

2. 정보 / Information

모아진 데이터를 분류하는 것이죠. 데이터의 특징에 따라 검증된 통계학적 접근, 혹은 전공 지식체계에 근거하여 분류할 수 있어요. 분류된 데이터는 패턴[Pattern]으로 인식, 요약[Summarizing]될 수 있으며, 데이터의 의미와 이해를 정보의 형태로 드러내는[Revealing] 것이죠.

3. 지식 / Knowledge

분류된 정보들을 요약, 압축, 분석[Analyzing]하여 지식의 형태로 치환시킬 수 있어요. 이 과정까지가 주어진 데이터를 알아가고 이해하는 첫 번째 목표라고 볼 수 있어요. 앞의 과정을 반복하며 데이터가 품고 있는 여러 얼굴들을 드러내어[Revealing], 데이터로부터 온 사실들을 의미있는 지식체계와 관계성으로 이해하고 만들어 가는 것이죠.

4. 통찰 / Insight

데이터로부터 정제된 지식들의 방향성과 압축된 사실을 기반으로 내재된 인과관계인 전후 맥락을 이해할 수 있게 되는 것이죠. 즉, 지식들에서 오는 포괄적으로 가공된[Synthesizing] 통찰로 현상의 문맥[Context]을 요약할 수 있게 되는 거예요. 이러한 통찰은 앞서 데이터 수집 단에서부터 포착하지 못한 다른 새로운 시각을 깨울 수도 있으며, 데이터를 설명하기 위한 최초 여러 가설들에 대한 검증을 가능하게 해 주기도 하고, 결정 프로세스[Decision-making process]에서 유의미한 활용할 수 있는 것이죠.

5. 지혜 / Wisdom

하나의 사건, 혹은 현상의 표상^{Representation}인 데이터로부터 통찰까지의 논리 모델로서 상황과 맥락에 따라 유연한 결정 프로세스로 활용될 수 있어요. 근본 원리부터 기인하는 창의적인 솔루션으로 확장이 가능한 지혜의 형태로 이해될 수 있어요.

과거 사실에 기인한 미래의 지혜

다시 말해 데이터는 발생된 사건, 혹은 현상의 기록, 결과인 만큼, (1) 과거를 가공 가능한 형태로 얼려 놓은 것이죠. (2) 데이터가 품고 있는 패턴을 압축하여, (3) 지식으로 가공할 수 있죠. 여기까지는 과거의 어떤 사건이나 현상이 출산해 놓은 데이터를 가지고, 그 과거의 사건을 가장 잘 (4) 설명 가능한 지식체계로의 모델링을 한 것이 되는 것이죠. 과거에 일어난 사건으로부터 온 통찰 그리고 그 논리 모델링이 왜 중요할까요? 왜냐하면 (5) 미래를 설명할 수 있는 지혜로 적용 가능하기 때문이에요.

1 데이터

NJ채널: 워크숍: 300, 강의: 50, 질문: 100, 구독자: 2500, 댓글, 내용, 참여도, 시청시간...
MJ채널: 워크숍: 400, 강의: 20, 질문: 8, 구독자: 1200......
DJ채널: 워크숍: 200, 강의: 200, 질문: 50, 구독자: 1000......

2 정보

NJ채널의 조회 수는 적지만, 시청시간이 길고, 워크숍과 구독자의 질문이 가장 활발하다.

3 지식

컴퓨테이셔널 디자인 공부를 하려면 NJ채널이 유리하다.

4 통찰

앞으로 올라올 자료도 양질일 것이며, 컴퓨테이셔널 학습에 용의한 환경이다.
처음 시작하는 디자이너들에게 추천될 수 있다.

5 지혜 (추론)

NJ채널의 경쟁력은 양질의 비디오와 소통이며, 더 성장하기 위해 지속적인...
NJ채널의 구독자의 경우... 경향이 있고,... 부분에 니즈가 있는 것 같다 따라서...
다른 채널이 NJ채널과 경쟁할 경우,... 피하고... 에 집중하는 것이 유리할 수 있다.

25.2 데이터로의 인식 Qualitative Data & Quantitative Data

정량화 & 정성화 / Quantification & Qualification

하나의 사실Fact, 혹은 현상Phenomenon을 어떻게 관찰하고, 기록할 수 있을까요? 어떻게 데이터의 형태로 압축할 수 있을까요? 개념적으로 크게 정량적Quantification 계량과 정성적Qualification 계수가 있을 수 있어요.

정량적 계량은 양을 측정하는 것이에요. 수 체계로 차이, 혹은 차등을 명시할 수 있는 것들을 들 수 있어요. 가령 나이, 몸무게, 온도 등이 그 예일 수 있으며 가장 일반적인 계량으로 볼 수 있죠. 또한 행복지수, 고통의 정도와 같은 특성의 정보도, 가령 정보를 0부터 10의 범위 안에 계량할 수도 있죠. 양적 관계로 기술할 수 있으면 정량적 데이터 형식으로 볼 수 있어요.

정성적 계수는 질을 측정하는 것이에요. 수 체계로 계량이 불가능한 언어나 문자의 의미로 계량하는 방식이에요. 예를 들면 국가, 인종, 이름, 색체, 파손, 불량, 성향, 텍스트 기반의 데이터 등을 들 수 있어요. 양적 관계가 아닌 성질이나, 성분으로써 비 수치적인 언어로 기록될 수 있어요.

위의 두 관점으로 의식 가능한 모든 부분들을 사실상 데이터화시킬 수 있어요. 즉, 포착이 가능하고, 정성적 정량적 관점을 적용하여 그 필수적인 요소들을 추상 압축하여 기록할 수 있는 것이죠. 예를 들어 국가를 데이터화시켜 볼까요?

정량적인 관점으로, 인구, 경제, 군사력, 에너지, 위치, 땅의 크기 등 수치화로 계량할 수 있는 모든 관점은 데이터가 될 수 있겠죠.

정성적인 관점으로 보면, 앞서 살펴본 것처럼 국가의 이름이 하나의 메트릭이 될 수 있죠. 역사나, 5년 10년 50년 범위의 성취를 나열해 볼 수도 있겠고, 인종의 분포, 정치이념과 성향, 문화의 특징, 사용하는 언어... 등이 될 수 있겠죠.

자 그럼 위의 메트릭으로 머릿속에 한국, 미국, 북한, 중국, 일본, 대만 등의 국가를 띄어 놓고 앞서 정성화, 정량화의 매트릭을 머릿속에서 채워보면 각각 국가의 캐릭터가 그려질 수 있겠죠. 대충 생각을 해봐도 데이터간의 상관관계도 ^{Negative or Positive co-relationship} 어느 정도 상상이 되죠. 만약 국제 정세에 관심(전공 지식)이 많으신 분들은 직관적으로 느낄 수도 있을 거예요. 이러한 상황을 머리속에 두고, 다음의 질문에 한번 답해 보세요.

'역사적으로 전쟁이 많았던 나라는? 과연 어떤 데이터들이 관계성 ^{Positive Relationship}이 있는가?', '상위 5개 선진국의 공통적인 높은 데이터는 무엇인가?', '과연 우리나라는 어떤 데이터 세트에서 만족을 못하는가?', '만약 그 메트릭이 만족한다면, 상위 5개국 안에 들 수 있는가?', 그렇치 않다면 어떤 데이터를 더 추가해서 어떤 관계성을 더 봐야 하는가?

다시 말해 정성적 데이터와 정량적 데이터를 상호 보완하고 설명하며, 주어진 현상, 관찰해야 하는 사실 ^{Fact}의 다양한 표정들을 기록하는 것이죠. 이러한 과정들을 통해, 하나의 데이터 관점에서는 절대 볼 수 없는 것들을 발견하는, 제3의 차원의 시각을 열어 줄 수도 있어요.

예를 들면 코끼리의 옆모습 사진만으로는 코끼리를 기록할 수 없듯이, 코끼리의 앞모습, 코끼리가 코를 사용하는 방법, 모성애, 사회성 등의 정성화와 정량화의 렌즈로 코끼리를 파악할 수 있는 데이터들을 관찰해야 하는 것이죠.

사실 원하는 현상을 노이즈 없이 가장 잘 설명하는 데이터가 있다면 최고로 아름다운 상황이라고 볼 수 있어요. 하지만 여러분들이 풀고자 하는 이슈를 직관적으로, 혹은 일차원적으로 설명하는 데이터는 현실에는 거의 없다고 보면 그것이 맞아요.

데이터를 가지고 연구하는 많은 연구자분들의 볼멘소리가 틀리지는 않죠. 그렇다고 이 상황이 잘못된 것이거나 틀린 것은 아니에요. 노이즈가 없는 순도 높은 데이터는 항상 모자라다고 보면 돼요. 만약 이상하게도 나의 질문과 가설을 너무 잘 설명하는 데이터가 있다면, 일단 의심을 하고 그 데이터를 만들어낸 출처와 의도를 파악하고, 이행된 데이터 프로세스를 다시 한 번 살펴보기를 권해요.

데이터가 넘쳐나도 내가 원하는 데이터는 없는 경우가 대부분이기 때문에, 여러분들이 데이터를 정제하고 구축을 할 때, 앞서 설명한 자세와 전략으로 정성화와 정량화의 특징과 강점을 살려 현실을 데이터로 인식, 번역하는 훈련을 하기 바래요. 이러한 사고는 컴퓨테이셔널 디자인을 넘어 데이터 기반사회에서 중요한 필수적 능력으로 이해하면 좋아요.

25.3 데이터의 분류

현상을 데이터로 기록함에 있어서 데이터의 분류 체계를 이해하는 것도 매우 중요해요. 앞서 이야기 나눈 정성화와 정량화는 하이 레벨의 큰 틀로서 데이터의 특성을 유념한 데이터의 확보 전략이라고 한다면, 분류 체계는 로우 레벨의 실제적인 구현에 가깝다고 볼 수 있어요.

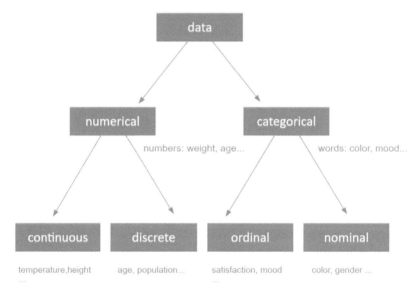

Data Types, NJSTUDIO

수치적 vs 범주적

데이터는 크게 수치형Numerical과 범주형Categorical으로 나누어질 수 있어요. 수치형은 정량적Quantitative 데이터로 볼 수 있고, 범주형은 특정 범주로 분류 가능한 유형의 정성적Qualitative 데이터를 의미해요.

수치적-연속적 vs 이산적

수치형[Numerical]은 연속형[Continuous]과 이산형[Discrete]으로 분류 가능해요. 사실상 메모리 때문에 컴퓨터의 모든 데이터는 이산적일 수지만, 정밀도[Single & Double]를 두어 소수점 이하 자리의 '실수'를 표현할 수 있죠. 이런 데이터 구조로 표현할 수 있는 데이터를 '연속형'으로 분류할 수 있어요. 예를 들면 온도, 키, 몸무게 등이 될 수 있어요.

'이산형'의 경우 정수형 자료로 표현할 수 있는 데이터를 들 수 있어요. 가령 나이 인구수, 등의 예를 들 수 있어요.

범주형-순서형 vs 명목형

범주형[Categorical]은 순서형[Ordinal]과 명목형[Nominal]으로 나눌 수 있어요.

'순서형'은 말 그대로 순서가 존재하는 범주안의 데이터를 뜻해요. 가령 만족도의 경우 아주 싫다, 싫다, 보통, 좋다, 매우 좋다를 들 수 있죠.

'명목형'은 순서가 존재하지 않는 분류로 볼 수 있어요. 가령 색상의 경우 각각의 색상은 차등을 통해 나눌 수 없죠. 성별, 혈액형도 마찬가지로 순서로 명시될 수 없는 데이터이고, 이러한 데이터를 '명목형' 자료라고 불러요.

정량화, 정성화를 할 때 위와 같은 범주로 세분화하여 나누어 접근할 수 있어요. 각각의 분류들은 그에 따른 분석과 정제 기법들이 존재해요.

25.4 데이터로의 기록 & 가공

조금 로우 레벨로 내려와서 데이터의 구조적인 측면을 더 알아봐요. 비정형[Unstructured-Data], 정형[Structured Data], 반정형[Semi-Structured Data] 데이터 구조가 있을 수 있어요. 다른 말로 하면 다음의 구조로 된 데이터를 마주하거나, 때로는 원하는 정보를 다음의 형태로 기록할 수 있다는 것이죠.

비정형 데이터는 우리가 쉽게 볼 수 있는 웹 문서와 같은 형태를 예로 들 수 있어요. 트위터의 텍스트, 블로그의 글, 채팅방의 텍스트 데이터들이 비정형 데이터로 분류돼요. HTML, 혹은 TXT와 같은 확장자를 가지고 있는 파일로 저장이 될 수 있어요. 다음의 문자 데이터가 그 예일 수 있어요.

> 우리반에는 10명의 학생이 있는데 첫번째 학생의 키는 180이고 몸무게는 80kg이에요
> 두번째 학생의 경우는 177cm 이고 몸무게는 91kg 이에요
> 세번째 학생은...

정형 데이터는 관계형 데이터베이스로 볼 수 있어요. 쉽게 설명하면 마이크로소프트의 엑셀 표를 떠올리면 돼요. 고정된 테이블에 '행'과 '열'에 의해 데이터의 속성을 구별한 스프레드의 구조를 가지고 있어요. 예를 들면 코딩할 때, Array와 List 구조를 정형 데이터로 볼 수 있어요. 엑셀, 혹은 CSV^Comma-separated values, TSV^Tab-separated values 등의 파일 형태로 저장할 수 있어요. 다음의 그림과 같은 데이터 구조를 예로 들 수 있어요.

	A	B	C
1	이름	키	몸무게
2	학생1	180cm	80kg
3	학생2	177cm	91kg
4	...	...	...

반정형 데이터는 비정형과 정형이 섞여 있는 단계로 볼 수 있어요. 일반적으로 스키마 정보, 혹은 메타데이터와 데이터를 저장하는 장소가 분리되어 있는 형태를 보여요. 예를 들면 Python의 사전(딕셔너리^Dictionary)데이터 구조나 Class 구조를 들 수 있어요. 파일로는 JSON^JavaScript Object Notation, XML^Extensible Markup Language 등의 형태로 저장이 될 수 있어요.

```
{
    "학생1": {
        "키": "180cm",
        "몸무게": "180kg"
    },
    "학생1": {
        "키": "177cm",
        "몸무게": "91kg"
    },
    ...
}
```

데이터 프로세싱

하나의 사건을 퀀티피케이션(정량화)^{Quantification}, 퀄리피케이션(정성화)^{Qualification} 관점으로 데이터를 나누고 범주에 맞춰 기술하고, 가공 가능한 정형 데이터, 혹은 반정형 데이터로 기록을 하였어요. 이제 데이터를 정제, 가공하는 시간을 가져야 해요. 이 단계에서는 데이터를 시각화^{Visualization}하고, 평가^{Evaluation}하고, 판단^{Decision-Making}하고, 다시 데이터를 확보하고 이러한 루틴을 반복하면서 데이터를 정제해 나가는 것이에요.

통계학적 관점으로 데이터를 정제할 수 있고 여러분들의 연구주제와 목적, 혹은 전공지식을 발휘하여 데이터의 가공 방향을 미세 조정(파인튜닝^{Fine-tuning})해 나갈 수 있어요. 특별히 코딩을 통해서 디자인 방법론을 구현하는 관점에서는 디자인 과정 요소 요소들을 데이터화하여 바라보고, 생각하고, 가공하는 훈련을 하는 것이 중요해요.

전통적인 방식에 익숙한 디자이너의 경우 불편할 수 있으나, 이러한 사고 체계와 패러다임의 전환을 통해서 디자인을 바라보는 새로운 시각과 방법론을 체화할 수 있고, 이미 도래한 데이터 중심사회에서 그 자원을 효과적으로 사용하며 여러 기회를 챙겨갈 수 있다고 생각해요.

우측 QR 코드 [**컴퓨테이셔널 디자인 21. 내가 생각하는 컴퓨테이셔널 디자인 / 워크숍 강좌를 만드는 배경 / 디자인 데이터 / Design & Data**]는 필자가 생각하는, 컴퓨테이셔널 디자인을 다룰 때의 자세에 대해 정리한 내용이에요. '데이터를 다루는 행위 자체가 디자인 행위다.'라고 볼 수 있어요. 특별히 뒷부분 워크숍을 참조할 때, 항상 데이터에 대한 관점을 마음속에 켜 놓고 학습하길 권해요.

25.5 전공지식과 경험 Domain Knowledge & Experiences

앞서 살펴본 것처럼 데이터를 잘 이해하기 위해서 필요한 것이 무엇이 있을까요?

즉, 전문영역^{Domain}이 중요해지는 지점이 오는 것이죠. 사실 디자인을 위한 코딩을 준비하는 많은 디자이너들이 상담을 요청해 올 때, 많은 부분이 코딩의 문법에서 오는 문제, 혹은 API의 활용법에서 오는 문제보다는 자신의 디자인 언어의 부재에서 오는 경우가 상당해요. 디자인 언어라고 해서 대단한 무언가를 말하는 것이 아니라, 자신만의 디자인 개발 단계를 지휘함에 있어서 경험적으로 부족하기 때문에, 왜, 무엇을, 어떻게, 발전시켜야 되는지 모르는 경우가 많이 있어요. 사실 이 문제는 코딩의 문제가 아니라 자기의 도메인, 즉, '전공부분에서 오는 문제다.'라고 볼 수 있어요.

다른 관점으로는 소프트웨어 개발을 할 수 있는 능력을 가지고 있거나 기하학과 컴퓨터 그래픽에 대한 깊은 이해가 있음에도 불구하고 컴퓨테이셔널 디자인을 잘하지 못하는 경우죠. 즉, 그 적용이 되는 대상을 잘 이해해야 한다는 것이죠. 전공영역이 있어야 어떤 이슈가 있는지 알고, 어떤 데이터가 무엇을 이야기하는지 해석이 되고, 어떤 도구와 기술이 적절하게 사용될 수 있는지에 대한 시각이 생기기 때문이에요.

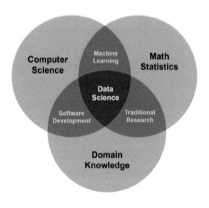

Data science venn diagram, NJSTUDIO

위의 데이터 사이언스의 벤 다이어그램을 보면, (1) 컴퓨터 공학, (2) 수학, (3) 전공지식 세 가지의 영역이 교차되는 지점을 이상적인 지점으로 설명하고 있어요. (1) 컴퓨터 공학과 (2) 수학(통계) 영역은 독립적인 학문인 동시에 다른 산업에 적용[Applied]이 주요한 목적이기도 한 영역이죠.

(1) 컴퓨터 공학과 (2) 수학의 교차점은 머신 러닝으로 표현되어 있죠. 결국 데이터 정제와 데이터 마이닝[Data mining]에는 최적화되어 있지만, 적용될 영역에 대한 이해가 없다면 이것은 위험

지역에 속할 수 있어요. 결과로 나온 데이터를 해석할 지식의 부재로 유의미한 해석을 유도할 프로세스, 혹은 방법에 적합하지 않을 수 있다는 것이죠.

(1) 컴퓨터 공학과 (3) 전공영역의 교차점은 소프트웨어 개발의 영역으로 표현되어 있는데, 이 또한 위험지역으로 볼 수 있어요. 전공지식을 바탕으로 데이터의 파이프라인은 구현해놨지만, 정작 그 내용적 측면에서 수 체계를 적용한 데이터 가공의 부재로 통찰을 끌어내는데 제약이 존재할 수 있다는 것이죠.

(2) 수학과 (3) 전공영역의 교차점은 전통적인 연구의 영역으로 표시되어 있죠. 위험 지역으로 분류되기보다는 컴퓨팅 파워를 사용할 수 없는 지점으로, 한계가 분명한 영역으로 이해될 수 있어요.

컴퓨테이셔널 디자인의 관점에서도 동일하게 해석될 수 있어요. 코딩을 공부하고 수 체계를 활용해 알고리즘을 효과적으로 구현하였다고 하더라도, 결국 도메인의 이해와 지식이 받쳐주지 않으면 유의미한 결과를 만들 수 없다는 이야기죠. 아무리 날카롭게 다듬어진 도구라 하더라도 박물관 창고에 있다면 실제적인 활용성은 없는 것이죠.

컴퓨테이셔널 디자이너로 완성도 있는 커리어를 만들어 나갈 때 수학(통계)과 컴퓨터 공학의 이해 후, 근본적으로 디자인에 대한 경험과 지식으로 다시 귀결될 수 밖에 없는 것이죠. 아무리 좋은 도구와 아이디어가 있더라도 결국엔 적용코자 하는 각자의 전공영역(도메인)이 화룡정점이 되는 것이죠. 그렇기 때문에 소프트웨어공학, 그래픽, 수학을 전공한 사람들보다 디자이너에게 더 많은 기회와 가능성이 있다는 말이기도 해요.

결과로써의 데이터 이해

지리적Geographical, 도시적Urban, 환경적Environmental 스케일의 분야를 전공할 경우, 2010년 전후로 빅데이터의 키워드 아래, 굉장히 다양한 데이터의 존재가 일반 사용자들에게 알려지고, 사용되고 있어요. 필자가 학부시절 때 접근할 수 있던 데이터는, 직접 그 지역에 가서 발품을 팔며, 사진을 찍고, 카운팅을 하고, 시−군−도에서 제공되는 통계자료가 거의 전부였다는 것을 고려해 보면 폭발적인 발전이 이루어진 것이죠.

앞서 학습한 내용의 프로세스를 한 번 더 나열해 보면 데이터는 현상, 혹은 사실의 하나의 결과적 단면이고, 그 현상으로 출산된 결과의 수적(문자 포함) 표상, 기록으로 볼 수 있다고 학습했어요. 각자의 전공에서 학습, 연구를 통해 배운 논리들과 분석체계와 사고체계들이 어떤 사건, 현상의 결과로써 기록된 데이터에서는 어떻게 포착되고, 표현 되는지, 어떤 노이즈와 문제가 있고, 각각의 결과로 기록된 데이터의 패턴에서 오는 현상들을 해석할 때 사용될 수 있죠. 데이터를 가공[Engineering]하는 방식들이 유의미한 것인지를 전통적 방법론과 경험을 통해 과정과 가설을 세우고, 의미있는 질문들을 통해서 결과로써 정리된 데이터와의 논리관계를 모델링해 나가는 것이죠.

여러분들이 수집한 이미 존재하는 결과적 측면의 데이터들과, 그 데이터를 통한 모델링 각각의 정제 과정을 통과하며 드러나고 유도되는 통찰과 어떤 관계성을 가지고 있는지 등을 설명하고 이해하는 훈련을 하는 것이 중요하다는 것이에요. 이 과정에서 전공 지식이 없다면 결과로써의 데이터를 추적하여 관계성에서 통찰을 끌어내는 것에 많은 한계가 있을 수 있어요.

과정으로서의 데이터 이해

AEC[Architecture, Engineering, Construction] 산업, 즉, 건설, 건축, 혹은 제품 디자인 같은 산업과 스케일에는 앞서 설명한 이미 존재하는 현상을 표상하거나, 통계적 분석 형태의 데이터뿐만 아니라, 디자인 과정에서 지속적으로 직, 간접적으로 생산되는 다양한 데이터들이 있어요. 형태 데이터를 예로 들어 봐요. '어떤 형태가 좋다, 혹은 나쁘다.'로 평가할 때 그 데이터를 프로세스하는 기준들이 있을 수 있겠죠. 미적 기준이 될 수 있고 경제적 기준이 될 수도 있겠죠. 또 한 그 미적 기준의 하위기준으로 다른 근거가 되는 데이터가 있을 것이죠.

가령 문화적 관점으로 미의 척도를 끌어낸다던가, 경제적 기준으로 재료와 가공에 대한 데이터를 기반으로 한다든가 등의 데이터들의 연관성을 이해하여 직접, 혹은 간접적인 데이터 집단들을 활용해서 디자인 프로세스를 모델링하는 시각과 사고방식인 것이죠. 디자인 과정에서 지속적으로 나오는 데이터를 평가하고, 방향을 정하고, 과정에서 생성되는 데이터와 수집된 데이터를 지속적으로 서로 튜닝하여 보다 유의미한 데이터 드리븐^{Data-driven} 디자인 프로세스를 구축한다는 것이죠. 이러한 사유는 전공 지식과 경험이 없이는 불가능한 것이죠.

전공지식: 데이터 해석의 키

인문학 데이터부터 지리, 경제, 환경, 디자인 데이터 등 다양한 데이터의 특성들이 존재하고, 이러한 다양한 데이터를 특정 근거와 이슈를 기준으로 투영할 때, 이해와 해석에 미묘한 여지가 발생이 되는 경우가 있어요. 이때 특정 전공영역, 곧 전통적인 지식체계와 사고체계에 근거하여 판단을 해야만 설명 가능한 부분들이 있어요. 즉, 좀 더 유의미한 결과를 가져올 수 있는 안전하고 검증된 방식이라고 볼 수 있어요.

왜냐하면 사실 우리가 살고 있는 세상법칙의 결과가 데이터로 포착된 것뿐이고, 세상을 이해하기 위해 인류가 쌓아 올려온 거의 모든 전공지식은 오랜 기간 동안 시행착오를 거치며 인류 문명과 함께 누적시킨 지식체계로써, 현상(데이터)을 해석하고 이해하는데 중요한 리트머스 시험지 역할을 해왔기 때문이죠. 과거 전통적인 관점에서는 방법론 연구를 통하여 결과를 예측하고, 그 방법론을 개선함으로써 좀 더 유의미한 결과를 찾아내는 방식이 주류였다고 가정을 해보면, 지금의 데이터 중심 사회에서는 데이터를 역설적으로 잘 설명해 내는 기존의 방법론을 적용해, 결과로써의 데이터 그리고 과정으로서의 방법론의 관계성 모델링이 가능하다는 것이죠. 이러한 이유 때문에 데이터 해석의 키는 전공지식에 근거한다고 볼 수 있는 것이에요.

쉽게 말하면 공학적, 수학적 관점으로 주어진 데이터를 높은 수준으로 정제했어도 그 결과를 읽어 내고, 해석하여, 방향을 결정하는 근거는 도메인 지식과 경험에 기초해야 완성도 있는 해석과 적용이 가능하다는 것이죠. 즉, 도시, 혹은 환경을 디자인할 때, 건축물 또는 손에 잡히는 프로덕트를 디자인하거나, UI, UX, 가상 환경의 사용자 경험을 디자인하는 등 거의 모든 영역에서 데이터의 활용이 가능하고, 이러한 데이터 자원을 이해하고 적용할 때, 전문지식과 경험에서 오는 인간 직관의 개입이 그 데이터의 활용 수준을 결정할 수 있다는 것이죠.

! 창작, 미적 영역도 데이터화가 가능할까?

데이터의 중요성을 디자이너들에게 강조할 때, '미적^{Aesthetic} 부분을 데이터로 바꿀 수 있을 것인가?', '창조적인 활동에 대한 판단을 과연 데이터로 바꾸는 것이 가능한가?', '과연 데이터가 창작활동에 의미가 있는 것인가?'에 대한 질문을 많이 받는데, 저의 대답은 당연히 가능하다는 거예요.

데이터의 문법과 생태계 이해

첫 번째는, 코딩 공부와 더불어 정성화, 정량화 그리고 데이터의 타입 등을 통해서 현상을 바라보는 훈련을 하기를 권해요. 외국어를 공부할 때, 단어와 문법을 알아야 공부를 시작할 수 있는 것처럼, 데이터에 대한 기초 문법과 원리를 이해하고 훈련하면 위의 질문은 사실상 의미가 없다는 것을 금방 알아챌 거예요.

감정, 창작, 미의 기준, 그리고 감성적인 평가 또한 문화적으로, 학습으로, 설명이 가능하고 직간접적으로 모델링할 수 있는 방법들이 많이 있어요. '인간만이 가지고 있고, 감성적인데 어떻게 평가가 가능하냐?'라는 질문도 간헐적으로 있는데, 이미 확보된 다양한 데이터와 접근 사례들 그리고 인문학과 심리학의 프로세스들을 벤치마킹하면서 여러 방법론들에 노출이 되면, 창의적인 방법으로 원하는 데이터를 확보할 수 있는 아이디어들을 경험할 수 있을 거예요.

데이터를 가공하기 위한 전략 설계

예를 들면 특정 공간의 사진을 주고, '아름답다', '웅장하다', '안락하다', '초라하다' 각각의 키워드를 가지고 1점부터 5점까지 해당되는 질문을 만 명의 한국 사람과 미국 사람들에게 했고, 그 데이터를 확보했다고 가정을 해봐요. '아름답다'에 표를 많이 받은 사진은 다른 사진과 무엇이 다른지, '안락하다'는 키워드를 가진 사진의 요소들과는 어떤 연관성이 강하게 나타났는지, 사진의 어떤 부분으로 하여금 웅장하게 느꼈는지? 문화에 기인하는 것인지, 경험에 기인하는 것인지, 이처럼 원하는 데이터를 확보하기 위해 정교하게 설계된 질문과, 그 데이터를 후보정 전략에 따라 제3의 데이터들을 추출해 내는 과정을 통해서 의미있는 데이터를 확보할 수 있다는 것이죠. 또 다른 방법으로는 Eye tracking을 사용하여, 어떤 사물에 먼저 눈이 가고 그 다음에는 어느 사물을 보고 공간을 판단하는지를 추적하여 데이터로 만들어 검증하는 방법도 있을 수 있어요.

특정 가설을 세우고 그것을 설명하는 방법도 가능해요. 가령 전통적으로 웅장함이라는 것은 공간의 비율에 높게 기인하고, 둘째로 높은 대비의 색과 빛이 중요하다는 가설을 세우고, 그것을 가장 잘 설명할 수 있는 데이터를 상정하고 그 데이터를 모으는 것이죠. 그 후, 데이터가 최초 설계한 가설에 높은 상관성을 보이면 적어도 설계된 가설의 콘텍스트에서는 설명이 가능한 데이터로 간주할 수 있겠죠. 물론 여러 다른 방식으로 크로스 체크하여 그 가설을 약화시킬 수 있는 요소들을 제거하면서 프로세스를 개선시켜 나가는 방법도 있겠죠.

처음 코딩을 공부하고 데이터를 활용하려는 디자이너는 분명 컴퓨터라는 도구가 어떻게 창작의 영역에서 활용될 수 있을지 회의적, 염세적 시각으로 볼 수 있다고 생각해요. 필자의 경험상, 경력이 많은 디자이너일수록 배타성의 강도가 비례해서 높아지는 성향이 있다는 것도 느꼈어요.

하지만 데이터에 대해서 이해하고, 경험하고, 코딩을 통해서 데이터 구조를 구현하고, 데이터를 가공하기 위한 알고리즘을 작성해 보는 작은 경험들이 쌓이면, 과거에 경험하지 못한 가능성과 새로움에 눈이 열리는 신기한 경험을 할 수 있어요. 그 능력이 디자이너의 상상력과 창의욕구가 화학반응을 일으킬 때, 더 의미있는 디자인 프로세스와 과거에 경험하지 못한 창작물이 나올 수 있다고 생각해요.

디자이너로서 창작에 대한 호기심과 설렘의 DNA를 기술과 도구의 진보로 접근할 수 있게 된 새로운 창작 재료인 '데이터'를 통해 다시 한 번 개화시켜 보길 기대해 봐요.

CHAPTER 8 학습 자료 Study Materials & References

디자이너를 위한 코딩, 크리에이티브 코딩, 그리고 컴퓨테이셔널 디자인관련, 국내외에서 강연, 컨설팅, 워크숍, 연구 개발 등의 활동을 하면서, 여러 채널을 통해 학생, 교육자, 실무자, 연구자에게 학습 자료를 공유해 오고 있어요. 디자이너가 코딩을 한다는 것이 보편화되지 않은 매우 생소한 영역이기에 어떤 목표와 방향이 있는지 정보를 찾기 쉽지 않은 것이 현실이죠.

국외 사정도 마찬가지지만, 특별히 우리말로 된 학습 자료가 많지 않은 상황에 조금이나마 도움이 되지 않을까 하는 생각으로 공유해 오고 있어요. 이번 챕터에서는 NJChannel 프로젝트로 필자가 공유하고 있는 수업Lecture series과 워크숍Workshop series 그리고 학습 자료에 대해서 나누어 보도록 해요.

26 강의와 워크숍을 대하는 자세

이 책 "읽으면서 시작하는 디자이너를 위한 코딩"의 목표는 실제 코딩 학습을 하기 전에 기초 개념 이해, 동기부여, 학습 가이드에 목적이 있어요. 특별히 코딩이 궁금한 디자이너, 혹은 컴퓨테이셔널 디자인이 궁금한 학생, 연구자, 실무자, 교육자를 대상으로 필수 수준의 이해, 이론, 개념에 대한 내용을 풀려고 노력했어요.

그러나 컴퓨터 언어도 하나의 언어이기 때문에 글로 이해함에 있어 한계가 있고, 따라서 반드시 실습으로 이어져야 의미가 있어요. 모든 학습이 그러하듯, 수영을 글로 배울 수 없듯, 이론과 실습이 병행되어야 유의미한 결과를 가질 수 있죠. 따라서 필자가 온라인에 올려놓은 몇몇의 강의들, 워크숍 시리즈, 디자이너가 코딩을 공부할 때 유익한 학습 자료들의 소개로 실습을 대신해 보려고 해요.

26.1 시작하는 단계

 좌측 QR 코드 [**워크숍 플레이리스트**]는 NJChannel 전체 워크숍 시리즈들을 모아 놓은 플레이리스트예요. 이 챕터에서 설명할 모든 강의 리스트뿐 아니라, 워크숍 플레이리스트에도 포함되어 있기 때문에 빠르게 찾아 볼 수 있어요. 처음 학습을 시작하는 분들에게 어떤 수업들이 무엇을 다루는지, 관심사에 맞춰서 취사선택하여 수업을 들을 수 있게 전체 워크숍 강의 리스트를 모아 놓었어요.

어떤 수업이 있을까?

다음 페이지에서 설명할 컴퓨테이셔널 디자인 수업 섹션과 질의응답 QnA 섹션도 함께 키워드에 따라 병행 학습을 추천해요. 이론, 배경지식, 코딩 워크숍, 그리고 나와 비슷한 학생들의 질문과 답변을 통한 입체적인 학습이, 처음 시작하는 여러분들에게 도움이 될 것이라 생각해요. 새로운 것을 하기보다는 가장 익숙한 툴 2D, 3D 소프트웨어 언어^{Programming languages}, 배우고 싶은 과목, 쉽게 이해할 수 있는^{Low hanging fruits} 주제부터 시작하길 권해요.

반복, 반복 그리고 반복

모든 학습이 그러하듯 눈으로만 보지 말고 반복해서 직접 타이핑을 쳐보기를 권해요. 간혹 학생들과 이야기를 해 보면 타이핑을 안쳐보고 코딩을 공부하려 는 분들이 종종 있는데 절대로 실력이 늘지 않아요. 특별히 처음 공부하는 디 자이너들은 반드시 반복해서 수업내용을 보고, 반복해서 직접 타이핑을 쳐보기를 권하고, 하루라도 빨리 그 분량을 채우는 여정을 시작하길 권해요. 코딩 공부를 할 때, 왜 중간에 실 패하는지 무엇이 문제인지 생각해 봤어요. 특별히 디자이너들을 위한 코딩공부 전략도 위의 QR 코드 [코딩(Design & Code) 공부 어떻게?]를 통해 공유해요.

아마도 수많은 오타와 세미콜론(;) 에러, 띄어쓰기, 대소문자, Tab 인덴테이션, 중괄호, 대 괄호 에러 등 비디오를 정지시켜 놓고 타이핑을 몇 줄 따라 치는 것도 처음에는 쉽지 않다는 것을 느낄거예요. 하지만 그 에러의 경우의 수가 우리가 쓰는 언어보다 다양하지 않기 때문 에 조금만 더 인내심을 가지고 익숙해질 때까지 반복해서 훈련하기를 권해요. 많은 사람들이 이 단계에서, '내 길이 아닌가 보다... 그냥 디자인해야겠다.'하면서, 재미를 붙이기 전에 그만 두는 것 같아요. 좌절할 시간에 계속 연습하기를 권하고, 학습의 분량이 차면 자연스럽게 해 결되는 부분이에요. 이는 필자의 경험이기도 해요.

스스로 학습 전략

사용하는 디자인 소프트웨어가 어떤 스크립트 언어를 지원하는지 확인 후, 그 언어로 시작하 면 유리하다고 알아봤어요. 각자의 학습 방법이 있죠. 지원해 주는 프로그래밍 언어의 문법 을 먼저 배우고 API를 학습하는 것이 편한 분도 있고, 실제 코딩을 하며 필요한 API와 문법 을 발췌해서 공부하는 방법이 익숙한 분도 있죠. 즉, 그 학습 분량의 채우기까지 지치지 않고 지속할 수 있는 공부법이 있다면 어떤 형식이던 상관이 없다고 생각해요. 따라서 다양한 공부 방법을 시도해 보며 나의 학습 스타일을 알아가는 것이 중요한 관점이에요. 또한 이러한 학 습 방법은 주제나 영역에 따라서도 달라질 수 있으니, 한 가지만 고집하기보다 다양한 방식을 스스로 정리해 놓고 지칠 때마다 바꾸어 적용해 보는 것도 필자가 사용한 학습 방법이에요.

26.2 중급

언어의 경우 일반적으로 Python을 추천해요. 다양한 플랫폼에서 활용 가능하고 많은 사용자, 문서, 문제해결^{Trouble Shooting}이 있기 때문이죠. 그 다음으로는 어떤 언어를 학습해야 할까요?

보다 깊은 언어의 이해

기본적인 코딩 문법과 프로그래밍 방법을 어느 정도 훈련했다면 '자료형'이 지원되는 언어를 공부하기 권해요. 예를 들면 Typescript, 혹은 C# 프로그래밍 언어 문법을 깊게 이해하는 것이죠. 자료형이 지원이 되는 언어들은 좀 더 복잡하고 다양한 데이터 구조를 비교적 효과적이게 구현하고 유지 보수할 수 있어요. 또 이러한 데이터 구조가 디자인 스크립팅에 어떻게 적용될 수 있을지, 스스로가 구현한 데이터 구조가 어떤 장점이 있는지 어떤 단점이 있는지, 어떻게 개선해야 하는지를 고민해 보고, 컴퓨테이셔널 사고를 강화시켜 디자인 프로세스에 녹이고 구현하는 학습을 추천해요.

위에서 학습한 것을 바탕으로 그래픽 소프트웨어와 프로그래밍 언어의 종류를 떠나, 컴퓨터 알고리즘을 학습하고 어떻게 디자인 이슈에 맞게 변형하여 사용할 수 있는지 상상하고 구현해보는 훈련을 하는 것이죠. 예를 들면 C# 문법 워크숍을 들어 보고, 기초적인 데이터 구조를 학습하고, 나만의 디자인 이슈를 기술할 수 있는 데이터 구조를 만들어 보는 것예요. 그리고 다른 언어와 환경 조건에서도 동일한 구현을 학습하는 것이죠.

26.3 고급

고급 단계에서 사실상 중요한 것은 여러분들의 전공영역에 대한 깊은 이해가 우선 되어야 해요. 코딩은 도구일 뿐 어느 영역에 어떻게 쓰여야 되는지를 아는 것이 매우 중요하죠. 앞서 학습한 도구의 이해를 바탕으로 각각의 전문화된 영역에서 컴퓨테이션 접근법이 유용하게 바로 적용될 수 있는 이슈가 있을 것이고, 혹은 부분적으로 전략적으로 적용을 하는 이슈도 있을 거예요. 혹은 기술적인 문제를 떠나 전공영역의 관습과 배타성을 어떻게 다룰 것인가, 그

보수적인 시각을 어떻게 교정시켜 나갈 것인가에 맞춰, 그 난이도에 맞춰, 컴퓨테이셔널 방법을 설명하고, 이해시켜 나가야 하는가에 대한 이슈도 있어요.

기초의 중요성

모든 학문이 그러하듯 특정 단계를 넘어가게 되면 기초의 중요성이 느껴지고 회기되는 몇몇의 지점이 있어요. 컴퓨테이셔널 디자인은 수 체계로 디자인을 기술하고 발전시키는 것이기 때문에 수학, 디자인을 위한 기하학, 선형 대수학, 데이터를 위한 통계 등으로 전공에 맞춰 필요하고 강화되어야 하는 기초학문들을 반복적으로 학습하기를 권해요.

방법론적으로, 혹은 기술적으로 디자인 솔루션을 개발하거나, 시스템을 구현하고, 파이프라인과 소프트웨어 아키텍처를 구축하여 디자인 이슈를 좀 더 지속 가능하게, 효과적인 개발을 고민해야 하는 단계라고 생각해요. 독립 소프트웨어나 라이브러리를 구축하고, 기존 소프트웨어를 떠나, 플랫폼에 영향을 받지 않고 디자인을 위한 솔루션을 개발하는 것이죠.

검색과 학습 방법

재미있는 사실은 여러분들이 학습을 하다가 부딪히는 대부분의 문제는 이미 앞선 누군가가 고민했던 이슈이고, 상당량의 문제들은 이미 해결된 것들이 많아요. 즉, 인터넷이라는 정보망에서 지금 다루고 있는 문제와 해결책을 검색할 수 있는 능력이 매우 중요해지는 것이죠. 앞서 이야기 나눈 것처럼, 얼마큼 알고 있나? 즉 암기력이 과거의 척도였다고 본다면, 지금의 척도는 (1) 내가 겪고 있는 상황을 파악하고, (2) 방대한 정보망과 검색엔진을 통해서 필요한 지식체계^{Database}에 접근하고, (3) 정보^{Information}와 통찰^{Insight}을 선택적으로 학습하여, (4) 문제 해결에 적용할 수 있는 능력이 더 중요해지는 시대라고 볼 수 있어요.

특별히 프로그래밍, 코딩의 경우 더 그러하죠. 코딩 자체가 문제를 추상화^{Abstract}시켜 기술^{Description}하고 해결하는 능력이기 때문이죠. 해결책^{Solution}과 그에 따른 기술^{Technology}은 하루가 다르게 발전하기 때문에, 과거의 한번 암기한 내용보다 새로운 것을 효과적으로 검색하고 학습하는 유연성과 사고체계가 더 필요한 것이죠.

27 강의 자료

2018년 NJChannel 프로젝트를 시작하면서부터 강의, 워크숍 등의 학습 정보를 공유해 오고 있어요. 앞으로 소개할 학습 자료를 나의 목표와 단계에 맞게 선택 후 반드시 따라하기를 강권해요. 특별히 코딩의 경우 실제 경험과 실수로 다져진 실력이 받쳐 주지 않으면, 아무리 많이 듣고, 보고, 생각한다고 해도 그 이해의 수준과 활용능력이 단언컨대 절대로 나아지지 않는 굉장히 현실적인 학문이에요.

 좌측 QR 코드 [**컴퓨테이셔널 디자인 38. 5/6 학습 자료(디자이너를 위한 컴퓨테이셔널 디자인 특강)**]은 일전에 필자가 특강에서 학생들에게 학습 자료를 소개한 영상 자료예요. 여러분들의 관심사와 목표에 맞게 선택적으로 전략적으로 학습하기를 권해요.

 좌측 QR 코드는 필자가 운영하는 **'오픈 카카오톡 채팅방'**이에요. 학습과 정보 공유에 도움을 받고 싶은 분들은 암호 '**1004**'로 참여할 수 있어요. 특별히 개개인의 관심사에 맞게 학습 커리큘럼에 대한 정보를 드려요. 개인 컨설팅이 필요한 분들은 필자가 구축해 놓은 학습 자료에 관해서 조언을 드리도록 할게요.

27.1 컴퓨테이셔널 디자인 수업 Computational Design & Creative Coding

 다음의 강의 시리즈는 디자이너들이 코딩을 공부할 때 요구되는 필수 개념, 알아두면 좋은 배경지식, 전문지식, 그리고 필자의 생각을 정리한 강의 자료예요. 기초 질문에 답을 하는 것부터, 교육기관들에서의 강의, 혹은 디자이너들이 코딩을 공부할 때 보편적 궁금증, 보다 편한 시작점과 동기부여에 도움이 될 내용이라 생각해요. 좌측 QR 코드를 스캔하면 강의자료 사이트로 이동할 수 있어요.

강의는 대부분은 단편으로 이루어져 있고, 필요한 키워드(Ctrl+f)로 검색, 찾아보길 권해요. 앞으로도 필요한 내용의 수업을 지속적으로 업로드할 계획이고, 특별히 뒷부분에 소개할 워크숍 강의들과 병행하면 도움이 될 것이라 생각해요. 또한 책에서는 여러분들의 편의를 위해 몇 개의 카테고리로 다음과 같이 분류해 놓아서 사이트 안에서의 순서와 다를 수 있어요.

디자이너를 위한 코딩 개론 / Code for Design & Computational Design

데이터 그리고 디자인에 대한 소개입니다. 컴퓨테이셔널 디자인(Computational Design)
NJ의 서바이벌키트 11 디자이너에게 코딩이란 / 나에게 코딩이란 / 코딩을 하는 이유
컴퓨테이셔널 디자인? / Computational Design
파라메트릭 디자인? / Parametric Design
컴퓨테이셔널 사고(띵킹) / Computational Thinking

건축 도시 디자이너를 위한 프로그래밍 테크트리
VR / AR 꼭 해야 할까? 2019 버전
데이터 시각화 / Data Visualization
건축 시각화 / Architectural Visualization
도시 & 건축 렌더링 팁 / Architectural & Urban Rendering Tips / 건축 시각화

매핑(건축, 도시) / Mapping for Urban and Architecture
건축 3D 렌더링에 관한, 어느 건축가의 질문들... / 건축 시각화
추후 추가...

컴퓨테이셔널 사고 / Computational Design Thinking & Programming

Active Command – 액티브 커멘드, CAD System – 캐드 시스템
Mouse Event / 마우스 이벤트, CAD System – 캐드 시스템
자료구조, 그래프 / Data Structure for Design, Graph 1/2
자료구조, 픽셀, 복셀 / Data Structure for Design , Pixel and Voxel Structure 2/2
프로젝션 & 리맵 / Projection & Remap

정규화 & 보간 & 이상치 / Normalization & Interpolation & Outlier
곱하기 어떻게 볼까? 추상을 통한 상상? 컴퓨테이션 / 크리에이티브 코딩
디자인 엔지니어링 / Design Engineering
함수 호출 By Reference, By Value
우리는 무엇을 배우면서 사는가 feat. 언어와 컴퓨테이셔널 사고, 그리고 사고의 도약

컴퓨테이셔널 사고와 파이프라인의 중요성(발췌 버전)
컴퓨테이셔널 사고와 파이프라인 위계 에이전트의 행동, 데이터 관계성(발췌 버전)
추후 추가...

기술 / Technology

파이썬(Python) 배워야 할까? 장단점을 알아보자!
라이노 파이썬 / Rhino Python, 공부법
쉽게 이해하는 클래스(Class)
디자이너를 위한 프로그래밍 언어 1/2 – C#
디자이너를 위한 프로그래밍 언어 2/2 – Typescript(Javascript)

HTML Canvas, 데이터 시각화, 크리에이티브 코딩
추후 추가...

디자이너를 위한 컴퓨테이셔널 디자인 특강

컴퓨테이셔널 디자인 소개 / 디자이너를 위한 컴퓨테이셔널 디자인 특강 2021
컴퓨테이셔널 디자인 소개 1/6 디자이너가 코딩을 왜 배워야 할까?
컴퓨테이셔널 디자인 소개 2/6 코딩을 배워야 하는 이유
컴퓨테이셔널 디자인 소개 3/6 컴퓨테이셔널 디자인 사례
컴퓨테이셔널 디자인 소개 4/6 학습 내용과 방향

컴퓨테이셔널 디자인 소개 5/6 학습 자료
컴퓨테이셔널 디자인 소개 6/6 QnA 시간

이산 도시공간과 연결성

SA 7.0 Lecture 1. 데이터 & 디자인 / Data & Design
SA 7.0 Lecture 2. 디자이너를 위한 컴퓨테이셔널 띵킹
SA 7.0 Lecture 3. 캐드, 데이트의 흐름 / CAD Data Pipeline
SA 7.0 Lecture 4. 이산 도시공간과 연결성 / Discrete Urban Space and Connectivity
SA 7.0 Lecture 5. 데이터 구조로서의 지오메트리 그리고 시각화

그 밖의 강의

Harvard GSD & MIT Computation 지원 준비, 프로그램 비교, 및 컴퓨테이션 공부 준비 방법

컴퓨테이셔널 디자인을 바라보는 시각과 오해

내가 생각하는 컴퓨테이셔널 디자인 / 워크숍 강좌를 만드는 배경 / 디자인 & 데이터 / Design & Data

코딩 공부 어떻게?(잔소리 포함) / 제발 타이핑해보자!!

힙합 문화로 보는 새로운 패러다임 그리고 컴퓨테이셔널 디자인의 운명

Newport 마실 그리고 10년 생각하는 이유, 컴퓨테이셔널 디자인

소프트웨어 어떻게 공부할까? 변할 것 변하지 않을 것, feat VR, AR, AI

코딩 공부와 수학 그리고 공부할 것 feat. 4차 산업혁명 그리고 디자인

추후 추가...

27.2 질의응답 시리즈 QnA

 NJChannel 프로젝트를 하면서 다양한 질문도 받았어요. 이메일, 혹은 SNS 등의 채널을 통해서 받은 질문 중 함께 공유하면 좋을 것 같은 내용들을 비디오로 만들어 공유한 리스트예요. 질문에 대한 개인적인 경험과 생각들을 나누면서 다양한 관점과 다른 경험들을 생각해 볼 수 있었던 것 같아요. 좌측 QR 코드를 스캔하면 QnA 사이트로 이동할 수 있고, 키워드 검색을 통해 자료를 쉽게 찾을 수 있어요.

특별히 학생, 교육자, 혹은 실무자의 현실적인 질문과, 학습하면서 느꼈던 현장감 있는 좌절과 고민 등을 공유하며 다른 누군가가 미리 겪은 고민을 내가 생각해 볼 수 있고, 나아가 코딩 질문, 취직, 커리어 패스 고민, 혹은 유학을 준비하는 디자이너들에게 도움을 줄 수 있는 학습 자료가 될 수 있다고 생각해요.

 노파심에 말하는 것은 QnA 섹션의 경우 필자의 생각과 주장이 맞는다는 것을 웅변하는 내용은 지양해요. 모든 문제가 그렇듯이 관점, 내용, 중심에 따라 여러 가지 선택지와 통찰이 공존하겠죠. 그러나 질문에 따른 하나의 관점과 목소리를 나눔으로써, 다양한 생각의 생태계로써 정보와 경험이 부족한 학생들의 사고와 선택 중, 조금이라도 도움이 될 수 있는 필자의 생각을 공유하는 차원의 것이에요. QnA 섹션에 대한 필자의 더 자세한 생각은 좌측 QR 코드 [**QnA 26. 질문 그리고 유의사항!**]을 추천해요.

코딩 그리고 디자인 관련

어느 고등학생의 질문 / 건축 파라메트릭 디자인 예제
건축가의 일반적인 질문 2차(건축 컴퓨팅 실무)
건축 컴퓨팅을 공부하고 싶은 건축가 형님과의 대화
코딩과 건축 컴퓨팅에 관심이 많으신 건축가 형님과의 대화
건축가의 일반적인 질문(건축 컴퓨팅 실무응용)

어떤 젊은 건축 디자이너의 질문
복셀(Voxel)과 컴퓨테이셔널 디자인 그리고 건축 디자인
파라메트릭 디자인(Parametric Design)과 미적분

시각디자인 학생의 질문, 데이터 시각화, 크리에이티브 코딩, 테크니컬 아티스트
파라메트릭 디자인 배우려면 어디서부터 어떻게 시작해야 하나요?

5G 기술과 건축 산업(설계 협업 및 시각화 VR), 정말 유용 하나?
대학생의 질문, 대학교, 대학원, 파라메트릭 디자인 스튜디오 어떻게 접근할까?
스페셜리스트가 되기 위한 어느 학부생의 전공 고민
조경전공 학생의 질문, 컴퓨테이셔널 디자인 공부 팁
건축 렌더링 전문가를 위한 코딩 공부 방법, 테크트리 feat. VR/AR

디자인/코딩, 저작권과 표절 그리고 개인적인 생각
건축 컴퓨테이셔널 디자인 활용? 응용범위? 일련의 사고방식?
코딩 공부의 마음가짐, 워크숍 파일 공유 안 하는 이유!?
디자이너가 코딩 공부를 시작하는 가장 현실적인 방법!
가장 일반적인 오해, 컴퓨테이셔널 디자인 오해들

초등학생 코딩 교육 그리고 인공지능에 없어질 미래 직업과 나의 전략?
컴퓨테이셔널 디자인 교육, 코딩 교육, 누가 가르쳐야 하나? 데이터 스트럭쳐를 만들 수 있는 자에 한함
건축학과 복수전공, 컴퓨터 공학 복수전공 어떻게 생각하나?
건축학 진로 고민, 전공(복전)과 나의 비전
학부생의 질문, 공부방법, 기초의 중요성, 스튜디오 베이스 수업의 주의점, 트렌드의 주의점

건축학과 2학년의 질문, 건축 디자인, 자퇴, 전과, 컴퓨터 공학, 그리고 컴퓨테이셔널 디자인
학부생 질문, 건축의 보수성, 컴퓨테이셔널 디자인 직업군 그리고 10년 후
컴퓨테이셔널 디자인, 코딩의 영역은? 데이터베이스? 서버? 개발의 전반적인 부분? 우선순위?
컴퓨테이셔널 디자인을 더 잘하고 싶은 건축디자인 실무자의 질문
추후 추가 ...

프로그래밍, 디자인 소프트웨어 관련

내가 생각하는 그라스하퍼(Grasshopper)의 단점과 개인적인 생각
내가 생각하는 라이노 그라스하퍼(Rhino Grasshopper)의 장점
디자인 소프트웨어 어떻게 공부할까? / 그 많은 것 언제 다 해요?
디자인 소프트웨어 어떻게 공부할까? 두 번째, NURBS, Mesh(Polygon)
디자인 소프트웨어 어떻게 공부할까? - 알고리즘 공부 방법 / 그리고 브런치!
코딩 시작 시에 필요한 수학? 과연 뭐가 필요할까?
파이썬 그리고 그래픽 툴(맥스, 마야, 라이노...)

프로덕트 디자인 위한 코딩, 3D 소프트웨어 공부 질문 그리고 개인적인 생각

너는 어떤 프로그래밍 언어를 쓰니?

테크니컬 아티스트 공부 방법? 책? 학원?

그라스하퍼 코딩 공부 어떻게 할까?

API가 뭐지? 코딩을 공부하는 디자이너들에게 왜 중요하지?

라이노 파이선 C# Scripting 장단점 & 공부 방법

Grasshopper 그리고 C# 구독자 질문 Q3 Brep Boolean(Union, Difference, Intersection...) 문제?

워크숍 질문, 00 Python for Designers 05 Graph

추후 추가 ...

인공지능, 데이터, 시각화

데이터 시각화 도구(Tools) 그리고 개인적인 생각

데이터 시각화가 꿈인 카이스트 학생의 질문

데이터 시각화, 직장에 대해 그리고 공부방법과 마음가짐

데이터 시각화 공부와 연계 학습 질문

데이터 시각화를 준비하는 디자이너의 질문

시각디자인 전공 학생의 질문, 데이터 시각화 어떻게 공부할 것인가?

AI, ML(머신 러닝), GL(그래픽), CV(비전), 컴퓨테이셔널 전공을 시작하는 학생 질문

디자인(건축), 빅 데이터 그리고 인공지능(머신 러닝)에 대한 질문

지도 위에 데이터 시각화, 어떤 제품으로 개발을 하면 좋을까?

디자인의 미 Aesthetic, 코딩으로 구현이 가능한가? feat 메타인지 & 머신 러닝

추후 추가 ...

포트폴리오, 진학, 유학 관련

미국, 호주, 유학 준비와 그에 따른 생각들...

SOP 작성 유의사항(취직 커버레터 / 자기소개서)

건축과 학생의 질문, 건축, 디자인 유학 준비 그리고 주관적 생각

건축, 디자인, 포트폴리오 그리고 취직, 유학

건축 유학, 학비 그리고 개인적인 생각

대학원 진학, 유학에 대한 질문, 그리고 개인적인 생각, feat MIT Media Lab

유학 고민 많을 때, 실내건축학 전공자의 M.Arch 유학에 대한 고민

컴퓨테이셔널 디자인 유학을 준비하는 학생의 질문

건축 컴퓨테이셔널 유학 그리고 파이선 코딩 공부

데이터를 활용한 도시 설계? 공부 전략? 그리고 MIT 센서블 시티(MIT SENSEable City Lab) 연구소

유학? 얻는 이익이 있나?

프로덕트 전공 학생의 Harvard MDes 2021 지원 질문

건축 유학, 학부 코넬 건축학교와 UCL 건축학교(바틀 넷)?

직장인 질문, 컴퓨테이셔널 디자인 대학원(지방, 수도권), 30대, 가정 재정 생계

건축학부 유학 / 홍콩 / 싱가포르

어느 유학 준비생의 질문 & 통화 feat. 근황 톡

Urban Data Sciences 커리큘럼, 취업, 연구, 진로 질문

석사 유학생의 질문(논문)과 개인적인 생각 feat. Gamification, Voxel, Computational Design

추후 추가 ...

취직 관련

컴퓨테이션 직업군 및 준비 자세

직장상사가 내 미래에 도움이 안 될 때, 회사를 떠나야 하나? 존 윅에서 배울 점

건축 / 컴퓨테이션 / 뉴미디어 / 디자인 직업군, 어떻게 준비하면 좋을까요?

컴퓨테이셔널 직장 구하기? 마음가짐?

사회초년생 포폴과 취직 전략

추후 추가 ...

그 밖의 질문

컴퓨터 고르는 법(건축 3D / 크리에이티브 코딩)

질문 그리고 유의사항!!!

SA 7.0 Unit 2 관련 질문 / 스스로 공부하는 방법

네이버 카페, 그래스호퍼 챌린지 질문 / 코딩을 공부하는 자세

추후 추가 ...

28 워크숍 참조 자료 Workshop Materials

튜토리얼 / 워크숍을 계획하고 만드는 배경

 좌측 QR 코드 [**컴퓨테이셔널 디자인 21. 내가 생각하는 컴퓨테이셔널 디자인 / 워크숍 강좌를 만드는 배경 / 디자인 데이터**]는 필자가 생각하는 컴퓨테이셔 널 디자인 워크숍에 대한 내용이에요. 특별히 튜토리얼/워크숍을 계획하고 만 드는 배경에 대한 생각을 나눠요. 이 비디오 자료는 이 챕터를 관통하는 내용으로서 워크숍 을 시청할 때, 코딩 훈련을 할 때, 컴퓨테이셔널 디자인과 사고를 학습하거나, 알고리즘을 공 부할 때, 데이터로 시작해서 데이터로 끝내야 한다는 필자의 생각을 공유해요. 더 자세한 내 용은 참조 링크로 확인해 주세요.

코딩 공부의 마음가짐과, 워크숍 파일 공유하지 않는 이유

 멤버십 전용 워크숍, 혹은 콘퍼런스와 교육기관에서 실행한 워크숍을 제외한 대부분의 워크숍은 수업내용, 혹은 과제 내용에 대한 코드 파일을 공유하지 않 고 있어요. 그 이유는 눈으로 코딩을 읽기만 하거나 복사, 붙여 넣기 하는 것보 다 실제 타이핑을 쳐서 학습하는 것이 효과적이기 때문이에요. 코딩 공부의 마음가짐과 워크 숍 파일을 공유하지 않는 좀 더 자세한 설명은 좌측 QR 코드 [**QnA 57. 코딩 공부의 마음가 짐, 워크숍 파일 공유 안하는 이유!?**]로 설명을 대신할게요.

지속적인 업로드

워크숍의 경우 단편으로 끝나지 않는 경우도 있어요. 혹은 지속적으로 진행하는 강의 시리즈 뿐 아니라 앞으로 올릴 강의 계획들이 있고요. 중요도에 따라, 여러분들의 목소리에 따라, 필 자의 시간에 따라 순차적으로 공유할 계획이에요. 따라서 업로드가 완료되지 않는 수업들이 있어도 양해 부탁드리고, 좀 더 완성도 있는 수업으로 여러분의 학습에 도움이 되고자 하는 필자의 노력으로 이해해 주면 좋을 것 같아요.

28.1 디자이너를 위한 파이썬 워크숍 _{Python for Design Scripting}

코딩 공부를 시작한다고 하면 Python을 가장 많이 추천하는 것 같아요. 왜냐하면 비전공자도 쉽게 배울 수 있고, 많은 영역에서 활용되고 있고, 문서와 자료를 찾기도 매우 용이하기 때문이죠. 앞서 우리가 살펴본 것처럼 언어를 정할 때 하고자 하는 목적에 따라 달라질 수 있지만, 많은 3D 도구에서 Python을 Script 언어로 지원하고 있어요.

뿐만 아니라 동일한 문법으로 데이터 과학, 컴퓨터 비전, 이미지 프로세싱, 혹은 인공지능 등 다양한 분야로 쉽게 확장이 가능해요. 때문에 처음 시작하는 사람들에게 비교적 쉬운 언어, 활용 용도도 넓은 언어로 볼 수 있어요.

디자이너를 위한 파이썬 / Python For Designers

다음의 강좌는 디자이너를 위한 Python 언어 수업으로 Python의 기초적인 문법을 다루고 데이터를 가져와서 시각화를 시키는 간단한 워크숍 강좌예요. 처음 시작하면서 Python 문법을 공부하고자 하는 분들에게 추천해요. 우측의 QR 코드를 참조해 주세요.

01 Jupyter Notebook / 디자이너를 위한 파이썬 01 주피터 노트북
02 Python Basic / 디자이너를 위한 파이썬 02 파이썬 기초 1/2
03 Python Basic / 디자이너를 위한 파이썬 03 파이썬 기초 2/2
04 Class / 디자이너를 위한 파이썬 04 파이썬 클래스
05 Graph / 디자이너를 위한 파이썬 05 파이썬 그래프

06 Graph Visualization / 디자이너를 위한 파이썬 06 파이썬 그래프 시각화
07 Graph to JSON / 디자이너를 위한 파이썬 07 파이썬 그래프 JSON
08 Graph to CSV / 디자이너를 위한 파이썬 08 파이썬 그래프 CSV
09 Graph HTML Canvas Vis / 디자이너를 위한 파이썬 09 파이썬 그래프 HTML Canvas 시각화
10 Python for Designers 10 QR Code Generator / 디자이너를 위한 파이썬 10 QR 코드 만들기
추후 추가...

라이노 파이썬 / Rhino Python

 다음의 워크숍은 Rhino의 Python scripting에 관한 수업이에요. 만약 Python 문법에 익숙해 졌다면, Rhino API를 통해서 어떻게 Rhino의 명령어들을 호출하여 어떻게 원하는 도형을 형성할 수 있을까에 대한 내용을 담았어요.

모든 도형의 기본이 되는 포인트의 생성부터 1D, 2D 함수를 통한 선의 형성, 그리고 Rhino API의 사용분 아니라, 간단한 수학을 이용하여 생성하는 방법도 배울 수 있어요. 수업의 내용은 지속적으로 업데이트할 예정이에요.

01. 라이노 파이선 워크숍 / Rhino Python, Rhinoscriptsyntax Workshop
02. Point Grid Basic (rhinoscriptsyntax)
03. Help File & Tutorials / 헬프 파일 & 온라인 튜토리얼
04. Function 1D / 라이노 파이썬 04 1차원 함수 2/2
05. Point Grid 2D / 2D 포인트 그리드

Q1 Rhino Python AddLine / 라이노 파이썬 질문 1 AddLine 함수 에러
06. Point Grid Pattern / 2D, 3D 포인트 그리드 패턴
07. Point Cloud – Random / 포인트 클라우드 – 랜덤
08. Point Cloud – Random Normal Distribution/ 포인트 클라우드 – 정규분포
09. Point Cloud – Linear Regression / 포인트 클라우드 – 선형 회기

10. Point, Line, Polyline / 포인트, 라인, 폴리라인
11. Line, Intersection, Length / 라인, 라인 교차, 라인의 길이
추후 추가...

그라스호퍼 컴포넌트 챌린지 & 코딩(Python Version) (입문자용)

다음의 수업은 NJChannel 멤버십 전용 강의로서 Rhino Grasshopper의 컴포넌트를 이해하고 Python으로 그 알고리즘을 작성하며 Design Scripting의 기본기를 다질 수 있는 수업이에요. 특별히 좀 더 전문적인 Computational Design을 하기 위한 기본 알고리즘과 주요한 함수들을 Python 언어로 구현함으로써, 특별히 3D 디자이너들에게 반드시 필요한 기초 소양을 기르는 것에 목적을 두고 있어요. 특별히 집필 중인 가제 **"따라하며 입문하는 컴퓨테이셔널 디자인"**의 Rhino Python의 실습으로 계획을 하고 있어요.

Rhino 도구에 익숙한 분, 혹은 Grasshopper 스크립팅을 학습하고 싶은 분에게 추천되는 강의 시리즈예요. 내용은 순차적으로 업데이트될 거예요.

01 – 들어가면서
02 – Point 가져오기
03 – Point 만들기
04 – Point 분해하기
05 – 실행 순서의 중요성!

06 – 데이터 구조 Series, GH 컴포넌트
07 – 데이터 구조 List, Python, Series 만들기
08 – 데이터 구조 Range(Domain), GH 컴포넌트 & Python
09 – 데이터 Random(무작위) Python
10 – 데이터 Random(무작위) 분석하기, Python

11 – 데이터 Random(무작위), 현실적인 예?!
추후 추가...

28.2 디자이너를 위한 C# 디자인 스크립팅 C# for Design Scripting

C# 언어는 Python보다 좀 더 강력한 환경을 제공해 주는 언어로도 볼 수 있어요. 특별히 데이터 자료형을 명시적으로 지정해야 하는 만큼 복잡도가 높은 프로젝트, 혹은 전문적인 컴퓨테이셔널 디자인을 좀 더 수월하게 구현할 수 있는 언어로 볼 수 있어요. 마이크로소프트에서 개발한 언어인 만큼 윈도우 플랫폼에서 직접 작동하는 다양한 소프트웨어들도 C# Scripting 환경을 제공해 주고 Plug-in, 혹은 Add-on 같은 소프트웨어들도 C#으로 구현할 수 있죠. 디자이너로서 전문적인 코딩을 공부하고 싶은 분들은 C# 학습을 추천해요.

디자인 스크립팅을 위한 C# 기초 문법

 다음의 강좌는 C# 기초 문법에 대한 수업이에요. 앞서 이야기 나눈 것처럼 C# 언어는 다양하게 쓰일 수 있으므로, 문법을 익혀두면 C#이 지원되는 여러 다른 환경에서 다양하게 적용할 수 있어요. 뒤에 설명할 Rhino Design Scripting C# A와 B 그리고 Unity C# Scripting 수업의 선수 과목이기도 해요. 이 수업의 내용을 잘 이해하면, Java, Python, 웹(Web) 환경의 Typescript, 혹은 Javascript 언어로의 확장을 수월하게 할 수 있어요.

00. 디자이너를 위한 C# 기초 문법 워크숍 소개
01. Operators, Variable, Arithmetic / 연산자, 변수, 4칙 연산
02. Type of Variable / 변수의 종류들 · 03. Cast / 자료형 변환
04. Scope & Comment / 변수의 범위와 코멘트 · 05. If 조건문
06. Loop / 반복문 · 07. Array / 어레이(배열)
08. List / 리스트 · 09. String / 문자열
10. Dictionary & Hashtable / 딕션 어리 & 해쉬테이블 · 11. Method / 매소드 함수

12. Class & Grasshopper C# Component / 클래스 GH C# · 13. OOP 그리고 Class와 Object
14. Class Members / Access Modifiers / Get Set 함수 · 15. Inheritance Polymorphism / 상속 다형성
16. 디자이너를 위한 C# 기본 문법 3분 요약 · 17. 디자이너를 위한 C# 이후의 공부자료들

Grasshopper CSharp Workshop, Design Scripting Episode A

다음의 수업은 C# Design Scripting에 대해서 공부하고 싶은 분들을 위한 수업이에요. Rhino Common API를 사용하지만 Computational Geometry의 관점에서는 Vector와 Point가 어떻게 Line, Curve, 혹은 Surface로 환산되고, Brep^{Boundary Representation}과 Mesh Geometry로 데이터들이 변환되고 수정될 수 있는지에 관한 수업 시리즈예요.

수업에서 설명되는 방법론들은 Rhino 환경을 넘어 보편적인 Design Scripting, 즉 지오메트리를 이해하고, 구성하고, 변형하는 개념의 이해로써 다른 환경에서도 적용이 가능해요. 때문에 기초적인 내용이지만 반드시 알아두어야 하는 필수 수업이에요. 만약 다음의 수업을 다 마친 후 관심사를 정해서 전문 분야를 공부를 할 때 필요로 되는 기초 개념을 잡아 줄 수 있는 워크숍 시리즈예요.

01. 워크숍을 시작하면서 #그라스하퍼 코딩
02. 라이노의 문법 그리고 그라스하퍼
03. 그라스하퍼 공부자료 & 레퍼런스
04. Point & Line 그리고 Data
05. Point 그리고 Data

06. Point List 그리고 Curve
07. Point Grid & Surface
08. Point, Curve 그리고 Brep(Closed Extrusion)
09. Point, Curve 그리고 Brep(Loft) – Optimization & Design Space
10. Point 그리고 Solid Brep – Primitive, Box, Cylinder, Cone

11. Point 그리고 Solid Brep – Primitive, Sphere, Indexing, Connectivity
12. Point 그리고 Tri Mesh – Vertices, Faces, Colors, Barycentric Coordinate
13. Point 그리고 Mesh Sphere
14. 에피소드 A 종료 – 요약 그리고 이런저런 생각

Grasshopper CSharp Workshop, Design Scripting Episode B

 다음의 수업은 앞의 C#을 활용한 Design Scripting Episode A 수업의 연장선으로 질문, 혹은 예제를 바탕으로 디자이너들이 코딩을 활용한 다양한 디자인 방법론을 학습하고 경험할 수 있는 수업이에요. 추가 수업은 지속적으로 업데이트할 예정이에요.

01. Episode B, 워크숍을 시작하면서 그리고 몇 가지 생각
02. Surface, Paneling A – Normal Vector, Points, Lines
03. Surface, Paneling – Curvature, Project, Split
04. Tree Data 구조, 데이터 추출과 Tree data 만들기

구독자 질문 Q01 – '( )'는 뭐지? 또 new는 뭐지?
구독자 질문 Q02 – C# 컴포넌트, 저 아이콘은 뭐지??
구독자 질문 Q03 – Brep Boolean(Union, Difference, Intersection...) 문제?
구독자 질문 Q04 – If else 중괄호의 의미 그리고 double의 의미?
추후 추가...

28.3 유니티를 디자인 스크립팅 & 시각화 Unity for Design Script & Viz

Unity는 게임 엔진으로써 디자이너들도 쉽게 사용할 수 있는 소프트웨어로 알려져 있어요. Unity를 통해서 인터랙티브 Interactive 한 디자인 툴을 개발한다거나, 스마트폰에 사용되는 다양한 앱 Application 도 개발할 수 있어요. 특별히 리얼 타임 그래픽 Real-time Graphics 환경에서 무언가를 구현하고자 하는 분들에게는 매우 강력하고 편한 환경이에요.

일반적으로 이러한 환경을 구현하려면 디자이너 입장에서 진입장벽이 매우 높은 편에 속해요. 왜냐하면 OpenGL, 혹은 Vulkan과 같은 저 수준 그래픽스 API로 그 환경을 구축해야 하기 때문이죠. 하지만 Unity를 활용하면 디자이너들이 복잡한 소프트웨어 엔지니어링 없이 바로 실제적인 코딩을 할 수 있어요. 따라서 VR, AR, 혹은 Visualization이 필요한 독립 디자인 소프트웨어 Stand-alone software 를 비교적 쉽게 만들 수 있죠.

Unity Basic & C#

다음의 수업은 Unity의 기본 사용법에 대한 수업이에요. Unity의 생태계와 문법 그리고 C# 코딩을 통해서 어떻게 GameObject를 만들고 제어할 수 있는지에 대한 워크숍이에요. 메타버스 Metaverse 환경에서의 인터랙티브 한 디자인을 공부하시거나 VR, AR, 혹은 실시간 그래픽 앱을 만들고 싶은 분들이 유용한 기초를 다질 수 있는 워크숍 시리즈예요.

BASIC

01. Unity 소개 / Design Scripting & Visualization
02. Unity 작업물 소개
03. Unity 실행 & Interface 소개
04. Unity GameObject Components & Properties
05. Unity GameObject & Attach Component
06. GameObject, Transform(Position, Scale, Rotation), Lifecycle
07. GameObject, Instantiate & Destroy & Object Pulling
08. Unity SendMessage & Pipeline & Computational Design
09. Unity GameObject & Attach Component

EVENT

10. Mouse Event
11. Raycast
12. Picking Rigidbody

Design Scripting and Visualization Examples

 다음의 수업은 Unity를 활용한 다양한 프로젝트와 예제를 다루는 워크숍이에 요. 앞의 Unity 기초 수업을 들은 후 추천되는 수업이에요. Unity의 실시간 그 래픽 엔진을 활용해서 어떻게 디자인 솔루션, 시각화 도구 등을 개발할 수 있 을까에 대한 디자이너의 시각과 사고 확장을 워크숍의 목적으로 하고 있어요. 좌측 QR 코드 의 페이지 하단을 참조를 바래요.

추후 추가...

28.4 웹 환경에서의 디자인 스크립팅 Design Scripting on Web

앞서 C# 언어는 윈도우 환경에서 필요한 언어라고 말했는데요. 웹^{Web} 환경의 경우는 그에 맞는 언어가 있어요. 이 워크숍 시리즈들은 웹 환경에서 사용할 수 있는 Typescript(Javascript)를 바탕으로 2D, 3D Design Scripting & Visualization을 학습하고 웹에서 구현하는 것을 목적으로 하는 강의예요.

로컬^{Local} 환경보다 웹^{Web} 환경이 점점 중요해지는 것은 사실이고 웹의 경우 데스크톱(여러 운영체제), 혹은 모바일 뿐 아니라 브라우저가 지원되는 모든 환경에서 작동이 가능하기 때문에 디자인 솔루션을 적용하고 서비스할 때 매우 유리하죠. 워크숍 시리즈들은 순차적으로 업데이트될 예정이에요.

Design Scripting and Visualization, Web App

첫 번째 파트는 Typescript 언어의 기초 문법의 학습 워크숍이에요. 실제적인 시각화 및 디자인 스크립팅을 하기 전에 언어의 문법을 알아야겠죠. 다음으로는 웹 환경에서 HTML Canvas API를 바탕으로 기초적인 2D Vector 드로잉을 학습하는 워크숍이 있어요. 3D 그래픽의 경우 WebGL 기술을 사용하는데, Three 라이브러리를 사용하면 비교적 쉽게 3D 지오메트리를 화면에 그릴 수 있어요. 또한 다양한 프로젝트와 예제를 바탕으로 웹 환경에서 디자인 스크립팅의 구현과 시각화에 대한 방법론을 학습하는 워크숍 시리즈예요.

Typescript Basic(Javascript) / 타입스크립트 문법
HTML Canvas for 2D Visualization / HTML Canvas API를 활용한 2D 시각화
ThreeJS for 3D Visualization / Three 라이브러리 활용한 3D 시각화
Projects and Examples
추후 추가...

28.5 디자인 데이터 ^{Design Data}

프로그래밍 언어, 작업 환경, 소프트웨어 도구를 떠나서 기본기는 항상 중요하죠. 왜냐하면 기본기의 내용이 잘 갖추어져 있다면 적용하는 환경에 맞춰서 그 형식만 바꾸어 주면 되는 것이기 때문이죠. 디자이너들은 무언가를 그리고 만드는 것이 핵심이고, 그 핵심을 잘 이해하고 있다면 그것을 그냥 언어에 맞게, 환경에 맞게 코딩으로 바꾸어 주면 되는 것이에요.

디자이너가 알아야 할 핵심은 무엇일까요? 앞서 우리가 살펴본 것처럼 형태^{Shape & Geometry}, 색^{Color}이 가장 기초적인 핵심 데이터예요. 상상 속의 디자인이 시각화될 때 일차적으로 사용되는 데이터들이죠. 이처럼 변하지 않는 핵심을 잘 이해하여 변하고 바뀌는 환경을 보다 쉽게 타고 넘을 수 있어요.

컴퓨테이셔널 디자인을 할 때 환경, 도시, 조경, 건축, 프로덕트, 이미지, 소리, 영상, 사용자 경험 등의 다양한 디자인 스케일에서 사용할 수 있는 무수히 다양한 데이터들이 존재하죠. 어떤 과정을 거치던지 결국 위의 핵심 데이터로 투영돼서 화면에 나타나기 마련이예요. 다음의 좌측 QR 코드 [**컴퓨테이셔널 디자인 00. Data in Design**]을 통해 디자인과 데이터의 적용 사례를 통한 컴퓨테이셔널 디자인과 데이터에 대해서 알아봐요.

다음의 수업들은 디자이너가 코딩을 시작하기 전에 알아야 할 기초 디자인 데이터에 대한 이론에 관한 수업이에요. 앞서 우리가 살펴본 벡터와 포인트, 라인과 면 그리고 색에 대한 기초를 학습할 수 있는 워크숍 시리즈예요.

Vector & Point

그래픽스의 핵심 중의 핵심은 '벡터^{Vector}'의 이해에요. 해석기하학^{Analytic geometry}의 관점에서는 공간 정보를 기술하는 가장 작은 요소로도 볼 수 있어요. 즉, 모든 디자인의 형태는 벡터로 기술이 가능하고 계산학적 기하학으로도 활용이 가능해요. 다시 말해 Vector의 이해는 디자이너에게 매우 중요한 요소에요. 우리가 학창시절에 고 생했던 시험 문제를 풀기 위한 Vector는 잊어버리고, 디자인을 공간에 기술하고 변형하고 발전시키는 관점으로 Vector를 학습하기를 기대해요. 앞서 [**18.4 상상의 도구 수학**]에서 학습했듯이 Vector는 계산의 대상이 아니라 상상의 도구라고 말할 수 있어요. 그 내용들은 다음의 강의를 통해서 함께 학습해 봐요.

추후 추가...

Line & Curve & Mesh

모든 형태의 가장 중요하고 작은 단위인 Vector를 학습했다면 다음으로 중요한 것은 Vector들의 관계성^{Connectivity}을 정의하는 것이죠. 어떤 정의를 내리느냐에 따라서 Line, Polyline, Curve, Mesh 등으로 나누어질 수 있어요. 즉, 데카르트 좌표계^{Cartesian coordinate system}상에서 지점들을 어떤 형식으로 보간^{Interpolation}하고 연결^{Connection}할 것인가에 대한 이야기예요.

추후 추가...

Color

형태^{Shape & Geometry}만큼 중요한 것은 색^{Color}이겠죠. 컴퓨테이셔널 디자인의 가장 큰 장점 중 하나는 색 데이터를 매우 정교하게 다룰 수 있고 색 정보를 다양한 공간에서 투영시키며, 그에 맞는 컬러 컴퓨테이션을 적용해 의미있는 데이터 구조로 디자인에 활용할 수 있어요. 색에 대한 내용을 학습하는 워크숍이에요.

추후 추가...

28.6 디자인을 위한 인공지능, 머신 러닝, 데이터 ^{AI, ML, Data for Design}

냉소적으로 보면 인공지능만큼 오해가 많고 대중의 유행을 타는 기술이 또 있었나 싶고, 이러한 유행이 디자인 영역에 이와 같은 형식의 영향을 미친 적이 또 있었나 생각해 봐요. 현재 우리가 일상에서 사용하는 대부분의 인공지능의 구현은, 모든 일을 마법같이 해결하는 그런 상상력에서 오는 기술^{Technology}이라기보다는, 데이터로 함수를 역설계하는 프로그래밍 방식으로 볼 수 있어요.

성능 또한 기존의 전통적인 방식으로, 설명이 난해한 비선형적^{Nonlinear} 문제들을 매우 훌륭하게 설명하고 해결하고 있죠. 하루가 다르게 발전되고 새로운 기술과 패러다임이 활발하게 발전되는 영역이고, 다양한 아이디어들과 방법론들이 연구되는 영역인 만큼 단언하기는 무리가 있겠지만, 큰 틀로 안드레 카파시^{Andrej Karpathy}의 말처럼 "데이터로 프로그래밍하는 하나의 방법^{Software 2.0}이다."라고 볼 수도 있어요.

AI & Data for design

인공지능의 구현 방식 중, 높은 성능을 나타내는 머신 러닝^{Machine learning}의 경우 데이터 프로세스를 할 때 주로 쓰이고, 딥 러닝^{Deep learning}의 경우 이미지, 혹은 높은 다차원의 데이터를 프로세스할 때 매우 좋은 성능을 보이죠. 디자인에서 어떤 형식으로 사용할 수 있을지 예제를 통해 학습하는 워크숍 시리즈예요.

Typescript	Tensorflow & TensorflowJS	Image Processing
Pandas & Numpy	Data Process	Data Process and Visualization
Smart Drawing	Smart Command	GAN: Smart Map Tracer
Texture Prediction	Digital Material Suggestion	Theme Suggestion for Mapping
Color Process	Color Suggestion	Personal Color Suggestion
Third Place Prediction	Perception and Economic Relationship	Urban Path Suggestion
3D Geometry Suggestion(Voxel)	Smart 3D Geometry Builder	Smart Object Suggestion for BIM
추후 추가...		

28.7 컴퓨테이셔널 디자인 워크숍 Computational Design Workshop

콘퍼런스와 교육기관에서 강의한 컴퓨테이셔널 디자인 워크숍을 공유하는 섹션이에요. 워크숍의 목적과 내용에 따라 이론 수업과 실습이 병행되는 형태로 되어 있어요. 프로그래밍의 문법과 컴퓨테이셔널 지오메트리 Computational Geometry, 혹은 CAD Computer-Aided Design 프로그램의 Pipeline과 소프트웨어 아키텍처에 관한 설명뿐 아니라, 디지털 매핑 Digital Mapping 과 데이터 시각화 Data Visualization 그리고 그래프 Graph 를 이용한 도시 분석 등에 관한 워크숍이 있어요.

Digital FUTURES World Workshop Full Version

다음의 수업은 DigitalFUTURES 국제학술대회에서 진행한 워크숍 시리즈예요. 웹 Web 환경에서의 Computational Geometry의 구축과 변형 그리고 디자인을 위한 CAD System의 구축과 Visualization에 대한 내용을 담고 있어요.

Introduction to Computational Design: Data, Geometry, and Visualization Using Digital Media
데이터 & 디자인 / Data & Design / Computational Design 한국어 강의
Day 1: Processing Data and Visualization in Digital Media
Day 2: Data Processing using Python
Day 3: Typescript and HTML Canvas

Day 4: Computational Geometry and Geometry Class
Day 5: Pipeline for Data and Geometry Visualization(or CAD System)
Day 6: Digital Mapping using ArcGIS JSAPI
워크숍 AS 그리고 네이버 카페

소셜 알고리즘 SA 7.0 Unit 2 Numeric Network Analysis(한국어)

다음의 워크숍은 소셜 알고리즘 7.0에서 두 번째 유닛으로 진행된 워크숍이에요. 도시 공간의 분석(네트워크 분석)과 디자인에 관한 계산학^{Computational}적 접근을 한 수업 시리즈예요.

SA7.0 D5 S1. 데이터 그리고 디자인 / 컴퓨테이셔널 디자인

SA7.0 D5 S2. 디자이너를 위한 컴퓨테이셔널 띵킹

SA7.0 D5 S3. CAD 그리고 데이터 흐름

SA7.0 D5 S4. 도시 디자인과 보행환경

SA7.0 D5 S5. 교통계획 분야에서의 공간 네트워크 분석의 활용

SA7.0 D5 S6. 케이스 스터디, 캠브릿지 지역

SA7.0 D5 S7. 이산 도시 공간과 연결성

SA7.0 D5 S8. 데이터 구조로서의 지오메트리 그리고 시각화

SA7.0 D5 S9. NNA Toolbox를 활용한 도시 공간 정보 분석 예시

SA7.0 D5 10. 데이터 시각화, 이미지 데이터

SA7.0 Unit 2 Workshop 01. Python Basics in Colab Tutorial Part1(Eng / Kor)

SA7.0 Unit 2 Workshop 02. Python Basics in Colab and GH Tutorial Part2(Eng / Kor)

SA7.0 Unit 2 Workshop 03. Python CSV Visualization / Numerical Image Utility(Kor)

SA7.0 Unit 2 Workshop 04. Excel(Kor)

SA7.0 Unit 2 Workshop 05. Weighted Network(Eng / Kor)

SA7.0 Unit 2 Workshop 06. Excel(Kor)

SA7.0 Unit 2 NJ & Woo / Question Python 1(Kor)

SA7.0 Unit 2 NJ & Woo / Question Python 2(Kor)

Digital Mapping Workshop, Rhino Grasshopper & Python

다음은 뉴욕 공과대학(NYIT) 건축학과에서 진행한 디지털 매핑^{Digital Mapping} 수업에 관한 워크숍이에요. Rhino Grasshopper와 Python을 활용하여 데이터를 시각화시키고 매핑^{Mapping}하는 수업 시리즈예요.

01. Basic Syntax / 라이노 파이썬 매핑 01 파이썬 기초
02. Data Manipulation CSV / 라이로 파이썬 매핑 02 CSV 데이터
03. Data Manipulation JSON, GeoJSON / 라이노 파이썬 매핑 03 JSON, GeoJSON 데이터
04. Data Manipulation OSM, Shapefile / 라이노 파이썬 매핑 04 OSM, Shape File 데이터
05. Data Manipulation DEM / 라이노 파이썬 매핑 05 DEM 데이터
06. Image Processing / 라이노 파이썬 매핑 06 이미지 프로세싱

디지털 매핑 / Digital Mapping Workshop, JSAPI

다음의 수업은 ESRI ArcGIS의 JSAPI를 활용해서 웹^{Web} 환경에서 데이터를 시각화하고 매핑하는 기초 워크숍 시리즈예요. Web 환경에서 공간 데이터를 시각화하거나 디지털 매핑을 하고 싶은 분께 추천해요.

Introduction to Mapping Sandbox for Mapping & Data Vis on Web – 한국어
Mapping Workshop 01, Introduction
Mapping Workshop 02, Basic Code Structure
Mapping Workshop 03, US ZIP Data Visualization
추후 추가...

ESRI JSAPI, Typescript, Canvas
NamjuLee / Mapping and Visualization
Esri / JSAPI Resources

28.8 CAD 디자인 소프트웨어 구축 Stand-alone CAD Software Development

만약 전문적인 컴퓨테이셔널 디자이너로서 디자인 솔루션, 플러그인, 애드온, 디자인 알고리즘 라이브러리, 혹은 독립 소프트웨어를 개발하고자 하는 디자이너들을 위해 기존의 상용 소프트웨어 환경을 넘어서 나만의 디자인 프로그램 개발에 추천되는 워크숍 챕터예요.

CAD(Computer-Aided Design) 소프트웨어 개발 Starter

다음의 수업은 윈도우 플랫폼, 혹은 웹 플랫폼에서 독립Stand-alone 소프트웨어를 개발하고 싶은 분들을 위한 수업 시리즈예요.

OpenTK for Standalone CAD Software

01. OpenTK for Standalone CAD Software

02. OpenTK Starter 2: NOpenGL Platform, Winform UI, MouseEvent, ActiveController, GeoCommon, RhinoCommon

Web App for Standalone CAD Software

01. Web App Starter: ThreeJS, TensorflowJS, Typescript Starter

02. Web App Starter: WebGL2, GLSL, TensorflowJS, Typescript Starter

03. Web App Starter: HTML Canvas, TensorflowJS, Typescript Starter for CAD and Design System

Web App for Standalone CAD Software

01. Desktop App Starter: Electron, HTML Canvas, TensorflowJS, Typescript for CAD and Design System

추후 추가...

플러그인(Plug-in) / 애드온(Add-on) / 라이브러리(lib)

다음의 워크숍은 상용 소프트웨어의 플러그인Plug-in, 혹은 애드온Add-on 그리고 알고리즘 라이브러리library를 구축하는 내용을 담은 수업 시리즈예요.

1. 레빗(Revit) 다이나모(Dynamo) C# 디자인 스크립팅, 어떻게 플러그인을 만들까?

2. 어떻게 라이노의 기능을 유니티(Unity)에서 활용할 수 있을까?

3. 라이노 플러그인 어떻게 만들까?

4. 라이노 그라스하퍼 애드온 어떻게 만들까?

추후 추가...

28.9 디자인 시각화 & 소프트웨어 활용 Design Visualization & CAD Software

디자인에서 시각화Visualization는 매우 중요한 요소죠. 이번 챕터에서는 Rhino의 기초 도구 활용법과 3ds max를 활용해서 애니메이션(건축) 시각화를 시키는 내용을 담고 있어요.

Rhino3d 기초 & 개념 이해

다음 수업에서는 Rhino 소프트웨어의 문법 그리고 명령어의 사용법에 대한 기초적인 내용을 배울 수 있어요. 그리고 Rhino Grasshopper의 소개도 포함되어 있어요.

1. 라이노(Rhino3d) 기초 워크숍 / 소개 영상
2. 라이노 개념 잡기
3. 시작하기 그리고 Curve / 커브
4. Curve Tool / 커브 수정하기
5. Surface / 서피스 만들기
6. Surface Tool / 서피스 수정하기
7. Curve from Object Tool 오브젝트에서의 커브
8. 그라스하퍼(GH) 시작하기 / 개념 이해

건축 애니메이션 (3ds max & AfterEffect) Architectural Animation Visualization

다음의 워크숍은 3ds max와 AfterEffect를 활용하여 건축 애니메이션 시각화하고 영상을 제작하는 과정에서의 몇몇 팁들을 다루는 수업이에요.

1 건축 애니메이션 (3ds max, AfterEffect) 워크숍 설명
2 건축 애니메이션 장면 관리 팁 / Scene Layer Image
3. 3ds max 애니메이션 그리고 예제 / Key Animation
4. 파티클 애니메이션 / Particle Animation using 3ds max
5. 조경(환경) 만들기 – 3ds max Plug-in
6. AfterEffect 동영상 편집, 건축 애니메이션

건축 영상 프레젠테이션(Book & Workshop) Architectural Representation & Animation

다음의 수업은 필자가 2008년도에 집필한 책, "건축 영상 프레젠테이션"을 설

명하는 워크숍 시리즈예요. 3ds max와 AfterEffect를 활용하여 건축 영상을 만드는 과정을 다루고 있어요. 어떻게 3D 소프트웨어에서 애니메이션을 만드는지, 조명과 카메라 애니메이션을 어떻게 만드는지 그리고 후반 에디팅[Editing]과 이펙팅[Effecting] 그리고 합성은 어떻게 하는지에 대한 내용들을 다루는 수업들이에요. 내용은 추후 업데이트될 예정이에요.

건축 영상 프레젠테이션 / Architectural Representation Animation

01 Introduction: 건축 영상 프레젠테이션

02 Foundation: 3ds max 인터페이스와 애니메이션의 개념 이해   03 Foundation: 건축 애니메이션 기본

04 Foundation: 애니메이션 응용

05 Exercise: 건축 시뮬레이션과 카메라 애니메이션   06 Exercise: 건축물에 대한 애니메이션

07 Environments: 건축 시각화를 위한 소스 제작 및 주변 환경 표현 방법론

08 Composition: 후반 작업을 통한 합성법 및 애니메이션

09 Application: 애니메이션의 응용   10 Case Study: 건축 프로세스 적용사례

28.10 디자인 시각화 Design Visualization

 디자이너에게 시각화는 매우 중요한 요소예요. 내 머릿속에 있는 상상을 다른 누군가에게 전달하기 위해 구체화시키고 시각화시키는 능력이 필수이기 때문이죠. 따라서 디자인, 혹은 데이터는 반드시 시각화라는 프로세스를 거쳐 시각 언어[Visual Language]로 바뀌어서 전달이 되는 것이죠. 필자의 3D 시각화 프로젝트 데모를 모아놓은 참조 링크예요

NJSTUDIO Design Vis Demo Reel 2004   NJSTUDIO Design Vis Demo Reel 2005

NJSTUDIO Design Vis Demo Reel 2006   NJSTUDIO Design Vis Demo Reel 2007

NJSTUDIO Design Vis Demo Reel 2008

2015 NJSTUDIO Design Visualization Reel Fifth Edition   Master Plan for University of Sydney

카메라 트래킹 / 디자인 시각화 / Digital Mockup / Design Visualization   Aquascraper for Exhibition

추후 추가...

29 컴퓨테이셔널 디자인 프로젝트 예제

29.1 디자인 & 컴퓨테이션 프로젝트 Design & Computational Project

컴퓨테이셔널 디자인을 활용한 필자의 공개된 프로젝트들을 모아 놓은 챕터
예요. 전체적으로, 부분적으로, 개념적으로, 디자인적으로, 기술적으로 디자
이너가 코딩을 활용해 어떻게 디자인에 접목시킬 수 있을지에 대한 아이디어
를 엿볼 수 있어요.

Project

NJ STUDIO Design Concept Work[Fourth Edition]

Data Visualization about Homelessness in SF

Agent-based Simulation at Sue Bierman Park in San Francisco

Korea Traditional House[VisualImageSeriesWork]

Street Office, Data-driven Design Research

NJSTUDIO DESIGN PROJECT Reel Fifth Edition

2016 NJ Development Data-driven Design

Volumetric Representations and Machine Learning

LandBoxForAR, Experiment

Numerical Dynamic for GH

2015 DigitalMockup[FABRICATION]

2016 NJ Development Design Computation

SketchHand Beta 0.0.5

LandBoxForDesigner, Beta 0.0.1

Numerical Environment for GH

Thermoresponsive Fabric and Blind, Harvard GSD,

Column Distribution & Thickness Optimization, Harvard GSD

Third Place Mobility, MIT Media Lab

Built Environment Assessment for the Housing Value Prediction

Numerical Geometry and Graph for GH

LandBoxForGame, Beta 0.0.5

CompilerDemoVersion0.1.5 for Grasshopper

Interactivity A

Flux Parkerator PV1

NGraphicsV3 x Mapping, Drawing, Visualizing, Esri

Smart Map Tracer, ESRI Storymaps Hackathon

Visualization Harvard

Interactivity B

Flux Parkerator PV2

추후 추가...

29.2 컴퓨테이셔널 디자인 알고리즘 Computational Design Works, Work Snippet

 컴퓨테이셔널 디자인의 방법론이 디자인 프로세스에 적용될 때 전체적으로, 혹은 부분적으로 적용이 가능하겠죠. 좌측 QR 코드는 컴퓨테이셔널 디자인 알고리즘을 단편으로 모아 놓은 링크예요. 단일 모듈, 혹은 몇몇의 알고리즘이 어떻게 작동되는지에 대한 시각화를 볼 수도 있어요. 모듈로 볼 수 있기 때문에 다양한 조건과 이슈에 맞춰서 적용할 수 있죠.

29.3 연구, 기고 글 Research & Publication

 필자가 '디자인 & 컴퓨테이셔널' 관련 활동을 하면서 발표한 연구, 학회 기고문 그리고 공개된 연구 결과물과 플러그인에 대한 참조 자료예요. 더 자세한 내용은 좌측 QR 코드를 참조해 주세요.

Bim 학회 기고 글: 4차 산업과 디자인
Research Project 03. 물리학회 기고 글: 도시 네트워크 & 기술과 4차 산업
Analyzing Third Place, Paper Presentation & Panel Discussion at DigitalFUTURES World 2020
Research Project, Third Place, Media Lab, 컴퓨테이셔널 디자인 프로젝트

Rhino GH Add-on, Numerical Utility
Rhino Python Mapping 06 Image Processing / 라이노 파이썬 매핑 06 이미지 프로세싱

추후 추가...

29.4 하버드, MIT 연구 작업 Studies & Research & Lab

이번 챕터에서는 필자가 하버드와 MIT^{Massachusetts Institute of Technology}에서 진행한 수업^{Lecture & Workshop}, 연구, 그리고 프로젝트를 공유하는 챕터예요.

하버드 디자인 대학원 / Harvard GSD Graduate School of Design

필자가 대학원을 다니면서 진행했던 연구들에 대한 내용을 모아 놓았어요. 그 과정에서 컴퓨테이셔널 디자인 솔루션 도구들도 개발을 했었어요. 앞서 설명 한 27.1 섹션에서 볼 수 있는 Numerical Utility 도구가 그러했고, GSD 조경 학과 스튜디오에서도 활용되었었어요. 졸업 논문 '머신 러닝과 복셀 표상을 활용한 3차원 오 브젝트 샘플링'의 경우 디지털 디자인 1등 상을 수상했어요. 하버드와 MIT에서 진행한 3D 디자인 시각화에 대한 강의 내용도 참조 자료로 공유해요.

Remixing & Resampling Three Dimensional Objects Use of Volumetric Representations and Machine Learning, MDes Thesis, Harvard GSD

Thermoresponsive Fabric and Blind Nano Micro Macro: Adaptive Material Laboratory

Column Distribution & Thickness Optimization, Harvard GSD

Small Environment[Immersive Landscape], Harvard GSD

Lecture: Introduction To 3D Visualization Workshop, Harvard GSD, MIT Architecture

MIT 센서블 시티 랩 / MIT, SENSEable City Lab

필자가 연구원으로 활동했던 연구실의 프로젝트를 공유해요. 약 3년간 많은 작업들을 했었는데요. 특별히 도시를 이해함에 있어서 데이터와 기술의 관점 으로 다양한 연구들이 이루어지고 있어요. 제가 참여한 연구뿐 아니라 흥미 로운 주제와 생각들이 있으니 관심 있는 분들은 'MIT SENSEable City Lab' 웹 사이트 방 문을 권해요.

Hub Cab Project　　　　　　　　Tweet Bursts Project　　　　　　　Drinking Data Project

30 토크 & 인터뷰 Talk & Interview

많은 전문가들이 디자인과 코딩, 컴퓨테이셔널 디자인 산업을 아직까지도 유아기로 보고 있어요. 소프트웨어와 컴퓨팅 파워를 디자인에 적극적으로 개입시키는 인력이 많지 않다는 이야기이기도 하죠. 이런 상황에서 각각의 분야를 개척하는 분들과 함께 이야기를 나눈 인터뷰 자료를 학습 자료로써 공유해요.

30.1 디자인 & 컴퓨테이션 토크 Design and Computation Talk

 학생과 실무자들에게 유익한 디자인 이야기, 혹은 디자인에서 코딩을 활용하여 디자인하는 다양한 사례와, 컴퓨테이셔널 디자인 사고에 대해서 배울 수 있는 다양한 인터뷰를 모아 놓은 챕터예요.

형형칠, 건축, 도시재생
임희준, 도시디자인, 데이터(컴퓨테이션, 시각화)
성우제, 건축 그리고 파라메트릭 디자인
이주헌, AI, 강화 학습Reinforcement Learning, 최적화Optimization
함수민, 컴퓨테이셔널 디자인, AR, Material Research, Fabrication

신희찬, BIM & Value Engineering
이규환, 건축, 로봇틱스 그리고 패브리케이션
김동일, 건축 그리고 컴퓨테이션 패브리케이션
민세희, 인공지능(AI), 시각화Visualization
진교진, 디자인 그리고 환경

이대송, 건축, 물질론, 기술, 조형예술
테크 이너뷰, 4차 산업, 지식, 기술, 그리고 컴퓨테이셔널 디자인(소개 / Q&A), 이남주 소장
건축문화교류 사업 인터뷰 / 컴퓨테이셔널 디자인 그리고 데이터, 이남주 소장
추후 추가...

CODE FOR DESIGN GROUP

 NJChannel 프로젝트를 하면서 모인 학생, 실무자, 교육자들과 함께 진행한 미팅을 모아 놓은 챕터예요. 할 수 있다면 정기적 미팅을 통해 여러분들의 목소리를 듣고, 서로 배우는 자리를 만들려고 노력하고 있어요. 관심 있는 분들은 앞서 이야기 나눈 **오픈카카오톡 채팅방**에 입장하길 권해요.

Code for Design Group 1 파일 포맷 / 패턴
Code for Design Group 2 코딩 공부를 위한 노션 사용법, PD vs GD vs AD 용어 설명
컴퓨테이셔널 디자인에 대한 몇 주제를 이야기 나누어 봐요!
학생(실무 초년생)들에게 필요한, 현실적인 컴퓨테이셔널 디자인 적용?
2020/08/16 Code for Design 컴퓨테이셔널 디자인에 대한 몇 주제를 이야기 나누어 봐요!

네이버 카페, 메타(페이스북) 페이지, 크리에이티브 코딩 / Creative Coding
추후 추가...

30.2 빔 & 벨류 엔지니어링 Bim & Value Engineering

신희찬의 BIM & Value Engineering

신희찬 엔지니어님의 경험과 생각을 통해 건축 건설 BIM과 Value Engineer-
ing에 대해서 생각해 보고, 배울 수 있는 인터뷰를 모아 놓은 챕터예요. 많은
신기술이 적용되어야 할 것 같은 건설 산업에서 현실적인 문제, 실무적인 한계
와, 나아갈 방향들에 대해서 학습하고 고민할 수 있는 참조 자료로 공유해요.

1/9 나의 소개 및 내가 생각하는 BIM
2/9 BIM을 하고 싶은 학생에게
3/9 BIM을 하고 싶은 실무자에게
4/9 앞으로의 계획 그리고 내가 그리는 미래
5/9 유학 개인적인 경험 그리고 벨류 엔지니어링
6/9 한국에서, BIM의 문제점 그리고 건축 산업?
7/9 컴퓨테이셔널 디자인과 코딩 그리고 툴 개발
8/9 개인적인 질문들: 이메일 관리, 관심 있는 앱
9/9 나의 자유 시간

SmallTalk 02, 신희찬, 우리의 피드백 그리고 잡담
SmallTalk 02, 신희찬, 구독자 피드백
크리스마스 휴가를 맞이하여, 심희찬 님의 사무실, Arup방문
신희찬, 빔(BIM)과 컴퓨테이셔널 디자인(Computational Design) 질문 답변 그리고 수다
2020/08/22 신희찬의 BIM 이야기: Cold Bending
2020/06/19 신희찬 03

2020/03/22 Live #신희찬
추후 추가...

31 참조 프로젝트 링크

31.1 엔제이 프로젝트 시리즈 NJ's Project Series

필자의 프로젝트: 1. NJSTUDIO, 2. NJSLab, 3. NJChannel, 4. NJPress, 5. NJCode-ForDesign, 6. NJS Social Networks를 설명하는 챕터예요.

Project NJSTUDIO

필자가 2004년도에 시작한 스타트업 NJSTUDIO는 건축 디자인, 컴퓨테이션, 비주얼라이제이션의 서비스를 제공해 온 사무소예요. 필자가 학부생일 때부터 시작한 프로젝트인 만큼 가장 오랜 시간 동안 해 오고 있으며, 다른 프로젝트들의 파운데이션을 제공하고 있다고 생각해요. 디자인과 컴퓨테이션에 대한 필자의 활동을 모아 놓았어요.

Project NJSLab

NJSTUDIO와 함께 디자인 연구소로 컴퓨테이셔널 디자인 솔루션을 연구, 개발, 서비스, 교육하는 연구소예요. 단순한 알고리즘부터 다양한 솔루션 등의 소프트웨어 기술을 이해하고 디자인에 적용하는 목적을 가지고 있어요. 또한 몇몇의 단체 그리고 스타트업과도 연결되어 프로젝트를 진행하고 있어요.

Project NJChannel

디자이너들에게 코딩을 알리고, 교육하고, 소통하는 목적으로 진행되는 프로젝트예요. 디자이너에게 코딩은 생소하지만 반드시 다가오는 미래이고, 그 미래를 잘 준비함으로써 코딩이라는 강력한 도구를, 경쟁력과 창의력의 도구로 활용할 수 있는 시각과 능력을 갖출 수 있도록 돕는 프로젝트인 것이죠. 디자인 산업에서 코딩의 활용이 상향 평준화되길 기대하면서, 2018년도 때부터 해 온 프로젝트예요.

Project NJPress

필자의 관심사인 디자인 그리고 컴퓨테이션 관련 활동 과정에서 나온 출판 자료를 모아 놓은 링크예요. 강의자료, 온라인과 오프라인 출판물에 대한 링크가 있어요.

Project Code For Design

NJ Channel Code For Design Slack 링크예요. 컴퓨테이셔널 디자인 관련 활동을 통해 학생, 실무자, 교육자분들과 소통을 해 오고 있는데요. 질문과 답변, 좀 더 개인화된 수업 추천을 통해 학습을 돕고 있어요.

Project NJS Social Networks

필자의 홈페이지, 유튜브, 페이스북, 링크드인, 깃허브 등의 SNS 링크를 모아 놓은 사이트예요. 특별히 카카오톡 오픈 채팅 방을 운영하고 있어요. 코딩과 디자인에 관심과 학습 목표를 가진 분들이 모여있고, 소통하면서 유익하고 건강한 커뮤니티를 만들어 가고 있어요. 관심 있는 분들은 들어와서 긍정의 에너지를 나누며 함께 자라나면 좋을 것 같아요.

31.2 KICDT 학회 Korean Institute of Computation, Design and Technology

2018년부터 시작한 소통으로 코딩에 관심이 있는 많은 디자이너들이 모였고, 열정적인 선생님들, 실무자들, 학생들과 함께 시작한 '컴퓨테이션, 디자인, 기술'에 관한 학술대회 링크를 공유합니다.

학회 링크

소개 비디오

31.3 엔제이의 컴퓨테이셔널 디자인 시리즈 NJ's Computational Design Series

2018년도 겨울에 NJChannel 프로젝트와 더불어 함께 시작한 출판 프로젝트예요. 지금 여러분이 보는 '읽으면서 시작하고, 따라하면서 입문하는, 디자이너를 위한 코딩 시리즈'는 다음과 같은 구성을 하고 있어요.

1 교양: 읽으면서 시작하는, 디자이너를 위한 코딩

지금 여러분들이 읽고 있는 이 책으로써, 코딩을 공부하고 싶은 디자이너, 혹은 컴퓨테이셔널 디자인에 대해서 알고 싶은 실무자, 교육자들을 위해 코딩 없이 읽으면서 시작하는 디자이너를 위한 코딩 입문서예요.

2 초급: 따라하며 시작하는, 디자이너를 위한 크리에이티브 코딩

여러분들이 익숙한 플랫폼, 가령 Rhino Grasshopper 환경과 Web 환경에서 컴퓨테이셔널 디자인, 혹은 크리에이티브 코딩 학습을 따라하며 이해하는 입문서로 기획 중이예요. 플랫폼과 수업 목적에 맞게 단편으로 제작할 계획이에요.

3 중급: 따라하며 입문하는, 모두의 컴퓨테이셔널 디자인

디자인에 필수적인 알고리즘과 데이터 구조를 만들어 보고, 좀 더 전문적인 컴퓨테이셔널 디자이너로서 소양을 닦는 전공서로 기획중이에요. 플랫폼에 영향을 받지 않고, 필요에 따라 다양한 컴퓨테이셔널 사고를 발휘하고 코딩을 구현할 수 있는 기초를 쌓는 것을 목표로 기획하고 있어요.

4 고급: 데이터 & 디자인 컴퓨테이셔널 디자인

 디자인과 데이터의 관점으로 다양한 프로젝트와 기술들을 이해함으로써 컴퓨테이셔널 디자인 방법론을 다양한 프로젝트를 통해서 이해 해보는 전공서로 기획 중이며, 그 틀은 좌측 QR 코드를 통해서 확인할 수 있어요.

분명 글을 쓰고, 비디오를 만들고, 구성을 하는 도중에 목차와 내용이 바뀔 수 있어요. 더 좋은 내용을 만들기 위한 필자의 노력으로 봐 주면 감사할 것 같아요. 동시에 각각 책의 내용은 우측 QR 코드 [**다음 브런치**]를 통해 업데이트해서 여러분들이 확인할 수 있도록 할게요.

Version history

이 책의 내용은 주기적으로 업데이트하여 새로운 버전으로 출판하려는 계획이 있습니다.

이해가 가지 않는 사항, 궁금한 부분, 설명이 부족한 부분, 내용이 틀린 부분이 있다면 아래의 메일로 알려 주면 감사하겠습니다.

nj.namju@gmail.com

2022 1월 초판

1. 교양 : 읽으면서 시작하는, 모든 디자이너를 위한 코딩 입문서

2. 초급 : 따라하며 시작하는, 디자이너를 위한 크리에이티브 코딩

3. 중급 : 따라하며 입문하는, 모두의 컴퓨테이셔널 디자인

4. 고급 : 데이터 & 디자인 컴퓨테이셔널 디자인